应用写作教程

主　编　邓志强　易小斌
副主编　罗　珍　夏　伶　莫志华
　　　　袁文英　余　艳　谭向晖

合肥工业大学出版社

图书在版编目（CIP）数据

应用写作教程/邓志强，易小斌主编．—合肥：合肥工业大学出版社，2014.11
ISBN 978 - 7 - 5650 - 2060 - 5

Ⅰ.①应…　Ⅱ.①邓…②易…　Ⅲ.①汉语—应用文—写作—教材　Ⅳ.①H152.3

中国版本图书馆 CIP 数据核字（2014）第 287996 号

应用写作教程

邓志强　易小斌　主编　　　　　　　　　　责任编辑　王　磊

出　版	合肥工业大学出版社	版　次	2014 年 11 月第 1 版
地　址	合肥市屯溪路 193.号	印　次	2015 年 3 月第 1 次印刷
邮　编	230009	开　本	787 毫米×1092 毫米　1/16
电　话	总　编　室：0551 - 62903038	印　张	22.5
	市场营销部：0551 - 62903198	字　数	548 千字
网　址	www.hfutpress.com.cn	印　刷	合肥现代印务有限公司
E-mail	hfutpress@ 163.com	发　行	全国新华书店

ISBN 978 - 7 - 5650 - 2060 - 5　　　　定价：45.00 元

目　　录

第一章　应用文概述

第一节　应用文的概念及其演变

应用文是指"日常生活或工作中经常应用的文体,如公文、书信、广告、收据等"(《现代汉语词典》2002 年增补本,商务印书馆 2002 年修订第三版,第 1514 页)。也有人称之为实用文,这是就应用文的社会功能来说的,也是与一般文章,特别是与文学作品相比较而言的。我们知道,文学作品是供人们欣赏的,没有特定的读者对象,也并不靠它来传达情况、承办事情或直接解决某些问题,因此,它不具备直接的实用性。一般文章也不一定有特定的读者对象,通常也不具备直接的实用性。与它们相比较,应用文则具有直接的实用性。它是人们在日常工作、学习和生活中用来处理各项公私事务、通报情况、传递信息、交流经验、总结教训时所使用的具有实用价值和一定格式的文体的总称。应用文一般具有明确的承文对象,都是针对某一具体问题、为着一定的实用目的而写作的。

应用文作为文种体裁,并非近代才有,而是古已有之的,只是在名称上,历代说法不同罢了。应用文是在人类的生产劳动中产生,并随着人类社会的发展而发展的。

在我国,应用文的使用源远流长。早在春秋之前,应用文就已经产生了,但是当时还没有统一的称谓。3000 多年以前的殷商时期产生的甲骨文,可以说是应用文当之无愧的"祖先"。甲骨文又称作"卜辞",其文辞几乎都是为了实际应用,堪称世界上最古老的应用文字之一。卜辞,由于它和占卜结合制作而成,因此在文书史上称作占卜文书。当然,这个时期的应用文还没有明确的文体分类。到了西周时期,由于国家机关的逐步强化和典章制度的进一步完备,开始出现了名为"诰"、"命"、"誓"、"辞命"和"典"的以下行为主的应用文。至此,应用文便有了具体的文种名称。"诰"与"命"是周天子和诸侯王用来赏赐、任命和训诫臣子的。"誓"是用来兴师作战、誓告军旅的军用文书,与今天用来宣传鼓动的动员令之类十分相似。"辞命"是用于使节往来的外交公函;"典"则用于司法,类似于现在的司法文书。到春秋战国时期,又增加了檄文、移书、皇书、盟书等应用文体。从《尚书》开始,把上古的应用文统称为"书"。《尚书》是我国最早的、比较完整的一部文集,相传为孔子所编,其内容主要是商、周时期的历史文件,包括周朝的"诰"、"誓"、"命"之类,也可以说它就是一部应用文集。"尚"同"上","尚书"即上古之书。《尚书》实际就是上古的历史文献汇编。清代以前的学者,都把《尚书》当作公文的源头,如刘勰在《文心雕龙·宗经》中就说过:"诏策章奏,则《书》发其源。"这是由于他们未曾见过甲骨文的缘故,其实应用文的源头还应是甲骨文。但从应用文的写作技巧上看,《尚书》中的不少篇章则要比甲骨文成熟多了。"公文"一词的正式使用,最早见于《后汉书·刘陶传》,其中有"但更相告语,莫肯公文"的句子(《刘陶传》,见《后汉书》卷 57,中华书局版,第 1849 页)。到了宋代,公文又称作"文牍"。最早提出"应用文"这一名称的,乃是宋代的张侃。他在《拙轩集》"跋"《陈后山再任教官谢启》中说:"骈四俪六,特应用文耳……"清代学者刘熙载对应用文作了更具体的说明:"辞命体,推之即可为一切应用之文。应用文有上行,有平行,有下行。重其辞乃所以重其实也。"(刘熙载:《艺概·文概》,上海古籍出版社 1978 年版,第 44 页)秦王朝统一中国后,明确规定"命曰制,令曰诏,陈事曰表,谢恩曰章,勤俭政事曰奏,推覆平论曰驳"。应用文至此进入成熟时期,不仅公文定型化了,还出现了简牍署书、法律条例和民间往来的书信、条据、颂词、条文等众多文体。应用文的发展高峰是唐、宋时期,到元、明、清时期,应用文趋于稳定,但也沾染上了谄媚欺诈、虚伪浮夸的不良习气。辛亥革命以后,应用文得到了改革。历代封建王朝所使用的制、诏、诰、敕、题、奏、表等公文名称被废止,出现了新的公文名称,规定了使用范围,对用词也作了一定的限制。虽然这种改革并不完全,但它对于应用文的发展具有重大意义。

随着历史的发展,应用文的种类增加,使用范围扩大,使用频率增高,内容和性质也有了很大发展变化。现在,在我国的社会主义建设事业中,应用文不仅成为国家各级行政领导机关进行管理的有效工具,而且成为所有事业和企业单位交流信息、商洽问题、推动工作的有效工具。它与广大人民群众的关系空前密切了。人们在日常工作、学习和生活中经常要阅读和写作各种体裁的应用文。因此,学习一些应用文的有关知识,学习如何写作应用文,是很有必要的。

第二节　应用文的种类及特点

一、应用文的种类

应用文的使用范围很广,种类繁多。它既包括党和国家发布的命令、指示、公告、通知等法定性公文,也包括计划、总结、调查报告、消息、简报等机关常用文体,还包括经济、法律、公关以及私人事务等方面的实用文体。刘勰在《文心雕龙》的文体论中,论说了三十余种文体,其中约三分之二是属于应用文的。事实上,自从人类发明文字以来,人们在生产劳动实践和日常生活中创造出来的各种文体,加起来其种类不下千余种,然而究竟有多少种,却又是谁也说不清楚的。但是,有一点可以肯定:应用文的种类之多,是其他文体所不及的。同时,随着社会的不断进步和发展,应用文的文体也在不断地变化着。一些文体随着时代的发展被逐步淘汰,如卖身契、学徒契等;一些文体又被创造出来,出现了许多新的形式,如倡议书、意向书、招标投标书、电子邮件等。也正是由于应用文的种类繁多,给应用文的分类带来了麻烦。从不同的角度出发,分类的结果就有很大的不同。常见的应用文分类方法大体有按内容分类、按性质分类和按范围分类这么几种,但无论哪一种分类方法都不能完全做到既全面又科学,因此,目前学术界对应用文的分类尚无定论。本书根据方便教学和"实用"之原则,按内容和范围相结合的方法,把它分为机关事务文书、法定行政公文、财经文书、司法文书、传播文书、学术论文、申论等七章,每一章又分为若干节。值得说明的是,有的用途不够广泛的应用文因不便于将其归为哪一类,本书便只好忍痛割爱,予以舍弃。

应用文的种类繁多,分类标准各异,一时很难有统一的类别划分。我们在总结前人分类

的基础上,按照秘书工作的领域和工作过程,根据教学、研究和实际应用的需要,将应用文划分为以下几类:

(一)行政公文

行政公文,主要是指国务院办公厅 2000 年 8 月 24 日发布的《国家行政机关公文处理办法》中规定的文种,包括命令、决定、公告、通告、通知、通报、议案、报告、请示、批复、意见、函和会议纪要等 13 种公文。

(二)日常事务文书

是行政机关、企事业单位在日常管理工作中所使用的文书,是处理日常事务常用的、不可缺少的文种。主要包括以下几个种类:计划、总结、规章制度、简报、调查报告等。

规章制度,是国家行政机关、企事业单位、社会团体为实施管理的需要,依照国家法律和政策,在自己权限范围内制定的具有法规性、指导性与约束力的应用文书。常用的文体有章程、条例、办法、规则、规定、细则、制度、守则、公约等。

(三)会务文书

会务文书是指与会议有关的一系列文书,是在会议前、会议中和会议后所形成和使用的所有文件材料。包括:会议预案、会议通知、开幕词和闭幕词、讲话稿、会议记录、会议纪要、会议新闻等文体。

(四)社交礼仪文书

社交礼仪文书是指人们在各种社会交往礼仪活动中,用以传播信息、沟通感情、增进友谊、改善关系时使用的文书,是必不可少的社交工具。包括:请柬、邀请函;欢迎词、欢送词;感谢信、慰问信;贺信、贺电;公开信等文体。

(五)商务文书

商务文书是指国家机关、企事业单位在商务活动中为处理业务所使用的,具有特定惯用格式的文书。包括:商务信函、市场分析报告、广告文案、招标书、投标书、意向书、订货单、合同等。

(六)诉讼文书

诉讼文书是案件当事人或参与人,依法向人民法院提出诉讼请求的文书。包括:起诉状、答辩状、上诉状、申诉状等文书。

(七)求职文书

求职文书,是大、中专院校毕业生求职过程中,以及在职人员谋求转换工作时所使用的文书。包括:求职信、推荐信、个人简历、辞职信等。

二、应用文的特点

基础写作学理论一般将文体分为记叙文、说明文、议论文、应用文等几个大类,在内容和形式上它们都有各自的特征。应用文与其他文体有共同之处,但是,它作为一种据以办事的实用性文体,在内容、结构、表现手法和语言运用上,又都有自己的一些特点。刘勰在《文心雕龙·记》篇里说,(应用文)"虽艺文之末品,而政事之先务"。这话表明了应用文的特点和地位。学习应用文写作,首先必须搞清应用文的特征,才能避免出错。而要搞清应用文的特征,就必须从它的内容和形式这两个方面加以考察。从这一观点出发,应用文的特征可以归纳为以下几个方面:

1. 实用性

由于人类的一切活动都是围绕着一定的实用目的来进行的,因而,从广义上说,一切文章包括文艺作品都具有实用性。但不可否认的是,最能体现实用性的则是应用文。它本身就是为了应用而产生的,是为处理公私事务、解决实际问题服务的,对社会生活和人们的行为能够起到直接的指导作用。应用文的实用性表现在哪些方面呢?从内容上看,它们具有现实的针对性,是针对社会活动中的实际问题,以文字的形式作出适当的反映和处理。它有明确的、定向的、固定的使用对象,与实际的工作、学习、生活联系紧密,一言以蔽之,是为了有用。从形式上看,应用文有一套为其内容服务的相应的体式,包括写作结构、格式、语言,都带有一定的法定性与惯用性。这种法定性和惯用性是与文艺作品不断创新的思想相对立的。

应用文的实用性在很大程度上取决于它的表现形式。就是说,内容虽然是实用的,但如果不用应用文的表现形式,也往往会使文章的性质发生变化,如流行歌曲《一封家书》,在内容上确属实用的,也是仿照书信的格式写的,但它采用歌曲的形式,便进入了音乐领域,结果跟应用文反倒无缘了。这一现象,说明了表现形式的重要。

应用文不像记叙文动人以情、示人以范,不像说明文给人以知、教人以用,也不像议论文晓人以理、导人以行。应用文的实用性,集中地表现为与具体工作、具体事务相联系的事务性。著名语言学家张弓先生在分析公文语体的特征时指出:"这种语体直接地与现实生活、工作要求紧密联系。……这类称做'事务语体',比较能概括标明语体的特质。"(张弓:《现代汉语修辞学》,天津人民出版社1963年版,第286页)张弓先生在这里所讲的"直接地与现实生活、工作要求紧密联系",具体"事务"的特质,实际上也就是体现了应用文的实用性的特点。比如,合同用以作凭证;书信用来传递信息;规章制度用来规范人们的行为,维护正常秩序;调查报告、简报,既反映情况又交流经验;行政公文则是传达政策法令、处理公务的依据。这种写作目的明确,据以办事、解决实际问题,讲究现实效用的实用性是应用文的最基本的特点。

内容上要求实用,不尚空谈;形式上要求得体,不求新奇,是应用文实用性的精髓。

2. 针对性

文章是给人阅读的,大凡公开发布的文字都有它的阅读对象和阅读范围。一般文章是这样,应用文也是这样。然而,写一般文章或文学作品,作者完全可以根据个人的感受、爱好,自由选择材料和确定主题,可以写现实题材,也可以写历史题材,主题的确定有着广泛的选择余地,因此,一般文章的读者对象不十分明确,读者感兴趣就读,不感兴趣可以不读,也没有人去强迫他读。可是,应用文章却不同,它的内容必须有明确的现实针对性。这集中地表现在对象明确和指事明确两个方面。如文件发送某机关、单位,信写给某人,必须具体、明确、无误。重要的信件,还要写"×××亲收",或"非×××不得拆阅"之类的话,以示慎重。不管是对谁行文,也不管是哪一类文种,都必须根据本单位或本部门的实际状况,因事成文,指事性非常明确,绝不能不顾实际和有关背景,想写什么就写什么。应用文的针对性这一点在公文中最为突出,因为公文是代表某一机关、单位讲话,而不是个人任意发表议论、抒发感情;是贯彻和反映一个国家、一个政党、一个单位方针政策的工具。例如,本单位或本部门出现重大事件或事态发展时,就要向上级主管部门写出报告或请示;出现典型经验或突出的先进事迹时,就应写出简报或情况反映,同时发向隶属单位和上级主管部门。在有些情况下,写什么是由上级的特定要求确定的,例如,一些专项报告或调查报告、专题总结或情况反映。应用文中的公文,其政策性是很强的。写公文不能与国家、政党的有关方针、政策以及本部门、本单位的一些规定相抵触,不能不考虑国家的政治、经济背景和本部门、本单位的有关背景。应用文中的私人文书,自然也是"缘事而发"的,即便是写札记、杂记、心得等,也都有一定的实用目的,只是写法较为自由罢了。

由上述情况可以看出,应用文不像文艺作品那样读者对象广泛,不受范围的限制。它的读者对象有着明确而特定的范围,而不是一般意义上的读者。因此,应用文有一定的发送范围,有很强的针对性,一般不具有全民性。

3. 时效性

严格的时效性是应用文区别于文艺作品等一般文章的又一显著特点。从广义来说,任何文章都是一种传导信息的载体,人们都可以从中获得所需要的信息。但应用文一般都是为了及时解决和处理现实生活中的某些具体问题和具体事务而制作、发送的,所以应用文讲究时效性,要求及时写作,迅速制发。广大人民群众在现实的工作、学习和生活中,要从应用文中获得指导自己行动的信息,要学习和借鉴别的单位和个人的成功经验,给自己以方向性或创造性的启示,在特定的时间内,有针对性地处理特定的事务。虽然应用文对时效性的要求不如新闻那样严格,但往往比一般文章对时效性的要求更严格。所谓时效,就应用文而言,是指应用文的制作、发送和实施有一定的时间限制。具体包括三个方面的内容:一是写作要及时,比如计划、会议通知、贺词、悼词等等,如果不在事前写好,就会耽误工作、延误时机甚至闹出笑话。二是使用有一定的时间长度,问题解决或事务处理完毕就失去了效用。有的应用文如公文、介绍信、合同、诉状等,一般都要标明生效或执行的具体日期,有的应用文没有标明具体时间,但同样有很强的时间性,过期则无效或作用不大,只能作为资料存档备查。三是传递要注重时效,要做到快办快发。如果不讲究时效,拖拖拉拉,不仅降低了办事效率,影响和贻误工作,甚至可能造成人为损失的严重后果。例如军事文书、经济文书等,如果传递不及时,就会直接影响到战争的胜负和经济效益的好坏。

4. 真实性

由于应用文写作的根本目的是为了实用,所以真实性也是应用文写作的一个重要特点。应用文,特别是其中的行政公文、法律文书、财经文书等,是以传达党和国家的政策法令,表达国家机关的办事主张,保障社会建设秩序,维护公民的根本利益为目的,从这个意义上可以说它是党和国家政策的具体化,具有鲜明的政治倾向性、原则性和严肃性,所以在撰拟、核定、签发时,必须严肃认真,准确真实。这里所说的真实性,一方面是指应用文所写的内容,必须真实具体,确凿有据。所引用的材料要真实可靠,既不能夸大,也不能缩小。言过其实不行,臆造虚构更不行。还要注意正确地运用专业术语,不要闹出笑话。另一方面是指应用文写作的内容必须符合事物的客观规律,反映事物的本来面目,对成功的经验、失败的教训要如实总结,对意见、要求、建议要具体阐述。

应用文写作不像文学创作,其真实性与文学的真实性有天壤之别。文学的真实是一种源于生活而又高于生活的艺术真实,不能等同于生活的真实。一个艺术形象,往往经过了典型化的艺术加工,其中有虚构、有夸张和大胆的想象。而应用文写作则不能这样,它必须客观地实事求是地反映社会生活,来不得半点虚构和想象,不能凭想当然写作。具体来说,应用文的真实性表现在三个方面:一是个别事物必须真实。应用文的具体内容与客观实际所建立的是一对一的关系,时间、地点、人物、事件、原因、结果、数据、引文等都是客观存在的,不能无中生有。二是一般事实必须真实,不能以点代面,以偏概全。三是整体事实必须真实。客观事物不是完整无缺的,只讲好,不讲坏,只报喜不报忧,或只讲坏不讲好,全盘否定,都不是实事求是的态度,要尽力避免。有时个别与一般事实是真实的,但从整体上看又是不真实的,则更要引起高度注意,认真分析辨清。

5. 规范性

写文章都要遵照一定的格式要求,应用文当然也不例外。应用文对格式的要求很严格,十分讲究规范性。这是应用文的又一个突出的特点。

应用文的规范性特点,首先表现在文章结构的安排上。它要求文章的内容条理清楚,层次分明,使读者一目了然。这也是由应用文的实用性特征所决定的。其次,应用文的各种文体都有规范化的格式,有一定的书写要求和专用术语。这是对应用文在外部形式上的要求。在长期的实践过程中,每一类应用文都逐渐形成了各自的比较固定的惯用格式。例如,各类总结的构成部分及其写作顺序大致是:基本情况,成绩和经验,存在的缺点和问题,今后努力方向。又如对事件、动态、经验、新人新事的情况反映和各种广播稿、板报稿等,其结构和写法同新闻类的消息相近,基本上是由标题、导语、主体、背景几部分构成的。书信则由称谓、正文、祝颂语、具名、日期五个部分构成。书信的顺序不仅要求这样排列,而且各部分在纸面上的位置也有大体固定的要求。应用文的这种相对固定的格式,是人们在长期使用过程中约定俗成的。这种惯用格式确定后,在使用中就必须遵守,不能有丝毫改变。一般不允许随心所欲地破格而作或标新立异,否则就会适得其反,达不到传递信息和办理事务的目的。比如,写信封时把收信人和寄信人的地址颠倒过来写,虽然标新立异了,但是信也就收不到了。当然,也有一些应用文如公文的格式是由有关部门统一制定、颁布执行的,无论在写作格式、基本内容以及文种的选择上都有严格而具体的规定,不能出错。诸如文件名称、发文字号、标题的制作、落款的写法等,都必须符合一定的规范,以保证公文的权威性和行政约束力。

应用文在结构上所以有规范性这个特点,完全是由其功能和性质决定的。因为它不是供人们欣赏而是供人们据以处理事务的,因此,结构越明了、条理越清楚、语言越明白,应用文就越好。大可不必转弯抹角兜圈子,更不需要像某些文学作品那样,靠结构上的曲折多变和行文的回环跌宕取胜。同时,应用文的标题也有规范性的特点,要求准确、鲜明地反映内容,不用什么象征、暗示之类。公文的标题更为严格,一般是由发文单位、事由、公文种类三部分组成。如《中共中央关于建国以来若干历史问题的决定》《郴州市公安局关于查禁赌博的通告》。当然,应用文也不是绝对不允许创新,特别是当今已经进入电子网络时代,某些应用文的格式可能会有所改革和创新,但一定要符合逻辑,便于使用。

6. 简洁性

应用文是为了处理事情或解决问题而写的,因此,应用文的语言属于事务语体,应力求简明扼要,不需要像文学语言那样追求艺术魅力,采用描写、抒情等表现手法和想象、夸张等修辞手法,只要把事情说清楚、说完全就行了,要力戒那种讲大话、空话,虚张声势、哗众取宠、言过其实的虚假文风。

应用文的语言,除了像一般文章一样要求遣词造句通顺、流畅外,还特别要求朴素、准确、简要、得体。所谓朴素,就其本质来说,是指语言质朴平实,不求华丽,也不求新奇,讲究实实在在,不过多地去修饰、雕琢,不生造词语,不用过于复杂、容易产生歧义的句法结构形式。所谓准确,主要是指在叙述、说明、阐发观点、表述感想时实事求是,用语准确,讲究分寸,不夸大,不缩小,不用"大约"、"估计"、"可能"、"大概"之类的意义不确定的词,也没有语意含糊笼统或模棱两可的弊病。运用数字概念、时间概念要明确;使用计量单位要符合国际、国内标准;名称的使用要规范,不要滥用简称。所谓简要,即简明扼要,文约意丰。一篇应用文要求主旨表达鲜明突出,一文一事,内容单一。八百字能写完的不硬拉成一千字,能一句说清的不写两句,目的在于使人看了容易抓住重点,便于了解情况和研究、解决问题。所谓得体,主要是指应用文用语要合乎各个文种的要求,合乎行文关系,合乎阅读对象的实际。公文的语言最讲究得体,还讲究庄重。就得体来说,以文种而言,通告、布告之类宜严肃、坚定;简报、广播稿、板报稿之类要注意热情、活泼。以行文关系而言,上行文应谦恭诚恳,下行文要亲切平和,平行文要敬重友好。以阅读对象而言,面对广大公众的要注意通俗、细致些,面对主管领导或有较高文化水平者的,则可适当文雅、简要些。再就庄重来说,应力求词语的规范和郑重,注意与口语的区别,不能随便使用俗言俚语。例如,"业已遵照实施",不宜说成"已经照着办了";"上述意见,当否,敬望尽速批示",不宜说成"上面的意见,行不行,希望快点做出批示"。"工作时,他们扎堆子,侃大山,甚至偷偷摸摸砌长城",这类语言更不适合在公文中出现。从某个角度上说,要求庄重,也就是要求文雅些,文明些。要求庄重,还意味着不要滥用时髦词语。这也是学习应用文写作要引起充分注意的。

第三节　应用文的作用

一、应用文的作用

(一)指挥管理作用

　　应用文是处理事务的一种文书,是国家和企事业单位进行管理所必不可少的重要工具。特别是其中的公文,不仅是国家政府或执政党实施领导、管理、指导、指挥各部门的有力工具,而且是各项政策方针具体化的书面形式。在公务活动中,上级机关对下级机关发布的公文,具有权威性的指挥、管理作用,没有它,各方面的管理工作就无法有序进行。国家进行有序的管理就必须有从上而下的政令,如上级机关发布的命令、决定、意见、规定等,都起着管理、约束的作用。下级机关对此必须遵照执行,或根据本地区的实际情况参照执行。同时,下级机关所作的请示、报告、总结等,能够及时反映基层的情况,为上级机关的决策提供正确依据。可见应用文在社会管理工作中发挥着指挥管理作用,是不可缺少的有机组成部分。

(二)宣传教育作用

　　应用文是用来处理公私事务的,但要把公私事务处理好,首先要让人们知道应该做什么、为什么要做、怎么去做。这就需要摆事实,讲道理,实际上就是在做宣传教育工作。行政公文大多是向广大人民群众宣传党和国家的方针、政策,宣传单位的典型经验和个人的先进事迹,对广大群众起着宣传、教育作用;法律规章的发布,警示、规范着人们的行为,起着宣传教育人民、打击罪犯的作用。在经济迅猛发展的今天,实用文章的宣传教育作用更进一步,各企业充分运用这一宣传工具,宣传企业文化和产品,以此来扩大企业的知名度和美誉度,使人们更多了解其产品,从而有利于提高经济效益和社会效益。

（三）沟通协调作用

国家是一个有机的整体，上下左右各部门之间形成一个网络系统。现代社会中，机关、企事业单位及个人参与各类活动的范围更加广泛，彼此之间的合作交流日益增多，需要及时传播信息，加强沟通与联系。应用文能突破时间与空间的限制，在沟通上下左右关系、交流信息、联系情感、协商事宜、协调行动、相互支持等方面起着重要的作用。应用文中请示、报告、调查报告等文种，有助于加强上下级之间的沟通；而函、介绍信、简报、电报、传真等大量使用，加强了各单位、部门之间的沟通联系，使之达到相互了解、相互信任，实现相互合作和共同发展。

（四）凭证依据作用

应用文是办事的，有着极强的时效性，某件事处理之后，其作用也随之消失。但是有些文章，反映单位和个人的种种活动，记载着各个时期的政治、经济和文化等多方面的情况，不仅有现实的作用，而且还是真实的历史记录，并根据有关规定立卷、整理、归档，作为文献资料供后人参考，为今后有关部门和个人的各项事业提供可资借鉴的凭证和依据。

应用文的凭证依据作用，在不同的文种中有程度不同的表现。以行政公文为例：上级机关下达的公文是下级机关传达方针、政策，安排部署开展工作的依据；而下级机关的请示报告等文种，则为上级机关决策的科学性提供依据。至于合同、司法文书等文种，都规定了当事人双方的权利与义务，以此为据，如有任何一方违约，都要追究责任，其凭证作用更为明显。

当然，应用文的各种功用不是孤立的，是相互联系的，要作为一个整体去理解。一篇实用文章，往往同时发挥着几方面的作用。随着信息社会、知识经济时代的到来，应用文的使用频率会越来越高，与社会、生活等方面的关系会越来越密切，还会有更多的作用不断表现出来。

第四节　怎样写好应用文

能否使用好应用文，对于人们的生产、交换、交往活动的成败和工作的成效会产生直接的影响，因此，撰写应用文是一项严肃的工作，必须谨慎对待。要写好应用文，应该注意以下几点：

一、要有法制观念和政策水平

应用文中所涉及的内容大多体现着有关的法律和政策。因此，必须认真学习党的路线、方针和政策，学习国家的法律、法规。用法律和政策的观点分析、处理问题，指导应用文的写作。在内容上不能与法律、政策相抵触。

二、要全面掌握情况

应用文是用来反映实际情况、解决实际问题的，选用的材料必须绝对真实可靠。因此，要写好应用文，必须全面客观地了解情况，深入实践调查研究，掌握第一手材料。

三、要认真学习应用文的基本知识

由于用途不同,应用文的写作要求也不一样。如新闻和广告,前者表现为公益性,后者表现为赢利性。又如起诉书和申请书,适用的对象范围不同,格式和内容要求也不同。因此,要写好应用文,必须了解它们的特点、作用和要求。在学习应用文知识的时候,要有目的地阅读一些具体的应用文,理论联系实际,才能更好地理解和掌握应用文的写作。

四、要勤于写作实践

学习了应用文的知识,并不一定就能写出好的应用文,因为知识并不等于能力。要把知识转化为能力,需要经历一个过程,这就是必须经历写作实践。那种认为应用文比较简单,不必花费精力去进行写作实践的看法是不对的。不仅要练习写,而且要多写、勤写,持之以恒地写。只有坚持勤写多练,才能很好地掌握和运用各种类型应用文的规格形式及写作方法,有效地提高写作能力。

五、要练好语言文字基本功

语言是文章的第一要素。语言文字基本功不过关,很难写出令人满意的文章。而且应用文在语言文字方面比一般文章要求准确、简练、明快,这就需要作者有较深的文字功底。所以,要写好应用文,就必须认真学习语言文字,练好语言文字基本功,提高自己的语言表达能力。

第五节 应用文的语言要求

一、应用文的语言特点

应用文包含的种类繁多,其语言要求也比较复杂。不同的文种,对语言有不同的要求,但是,对绝大多数应用文来说,其语言要求以实用为准则,必须体现精确、简要、平实、规范的特点。

所谓准确,就是应用文作者必须正确地反映客观事物,表达精确。首先,注意词语之间的细微差别,因为一些政策性极强或具有法律效力的应用文,有时一字之差会带来严重后果,如条据、经济合同、规章制度的文字表达必须字斟句酌;其次,语法正确,不犯语法、逻辑错误,保证语言的精确表达,如"我们要尽量节约不必要的开支和浪费",其中"节约"不能与"浪费"搭配使用,犯了动宾搭配不当的错误。

所谓简要,就是指语言的简明和扼要。应用文的语言要求言简意赅,词约义丰。要做到文字简练,就是要删去与基本观点的表达没有关系或关系不大的字、句、段,杜绝假话、大话、空话和套话;二是要简化层次,意思表达集中单一;三是力戒语言的重复、累赘、堆砌和冗长,尽量使用专用词语、固定习惯用语。

所谓平实,就是语言质朴,不夸张,无雕琢,少粉饰,客观地反映客观事物。在应用文写作中,除了有些文章在引述事实时使用概括叙述和描写方式之外,一般使用说明方式。它不追求语言的形象生动,更不需要"神来之笔"和"惊人之语",除了必须使用的专门术语外,整篇的词句都要明白、自然。

所谓规范,是指行文必须符合国家有关规定,如标点符号的用法、运用名称应注意的事项、时间和数字的使用规定、简化字的使用、缩略语和简称的规定、主题词的选用等。有些专业文书,必须按有关规定统一用语,不得自行其是,以免造成混乱。

二、应用文的语体特点

应用文的语体特点是由应用文的性质决定的。在其书面交流中形成了与其他语体有明显区别的事务语体。因此,要掌握应用文的写作技能,就必须在明确应用文特点的同时,掌握事务语体的运用。

（一）词语

1. 使用明确的单义词、专业词、偏正词语和单音节词,如"外汇""终审""兹""悉""现代住宅制度""全面深化改革"等。

2. 一般不用语气词、感叹词、儿化词,不用富于描写性的词语,在一些陈述性的应用文中,即使有时引用具有描写性的习惯用语,如"一刀切""一条龙"等,也仅是为了陈述得更简明、通俗。

3. 一般不使用口语和方言,要求使用规范化的书面词语。

4. 不滥用简称、略语,但其中有些已被全民语言所吸收、不会引起误解的简称、略语,在应用文中也广泛使用,如"两个文明建设""四项基本原则"等,有些简称、略语只在某些行业、部门或特定情况下使用,还应加以说明。

5. 使用一套常用的事务性词语,这些词语往往反映了各种事务的行文关系和工作程序,形成固定的语言形式。例如,公文的固定语言表达形式,开端用语:根据、查、兹、为了、关于、按照等;称谓用语、第一人称用"本",第三人称用"该";经办用语:兹经、业经等;引述用语:悉、前接、近接等;祈请用语:即请查照、希即遵照、希等;表态用语:照办、同意、可行、不宜、不可等;征询用语:当否、可否、是否可行等;期复用语:请指示、请复等;结尾用语:为要、为盼、为荷、特此函达等。

（二）语法

应用文语言表达普遍运用主、谓、宾成分齐全的完整句;恰当使用附加成分复杂的长句;使用插说成分。单、复句应分清。若违背语法规则,就会出现文理不通现象,影响对应用文思想、内容的表达。例如,行政公文的行文讲究简练,但不能太简,任意压缩句子成分,从而造成句子成分残缺不全,甚至将两层意思混在一起,造成语意混乱。应用文写作中,在单句句式结构齐备的前提下,应注意相关句子成分的搭配,特别是运用联合短语作句子成分时,并列谓语动词同宾语是否对应;在运用句群时,要注意多组状语与单一动词的使用是否和谐,多组定语与同一名词的搭配是否相称等。

（三）修辞

应用文以实用为目的,主要表达方式是叙述、说明、议论,一般不要求抒情和描写,不追求语言的艺术化,不用或少用夸张、比拟、委婉、含蓄等积极修辞手段,为了使语言明白、通畅、严密,主要采用消极修辞。

消极修辞并不意味着不讲究辞章,不追求语言美,而是要以质朴流畅的语言叙事表意,于平淡之中见神采,显示精神美、平直美、朴实美。这比藻饰铺陈更见功力。因此说,"文章不难于巧,而难于拙;不难于曲,而难于直;不难于细,而难于粗;不难于华,而难于实。"

为了增强文章气势,显示应用文阐明事理程度上的差异,也适当运用排比、反复、对偶等修辞手法。

思考与练习

一、什么是应用文? 谈谈应用文写作的重要性。

二、应用文有哪些特征? 试举例说明。

三、简述应用文的类别和作用。

四、应用文有哪些基本要素?

五、提高应用文写作能力的方法有哪些?

第二章　机关事务文书写作

第一节　概　述

一、机关事务文书的含义

事务文书又称业务文书,是党政机关、社会团体、企事业单位或个人为反映事实、解决问题、处理日常事务时所使用的文书。虽然事务文书不属于法定的行政公文,不完全具备法定公文所具有的法定权威性和严格规范的体式,但从广义上讲,事务文书大多以单位、机关的名义制发,同样反映着领导的意图,在管理工作中成为处理公务的不可缺少的工具。所以,机关事务文书也是一种公务文书,是为处理一些公务和信息而使用的准公文。

机关事务文书不是专用文书。专用文书是政治、经济、司法、教育、外交、科学等各行各业都有的,用来反映各业务部门工作的特定文书。本章介绍的是广泛适应于各级各类组织的,使用频率较高、较广泛的几种通用的文书,比如任何机关、单位都要制订的计划、总结、规章制度等机关事务文书,而非特定业务部门所使用的专用文书,比如经济文书、司法文书、外交文书等。

当今社会,各机关单位之间的联系增多,信息处理日益频繁,需要运用通用性公务文书交流沟通的情况很多,机关事务文书的应用范围也不断扩大,在性质与内容以及形式上也有很大创新。如近几年来公示这种新文种的异军突起、广泛使用,越来越受到人们的欢迎与重视。

二、机关事务文书的特点

机关事务文书种类繁多,在形式、内容上的区别较大,但都是为处理公务、传递信息、交流经验、解决实际问题而行文的,并且大都是以机关、单位的名义制发,有特定的发送对象与明确的行文目的,使用广泛,注重实用价值,等等。与其他文书相比,机关事务文书具有以下几个方面的主要特点:

(一)内容真实

机关事务文书的实用性性质决定其所反映的事实、交流的情况必须真实可靠,引用的材料必须有据可查,作出的预测必须科学具体,解决问题的措施必须切实可行,总结出的意见必须明确具体。如果像文学作品一样进行虚构,哪怕是合理的想象,都会作出一些错误的决策和判断,都必然会影响机关事务文书的应用指导作用,给我们的工作带来一定的损失。

(二)针对性强

机关事务文书的内容具有事务性,反映的是机关、单位实施内部管理的日常事务。虽然机关事务文书不像大多的法定行政公文一样写明准确无误的发送对象,但一项计划、一份总结、一篇调查报告或形形色色的规章制度、简报等,其内容涉及范围与发布范围一般都要比公文狭窄,都是写给具体的单位与特定范围的人看的,有着比较具体的阅读对象,其选材范围相应地也有限定,需要针对本单位、本部门或个人的真实情况而言,否则就不能满足实际工作的需要。而且,机关事务文书的制定,都要结合当下的形势与全局情况,根据有关的方针政策,联系实际,有的放矢,才能切中时弊,解决问题。

(三)讲究时效

各类机关事务文书的写作,都有一定的时效性,都要求在目的明确后求新求快。如各类简报的编发,如果所传递的信息已经过时,成为迟到的消息,其传播沟通的价值便丧失了。再如各类总结与调查报告,一般都需要在前一段工作刚刚结束不久或问题刚刚发生,甚至正在发生时就进行总结调查,这样才能迅速发挥指导、沟通、宣传等作用。至于计划这种特殊的文种,其制订的意义与作用,更是有着强烈的时间观念,否则,只能充当历史资料。

(四)灵活自由

与法定公文与各类规约文书相比,机关事务文书在表达方式、布局谋篇以及语言应用上,都比较灵活自由。尽管有的机关事务文书形成了某些约定俗成的写法,但总的来说,只要能达到最佳的表达效果,能准确揭示出事物的特征与本质,概括出规律性的东西,给人以完整而深刻的印象,在具体行文中是不必拘泥于某些模式的。比如计划这一文体,不但内容侧重点与内在结构布局可以各具特点,而且,与之相应的名称上也是多种多样,有打算、设想、安排、规划、要点等;同时,外在结构形式也可灵活处理:既可写成条文式,又可写成表格式。

三、机关事务文书的作用

在不同的历史时期、不同的社会环境和不同的事务范围内,各种不同体式的机关事务文书发挥着不同性质的实用工具作用。但作为一种工具,机关事务文书在解决和处理公务、反映和维系人们的社会联系与交往中,大都具备下列作用:

(一)沟通情况,联系工作

机关单位之间,上下级和同级各部门之间,组织中的成员之间,在具体的工作中,有许多情况需要及时了解,有许多问题更需要协同解决,其间相当一部分都要靠机关事务文书来完成。贯彻政策、联系工作、沟通情况,可以说是机关事务文书写作的出发点,是其最基本的功能。如简报与调查报告等,充分地起到了联系、沟通与凭证的作用。

(二)积累经验,指导工作

大多数机关事务文书,如总结、调查报告、简报等,可以集中、及时、真实地反映情况,揭示问题,并进一步总结出带规律性的认识,积累不少宝贵的经验,再以计划等方式贯彻落实到实际工作中去,成为我们工作的指针,很好地发挥指导作用。

(三)规范行为,监督工作

机关事务文书是履行职能、展开公务活动的真实记录。有些文种,如规章制度、计划、公示等,主要用来贯彻政策、指导工作、规范行为。同时,这些文书又为人们检查、监督工作提供了相应的凭证与依据。

（四）贯彻宣传，促进工作

机关事务文书通过特殊的宣传教育手段，将有关的政策、形势晓谕广大干部群众，以提高人们的认识和觉悟，并进而调动人们的积极性。例如揭露时弊的调查报告，可以起到抨击丑恶、教育群众的作用；介绍经验、表彰先进的简报，可以起到宣传激励的作用；展示自我、总结工作的就职演说与述职报告等，则可以提高人们的政策水平与工作热情。

第二节　简报

一、简报的含义和作用

（一）简报的含义

简报，顾名思义，就是用书面语言对有关情况和问题所做的简要报道。它是党政机关、企事业单位、社会团体为及时反映情况、汇报工作、交流经验、揭示问题而编发的一种内部文件。

简报这个名称的出现，以及它作为一种文体或期刊广泛使用，起源于我国 20 世纪 50 年代中期。在当前，由于它以内部报刊的面貌出现，又多是套红印刷，所以，简报常被人们称为红头小报。而且，在实际应用中，简报还有多种名称，既可称作简报，也可写为动态、简讯、情况反映、内部参考等等。

作为一种应用广泛的机关事务文书，简报同时又是一种比较古老的文体，它的起源可以追溯到汉代。汉武帝初年，就出现了名为邸报的手抄报，简明扼要地反映情况、交流信息。到了唐代，已经出现了印刷的邸报。邸报发展到现代，形成了公开出版的报纸和内部传阅的简报两种形式。

作为一种兼带汇报性、交流性、指导性的内部文书，简报不是正式公文，它对上不能代替请示、报告，对下不能代替通知、决定。尽管有的简报加上了编者按，强调所报道内容的重大意义和作用，这种按语对下具有某种指示的性质，但它并不是简报本身所固有的效用。

（二）简报的作用

简报最早只是下级机关专门用来向上级反映重要情况和重大问题的。后来，随着需要，简报的应用范围越来越广泛，发挥着越来越重要的作用。各条战线，包括政治、经济、军事、外交、科技等领域，各种会议，各级机关，各种事件，无不运用简报这种简捷灵活的工具，迅速、及时地加以反映。可以说，作为一种信息载体，在健全的社会机体中，简报起到了疏通血脉的作用。在上情下达、下情上传、左右沟通、交流经验及资料保存等方面，使用频率很高。

具体分析起来，简报的作用主要体现在以下几个方面：

1. 向上级汇报工作、反映情况

简报可以上行，迅速及时地向上级反映本单位、本系统的日常工作、业务活动、思想状况等，便于上级及时了解情况，分析问题，作出决策，有效地指导工作。

2. 平级机关之间交流经验、沟通情况

简报也可以平行，用于平级单位、部门之间交流经验、沟通情况，以便于相互学习借鉴，促进工作。

3. 向下级通报情况,传达上级意图

简报还可以下行,用来向下级通报有关情况,推广先进经验,传达上级机关意图。

二、简报的种类和特点

(一)简报的种类

简报的种类繁多,按照不同的分类标准,可以划分为很多不同类型。

按时间划分,可分为定期简报和不定期简报。

按发送范围分,有供领导阅读的内部简报,也有发送较多、阅读范围较广的普发性简报。

按内容划分,可以分为工作简报、生产简报、会议简报、信访简报、科技简报、教学简报等等。

下面主要介绍四种类型的简报。

1. 工作简报

工作简报是本部门、本机关单位或本系统编印的长期性的内部刊物。可分为综合工作简报和专题工作简报,还可以分为日常工作简报与中心工作简报。它的任务主要是反映工作开展情况,介绍工作经验,报告工作中出现的问题等,也可以表扬好人好事,批评坏人坏事以及不良倾向,引导各项工作沿着健康的轨道顺利发展。

2. 会议简报

会议简报多用于召开一些规模较大、内容较多、会期较长的会议期间,由大会秘书处或主持单位编印,用以反映会议进展情况、会议发言中的意见和建议、会议议决事项等内容而编写的简报。在一些规模较大的重要会议上,会议代表并不能了解会议的整体情况,譬如分组讨论时的重要发言,有价值的提案等,需要依靠简报来了解会议的基本面貌。会议简报一般要反映的,一是会议的概况,包括预备会情况、会议召开时间、会议日程安排、与会人员身份、人数以及会议目的与要求等;二是会议要讨论和研究的问题,发言人的姓名、职务以及讨论的结果,包括倾向性的意见及个别性的意见;三是重要或典型发言的摘要报道;四是会场的气氛、与会者的情绪与愿望等。

重要会议的简报往往具有连续性的特点,即通过多期简报将会议进程中的情况接连不断地反映出来。

3. 动态简报

动态简报是为反映本单位、本系统的思想、政治、经济、文化等方面的情况、信息以及社会上新近发生的重要或有价值的事情等而编写的综合性简报。动态简报着重反映的是社会或本单位的正反两方面的新情况、新动向、新问题,既可以为领导和有关部门研究工作提供鲜活的第一手资料,又可以让群众及时了解工作、学习、生产、思想的最新动态。

4. 科技简报

科技简报属于信息简报的一种,是为反映最新科学技术研究成果,介绍推广新产品、新工艺、新技术、新理论、新动向而编写的简报。这类简报内容新,专业性强,有的属于经济情报或技术情报,有一定的机密性,必要时需加密级。

(二)简报的特点

1. 规范性

从形式上看,简报虽不是正式公文,但在长期的使用中形成了比较规范的格式,由报头、目录、编者按、标题、报道正文、报尾等部分组成。其中报头、正文、报尾是必不可少的,而且报头和报尾都有固定的格式。

2. 新闻性

简报有些近似于新闻报道,在真、新、快、简四个方面都有一定要求。

"快"是报道要迅速及时。简报写作要快,制作和发送也要迅速,尽量让读者在第一时间里了解到最新的现实情况。只有快,才能新,才能发挥简报的更大价值与功能。

"真"是要求简报的内容必须真实,这也是新闻的第一特征。一方面,简报所反映的内容、涉及的情况,必须严格遵循真实性原则,时间、地点、人物、事件、原因、结果,所有要素都要真实,所有的数据材料都要确凿,决不允许虚构编造;另一方面,在表述上,完全要用事实说话,就事论事,任何的移花接木、添枝加叶都不行。

"新"首先是指内容的新鲜性。简报如果只报道一些司空见惯的事情,就没有多大价值和意义了。所以,简报要反映新情况、新事物、新动向、新思想、新趋势,要成为最为敏感的时代的晴雨表。其次,立意要新,角度要新。简报编写的价值在于通过反映的内容,能给人以新的借鉴、启发。所以,对一些日常性的、普通平凡的材料,如果能在立意的角度加以创新,也是可取的。

"简"是指内容集中,篇幅短小,文字处理上力求简洁,提纲挈领,不枝不蔓。一份简报一般只应反映一件事和一个主题。总之,单从简报名目前冠以的一个"简"字,便可以看出简洁对于这种文体来说是非常重要的。

3. 集束性

虽然一期简报中可以只有一篇报道,但更多情况下,一期简报要将若干篇报道集结在一起发表,形成集束式形态。这样做的好处是有点有面,相辅相成,加大信息量,避免单薄感。

三、简报的格式

简报有两个概念,既可以指机关内部刊物,也可以指这种内部刊物上刊登的文章。作为特定的刊物,简报的结构与内容包括报头、报核与报尾。

(一)报头

首页间隔横线以上称为报头,由简报名称、期数、编发机关、日期、保密提示与份号等项目组成。

简报的报头有些类似公文的红头,一般占首页上方三分之一的版面,而且也是套红印刷,一般用红色间隔线与正文部分分隔开。但在位置排列上与正式公文的版头又有一些不同之处。

1. 简报名称

简报除用××简报、××动态、情况反映等常用四字名称之外,还可加上单位名称、专项工作等内容。如《××大学党的群众路线实践教育活动简报》。简报名称在报头居中位置用大号字套红印刷。

2. 期数

位于简报名称下方正中,加括号。如果是综合工作简报,一般以年度为单位,用六角括号括住年号全称,再加上统一编定的期序号;如果是专题简报,按本专题统编的顺序号排。如果是增刊,就标明增刊字样。

3. 编发单位

一般是××办公室或××秘书处,位于期数下面、红色间隔横线上方左侧。

4. 印发日期

位于与编发机关对称的红线右上。

5. 密级

有的简报保密性高,规定阅后收回,故在首页报头左上角标明密级:绝密、机密、秘密,其他不须标密级的,只标注"内部刊物,注意保存"即可。

6. 份号

确有必要,还可在首页报头右上角印上份号。

(二)报核

报核是简报的核心部分。刊登简报文稿的部分称为报核。报头以下、报尾以上的部分都是报核。报核一般包括以下项目:

1. 目录

集束式的简报可编排目录。由于简报内容单纯,容易查找,目录一般不需标序码和页码,只需将编者按、各篇标题排列出来即可。为避免混淆,可以每项前加一个五星标志。

2. 编者按语

在正文标题的上方,必要时可加编者按语。一般先标示出"编者按"或"按语"字样,然后写出按语内容。正文前面的按语,主要用来交代工作任务来源、本期重点稿件的意义和价值、补充说明、征稿通知、征求意见等。此外,如果对简报中的某一具体观点或材料加按语,可以在该观点或材料的后面写出按语,但要用括号括起来。编者按不可过长,短者三五行,长者半页即可。

3. 报道

一期简报可以只有一篇报道,也可以有多篇报道。依次排列即可。

4. 作者

即简报文稿的具体撰写者。

(三)报尾

报尾在简报末页,用间隔横线和报核分开。报尾内容比较简单,主要写清发送单位名称、印制份数即可。有的简报还在印制份数下方,再用横线隔开,注明主办简报单位的电话、传真、网址、电子邮件信箱等,以便联系。

四、简报文稿的写法

(一)紧扣政策,反映及时

简报是一种政策性极强的事务性文书,它的选题、剪裁、编写过程总要紧跟政治形势,及时传达国家的政策和领导机关的指示精神。作为简报的编写人员,应努力提高自身的政治素质,培养政治敏锐性和洞察问题的能力,从而能够根据当前的工作重心,有的放矢地选取具有时代特征和工作特色的内容组织简报的编写。同时,作为机关文书中的"轻骑兵",简报的职责就是及时迅速地反映情况,传递信息,不论是定期或不定期的简报,都要做到构思、编写、发送的快捷,特别是会议简报,往往需要一日一报,甚至一日数报,不讲究时效性的简报必定会贻误工作。(下图所示为简报样式)

```
┌─────────────────────────────────────────────┐
│   密级                          份号          │
│                                               │
│              简报名称                         │
│               期数                            │
│                                               │
│   编发单位名称              印发年月日         │
│                                               │
│              ××××××××                        │
│               (标题)                          │
│                                               │
│   ××××××××××××××××××××××××××××××××           │
│   ×××××××                                     │
│   ……                                          │
│                                               │
│               (正文)                          │
│                                               │
│   发送单位                  共印份数           │
└─────────────────────────────────────────────┘
```

（二）突出中心，精选材料

一般说来，一期简报只突出一个中心。因此，不管内容多寡，只能围绕一个中心选择一篇或几篇内容相关的或有共性的文章来编写简报，每期简报主题要鲜明，中心要突出。再者，还要对大量的材料进行精选，剔除无关紧要的没有代表性的材料，选取典型的紧跟形势的材料，必要时还要举出具体的事例和数据，内容实实在在，不能空洞无物。在精选材料时，要考虑到简报的发送范围：仅供领导参考、发行范围小的简报，正面或反面的意见、情况、议论都可选用；以面向下级为主、发行范围较宽的简报，则以正面的交流经验、互通情况为主。

（三）篇幅简短，真实可靠

作为简明扼要的情况报道，简报的内容集中、主题明确、结构平直、语言简练，其篇幅必然比较短小，常以千字文为宜，有时可写成二三百字的"花絮"、"简讯"，一般不超过两千字，使人一目了然。如果反映的内容太多，可把简报分成几期；如果是一件大事，内容比较多，则应分别写成几篇，分期连续编发，系统地加以反映。简报切忌重复啰唆，长篇大论。同时，要有喜报喜，有忧报忧，实事求是。凡简报涉及的时间、地点、人物、事件、数据等不能有丝毫的虚假。

【实例一】

工作简报

第 6 期

××办公室编　　　　　　　　　　　　　　　　　　　2013 年 2 月 26 日

每个岗位有标准　　按照标准干工作

今年，公司施行了新的《员工绩效考核办法》，为明晰岗位职责，在征求各部门意见的基础上，保障部制定了现有员工岗位说明书，并组织各部门，已于 26 日前与每个员工签订了岗位说明书。

岗位说明书的签订,是继中高层管理人员签订目标责任书的延伸,旨在:每位员工各司其职,各尽其责。将企业发展的大目标,分解成每个岗位的小目标。真正做到企业发展,人人有责。

今年的员工考核办法更为系统、全面、科学、公正。分层考核企业效益与岗位业绩双项标准。使每个岗位的责任更细化,要求更明确,内容更标准。不仅对任职条件做出了要求,还把岗位责任分解到了员工的每一个工作细节中,对完成每一项工作所要符合的标准都做出了明确的规定,使每个员工都能明确自身的岗位职责。

新办法的实行使公司管理向科学化、规范化、制度化迈出重要一步。在新的一年中,对推进各项工作的圆满完成,激发每个员工的工作热情与工作责任心都将起到重要作用。

报:×××× ×××× ××××

送:×××× ×××× ××××

（共印 100 份）

【评析】

这是一份工作简报,报道了公司最近开展的工作,及时地传达了信息,体现了简报的时效性。全文不足 400 字,言简意赅。

【实例二】

××大学"三讲"教育简报
（第×期）

××大学"三讲"教育领导小组办公室编　　　　　　　　　　1999 年×月×日

目　录

编者按

党委开展调研活动,征集对学校工作的意见和建议

查摆突出问题,研究"三讲"教育方案

化学化工学院加大改革力度　勇于开拓创新

计算机系抓突出问题　加紧制订青年教师培养计划

编者按　在县级以上党政领导班子、领导干部中深入开展以"讲学习、讲政治、讲正气"为主要内容的党性党风教育,是中央和省委进一步落实党的"十五大"精神,推动深入学习邓小平理论,加强领导班子建设,提高领导干部素质的一项重要举措。我校被省委确定为全省"三讲"教育试点单位之一,承担了重要的责任。为了切实搞好我校的"三讲"教育,宣传"三讲"教育的重大意义、指导思想和具体做法,交流经验,我们特编辑了《××大学"三讲"教育简报》。《简报》将及时报道我校"三讲"教育的工作情况。欢迎各部门、各单位惠赐稿件,并对我们的工作提出宝贵的意见。

党委开展调研活动,征集对学校工作的意见和建议

××××年×月×日,学校党委召开由中层领导干部、专家学者、优秀中青年教师和离退休

职工代表参加的调研会,全面征集对学校党政工作和班子成员的意见和建议。到会代表共77 人,收回调研表 74 份。参加调研的同志以对学校工作高度负责的精神,结合学校的工作实际和个人的切身感受,对学校近年来取得的积极进展和党政班子的工作给予了充分肯定,同时也对学校工作中存在的问题提出了许多中肯的、建设性的意见和建议。这些意见和建议为学校领导班子查找自身存在的突出问题,并通过"三讲"教育切实予以解决,提供了重要的基础和依据。

查找突出问题,研究"三讲"教育方案(略)

化学化工学院加大改革力度,勇于开拓创新(略)

计算机系抓突出问题,加紧制订青年教师培养计划(略)

报:中共河南省委"三讲"教育领导小组办公室

送:中共河南省委高校工作委员会、省直有关单位、校领导

发:各党总支;直属党支部、党委各部门

【评析】

这是一则综合性的动态简报,由四篇报道组成,每篇文章都围绕"三讲"教育展开,从不同角度反映学校开展"三讲"教育的成效。其中,最突出中心的文章排在前头。

【实例三】

工作动态

第 14 期

我院首次硕士研究生录取工作圆满结束

我院 2004 年硕士研究生录取工作日前圆满结束。计划招收硕士研究生 60 名,共有 160 名考生报考我院。4 月 29 日、30 日,学院对 63 名初试成绩上线考生进行差额复试,经德、智、体全面衡量,省招生办审查同意,61 名复试合格者被录取,扩大招收 1 人。其中,马克思主义理论和思想政治教育学 12 人,高等教育学 9 人,中国古典文献学 11 人,应用数学 13人,有机化学 16 人。录取考生中本科学历 57 人,占 93.4%。

2004 年是我院被批准获得硕士学位授予权后首次进行硕士研究生录取工作。学院十分重视,加强了对研究生招生工作的领导,按照国家研究生统一考试的有关规定和程序,抓住招生宣传、命题、制卷、初试、复试等主要环节,认真开展了硕士研究生招生录取的各项工作,省招办对我院硕士研究生复试及录取工作表示满意。

(研究生处)

我院召开 2003—2004 学年第二学期期中教学检查情况反馈会

5 月 21 日学院召开 2003—2004 学年第二学期期中教学检查情况反馈会。副院长××、院教学督导组成员、各系(部)主任、分管教学副主任、教务处有关人员参加会议。

会上,通报了期中教学检查有关情况。副院长××作了总结讲话,他指出:学院教学检查专家组通过认真细致的工作,指出了我院教学工作中存在的突出问题,提出了中肯的意见和建议,因此各教学单位要拿出相应的具体整改措施,要始终坚持以教学为中心的办学指导思

想,进一步改善教学条件,加快学科、专业建设,加强师资队伍建设,加强教学研究,推进教学改革,加强学风、教风、考风建设,切实提高课堂教育教学质量。

本次期中教学检查,由院教学督导专家组成员及各教学单位分管教学工作的副主任,共同组成期中教学检查专家组,分别对各教学单位进行了全面而有重点的检查。采用听取各教学单位领导的自查情况汇报、查阅有关材料、召开学生座谈会等形式,最后将检查结果及时向教学单位作了反馈。

从检查的总体情况看:大多数教学单位领导比较重视,各类教学文件基本齐全、归档到位;教学纪律、教学秩序良好;学生评教工作组织到位;试卷批改比较规范;教研活动开展比较正常;能重视本单位的专业建设和课程建设;教学检查、教学质量监控工作基本到住。

同时,也发现一些问题和不足,如专业建设和课程建设还存在一定差距;有的专业教学大纲比较陈旧;青年教师授课质量有待进一步提高;新专业的教学条件需要进一步完善等。

针对检查中发现的问题,专家组建议各教学单位在充分调研的基础上,多渠道地建立实践基地。对教师进行常规教学短期培训;进一步发挥基层教研组织的作用。

(教务处)

××副院长到图书馆调研

6月9日下午,××副院长到图书馆调研。他首先逐一查看了各部、室的设施及工作状况,并向在场的图书馆工作人员和学生了解有关情况,还翻看了有些部室设置的"意见箱"、"咨询簿"、"指示牌"等。而后认真听取了图书馆负责同志关于图书馆开展为读者服务、迎接省图书馆专项评估、电子阅览室建设及拟开展图书馆招标采购等方面的情况介绍。

最后,他对图书馆的工作提出几点意见和建议:第一,图书馆是收集、整理、传播、发展知识的殿堂,是为教学、科研服务最直接的窗口,要牢固树立服务意识,进一步拓展服务领域,在服务时间、服务空间、服务形式上要有更好的体现,最大限度地满足师生的需求。第二,按照评估要求,先在"软件"上查不足、找差距、提意见,制订一个比较具体的迎评方案。第三,进一步发挥现代化阅览设备的作用,使之对师生的学习、提高有更大的帮助作用。第四,图书馆工作人员工作纪律遵守较好,敬业精神很强,应进一步发扬。今后要在业务学习、提高整体素质上安排一些活动。同时扩大书刊导读、情报交流、信息分析、读书经验交流、新书推介等工作范围,扩大受益面。

(图书馆)

我院首次公开招聘专职思想政治辅导员

为了加强思想政治辅导员队伍建设,切实提高学院辅导员队伍学历水平,改善专业结构,建设一支政治强、业务精、纪律严、作风正的辅导员队伍,学院面向各高校应届优秀硕士和本科毕业生招聘思想政治辅导员3名。

此次招聘共有××大学、××师范学院等多所高校的35名应届硕士研究生、本科生符合报名条件。招聘考核过程坚持公开招聘、公平竞争、公正挑选、择优录取的原则。经笔试、面试、公示等程序,最终学院确定××、××、××3名同学为拟聘人选。

(人事处)

简讯

　　"江淮风"全省大学生戏曲演唱比赛大会举行,我院学生参加并获奖。由省委宣传部、教育厅、省文化厅、团省委、省青联、省学联联合举办的"江淮风"全省大学生戏曲演唱比赛,6月5日至7日在××师范学院举行。我院外语系2002级学生××、××表演的黄梅戏《夫妻观灯》荣获黄梅戏组一等奖,美术系2001级学生××表演的豫剧《朝阳沟》选段荣获综合组三等奖。(院团委、院学生会、院学生社团联合会)

　　我院科技创新竞争力在全国最新排名172位。由中国青年报社与中国科学评价研究中心联合作的《中国高校科技创新竞争力评价报告》和《中国高校人文社会科学研究竞争力评价报告》,不久前在《中国青年报》上向社会公布。我院科技创新竞争力在全国619所本科高校中处172位,在全国师范院校中排名第22位,在××省高校(包括××科大、××工大)中排名第5位。我院人文社会科学竞争力在全国570所本科高校中处297位,在××省高校中排第7位。(学院办公室)

　　外语系2002级本科英语专业全国四级统考创佳绩。在2004年5月举行的"高校国英语专业四级统考"中,我院外语系2002级本科学生210人参加了考试,一次性通过176人,通过率为83.81%,属历年通过率最高的一次。超过了全国高校平均通过率20.9个百分点,超过了全国师范院校平均通过率27.42个百分点。(外语系)

　　报:省委教育工委　省教育厅办公室　高教处　社政处　信息中心

　　送:各协作单位

　　发:院内各单位

第三节　计划

一、计划的概念

　　计划,是为将要进行的工作提出预想的目标,并制定出实现这个目标的具体步骤、方法和措施的一种事务文书。无论是单位还是个人,无论办什么事情,事先都应有个打算和安排。事先所做的这个"打算"和"安排"就是计划。计划是一种应用范围广泛、使用频率较高的应用文体。具体地说,计划是党政机关、社会团体、企事业单位和个人为了实现某项目标和完成某项任务而事先做的安排和打算。计划是建立正常工作秩序、做好工作的前提,是领导指导、检查工作并进行监督的依据。计划可以使机关单位的各项工作有所遵循,避免盲目性,同时也可以使群众明确下一步工作、学习的目标,增强自觉性和主动性,充分发挥主观能动作用。

二、计划的特点

(一)针对性

　　计划是根据党和国家的方针、政策、精神和有关法律、法规,针对本系统、本单位、本部门的实际情况制订的。从实际出发制订出来的计划,才是有意义、有价值的计划。

（二）预见性

预见性是计划最本质的特点。计划不是对已经形成的事实和状况的描述，而是在行动之前对行动的任务、目标、方法、措施所作出的预见性确认。制订计划时，事先要对今后可能出现的问题和困难进行科学的分析和判断，并提出相应的对策和预想，而且这种预想不是盲目的、空想的，而是以上级部门的规定和指示为指导，以本单位的实际条件为基础，以过去的成绩和问题为依据，对今后的发展趋势作出科学预测之后作出的。可以说，预见是否准确，决定了计划写作的成败。

（三）可行性

是计划能够实现的保证。可行性是和预见性、针对性紧密联系在一起的，预见准确、针对性强的计划，在现实中才真正可行。如果目标定得过高、措施无力实施，这个计划就是空中楼阁；反过来说，目标定得过低，措施方法都没有创见性，实现虽然很容易，并不能因而取得有价值的成就，那也算不上有可行性。一份好的计划应根据党和国家的方针、政策和上级的有关精神，同时结合本单位的实际情况制订，而且，这样的计划一经制订，其指导作用是强的。

（四）约束性

计划虽不是法定公文，但一经通过、批准或认定，在其所指向的范围内就具有了约束作用，就应该成为工作考核的标准，在这一范围内无论是集体还是个人都必须按计划的内容认真贯彻执行，不得违背和拖延。

三、计划的种类

计划是一个统称，人们可以根据不同的标准把计划划分成不同的类型。如按内容分有综合计划和专题计划；按范围分有国家计划、部门计划、单位计划、科室计划、个人计划等；按时间分有长期计划、中期计划、短期计划或年度计划、季度计划、月计划等；按性质分有生产计划、科研计划、工作计划、学习计划等；按形式分有条文式计划、表格式计划、条文表格综合式计划。一般人们根据其目标的远近、内容的详略、范围的大小、时间的长短等，把计划划分为如下几种：

（一）规划、纲要

规划、纲要的时间跨度大、范围广，内容概括、文字简练，带有全局性和长期性，是全局性、纲领性、战略性的部署，为未来定规模、定方向、定远景。不过纲要比规划更为简略、概括，原则性更强。规划大多是由本单位、本部门制定出来的，而纲要一般是由较高级别的单位制定的。如《××学校十年发展规划》、《全民健身纲要》。

（二）方案

方案一般是短期内就某项任务、课题的具体实施，在目的、要求、方式、方法上都做具体安排，经上级单位批准后就可实行。如《2015 年调整国家机关、事业单位工作人员工资的实施方案》、《学校中文秘书专业实习方案》。

（三）安排

它是计划中最具体的一种。安排的时间跨度小，多指专向工作，目标明确，任务单一，内容具体，要求全面，措施周到，专业性、可操作性很强。一般由本单位、本部门制定。如《常青乡 3 月份植树造林安排》。

（四）要点

要点是计划中较概括的一种。对一定时期内的工作进行安排。它布置主要任务，交代政策，提出原则性要求，提醒注意事项，偏重于原则性的指导。如《××学校20××年工作要点》。

（五）意见

意见多是上级机关向下级机关布置一定时期或一项重要任务时采用的文种。它布置任务，交代政策，提出要求，制定措施。内容可以是概括的，也可以是具体的。它偏重于原则性、政策性的指导。如《商业部系统××年增收节支、扭亏增盈、提高经济效益的意见》。

（六）计划

计划是日常生活、生产、学习中使用最广泛的一种。计划的时间一般在一年之内，内容往往针对本单位的工作或某项具体任务，制定具体的目标、任务、步骤、措施。时间有长有短，内容可全面可单项。如《××县粮食局粮食经营管理体制改革计划》。

（七）设想、打算

设想、打算属于非正式、粗线条的计划，设想的时间较长，范围较大，富于创新性；打算的范围不大，时间较短，富有方向性。如《××市发展商业网点的设想》《年终清仓查库的打算》。

四、计划的基本内容和结构

（一）计划的基本内容

制订计划的目的是为指导或管理生产、经营、工作、学习。为达到一个总体目标，需要各个环节的紧密配合，并形成实现目标的系统步骤、措施和方法，就得制订计划。计划的基本内容主要有：

1. 指导思想

这是制订计划的依据和目的。依据，是指党和国家的路线、方针和政策或上级有关指示，以及本部门、本单位的实际情况；目的，是指为什么要制订某一方面的计划。

2. 基本情况

计划一般是在总结前期工作经验教训的基础上设计的新的工作方案。制订计划时需要对前期计划执行情况进行概括说明，指出成绩、经验或问题和不足，从而根据下阶段的特点，找出当前执行计划的有利条件和不利因素，以确保新的计划建立在坚实可行的基础上。

3. 目标

是指任务和要求。这是计划的主体，明确回答"做什么"的问题。目标应建立在调查研究的基础上，经预测论证，然后确定。计划中的目标要分解到各具体部门，使之成为各部门的具体任务，包括对工作数量、质量、效率、经济效益和社会效益等的要求。

4. 步骤和措施

它要求回答"怎么做"的问题，即实现目标的过程与做法，也包括指挥机构的建立、制度的形成、责任部门的分工协作、时间安排等。它要尽可能具体、详尽，便于检查，以确保计划在执行过程中环环相扣，衔接自如。

（二）计划的结构

计划既可采用条文式计划，也可采用表格式计划。条文式计划后面也可附统计表，表格式计划往往也有相应的文字说明。

条文式计划的结构通常由标题、正文、落款三部分组成。

1. 标题

常见的有以下几种形式：

（1）完整式标题。由制订计划的机关或单位名称、计划的时限、计划的内容（事由）和文种四要素组成。如《××职业技术学院 2013—2014 学年度工作要点》。

（2）省略式标题。即省略完整式标题中的单位名称或时限。如《2015 年调整国家机关、事业单位工作人员工资的实施方案》、《××电缆厂政治学习安排》。

（3）文章式标题。概括计划的内容或要达到的目标。如《为本公司扭亏为盈而奋斗》。

2. 正文

这是计划的主要部分，一般包括前言、主体、结尾三部分。

（1）前言。前言是整个计划的导语，这一部分，一般不设小标题，篇幅也要简短。其写作方式常见的有：

① 分析式。简要分析本单位的基本情况，说明制订计划的基础和背景。

② 说明式。概括说明制订计划的依据、目的等。例如："根据市委关于商业服务业改革会议精神和我公司试点经验，公司经理和党委决定，从 20×× 年元旦开始有领导有步骤地推行经营承包责任制。通过这次改革，打破'大锅饭'的局面，充分调动企业和职工的积极性，实现服务质量和服务态度的根本好转，达到扭亏为盈，国家和个人都增加收入的目的，开创公司工作的新局面。"

③ 目的式。交代制订计划的目的。例如："为了更好地开展我公司的公共关系工作，协调公司与外部公众及公司内部各部门之间的关系，提高社会知名度和美誉度，公共关系部将在 2013 年开展以下工作。"

（2）主体。主体是计划的主要部分。它包括目标和任务、步骤和措施、时间安排三部分。

目标和任务。包括两个方面：一是总的任务和指标，即在一定时间内要完成的工作，要达到的指标，要求具体写出所要完成任务的数量、质量、程度、时间期限等。二是具体任务，即计划要完成哪些任务，要做哪些具体工作，要求内容具体，做多少，什么时候完成，由什么部门负责执行等都力求明确。内容简单的计划也可把总的任务和具体任务合并起来写。如《地区种子工作站 20×× 年第一季度工作计划》一文，首先写总的任务与要求："随着农业生产的发展，种子工作必须跟上去。今年第一季度初，要开展一次以县为领导、以乡为单位、以种子站和农业技术推广站为指导的种子普查活动……"然后从"开展乡与乡之间的种子串换"、"进行室内种子精选，提高品种质量纯度"、"掌握品种适应地区，推广新品种"、"加强防寒保温措施，保证种子正常发芽率"等四个方面提出了具体的任务和要求。

步骤和措施。主要写怎样做，采取哪些步骤，如何加强薄弱环节，利用有利条件，调动一切积极因素，以期最有效地完成计划。

安排。这部分内容也可以穿插在措施、办法中。

（3）结尾。主要用来提出执行计划的要求和注意事项。一般用一个段落，篇幅不宜过长。也有写完主体内容就结束全文的。计划结尾常见的形式有：

① 展望前景式。如"该计划完成后，我厂的经济效益将大幅度提高，广大职工的生活状

况也将会有很大的改善。"

②发出号召式。如"希望全体党员干部能以极大的热情来完成计划中所提出的任务。"

③补充说明式。补充说明正文中不宜说明的内容,如在执行计划时应该注意的问题等。如中央党校文史部"三讲"教育工作计划的结尾:"本计划为初步安排,执行中视学校要求、工作情况可作调整。"

3. 落款

落款写出制订计划单位、制订日期,如标题中已写明单位名称,落款则不用署名。

表格式计划是一种以表格和数字为主,辅之以少量文字表述的计划形式。这种表述方式便于对照和检查,具有清晰、明白、直观的特点。一般适用于专业性、业务性和与数字的关联性比较强的工作计划。表格式计划的主要难点在于对表格格式的设计,只要设计好表格,按要求填写数据即可。不易用表格表达的内容,如计划的指导思想、依据、工作措施、要求等,应使用简要文字在表格前面或后面加以说明。

五、计划的写作要求

(一)制订计划要符合政策法规

计划在事务文书中是一类指导性较强的文书,经常作为工作的依据。因此制订计划必须符合国家的法律法规,符合各级政府的有关规定和政策,同时还要了解主管部门或上级单位的指示或要求,要有全局观念,处理好全局与局部、国家和个人、当前任务和长远发展之间的关系,使计划发挥积极的作用。

(二)制订计划要从实际出发,量力而行

计划中所定的目标,所提的措施,一定要实事求是,合乎本单位、本部门的实际情况。制订的指标,要留有余地,经过努力能够实现,措施也要切实可行。

(三)制订计划要进行科学的预测

计划在实施过程中常常会出现一些新情况、新问题、新矛盾。因此,制订计划应有科学的预见性,保持必要的灵活性,并在有效的控制下实施。出现新情况、新问题,就能及时修订、补充和完善计划。

(四)计划的内容要力求具体、明白

计划也就是说一般应包括为什么做、做什么和怎么做、由谁负责、何时完成五个方面,要使计划切实起到指导工作的作用,不仅应明确计划的任务指标要求,还要确定完成任务的措施步骤。不能只列出几条空洞的目标,怎样去做,也无法检验评估,使计划成为一纸空文。执行者不知应怎样去做,也无法检验评估,使计划成为一纸空文。

【实例】

经贸学院文秘专业实习计划

为突出高职教育优势,强化学生专业技能,根据文秘专业教学计划安排,在完成课堂的理论和实践教学环节后,集中安排第六学期进行专业实习。通过实习,一方面巩固所学知识,检验理论,强化技能;另一方面,让学生认识社会,适应社会,补充所学之不足,为毕业后尽快适应岗位要求,成为具有较强的办事、办文、办会和公关策划能力的文秘人才打下基础。现做出如下计划:

一、实习安排

（一）实习时间：2014年2月23日开始实习，2014年7月3日结束实习，返校办理毕业手续。

（二）实习地点：省内行政、事业单位及企业的办公、接待、管理等部门。由学生自主联系实习单位和系里统一集中联系相结合。师生通过各种渠道获取就业信息，向用人单位推荐（自荐）优秀学生实习（就业）。系里推荐实习单位有：1. 济南钢铁集团总公司；2. 山东省青年旅行社；3. 山东省公关协会；4. 团省委机关服务中心；5. 山东青少年活动中心；6. 山东省宣传干部培训中心等。

（三）实习内容：根据本专业已开设过的《秘书原理与实务》《公文写作》《秘书礼仪》《办公自动化》《档案管理》《公司秘书实务》《公关实务》等专业课程，做好办公室事务管理、接待值班、处理信访、收发文件、写作文稿、整理档案、组织会务等工作，在工作实践中逐步进入职业角色，培养职业精神，锻炼职业技能。主要技能包括：1. 办公室日常事务能力；2. 信息收集处理能力；3. 文书拟写能力；4. 调研能力；5. 公关、协调能力；6. 办公自动化设备应用能力；7. 用人单位需要的实际工作能力。

（四）实习的方法：本着统一安排、灵活行动、科学管理、严格考核的原则，组织专业实习。1. 学生离校前，由系里统一进行毕业实习与谋职就业的相关教育，包括毕业实习动员、毕业论文（社会调查）写作方法、就业趋势报告、就业技巧讲座等，并提前安排毕业论文指导教师。统一发放与毕业实习、求职就业相关的书面材料，包括实习单位联系函、实习鉴定意见书、学生就业推荐书（含各科学习成绩）、学生就业协议书等。2. 学生实习期间，由系里组成实习领导小组，宏观指导，重点巡视。3. 由专业教研室负责拟定有关的毕业论文参考题目，发给学生（参见附件1），并安排相关的实习指导老师（参见附件2），进行专门的指导，提出具体的论文要求。4. 学生自定实习计划，自觉遵守实习单位有关规章制度，完成实习工作，由实习单位出具实习鉴定，实习结束后，完成毕业论文、调查报告或实习报告，并将实习单位鉴定书与论文上交，以供系实习指导小组进行综合鉴定。5. 系里组织教师对学生的毕业论文、毕业作品及实习报告进行鉴定，按优秀、良好、合格、不合格等级计入学生档案。在媒体公开发表的作品原则上以成绩优秀计入。

二、实习作业要求

（一）实习作业形式：学生应根据实习岗位具体情况，结合实习工作收获与体会，在下列作业中选择一项完成：1. 毕业论文。参考附件1中的选题，也可作其他选题，但原则上选题不应超出文秘专业领域。毕业论文字数不少于3000字，须有摘要、关键词、注释、参考文献等相关内容，符合论文格式要求。2. 调查报告。参考附件1中的调查报告选题，也可结合实习工作选题调查，完成报告。3. 实习报告。实习报告是对个人实习情况进行全面总结完成的报告，要写明实习岗位、实习基本情况及实习的得失体会，要求有独特的视角、鲜活的材料、真切的感悟和深入的思考，字数不少于2000字。4. 实习部门要求完成的专题性或综合性写作材料。如两千字以上的通讯、典型材料、专题调查、总结、报告等，须有媒体发表或实习部门证明。

（二）实习作业格式：1. 发表作品提交原稿（电子版）及发表作品复印件，论文、实习报告等提交电子稿及打印稿。2. 作业一律使用 A4 纸单面打印,左侧装订。字体字号参见附件 3 格式。

（三）提交作业时间:实习结束,将电子版实习作业发到实习指导教师邮箱。返校时携带打印稿统一上交系里。

第四节　总　结

一、总结的含义

总结是对过去一定时期内的工作加以回顾、检查、分析和评估,归纳、概括成功经验、反思不足,并从中获得规律性认识,以指导今后一定阶段工作的事务文书。

总结是与计划相对应的一个文种,有计划,就必然有总结。可以说,总结是对计划目标任务完成情况的回顾和检查。总结有时也可称为小结、经验、体会、回顾等。

二、总结的特点

（一）客观性

总结是对过去工作的回顾和评估,必须实事求是,其内容必须完全忠实于客观事实,以事实为依据,做到有一说一,有二说二,不能添油加醋或报喜不报忧,更不能无中生有。

总结当然应该有观点,但其观点应是以客观工作实际为依据作客观分析得出的,不能任意拔高或者主观臆断。

（二）理论性

总结不是简单回顾业已完成的工作任务及其过程,更重要的是在对过去工作认识、分析、研究的基础上,把感性认识上升到理性高度,把握其中的规律性,概括出具有本质的、规律性的、典型性、指导性、带有推广价值的经验理论,用以指导以后的工作。当然,总结的说理,不是长篇大论,而是高屋建瓴、提纲挈领;同时,它也要用实际工作的真实的业绩和成果所形成的典型材料去证明有关结论的正确性。

三、总结的种类

按内容分,有工作总结、学习总结、思想总结、生产总结、活动总结等。

按时间分,有阶段总结、年度总结、季度总结、月度总结等。

按范围分,有个人总结、单位总结、部门总结、行业总结等。

按性质分,有全面总结、单项总结、专题总结等。

四、总结的结构与写法

总结一般由标题、正文和结尾三部分内容组成。

（一）标题

总结的标题一般采用公文式和新闻式两种写法。

公文式标题由"单位名称+时间+内容+文种"构成。如《×××市财政局 2014 年度工作总结》。

新闻式标题往往以所要表述的观点或主旨为标题。如《坚持改革，不断完善岗位责任制》。有时也可以采用双标题，正题是观点或内容的概括，副题则是单位名称+内容+文种。如《薄利多销，保质保量——上海市××饭店成功经验介绍》。

（二）正文

总结正文的结构模式为：

引言：主要概述基本情况，或者简要说明某项工作任务完成的背景、时间以及总体成效等，为主体部分的展开做好铺垫。

主体：主要包括成绩和做法、经验和教训。

1. 工作情况

即进行了哪些工作，采取了哪些措施、方法和步骤，有哪些效果，取得了什么成绩。

2. 经验和体会

即工作中哪些做法是成功的，取得成绩的主客观因素是什么。这部分是总结的重点，在全文中占主导地位，写作时要注意主次，注意把感性的认识上升到理性认识的高度。

3. 问题和教训

即工作中遇到哪些问题，给工作带来哪些损失和影响，着重分析问题和教训存在及产生的主客观原因。当然，这部分内容可视总结的重点而取舍。如果是着重反映问题的总结，则应该把这一部分当成重点来写。

4. 今后的打算和努力方向

即针对工作中存在的问题，提出切实有效的改进措施，提出一些新的奋斗目标，以表示决心，展望前景，鼓舞斗志。这部分内容要比较简略，因为要制订解决问题的具体方案，这是属于计划的内容。

结尾：一般写今后的努力方向，也可以提出今后工作的初步的设想和安排。当然这些内容也可不写，直接结束。

总结正文主体部分常见的结构形态有三种，即纵式结构、横式结构和纵横式结构。

纵式结构的总结就是按照有关工作或活动的发展过程为序展开内容。写作时，在时间上把过程划分为几个阶段，按时间顺序分别叙述每个阶段的成绩、做法、经验、体会。这种写法的好处是有关工作或者活动的线索比较清晰，便于读者了解过程和全貌。

横式结构的总结就是按有关事实的性质和规律的不同，分门别类地依次展开内容，使各层之间呈现相互并列的态势。这种写法的优点是各层次的内容鲜明集中。

纵横式结构的总结，在安排内容时，既考虑到时间的先后顺序，体现事物的发展过程，又注意内容的逻辑联系，从几个方面总结出经验教训。这种写法，多数是先采用纵式结构，写事物发展的各个阶段的情况或问题，然后用横式结构总结经验或教训。

主体部分可用小标题将内容分为若干层次，每层加一个概括核心内容的小标题，重心突出，条理清楚。也可用"一、二、三……"的序号排列，层次一目了然。

五、总结的写作要求

（一）要有明确的写作目的

首先，应将明确的写作目的和严肃的写作态度紧密地联系在一起。总结的写作不应流于形式上的应付上级的指令,而要以党和国家的方针、政策为指引,以上级的有关指示为依据,认真地检查工作,细心地分析成绩,敏锐地发现问题,为今后的工作积累各方面的经验指导。

其次,写作目的不同,侧重点也就不一样。向上级领导汇报的综合性总结,重在概述基本情况与列举所取得的成绩,多写做法而少写分析。向本单位干部群众作综合性的总结,不但要交代全面具体的做法、成绩,而且要对经验作出深入分析。

(二)要突出重点

总结要全面地概括已有的实践活动,但也应避免面面俱到、事无巨细地把所有情况或所有经验都写进来,而是要抓要害、抓牛鼻子地来突出重点内容。所谓重点,就是工作进程中的主要方面和主要矛盾,以及取得的主要成绩和存在的主要问题,对于经验或原因的归纳要尽可能地上升到规律性的高度。因此,在总结的构思及写作过程中,这种对大量感性材料的剪裁、筛选、分析、概括要以一贯之,始终围绕工作的主要方面及主要矛盾来落笔,就能重点突出,给人留下鲜明的印象。

(三)要有个性特色

总结要努力写出个性特色来。每个单位的情况不一样,每个阶段的工作任务也不一样,工作环境、工作条件变化了,工作方法与工作效果必然就有差别,因此总结出来的内容也应该有自我的独特性。当然,有些总结由于内容、格式等因素的影响,确实难以表现出个性,但是,只要力争新颖,而且在突出重点、精于剪裁和文字表达等方面下大工夫,还是能够写出有独特个性特色的总结来的。

附:总结与计划的关系

总结与计划在内容与写作上有一定的联系。计划是总结的前提和依据,总结是计划的检验和结果。在人们的社会实践中,总结与计划是沿着计划—实践—总结—再计划—再实践—再总结的螺旋式道路前进的。因此,二者的关系是相辅相成、相得益彰,缺一不可的。

做总结既要以计划为依据,又要对计划完成情况作出判断;计划的制订也要以上一阶段的总结为依据,其目标、任务、措施都应参照上一阶段总结的情况提出来。计划回答的是"做什么"、"怎么做"、"做到什么程度",而总结要回答的是"做了什么"、"做得怎么样"、"为什么这样做"。

【实例】

竞争情报分会 2011 年工作总结

2011 年,竞争情报分会工作在上级学会的领导下,在第二届理事会工作构想的指导下,在挂靠单位中国兵器工业集团第二一〇研究所的大力支持下,全体理事会常务理事、各工作部主任和委员们共同努力,广大会员们积极参与,分会秘书处团结一致、兢兢业业,一如既往、牢固树立为会员服务的意识,继续开展学术交流、发展国际合作、举办普及活动、推动学科建设、完善组织建设;与此同时,遵循上级学会和挂靠单位的改革思路,探索和尝试社会效益和经济效益双赢的学会工作模式。现将 2011 年工作汇报如下。

一、充分听取理事对分会工作的要求和建议

1. 召开第二届理事会第二次常务理事扩大会议,部署 2012 年工作

分会于 2011 年 2 月 6 日召开了北京区第二届理事会第二挺常务理事扩大会议。参加会议的在京常务理事对分会 2011 年度工作总结和 2012 年工作计划、2011 年度财务收支情况、审批新发展团体会员单位和审议增补理事名单的议案、表彰优秀分会干部及积极分子的建议及名单的议案经过认真讨论和审查后,获得一致的同意和通过。会上常务理事围绕分会 2012 年的工作、分会的建设和竞争情报事业的发展提出许多建设性意见。

2. 召开第二届理事会第一次理事会议,商议 2012 年年会工作

第八届年会上,分会召开了第二届理事会第一次理事会议,来自全国各地的 30 余位理事及其他代表出席了会议。会上总结了第二届理事会以来的工作,并对下一届年会的主题和举办方式进行了讨论,理事们对第九届年会的举办提出了建议。

二、中美两会理事长在京会晤,加强了国际交流

在分会办公室克服阻力、积极努力下,2011 年 5 月 28 日,应邀来北京访问的现任美国竞争情报从业者协会(SCIP)主席、杨伯翰大学商学院 Paul Dishman 博士与分会理事长胡星光所长进行了友好的洽谈,探讨中美两会的未来合作事宜。此次会晤,加深了两会的了解与友谊,为今后进一步的合作打下了基础。

三、围绕行业热点,成功举办第八届年会,推动竞争情报发展

2011 年 9 月 19~21 日,分会与挂靠单位中国兵器工业集团第二一〇研究所联合举办的中国科技情报学会竞争情报分会第八届年会在厦门成功召开。来自全国各地的情报(信息)所、行业信息中心、高校信息管理系、企业信息部门、专业咨询机构等部门的代表共 61 人参加了此次研讨会。竞争情报分会年会,是竞争情报分会每年最重要的一项活动。该会是竞争情报同仁与国内竞争情报专家充分交流、开阔眼界、广交益友、推进合作的一次盛会。正当我国奋起迎接入世后的挑战的重要时期,分会第八届年会以我国入世与竞争情报为会议主题,具有非常鲜明的时代特征和十分重要的意义。为了组织好此届年会,分会秘书处全力策划,在学术研究部的大力支持下,先后两次召开会议,充分听取专家的意见,确定议题、会议形式及专家报告,及早通过媒体、杂志、网站刊发研讨会征文通知,对应征论文的评选及会议宣传等各项准备工作做了认真筹备和精心安排,以保证年会的顺利举行。此次会议与往届年会相比具有如下特点:

1. 组织的专家报告最多

在分会副理事长、理事及会员和专家的支持下,此次会议共组织了 8 个报告,其中包括 5 个主题报告、3 个专题报告。分会张典耀副理事长和缪其浩副理事长分别作了题为《用竞争情报的理论和方法为政府的软课题提供服务》和《国家竞争情报》的主题报告,用江常务理事作了题为《美兰德公司是如何走向市场的》主题报告,3 位理事、会员等竞争情报的专家分别作了专题报告。他们提出的许多新颖观点和独到见解,引起强烈反响。

2. 报告的覆盖面最广

由于分会的会员构成包括政府、部委、省市信息机构、企业、咨询公司、院校等,因此在组

织报告时,从横向看,安排了来自政府、部委、省市信息机构、企业、咨询公司、院校的各方专家,同时从纵向看,安排了包括竞争情报搜集、竞争情报方法、竞争情报体系、反竞争情报等反映竞争情报基本研究内容的报告,使各方与会人员均有所获。

3. 会议的形式最多

经过精心策划和周密安排,会议分为主题报告、专题讲座、竞争情报工具演示、竞争情报论坛、圆桌会议五个部分,同时还召开了第二届理事会第一次理事会议、有奖联谊会,组织会员参观游览风景秀丽的园林城市。

4. 初步尝试市场化运作

由于学会的特殊性,所以我们目前的经营途径主要是争取赞助、博得专家的支持以及精打细算。首先是诚征赞助,经努力得到了百度在线网络技术公司的支持,虽然支持力度有限,但摆脱了以往办会靠挂靠单位支持的局面,初步实现了以会养会的目标。

这次会议资料准备充分,获得了与会代表的赞许和好评。包昌火名誉理事长在会前的策划中,会议期间的组织工作中,以及会议后,多次对我们的策划工作和组织工作给予了充分肯定。代表们认为,此次会议高效、有序,内容丰富,认识了许多业界专家,启发颇多,很有收获。

我们相信,通过这次会议,将把业界专家及其同仁们新的理念、新的观点、新的成果、新的方法、新的经验、新的工具转化为共同的财富,为我国保持持续发展能力和形成核心竞争能力作出新的贡献。

四、各工作部积极开展活动

1. 学术研究部积极配合和支持秘书处,使第八届年会获得圆满成功。(略)
2. 咨询服务部组织竞争情报咨询与企业需求沟通会获会员热烈响应。(略)

五、抓住入世机遇,积极开展普及竞争情报活动

中国入世凸显了竞争情报对于商战的重要性,为发展我国竞争情报业提供了良好的舆论导向和社会环境,是千载难逢的发展良机。为此分会积极努力支持会员单位开展各种活动,借助社会力量为普及竞争情报理念作出了应有的贡献,同时扩大了分会在社会上的影响。

1. 联合举办中国入世与竞争情报报告会。(略)
2. 联合举办2012年中国企业竞争情报应用战略高级研讨会。(略)

除此之外,分会作为支持单位大力支持万方数据和北京科技情报学会分别召开的竞争情报与企业竞争力高级研修班和企业知识管理与竞争情报应用战略研讨会。这些会议吸引了许多企业会员参加,推动我国竞争情报从情报研究推动型向企业需求拉动型发展。

六、继续推动学科建设

1. 国家自然科学基金项目结题并正式出版。(略)
2. 出版会议论文集。

为了充分展示我国竞争情报研究和实践活动的成果,客观记录我国竞争情报研究的发展轨迹,竞争情报分会经过积极筹备、克服困难,自行承担编辑、校对工作,将2010年和

2011 年的论文选择结集出版(竞争情报与知识管理)。

七、树立服务意识,开拓服务会员的新渠道

1. 收、编和推荐竞争情报资料。

2011 年服务工作的一个有效的途径就是积极收、编与竞争情报有关的资料向会员及广大热衷于竞争情报的社会各界人士推荐,至今共推出了 19 本图书,为会员们开展竞争情报研究,了解国外理论与实践提供资料服务,得到了会员们的好评。与此同时,还吸引了大量的非会员。

2. 网站开通。(略)

八、进一步健全组织管理工作,增强分会的凝聚力

1. 会费管理。(略)

2. 会员管理。会员管理工作正在实现数据库化管理,制定优惠政策以堆护和保障交纳会费的会员利益。

3. 会员发展。2011 年共发展 17 个团体会员,25 名个人会员。从会员行业分布看,百度在线网络技术公司和华联超市股份有限公司作为团体会员加入分会,打破了没有 IT 业和商贸业会员的局面;新发展会员中有 5 个大型企业,10 家咨询公司,分会会员的构成正在向着预定的目标发展。

4. 认真完成分会的复查登记工作。(略)

分会 2011 年取得的成绩,应归功于上级学会的领导,挂靠单位中国兵器工业集团第二一O研究所的大力支持,以及全体理事和常务理事、各工作部主任和委员们的共同努力,也是与广大会员们的积极参与分不开的。在此对积极参与组织分会各项活动并付出了艰辛劳动的理事和常务理事、各工作部的委员们、挂靠单位的全力支持,资助我们的百度在线网络有限公司,以及支持我们的《情报理论与实践》、《中国信息导报》、《咨询导报》等媒体表示深切的谢意并致以崇高的敬意。

九、存在问题

1. 会员对培训和认证工作的呼声很高,分会一直在酝酿和努力,如何展开真正意义上的培训,确实遇到了一些困难,应该说师资是发展培训工作中最大的瓶颈。2012 年,分会应协同普及培训部以及其他合作单位积极努力,以满足会员们日益高涨的需求。

2. 网站和刊物是宣传学会、服务会员的重要窗口,分会将在有限的人力和物力的条件下,利用社会的力量,加强网站维护,争取一些热衷于竞争情报的媒体开辟专栏,宣传和推广竞争情报事业,为推动竞争情报事业在我国的发展作出应有的贡献。

【评析】

这是一份年度工作总结。采用纵横结合的方式行文,将竞争情报分会一年来的各方面工作情况作了一个比较全面的回顾,重点总结了有关的做法与成绩,同时对存在的问题也有所揭示。

第五节 调查报告

一、调查报告的含义、特点与作用

调查报告是针对某一现象、某一事件或某一问题进行深入细致的实地调查,对获得材料进行认真分析研究,发现本质特征和基本规律之后写成的书面材料。

调查报告是一种在新闻领域和机关应用文领域中都可采用的常用文体,既可以作为公文发送(一般以附录形式出现),又可以作为新闻报道在报纸上登载(在报刊上发表的时候,也可以叫做新闻调查)。区别在于:在机关之间流通的调查报告,可以没有新闻性,而在报刊广播上发布的调查报告,必须有新闻性。

调查报告与总结这种文体极为接近:都是对以往实践活动的回顾与反映,都要求总结成绩与经验,分析问题,提出带普遍性的问题,揭示事物发展的内在规律,以便指导下一步的工作实践。区别在于:第一,写作目的不同。总结的回顾过去,展现成绩与问题等,目的是为了及时归纳出经验教训,做好今后的工作。调查报告的写作目的在于提出社会普遍关注的问题,以引起广泛的重视,或者推广点上的经验,推动面上的工作。第二,取材范围与写作角度不同。总结的取材范围立足于本单位、本部门或本人的情况,需要从自身的观察角度,采用第一人称的方式行文。调查报告的取材范围比较灵活,既可以反映一个单位的点上的情况,也可以反映许多单位都存在的面上的情况,而且采用比较客观的第三人称的方式行文。第三,表达方式不同。总结要求叙议结合,以议为主,对基本情况与具体做法语焉不详,但对情况的分析要有所强调。调查报告引用具体材料比较多,注重事实的报道,要求寓经验于对事实的陈述中,重在叙述。

调查报告应用广泛,在宣传与管理等方面,起着非常重要的作用。首先,调查报告可以大量客观地反映情况,交流信息,进行有益的理论研究与探索;其次,调查报告反映的情况,探讨的规律,可以为上级决策提供依据,指导工作;再次,调查报告所宣传的典型,推广的经验,有极大的现实意义,可以推动面上的工作健康顺利的发展;最后,调查报告所揭示的问题或弊端,起着针砭时弊、纠正不正之风的监督作用。

二、调查报告的类型

调查报告的种类较多,可以依据不同的分类标准,从不同的角度进行分类。按调查的范围分,可以分为综合性调查报告与专题性调查报告;按形式分,有考察报告、调查综述、信访调查、小调查、微型调查、调查与思考、调查附记等。通常的划分方式是将内容与作用结合起来考虑,主要可以分为:

(一)介绍典型经验的调查报告

主要用来介绍某先进地区、单位或个人在日常的政治思想、经济建设、科学教育等方面取得的突出的成绩,反映他们的具体做法和成功经验。写作时要列举成绩、总结经验做法及意义等。介绍经验的调查报告跟那些以反映工作成绩为主的工作通讯有些近似,区别在于调查报告重在调查,特别注重对调查过程和调查所得数据的叙述和列举。

（二）揭露问题的调查报告

揭露问题的调查报告是比较多见的一种调查报告样式，主要是针对现实生活与实际工作中存在的某些带倾向性的问题展开调查，分析问题的种种现象与危害，找出产生问题的深层原因，探讨解决问题的办法与措施。它的主要功能是揭露和批判，探究问题产生的原因，分析问题的症结所在，提供解决问题的思路和方法。

（三）反映社会情况的调查报告

这是针对一些社会情况，尤其是生活中出现的新现象、新事物、新变化、新问题所写的调查报告。这类调查报告所反映的社会情况，可以广泛涉及社会风气、婚恋、赡养、衣食住行等群众生活各方面的基本情况。

这类调查报告虽不直接反映政治、经济等重大问题，但百姓生活也是跟政治、经济密切相关的。另外，这也是群众最为关心的一些问题。因此，各种新闻媒体都十分重视这一领域的报道。

（四）考察历史事实的调查报告

这类调查报告是根据现实的需要，对某些需要重新审查评定的重大历史史实、历史问题或事件进行调查，通过调查，得出大量确凿的事实，借以反映历史真相，还历史以真实面目。

三、调查报告的写法

调查报告的结构没有固定的格式，不同内容的调查报告可以有不同的结构形式。一般地，从外部形式上看，调查报告由标题、正文和落款三部分组成。

（一）标题

调查报告标题的具体写法多样，通常以简洁的文字概括调查的对象、调查的内容范围、调查的主旨等，基本结构形式可以分为以下两种：

1. 单标题

（1）公文式标题

即按照调查对象+调查内容+文种名称的公式拟制标题。如《××省税收征管改革情况的考察调查》就是这样的标题，其中"××省"是调查对象，"税收征管改革情况"是调查课题，"考察调查"显示文体是调查报告。这样写的好处是庄重平实，规范明了，写法上易于操作，阅读时易于掌握，文种也很明确。这样写的不足之处是太模式化，容易雷同，不够新鲜活泼。

（2）常规文章式标题

具体方式灵活多样。可以用问题作标题，如《大学生上网究竟干些什么?》；可以用一个判断句阐明作者的观点，如《莘莘打工者，维权何其难》；也可以直接叙述事实，如《都市打工妹的情感生活状态》；还可以用形象画面暗示文章内容，如《航空母舰逐浪经济海洋》等等，不一而足。

2. 双标题

双标题由正副两个标题组成，其中正标题一般采用常规文章标题写法，主要揭示调查报告的主旨、内容等。副标题一般标明调查对象、调查事项、调查的范围和文种名称。如《人性的扭曲——对××地区家庭暴力问题的调查》。

（二）正文

调查报告的正文部分大致分为前言、主体、结语三个层次。

1. 前言

调查报告的前言，又叫导语或开头，通常包括以下内容：

（1）概括说明调查对象最主要的情况，使读者对将要调查的对象的基本情况有一个大致的了解。例如《靠名牌赢得市场——关于深圳市飞亚达（集团）股份有限公司的调查》的开头：

飞亚达（集团）股份有限公司（以下简称飞亚达）是一家以生产钟表为主的大型企业，1987年成立于深圳。在经济特区这块改革开放的沃土上，该公司坚持不懈地实施名牌战略，终于在竞争激烈的钟表行业后来居上。历经12年的艰苦创业，飞亚达由一个钟表小厂发展为总资产逾8亿元，年创利润8000万元的上市公司，成为国家同行的翘楚。

这个开头把飞亚达公司的历史背景、发展情况和现状以及主要成绩作了概括的介绍，提纲挈领，统率全文。

（2）简单地交代调查本身的目的、方法、时间、范围、背景、过程及收效等，使读者对调查的过程和基本情况有所了解。如《关于农村中小学收费问题的调查报告》一文的开头：

8月下旬至9月上旬，由中央农村工作领导小组办公室牵头，国家计委、财政部、教育部、农业部、国务院纠风办、国务院法制办等有关单位参加组成联合调查组，到河南、安徽、湖南、陕西等4省的12个县市、50多所学校，对农村中小学义务教育收费情况进行了调查。总的印象是，通过近几年的专项治理，农村中小学乱收费现象蔓延的势头总体上已有所遏制。但是，收费不规范的问题仍普遍存在，有的地方还相当严重，群众对此反应十分强烈。现将有关情况报告如下。

这个开头交代了调查的时间、组织规模、调查范围和结论等几个方面。

（3）概括叙述调查的基本内容，包括调查者的具体评价、问题的暴露、有关的研究结果、意义、影响等。如《加强预算外企业管理势在必行——对中央在武汉物资系统预算外企业的调查》一文开头：

近几年，一些国营企业单位，陆续兴办了一批全民所有制预算外企业。就预算外企业的管理问题，我们调查了中央在武汉的几家物资公司，发现问题不少，很值得各级管理部门重视。

再如《明晰产权起风波——对太原市一集体企业被强行接管的调查》的开头：

企业要求按照有关法律、法规和政府规定明晰产权，本来是件好事。可太原市一家集体企业却因为明晰产权被所在区政府部门强行接管，陷于瘫痪。该企业把区政府两个部门告上法庭，至今已一年多时间，早就超过了审理期限，可法院却迟迟不予判决。

首先直截了当地阐明调查者的基本观点，再采用叙述的方式直接暴露问题。

此外，篇幅较长的调查报告还可以多介绍一些情况，并冠以"前言"、"引言"、"导语"等名称。

2. 主体

调查报告的主体是对前言内容的充分展开，大致包括两方面内容：一是调查到的基本事实情况；二是分析研究调查所得的事实材料后总结出的具体经验教训等。这部分的材料丰富、内容复杂，由实而虚，逐层阐述。在写作中最主要的问题是结构的安排。其主要结构形态有三种：

（1）按事物发展的自然顺序写

这种结构层次，适用于内容、线索单一，事物发展过程与阶段性比较明显的调查报告。在行文时，按照事物发生、发展、结局的先后顺序，逐层叙述调查对象的发展过程及特点，给人以清晰、全面、深入的了解。采用这种结构方式时，应注意行文的详略起伏，避免平铺直叙。

（2）以材料的性质归类分层

适用于内容丰富、综合性较强的调查报告。写法上，先根据材料的不同性质，梳理成几个并列的部分，每一种性质内容的材料集中在一起进行表达，由小标题（也可以不加）即分论点统率，行文时，各部分既相对独立，又有内在联系，共同表达一个中心主题。

（3）以调查过程的不同阶段自然形成层次

事件单一、过程性强的调查报告，可采用这种结构形式。它实际上是以时间为线索来谋篇布局的，类似于记叙文的时间顺序写法。这种有清晰过程的写法，可以提高读者的阅读兴趣。

此外，还可以根据事理的逻辑联系和人们认识事物的思维特点安排材料。而且，在实际运用中，以上的结构模式并不是截然分开的，在同一篇调查报告中，往往以其中的一种结构方式为主，纵横交错多种结构方式。

3. 结尾

调查报告的结语，多种多样，没有统一的固定模式，有的调查报告甚至可以不另写结尾。

结语的写法根据内容而定，可以在结尾部分显示作者的观点，对主体部分的内容进行概括、升华。常见的写法有下述三种：

（1）概括全文，明确、深化主题。

在结束的时候将全文归结到一个思想的立足点上，提供清醒的理性认识；或把全文所阐述的主要观点再次简要点出，增强报告的说服力和感染力。

（2）指出问题，启发思考。

在总结经验教训或叙述客观事实的基础上，如果一些存在的问题还没有引起人们的注意，限于各种因素的制约作者也不可能提出解决问题的办法，那么，只要把问题指出来，引起有关方面的注意，启发人们对这一问题的思考。

（3）针对问题，提出建议。

在揭示有关问题之后，针对存在的问题和发展趋势，对解决问题提供一些可供参考的切实可行的措施、意见和建议。这种结尾，相对来说，在文字上要多一些，在全文中的分量也要突出一些。

（三）落款

落款是调查报告的一个不能忽略的组成部分，包括署名和日期。

署名可以是调查组，也可以是个人。署名的位置一般在正文末尾下一行右侧，也可以在标题之下。日期为调查报告具体的成文年月日。

【实例】

有关毕业生考研思想动态的调查报告

调查目的：

为了让校内外人士特别是在较大学生更好更全面地了解考研与就业，及时地反馈应届毕业生考研思想动态和就业心态的情况，实现学校与毕业生之间的思想沟通，正确引导毕业生认清形势，把握相关政策，以及让低年级的大学生对考研和就业有全面、正确、客观的认识，为他们以后的选择提供一份详尽可靠的参考。我们特组织本次调查。

调查对象：

温州师范学院 18 个二级学院 1659 名本(专)科在校毕业生。

调查时间：

××××年 11 月 24 日～××××年 11 月 30 日。

调查方式：

问卷调查与直接采访相结合的形式。

问卷教量：600 份。

调查机构：

温州师范学院学生处·学生工作信息调研队。

调查概况：

此次调查共发放 600 份调查问卷，实际回收 568 份，回收率为 94.7%，有效问卷 533 份，有效率为 88.3%。其中本科生 505 份，专科生 28 份，回收率为 88.8%。调查问卷采用单项选择和多项选择两种形式，分别针对考研与就业两大板块科学地设计问卷。问卷题目涉及大学毕业生考研思想动态与就业心态的各方面。如：就业与考研价值取向、就业与考研期望、职业素质评价、高校就业指导工作、人才市场等方面，旨在对大学生就业与考研期望与态度等相关问题进行实证研究，为高校就业指导和人才培养提供资料与对策研究依据。

当今社会迅猛发展，科技日新月异，社会面貌发生了翻天覆地的变化。这给大学生带来了机遇，同时也向他们提出了严峻的就业挑战。高校扩招为更多的人提供了再学习的机会，但同时给毕业生带来了更大的就业压力。就当前的就业形势，可谓"僧多粥少"，再看近年来社会上掀起的"考研热"，可以说是在社会现实作用下出现的一个必然结果。那么在这样的背景下，我校的毕业生如何看待考研这个问题呢？他们的考研的思想动态与心态又是如何呢？带着这些疑问，让我们一起走进我校毕业生的中间，感受他们对考研的认识，了解他们对考研的思想动态吧。

从本次调查的情况来看，总体上让人可以看到这一现象：参加考研的同学比以往更加理性，更加认真，态度也更加明确。具体的情况在接下来的分析与研究中来进一步阐述缘由。调查结果表明：绝大多数学生考研时具有明确的目的性！

当问到"你准备考研的最主要原因是什么？"时，有 45.9% 的被调查者选择"有更高的起点，为以后找份好工作"和有 35.8% 的被调查者选择"进一步完善提高自己的知识结构和层次"；其他的被调查者表示"考研是为躲避就业压力与单纯追求高学历"和"顺大流"（分别占总数的 10.7% 及 1.3%）。

通过对该调查结果的分析不难看出：绝大多数在校毕业生参加考研都有明确的目的。

他们虽然身处校内但深知社会就业竞争的激烈,因而他们更加关注自我,渴望通过读研深造等方式来丰富和完善自己,努力占领就业上的制高点,赢得事业发展的主动权。

调查结果表明:绝大多数学生考研的态度端正!

当问到"你是抱何态度去准备考研"时,有65.6%的毕业生表示会尽自己最大的努力去拼搏,但不太在意结果;有17.5%的毕业生表示无论如何也要考上。当我们进一步问到"假如今年考研失败了,你会如何对待"时,有69.4%的被调查者表示依然不会放弃考研的念头,他们会采用以下方式努力完成自己的考研梦。20%的被调查者表示会去总结失败的原因,借前车之鉴,明年重新再考;49.4%的被调查者会采用边找工作边考研的方式。只有16.9%的被调查者会放弃考研的念头,走向就业。

通过对该调查结果的分析不难看出他们考研的态度是非常端正的,他们对自己的考研梦非常执着。他们认为考研是个趋势,也是个必然。因为以后的社会对人才的要求越来越高,与其边工作边学习还不如一鼓作气地把考研拿下,再找工作全面提高自己的含金量,武装自己!

调查结果表明:绝大多数学生对考研有了充分的认识与了解!

在准备考研的过程中,除了良好的心理素质外,坚定的毅力也是十分重要的。在回答"在准备考研过程中,你觉得最应该具备的条件"这一问题时,有53.1%的毕业生认为"坚强的毅力",其次分别是"平和的心态"与"较强的学习能力"各占23.1%和21.3%。

通过对该调查结果的分析可以知道:当代大学生对考研有了充分的认识与了解。使我们感受到如今的大学生已完全不是"两耳不闻窗外事,一心只读圣贤书"的旧式书生了,面对市场经济掀起的滚滚竞争浪潮,当代大学生都在秣马厉兵,刻苦学习,努力提高自身的素质。正是这种在内外因素的双重作用下,大学校园的学习气氛一下子浓厚起来,考研也就蔚然成风。

调查结果表明:绝大多数毕业生对考研与就业有清晰的认识!

当我们问到"假如你已经为考研努力了很长时间,临近考试时却碰到一份非常不错的工作,你的选择"时,有34%的毕业生表示考研更加重要,考上以后不担心工作问题;15.1%的毕业生则认为工作比考研更重要,因为考研的目的其实还是为了以后更好地就业。还有40%的毕业生表示会谨慎地权衡利弊,再作出决定。当然也有10.1%的毕业生出现犹豫不定,不知道该怎么做。当我们进一步问到"你觉到研究生的就业前景"时,有42.5%被调查者认为就业前景较好,至少比本科生理想得多;有19.4%被调查者认为就业前景会很好,因为研究生代表高学历、高素质、高薪水。但仍有34.4%的被调查者依然感觉就业压力很大,就业竞争依然很激烈。

从某种程度上讲,考研对大多数人来说是为以后能更好地就业与提高待遇。因为他们充分认识到现在什么都和学历挂钩的。他们面临的是需要真才实学才能干好的时代,考研就是找到好工作与拿到高薪水的捷径。当然其中为逃避就业的压力,逃避社会的不公正也是他们选择考研的原因之一。

通过调查我们还发现以下现象:

考研的主力军为在校学习优秀生。调查显示,参与考研的同学中,成绩优秀的占75.0%,成绩一般的占23.1%左右。

树立考研意识早,但真正行动起来相对滞后。有55.70的被调查者表示自己在大学二年级之前就有了考研的想法,但真正开始考研备考的基本在大三这一学年。

渴望学校全面重视考研队伍的发展。在备考的过程中他们需要学校能为他们考研创造良好的硬件设施。41.5%的调查者希望学校能开设一些相关的考研课程;24.5%的被调查者希望学校开设考研相关的讲座;15.1%的被调查者希望学校能延长图书馆、机房开放的时间;14.5%的被调查者希望学校能设立专门的考研通宵教室,还有4.4%的被调查者希望学校能配备相应的专业导师给予一定的考研辅导。

学校考研信息相对滞后,宣传力度不够。当被问及"你是从哪些地方获得考研信息"时,有63.1%的被调查者表示从互联网上获得信息,仅有17.5%的被调查者是从学校公布的信息中获得。这表明学校在考研方面的宣传力度不够,这不利于营造良好的考研气氛,不能更好地引导他们积极参与考研。

通过本次调查,使我们初步了解到了我校毕业生考研思想动态与心态的现状,总体上反映出来的现象是喜人的,因为绝大多数考研生态度端正,毅力坚定。通过本次调查也使我们亲身体会到毕业生所面临的就业压力及他们身上那自强不息的动力。最后希望我们低年级的同学能早点树立考研意识,当然更希望那些怀有考研意识的同学能早日圆自己的考研梦。

（作者:董磊磊）

第六节　规章制度

一、规章制度的概念和特点

（一）规章制度的概念

规章制度是党政机关、社会团体、企事业单位,为了建立正常的工作、劳动、学习、生活的秩序,依照法律、法令、政策而制定的、具有法规性或指导性与约束力的应用文,是各种行政法规、章程、制度、公约的总称。

规章制度的使用范围极为广泛,大至国家机关、社会团体、各个行业、系统,小至单位、部门、班组。它是国家法律、法令、政策的具体化,是人们行动的准则和依据,因此,规章制度对社会经济、科学技术、文化教育事业的发展,对社会公共秩序的维护,有着十分重要的作用。建立和健全规章制度,有利于明确职责、协调工作、统一步伐,严格组织纪律,建立和维护正常秩序;有利于约束行为,规范道德,使社会成员得到教育和自我教育,增强文明建设;有利于企业加强经营管理,保证产品质量,提高服务质量,取得更大的的社会效益。

法律是由国家最高权力机关即全国人民代表大会及其常务委员会制定的。法规是由国家最高行政机关即国务院制定的。法律、法规都具有普遍的规范性和约束力。而各机关、团体和企事业单位为了实现一定的宗旨,搞好各方面的工作,也必须建立必要的规章制度。当然,任何规章制度都不能与国家的法律、法规相抵触。

（二）规章制度的特点

1. 执行的严格性

规章制度一经生效,有关人员必须严格执行,认真遵守,如有违反,要照章处理。

2. 表达的直接性

规章制度是规定人们应该做什么,怎样做,不能做什么,如有违反将怎样处理。对这些内容都应当直接提出,不摆事实,不谈道理,更不能拐弯抹角,一切都照直说。这样的规章制度才简易可行。

3. 语言的准确性

规章制度的所有规定都要不折不扣地施行,因此其用语应仔细推敲,务必做到准确严密,没有歧义和漏洞,实行起来毫无疑问。

4. 形式的条文化

规章制度都采用条文形式。简短的分条,较长的分章、分条,有的条下还分款、项、目,款不冠数字,项和目冠数字。这也是为了使人一目了然,便于执行。

二、规章制度的写法

规章制度由标题、题注、正文三部分组成。

(一)标题

标题应标明制发机关单位名称、内容和文种名称,如《国务院关于风景名胜区管理暂行条例》、《北京市关于禁止燃放烟花爆竹的规定》。有的只标明内容和文种,如《会计人员职权条例》《出版物汉字使用管理规定》,机关内部使用的规章制度大都使用这种标题。

有的标明制发单位和文种,如《中国写作学会章程》。

有的是人员加文种。如《会计人员职权条例》。

如果所制定的规章制度是草案或暂行、试行的,则可以在标题内写明,也可以在标题后或下方加括号注明,如《保守国家机密暂行条例》、《高等学校学生行为准则(试行)》。

(二)题注

规章制度都要由制定机关用公文印发施行,以表明其合法性和有效性。应在标题之下加题注,注明发布机关和发布时间,有的还注明通过会议的名称和时间。

如以下标题和题注:

《高等学校培养第二学士学位生的试行办法》

(1987 年 6 月 6 日国家教育委员会、国家计划委员会、财政部发布)

《<北京市城乡集市贸易管理规定>实施办法》

(北京市人民政府 1991 年 2 月 2 日批准,市工商行政管理局 1991 年 3 月 1 日发布)

《中国行政管理学会章程》

(中国行政学会第二次全国代表大会,1993 年 5 月 20 日修正通过)

《城市房屋拆迁管理条例》

(经 2001 年 6 月 6 日国务院第 40 次常务会议通过,自 2001 年 11 月 1 日施行)

由于标题之下的题注标明了发布机关名称和发布的时间,因此在正文之后一律不署名,不写日期,不盖公章。

(三)正文

正文内容多的分为总则、分则、附则。每一部分均可按内容的多少分列若干章节或若干条款。内容少的则不分章节。

总则:可用概述式或条文式来表明订立这种规章制度的目的、要求、原则和适用范围。

一般制度,往往作为开头的一个自然段。段末常用"特制定本办法(规定)"等习惯用语。

分则:这是规章制度的主要内容,也就是要求遵守的事项,分条具体写明。

附则:写规章制度施行的要求和注意事项,例如它的适用范围、解释权限、生效日期等。

(四)具名和日期

制定和发布规章制度的机关单位名如果已在标题中出现,或者已在标题下面注明,就不再具名,日期也同样。由领导机关随公文发送的规章制度,也不具名。

三、制定规章制度的写作要求

1. 要遵循以下原则:

(1)符合宪法和法律,符合党和国家的路线、方针、政策。

(2)从实际出发,实事求是。

(3)贯彻民主集中制,充分发扬民主。

2. 要明确制定的权限。

规章制度的制定有明确的权限规定。中央、国务院制定全国性的行政法规。国务院各部、委以及省、市、自治区一级根据中央的方针、政策制定一些部门性、地方性的行政法规。其他机关团体、企事业单位根据自己的实际情况制定本部门、本单位的规章制度。要注意不能超越权限、越级制定,也要注意不能同上级已制定的有关规章相抵触。

3. 在写法上,内容要完备规范,切实可行;篇章要条理清楚,款项分明;文字要简练准确、明白无误。对规定的事项,要做什么,不准做什么,语气要肯定,行文要概括、周密,通俗易懂,便于记忆,要使人看后明白"必须这样做,不许那样做"。

【实例】

中国福利彩票管理办法

第一章 总则

第一条 为了适应社会主义市场经济发展的需要,规范中国福利彩票的发行、销售和资金管理,保护公民参与福利彩票活动的合法权益,更好地集资兴办社会福利事业,根据国家有关法律、法规和规定,制定本办法。

第二条 福利彩票,是指以筹集社会福利资金为目的而发行的,印有号码、图形或文字供人们自愿购买并按特定的规划确定购买人获取或不获取奖金的有价凭证。该凭证必须冠以"中国福利彩票"字样,标明票面价格,印有发行单位和印制厂家名称。

第三条 福利彩票不还本金,不能流通使用。

第四条 福利彩票的发行、销售及相关活动,必须遵循公开、公正和公平的原则。

第五条 在中华人民共和国境内从事与福利彩票有关的一切活动的单位和个人,必须遵守本办法。

第二章 管理机构

第六条 民政部依照法律、法规和国务院的有关规定,制定和发布福利彩票的管理制度,对全国福利彩票实施行政管理。

第七条 中国社会福利有奖募捐委员会(以下简称中募委)是民政部领导的全国福利彩票的管理机构。中募委行使下列职权:

(一)根据国务院的有关规定,决定福利彩票的类型、面值和资金分配比例;

（二）根据民政部的有关规定，决定社会福利资金的分配使用；

（三）根据中国人民银行的有关规定，决定福利彩票的发行额度和发行区域。

第八条　省、地、县三级社会福利有奖募捐委员会（以下简称地方募委）受当地民政部门的领导，接受上一级募委的业务指导，统一管理福利彩票在当地的发行销售，决定本级留成的社会福利资金的分配和使用。地方募委未经批准，不得独立发行任何彩票。

第三章　发行与销售

第九条　中募委所属中国福利彩票发行中心，负责全国福利彩票的发行、销售和资金结算，其职责是：（一）根据国家有关规定，制定福利彩票的发行、销售、开奖规则；（二）审定福利彩票的制作方案并组织印制；（三）向全国各地发行福利彩票，组织、检查、监督各地的销售活动；（四）按规定收缴各项资金。

第十条　省、地、县三级募委设立相应的发行机构。地方募委发行机构接受本级募委和上级发行机构的双重领导，具体实施福利彩票在当地的分销、零售、开奖及资金回收等工作。

第十一条　具有法人资格、资信良好并能提供担保的企业、事业单位和社会团体，经当地募委发行机构审查批准，可取得福利彩票代销权，从事福利彩票零售业务。

第十二条　福利彩票坚持上市销售、自愿购买的原则，不得摊派或变相摊派。

第十三条　福利彩票必须按面值销售。任何单位和个人不得擅自改变面值。

第十四条　福利彩票由发行中心在中国人民银行总行核准的彩票印制厂统一印制，任何单位和个人不得擅自印制。

第十五条　福利彩票上市销售，当地募委发行机构必须同时公布设奖方案、开奖和兑奖办法。

第十六条　开奖活动必须公开进行，并有公证人员现场公证，严格遵守开奖规定杜绝一切舞弊行为。开奖之后，当地募委发行机构及时通过新闻媒体将中奖情况在销售区域公告，并组织兑奖。

第十七条　福利彩票各级发行、销售机构的从业人员，直接参与福利彩票设计的人员，不得购买福利彩票和领取奖金。

第十八条　福利彩票销售总额为彩票资金。彩票资金分解为资金、管理资金和社会福利资金。其中：奖金不得低于彩票资金的50%，管理资金不得高于彩票资金的20%，社会福利资金不得低于彩票资金的30%。彩票资金依法纳税。

第四章　彩票资金

第十九条　奖金用于奖励取得中奖资格的购票者。奖金的兑付须遵守下列规定：

（一）奖金应在该种福利彩票规定的有效兑期之内兑付，过期视中奖者自动弃奖。弃奖者没有领取的奖金，转入该种福利彩票下期奖金统一使用；

（二）奖金用人民币现金或等价的实物兑付，不得用其他有价证券或抵押凭证充抵。凡以实物作为奖品的，该实物必须是质量良好、市场畅销的名优产品，其计价不得高于当地市场零售中间价；

（三）十万元以上的大奖，奖金分期兑付，具体办法由该种福利彩票规则规定；

（四）未成年人取得一千元以上奖金，由其法定监护人兑取；

（五）中奖人死亡，由其法定继承人兑取；

（六）兑奖机构有权查验中奖人的中奖凭证及有效身份证件，兑奖者应予配合。凡伪造、涂改中奖凭证骗取奖金者,交由公安、司法机关处理。

第二十条　管理资金主要用于彩票的设计制作、仓储运输、发行销售、开奖公证、风险担保、广告宣传以及相关设施设备的购置、租赁和维修等。管理资金由各级发行机构分级使用,其比例由中募委发行中心具体规定。管理资金的节余为各级发行机构的收入,主要用于改善印制、发行和销售条件,引进和研制专用技术设备以及有利于福利彩票发展的投资。

第二十一条　社会福利资金为福利彩票销售总额减去奖金和管理资金的净收入。筹集社会福利资金是发行福利彩票的目的。社会福利资金取之于民,用之于民,不得冲抵国家和地方财政预算安排的社会福利事业费支出。社会福利资金实行国家和地方分级留成使用的原则和使用与销售挂钩的原则。社会福利资金的管理使用办法另行规定。

第五章　对外合作

第二十二条　中募委负责管理福利彩票行业的对外合作。地方募委的对外合作业务,必须报经中募委审查批准。未经中募委批准的单位和个人,一律不得参与福利彩票对外合作业务。

第二十三条　福利彩票对外合作仅在以下范围进行:

(一)福利彩票的印制;

(二)福利彩票的专用硬件设备生产和软件技术开发。

第二十四条　福利彩票的发行和经营管理不得对外合作。

第六章　监督与处罚

第二十五条　中募委和地方募委各级发行机构的经营活动,依法接受国家金融、财政、审计机关的监督。

第二十六条　福利彩票每个发行年度结束后三个月内,各级募委应通过新闻媒体,发布福利彩票销售和社会福利资金使用公告,接受社会监督。

第二十七条　对违反本办法的组织、单位和个人,由当地福利彩票发行机构报送政府有关部门或司法机关调查处理。福利彩票的各级管理、发行、销售机构及其从业人员如有利用职务便利营私舞弊者,依法从重处罚。

第七章　附则

第二十八条　本办法由民政部负责解释。

第二十九条　办本法由发布之日起施行。

第七节　述职报告

一、述职报告的含义和作用

(一)述职报告的含义

述职报告是党政机关、社会团体、企事业单位的领导干部和一般工作人员,依据自己的职务要求,就一定时期内工作的实绩、存在的问题和下一步工作的设想,向选举或任命机构、上级领导机关、主管部门以及本单位的干部群众,汇报自己履行岗位责任情况的书面报告,是干部管理考核专用的一种文体。

　　述职报告虽以报告为名,但与作为党政主要公文的报告却不是同类文体,两者在内容、功能和作者身份上都有很大不同。公文中的报告,是下级机关对上级机关陈述情况时所用,其内容,是本单位具体情况的如实反映;述职报告,采用的是自述、自评的方式,其表述的内容一般是特定的:主要针对任职期内政治思想(德)、业务能力(能)、工作态度(勤)、工作实绩(绩)等加以阐述,包括任职期间不足和失误之处以及存在的主要问题,跟总结倒有不少相似之处。可以说,述职报告是从总结演变而来的。但述职报告也不同于总结。总结是为了吸取经验教训,以便指导今后的工作,它要求在回顾工作过程中升华出规律性的认识,给人以启示;述职报告是对自己在任职期间表现的全面讲述,让有关人员了解述职人的情况,以便评价其工作是否称职,审议其是否能够晋升等。

　　述职报告按时间来分,有年度述职报告、阶段述职报告、任期述职报告等类型;按内容来分,有综合性述职报告、专题述职报告;按表达方式分,有口头述职报告、书面述职报告。

（二）述职报告的作用

　　述职报告是选用干部的一种人事考核形式。随着我国干部人事制度改革的进一步深化和公务员制度的实行,作为民主考核干部程序中的一个重要环节,干部的述职越来越显出其重要的意义。述职报告作为述职的文本,其作用主要体现在以下几个方面:

　　1. 述职报告的撰写,有利于述职人员的自我提高

　　领导干部在某个岗位上工作一段时间之后,需要通过述职的方式,根据有关的岗位职责和具体的目标任务,对自己前一段的工作实践进行回顾,总结以前的工作经验,吸取以前的失败教训,强化自己的职责观念。这对于更好地探索本职工作的规律,促进领导干部自我认识、自我学习,提高政策、思想水平等有着重要的作用。

　　2. 述职报告的提交,有利于广大群众对干部的监督、评议

　　述职报告是述职人员提交给群众进行评议的重要材料。领导干部在某个岗位上工作一段时间之后,通过述职报告的形式向广大群众汇报履行岗位职责的情况,让群众进行审查和评议,这是领导干部接受群众监督、倾听群众意见的有效方式,有助于密切干部群众的关系,克服官僚主义作风。

　　3. 述职报告的审查,是完善干部管理制度的一项重要措施

　　在岗位职责明确的前提下,要求担任一定职务的领导干部定期撰写述职报告,采用述职报告的形式考核干部,将自评、领导审查、群众评议结合起来,更广泛地听取意见,便于干部管理部门对领导干部的理论水平、道德品质、文化修养、业务能力进行全面细致的考察,以便根据干部自身的发展趋势,有计划有目的地进行选拔、培养、使用干部,减少或避免使用干部中的主观性和盲目性。

二、述职报告的内容

　　述职报告,主要陈述以下几个方面的具体内容:

（一）任职情况的简要介绍

　　述职报告首先要简明扼要地介绍自己的基本情况,如所任职务、任职时限以及自己的岗位职责范围,即自己分管的工作、任职期间的主要工作目标;还可以对自己任职的总体情况加以最精当的自我评价。

（二）思想素质的全面审视

对每一位领导干部思想素质的全面审查，是考核工作的不可缺少的组成部分。一个人的思想素质包括政治品德、职业道德、伦理道德与个性心理素质等多方面。述职者要想作出一份比较完整的述职报告，必须从世界观与政治思想觉悟的角度，对自己的信仰理想、态度行为等进行深刻的剖析。

（三）履行职责的具体展示

这是述职报告的重点和核心。具体介绍自己履行职责的情况：所做的主要工作，工作过程中所取得的成绩以及由此带来的经济和社会效益，工作中出现的失误以及由此造成的损失，应该吸取哪些教训等。具体说来，主要包括下面这些方面：

自己主持开展了哪几项工作，结果如何；

协助别人开展了哪几项工作，结果如何，自己所起的作用如何；

在任职期间，党和国家有哪些方针政策出台，自己是如何贯彻执行的，效果如何；

在任职期间，上级有哪些重要的指示，自己是如何落实的，效果如何；

在工作实践中遇到了哪些新的情况和新的问题，自己是如何处理的。

注意，对以上各方面的陈述，应该如实地反映：既包括成功的做法，也包括存在的问题与不足，还可着重点分析造成失误的主客观原因，明确自己应负什么样的责任。如果只一味地摆成绩，报喜不报忧，结果将难免让人产生弄虚作假之嫌。

（四）决心与建议的合理陈述

在述职报告的结尾部分，可以结合自身的工作实践，精当地概括出一些规律性的认识，其中包括成功的经验有哪些，今后应该如何发扬；失败的教训有哪些，今后应该如何防止等，还可适当表明今后的决心，提出一些合理的设想与建议。

三、述职报告的结构模式

（一）标题

述职报告的标题有多种写法。可大致概括为单标题和双标题两种模式。

1. 单标题

一般由职务、时间、文种构成标题，如《××大学办公室主任××××年度述职报告》。也可省略其中的某些要素。

2. 双标题

将内容的侧重点或主旨概括为一句话做主标题，以年度和文种构成副标题，这就形成了双标题，如《全心全意为广大职工服务——××××年度述职报告》。

（二）前言

述职报告的前言部分主要用来陈述岗位职责，包括自己从何时起担任何职，主要负责什么工作。还可以在前言部分简略说明自己是在什么样的思想原则、方针政策指引下进行工作的，并对自己的工作作出基本评价。

（三）主体

主体是述职报告的核心部分，主要工作和经验教训都在这一部分中体现。

具体行文的方式比较灵活，既可以按照时间发展的顺序，把任期内的工作按先后顺序分成几个阶段来写；也可以把自己所做的工作按性质分为生产、销售、后勤等几个方面来写；

还可以将内容区分为主要工作、成绩效益、经验教训、存在问题和对策等几部分来展开。

对于这一部分的内容的撰写，既要实事求是，深入透彻，又要突出重点，写出特色，避免写成流水账。

（四）结尾和落款

在述职报告的结尾，可以对自己做一个基本的评价，也可以简要说明自己的一些体会或今后打算。这些内容如果前面已经说过，也可以省略结尾部分。

最后一段要另起一行，用模式化的结束语"特此报告"等收束全文。

结尾之后，要签署姓名和日期。

【实例】

述职报告

××市人大常委会：

我从1993年2月起任××市公路局局长，党支部书记。几年来，我忠诚党的事业，严于律己，严格管理，圆满完成上级下达的各项任务，使单位的两个文明建设取得丰硕成果，年年被省市评为"好路局"；1993年、1995年连续两届被省、市、县授予"文明单位"称号；局党支部年年被××市委评为"先进党支部"和"红旗党支部"；今年又被××市委评为"先进基层党组织"。我本人，年年被市委评为"优秀共产党员"，年年被市政府评为"先进工作者"，曾被××市委、市政府授予"模范转业干部"称号。

现将我履行职责情况作具体汇报：

一、依法履行职务情况

我局是主管××市内国、省、县道公路养护生产及养路费征稽工作的职能部门，现管养线路12条218.8公里，再加上今年5月1日开始接养的×部队营区15公里军民共建文明路，合计233.8公里。养护道班15个。在职人员208人，离退休人员96人，合计304人。面对这样一个线长、点多、人员散，劳动强度大，离退休人员多，经济负担重的部门，我是这样开展工作的。

（一）加强公路养护，以优良路况为社会提供优质服务。

作为公路主管部门，服务的载体是公路，服务的对象是车主，服务质量的考评标准是好路率。为了完成××市公路局下达的年末好路率80%，年平均好路率78%的任务指标，我采取的措施是：

① 抓住重点，全面养护。（略）

② 抓文明样板路建设，树全市的交通形象。（略）

（二）尽心尽职，抓好公路建设工程。

由于国家连续几年实行经济调控政策，我局无法向银行贷款，1992年借银行的1000万元本息至今难以偿还。因此，目前上马的四大公路工程全部是××市公路局计划投资的。我们局的责任是代表建设单位进行施工管理，协调当地政府与施工队的关系，抓好征地和拆迁工作。

（三）强化征稽、路政工作，杜绝公路三乱现象。（略）

（四）关心职工生活，致力解决职工住房问题。（略）

（五）坚持两手硬的方针，两个文明建设一手抓。（略）

二、廉洁自律情况

几年来,我能自觉遵守中央和各级党委有关领导干部廉洁自律的规定,特别是《广东省党政领导干部廉政守则》出台后,我要求自己做到:

1. 按守则自律

上级规定不准做的我绝对不做,上级要求达到的我争取达到,不违章、不违纪、不犯法,做个称职的第一把手。

2. 用制度自律

我严格按本局制定的廉政措施办事。在人事问题上,凡干部和职工的招工、聘用、提升、奖惩、房建工程等重大问题,都经支委会讨论决定,不搞一言堂,不立小山头,力求秉公办事。在经济问题上,计划外超过 1 万元以上的一切开支,都需经局长办公会议讨论。

3. 以"局长"自律

一局之长应该是本局干部职工的表率,两个文明建设的"领头雁"。因此,我在考虑问题、处理事情当中,凡是要求群众做到的,自己首先做到。我不是以"局长"自居,寻求索取,而是以"局长"自律,讲求奉献,珍惜党和人民给予的荣誉和权力。

三、存在的主要问题

1. 在经济困难时,遇到棘手问题时容易产生急躁情绪。
2. 充分发挥副职干部的助手作用不够。
3. 制定的规章制度流于形式的地方不少。

四、今后的设想

1.（略）
2.（略）

某某某

××××年×月×日

第八节　公示

随着社会的进步与实践的需要,作为一种新兴的机关事务文书,公示脱颖而出,活跃在人们的生活中,受到各级党政部门、企事业单位、社会团体组织的重视。在众多的报纸、电视、网页上,在许多机关的文件中,在许多公共场合的显眼处,人们经常看到不少与自身利益相关的公示。公示已成为民主政治的一种象征,成为人们参与谋事的一种有效的工具,其巨大作用,已逐渐显露出来。

鉴于公示作用的巨大与生命力的强大,我们不应当漠视其存在,而应当积极主动地探索其特点、应用的范围,研究其写作的规律。

一、公示的含义与特点

作为一种新兴的文体,公示有其存在的充分理由。为更好地了解这种新文体,首先要认识它的特定的内涵和特征。

公示不同于"告示"或"公告",但不少人却把公示当成"告示"或"公告",并认为公示就是上述二者的综合体。这种理解是不正确的。虽然公示与公告、告示一样,都有公开性与告知性等相似的性质,但公示的基本性质与内涵不同于告示与公告。它是党政机关、企事业单位、社会团体等部门事先预告群众周知,用以征询意见、改善工作的一种应用文体。

何谓"公示"?辞书上难以找到权威界定,只能依据实际使用来略析其含义。"公示"是近年来使用频率颇高的一个新词,一般是指把需要公开并接受监督的事项向公众予以明示,比如干部任职公示,就是把拟任用干部的情况加以公布;再如获奖名单公示,就是把拟获奖人或单位的情况予以公布。很明显,所公示的往往是涉及公众利益、需要全体监督的事情,这带有一种考察民意的性质,因为被公示者如果不合格,群众对其有意见,那么群众就可以举报。这实际上是民主的一种实现形式。再有,公示对象一般具有褒奖性质,或是提升,或是表彰。至于批评性的内容,一般称为"通报"或叫"曝光",而以公示称之则是对公示的滥用。如湖北《楚天金报》2004 年 2 月 16 日发了一个消息,题为《让不守规矩的当众出丑 武汉实施违章公示制》。报道说:武汉市交管部门于 15 日发出通告,将根据电子警察拍摄的违章数,对于经常违章的司机和单位,将集中给予公示。对交通违章者实行公示,则是对公示制的滥用。首先,这些违规者已经证据确凿,由电子警察拍下了违章证据,那么就无需群众监督,只是由执法部门依规处理就可以了,该教育的教育,该处罚的处罚,还公示干吗?其次,要不要处理、怎么处理都不需要过公众民意这一关,因为这些全在交通法规上清清楚楚地写着呢,只要公正执法就够了,何苦要通过公示来麻烦公众的视线呢?

公示制是民主建设的产物,是一种机制的创新。从公示的时间上来看,是事先的公示,不是事后的公示,公示的只是初步的决定,而不是最终的审定,具有明显的事前性;从内容上来看,公示所承载的信息是要让特定范围内的公众知道和了解的,具有公开性;从公示制发的目的来看,是为了让人们知悉事情的真相,从而参与谋事,具有监督性;公示的过程与结果,需要群众的参与与认可,才不会有悖于公开、公正、公平的原则,所以,公示又具有民主性与科学性等特性。

另外,公示的制发,对于被公示的对象来说,也增加了他们的压力感甚至危机感;对于群众来说,则为他们参与政务甚至决策提供了通道。公示制实施以来,有不少被公示对象未能过群众这一关。可见,公示的威力是不可小视的,对于政务公开、扩大民主、接受监督都具有重要意义。

二、公示的写法

公示是一种新兴的机关事务文书,写法上比较灵活,但也有着自己比较固定的格式。一份完整的公示一般由标题、正文与落款三部分组成。有的公示,根据需要,还附录相关的文件与图表。

(一)标题

公示的标题,一般采用公文式的写法。具体构成,有五种形式:

1. 只标明文种即在首页的正上方,写上公示二字即可。

2. 单位+事由+文种的标题是一种比较正规的写法,如《××省国税系统关于建立监测公示制度的公示》、《××市 2011 年度卫生保健示范单位公示》。

3. 单位+文种的标题在报纸与公示栏中比较常见,如《××县人民政府公示》、《××学校公示》。

4. 事由+文种的标题这种标题在实际运用中也比较普遍,如《全国青年文明号候选单位公示》、《2014 年中国名牌产品初选名单公示》。

5. 省略单位与文种,只写事由的标题。相对而言这种写法使用得少一些,如《第三批全国创建文明行业活动示范单位候选名单》。因为没有表明文种,要结合正文才能显示文体性质,作为公示的标题,宜少用。

(二)正文

正文部分是公示内容的集中体现,应包括前言、具体告知事项与结尾。

1. 前言

一般情况下,公示的前言是不能省略的。在前言中,要直截了当地交代公示的缘由、目的和要求。如《深圳市局级领导干部任前公示》一文的前言:

经市委常委会议研究,×××等同志拟提拔使用。根据《深圳市党政领导干部任前公示实施办法》的规定,现将他们的有关情况公示如下。

在此,将公示的主要内容及拟提拔使用的初步决定进行了说明,让人对公示的意图一目了然。再如下面这则公示的前言:

根据公开、公正、合理,宁缺毋滥的评奖原则,学院以专业为单位按学生比例进行推荐提名并根据学习成绩、成果与文章、社会工作及奖励等打分排名。研究生院在此基础上审核、按可获奖人数的多少及比例确定获奖名单。现将 2012 年度奖学金研究生评奖结果公示全校,请师生在 2012 年 1 月 18 日前将对研究生的奖学金评定管理办法及对获奖同学有疑议意见反馈研究生院管理处。

开门见山地写明公示的目的,在增强透明度的同时,也向公众显示了诚意,提出了时间方面的要求。

2. 具体事项部分

即公示中需要人们周知的事情。可能是一份比较简单的名单,也可能在名单的基础上还有基本情况的简明介绍,还可能是先进事迹的扼要陈述。

3. 结尾

一般是对公示的期限以及其他必须要交代的事项的补充说明。如:

公示时间为 2012 年 2 月 28 日至 3 月 4 日。公示期间,任何单位和个人均可通过来人、来电、来信等方式向市委组织部(受理时间:上午 8:30—11:00,下午 2:30—5:00,地址:深圳市委大院前楼 429 房,联系电话:2100321、2104529,邮政编码:518006)反映公示对象在德、能、勤、绩等方面存在的情况和问题。反映情况和问题必须实事求是,客观公正。反映人必须提供真实姓名、联系电话、家庭地址或工作单位,以示负责。市委组织部对反映人和反映情况将严格保密,对所反映的情况和问题,将认真进行调查核实,弄清事实真相。并视情况以适当方式向反映情况和问题的单位或个人反馈。调查属实并影响任职的,取消拟任职人选的任用资格。

以上对于公示的具体时间、参与关注事项的对象范围、监督的内容与要求以及具体的联

络时间、方式等,都一一作了明确说明。这是一段比较详细的公示结尾。有的公示的结尾则比较简单,如下面这一段结尾:

公示时间截止后,经查实若表彰对象没有不适宜表彰的行为或事实的,我们将把表彰名单上报校党委审批。

如果在公示的前言部分对相关的事项已有了明确的交代,也可以省略结尾。

(三)落款

公示的落款,主要包括两个内容:公示的单位与拟文的日期。此外,如果在正文部分没有写明的一些事项,比如联系的具体方式,包括电话号码、电子邮箱、传真号码等有效的联络方式,应该在结尾部分交代清楚。否则,人们无法参与评议与监督,公示的公布也毫无价值可言了。

总之,作为一种新兴的机关事务文书,公示的写法目前尚处于探索阶段,实际运用中,还存在许多这样或那样的问题,还缺乏比较严格、规范的格式。我们在具体写作这种文体时,应遵循方便、实效的原则,尽量规范行文。

【实例】

2012度研究生奖学金获得者名单公示

根据公开、公正、公平及宁缺毋滥的评奖原则,在学院推荐的101位候选人的基础上,研究生院评奖委员会经过认真评审,共评选出2011年度研究生奖学金获得者55人,现予以公示。公示时间:12月24日至12月30日。

一、校长奖学金(7人)

班丽萍 严学兵 寇平均 方昌阁 高海燕 叶升锋 李萍

二、宝钢奖学金(3人)

穆平 王国英 孟海波

三、安莉芳奖学金(10人)

张莉莉 刘凤霞 毛萌 刘云慧 曲鲁江 于书敏 张春华 龚国春 刘红霞 凌云

四、香港崇正奖学金(10人)

崔建新 李金云 马军花 杜小燕 谢辉蓉 刘允军 张晓峰 李珂 于海燕 肖娟

五、冯惠德奖学金(25人)

何文清 周洪友 李强 张涛 邹克琴 王洪波 汤丽玲 赵彩霞 张玉枝 董娜
王娟 杨建民 曾睐 赵一夫 刘元 张晓琳 刘贯山 李平兰 吴继红 邱静 王健
潘家文 黄丹霞 梁凌云 李云开

对以上结果如有意见,请于12月30日下午5点前将具体意见反馈给研究生院招生与研究生工作处。

电子信箱:grd××j@cau.edu.cn

联系电话:××××××

中国××大学研究生院

××××年12月24日

思考与练习

一、与法定公文与各类规约文书相比,机关事务文书的写作在哪些方面相对自由?

二、请用图示的形式列出简报格式的各个项目。

三、采写所在学校或班级新近半个月内发生的情况,编写一份动态简报。

四、根据计划制订的相关要求,写份个人学习计划。

五、回顾自己上大学以后的学习、生活实际,拟写一篇个人总结。

要求:

(1)标题自拟,但要求采用正副标题的形式;

(2)要体现出总结的基本结构和内容;

(3)要求总结出有规律性的内容,并且有事实,有分析。

六、针对本班同学的业余活动情况作一次调查,或者利用假期进行一次比较深入的社会热点问题调查,并结合调查的实际情况,写一篇调查报告。

七、请参照规章制度的写法,拟定一则《图书馆管理规则》。

八、请从写作目的、行文对象、内容表达等方面,深入体会述职报告与工作总结两种文体的不同特点。

九、说说你对公示这种新文体的含义与作用的理解。

第三章　法定行政公文写作

第一节　概述

一、法定行政公文的含义

广义的公文,是指社会组织用于公务活动的各类文书,包括法定行政公文和机关事务文书。狭义的公文就是指法定行政公文。

法定行政公文,是特指国家行政机关在行政管理过程中形成的具有法定效力和规范体式的公务文书,即《党政机关公文处理工作条例》明文规定的十五种公文:决议、决定、命令(令)、公报、公告、通告、通知、通报、议案、报告、请示、批复、意见、函、纪要。

二、法定行政公文的特点

法定行政公文的特点主要有以下几点:

(一)宗旨的政治性

法定行政公文的政策性强,它作为行政管理的重要工具,既要制定、传达有关方针政策,又要贯彻、执行有关方针政策。因此,它的内容总是与党和国家的方针政策紧密相连的。不管是指导某项工作,还是请示某个问题,都是不能与方针政策相背离的。要保证法定行政公文内容具有政策性,写作者必须对它所传达、贯彻的方针政策进行研究,然后作为行文的依据。同时,要联系实际,对有关方针政策进行解释说明,并提出贯彻执行的具体办法和措施。党和国家的方针政策,是人民普遍意愿和根本利益的集中体现,行政机关制定政策、宣传政策和执行政策的宗旨都是为人民服务。因此,法定行政公文的政策性,也就体出它鲜明的政治性。

(二)作者的法定性

法定行政公文是法定作者在法定范围内行使职权而制发的。这里的作者并不是指撰拟文稿的某个机关工作人员,而是指法定行政公文的制发者,即某一级组织或单位。法定行政公文只能由依法成立并能以自己的名义行使职权的组织或单位来制作和发布,这就是公文作者的法定性。写作法定行政公文,虽然由领导授意,机关工作人员撰稿,有的初稿写成后,还要在适当的范围内征求意见,民主讨论,集思广益;有的较为重要的文件,则由一个写作班子共同拟稿,或由几个人合作撰写,但不管采取什么方式写,写作者只能是代笔,即代机关立言,不存在个人独立的写作动机。在特殊情况下,以机关领导人名义签署发布的公文,作者并不代表领导人个人身份,而是领导人以职务身份代表法定机关,是机关领导人在法定范围内行使机关职权的体现。

（三）内容的权威性

因为法定行政公文的制发者只能是法定的机关、单位或团体，所以，法定行政公文具有法定的权威性，特别是发布行政法规和施行行政措施的公文，一经公布生效，便有国家宪法所赋予的行政权力，即有法定的权威来保证和强制执行，对它所涉及的所有单位和人员都具有行政约束力。如若违反法规政令的规定，就将受到相应的制裁和惩处。

（四）行文的针对性

任何法定行政公文都是依据方针政策，为着解决某个实际问题而制发的，它都具有针对性。一是体现方针政策的针对性，即选择某项适用的方针政策作为行为的依据，这样就有了权威性。二是体现实际情况的针对性，即行文着眼于解决实际问题，做到有的放矢，如上级机关下发的文书，或告知要处理的事项，或说明处理事务的方针政策，或说明处理的办法、措施、步骤等，都是直接指导工作的；而下级机关报请的文书，有的是汇报某项工作，有的是反映某种情况，有的是本单位无法解决或无权决定的问题，需要向上级机关请示以便使问题得到解决。

（五）体式的规范性

法定行政公文的体式具有很强的规范性。《党政机关公文处理工作条例》明文规定了决议、决定、命令（令）、公报、公告、通告、通知、通报、议案、报告、请示、批复、意见、函、纪要15种公文文种，这15种公文通用的纸张要求、印刷要求、公文中各要素排列顺序和标识规则都有统一规定。任何机关和个人不可任意混用，更不准独出心裁，另搞一套。

法定行政公文除了上述几个主要特点之外，还具有表述的简明性、制文的程序性、使用的时效性等所有公务文书的基本特征。

三、法定行政公文的作用

法定行政公文的作用主要有以下几点：

（一）法规准绳作用

公文中相当一部分是用来制定和执行国家法规和政令的，这些文件传达到各地区、各部门、各级干部和群众中，使法规和政令付诸实践。它们作为行政管理工作和活动的规范，一经发布生效，必须严格遵守执行，有法定的强制性和行政约束力，起到了法规准绳作用。

（二）指挥组织作用

公文是各级机关、团体和组织依法行政和进行公务活动的重要工具。党和国家的各项政策法规，上级机关的指挥意图、工作意见和执行要求，都要靠公文来传达贯彻。各级组织的建立，机构职权的明确，干部的任免，也都要靠公文来宣布。因此，在实现指挥和组织的行政职能方面，公文的作用十分突出。

（三）沟通联系作用

上级机关运用公文制定和发布各项方针、政策、法规、政令；下级机关用请示、报告等公文反映下情；平级和不相隶属机关之间通过公文互通情况，加强信息交流，商洽工作问题。在各级机关、团体和组织纵向、横向的沟通联系中，公文确保了各项公务活动的有序开展。

（四）宣传教育作用

发布的公文，将党和国家的方针政策广泛传达到群众中，提高人们的认识和自觉性，使干部和群众统一思想,统一行动,从而调动积极性,完成各项工作任务。因此,传达贯彻公文的过程实际上就是宣传党和国家的方针政策的过程,其宣传教育的作用是明显的。

(五)依据凭证作用

上级机关体现工作决策和指挥意图的决定、批复等,是下级机关进行公务活动的依据;下级机关用以汇报工作和反映情况的报告、请示等,是上级机关制定政策和研究问题的依据。公文在完成其现行作用之后,立卷归档,仍可作为现实和历史查考的依据和凭证。

四、法定行政公文的分类

按照正确的标准划分行政公文的类别,把握公文种类的特点,有利于正确使用文种,有利于规范公文写作,有利于提高公文处理效率,有利于文件的科学管理。

(一)法定行政公文和机关事务文书的区别

法定行政公文,是指《党政机关公文处理工作条例》(中办发〔2012〕14 号),第二章明确规定的 15 种公文:决议、决定、命令(令)、公报、公告、通告、通知、通报、议案、报告、请示、批复、意见、函、纪要。

机关事务文书,是机关日常工作中经常使用的文书,如计划、总结、简报、会议记录、调查报告等。

两者都用于公务活动,从广义上看,都是公文。但两者却有着明显的区别,值得注意:

1. 法定性质不同

法定行政公文是《党政机关公文处理工作条例》明确规定的公文;机关事务文书则无明文规定文种。

2. 格式标准不同

法定行政公文必须按《党政机关公文处理工作条例》制文;机关事务文书则只有约定俗成的简便格式。

3. 行文规则不同

法定行政公文可以单独对外行文;机关事务文书不能单独对外行文。机关事务文书若要对外行文,必须在法定行政公文中选择一个文种作载体,机关事务文书作附件方可行文。

(二)法定行政公文的分类

根据不同的标准划分,法定行政公文的主要类别有:

1. 按公文来源分,有收进公文、外发公文。收进公文,是本机关收进的外部各级机关发来的公文;外发公文,是本机关发往外部各级机关的公文。

2. 按行文关系分,有上行文、平行文、下行文。上行文,是下级机关向上级机关上报的公文,如请示、报告;平行文,是对平级机关或不相隶属机关之间互发的公文,如函、意见;下行文,是上级机关对下级机关发送的公文。如通知、决定、批复、命令(令)、通报等等。

3. 按功能作用分,有指挥性公文、报请性公文、知照性公文、记载性公文。指挥性公文,是上级机关向下级机关发布政令、指导工作和协调部门关系的公文,如命令(令)、决定、批复、通知;报请性公文,是下级机关向上级机关汇报工作、反映情况和请求批准答复的公文,如请示、报告;知照性公文,是机关用以告知具体事项、沟通工作信息的公文,如公告、通告、通报;记载性公文,是机关用以记载公务活动情况、归纳会议精神实质的公文,如纪要。

4. 按保密要求分,有保密公文、普通公文。保密公文,是涉及国家秘密,内容不宜公开的公文。其中,绝密、机密级公文还应当标明份数序号;普通公文,是内容不涉及国家秘密的公文。

5. 按时限要求分,有紧急公文、常规公文。紧急公文,是内容事关重大,发送时限要求紧急的公文。此类公文应当根据紧急程度分别标明特急、急件;常规公文,是按常规时限要求处理的公文。

6. 按内容处理要求分,有承办性公文、参阅性公文。承办性公文,是需要领导研究批示,工作人员具体办理行政事务的公文;参阅性公文,是只要阅知内容,掌握情况即可的公文。

第二节　法定行政公文的格式

早在 1988 年,国家技术监督局按照国务院有关规定,制定了《国家行政机关公文格式》(国家标准,GB/T 9704-1988),从而迈开了我国文件格式标准化工作的第一步。

一、公文格式标准化的目的和意义

文件格式标准化,就是将文件按一定目的、用途和要求,按规定的文字表述方法,统一设计文件,使文件实现规范化。

文件格式标准化的目的和意义,在于建立起具有我国民族语言文字特色的文件体系,为实现现代化管理创造条件。

信息量的增长,对社会和生产产生了巨大影响,同时也带来威胁。当今世界,信息、能源、污染、人口被列为当今人类面临的四大挑战。据报道,全世界每年处理文件量达 10 亿页。有人按纸张大小作了估算,全世界每年处理文件用纸接起来长达 3 亿千米,可绕地球赤道 8000 圈。因此,必须采用现代计算机技术和自动化办公设备来进行公文信息处理。而要实现办公自动化,首先碰到的问题是要有相应的标准。没有标准,任何现代化的先进设备都无法对没有纳入规范化体系的各种文件格式进行识别和处理。只有文件格式标准化了,才能实现信息的有效传递,使信息资源共享,使管理工作实现现代化和自动化。所以说,文件格式标准化是实现办公室现代化管理的一项基础工作。

西方先进国家早在上世纪 60 年代就开始进行文件格式标准化工作。国际标准化组织(ISO)在上世纪 70 年代初专门成立了文件格式标准化技术委员会(TC-154),并制定国际标准 12 个。苏联到上世纪 70 年代末已建立了全国统一的文件格式体系,建成 13 个自动化管理通用文件系统,制定了 3500 多个各类文件格式标准,文件传递速度比过去提高了 3~5 倍。在法国,仅以制定企业报表文件统一格式标准为例,每年可节约从事填写报表人员 3 万人,节省费用 60 亿法郎。

我国制定的《国家行政机关公文格式》(CB/T 9704-1988)国家标准,是由国家技术监督局标准起草小组综合各方面意见完成的。标准送审稿于 1988 年 3 月发给全国文件格式及数据元标准化技术委员会,经讨论通过后,作为正式标准上报国务院办公厅秘书局审批。1988 年 9 月 5 日获得批准,1989 年 3 月 1 日由国家技术监督局正式发布施行。1999 年,《国家行政机关公文格式》(GB/T 9704-1999)国家标准,又经重新修订后继续施行,该项国家标准明确规定了 13 种法定行政公文通用的纸张要求、印刷要求、公文中各要素排列顺序和标识规则。国务院又在 2000 年 8 月 24 日发布的《国家行政机关公文处理办法》第三章第十一条中再次强调：公文中各组成部分的标识规则,参照《国家行政机关公文格式》国家标准执行。

二、法定行政公文格式标准

(一)公文用纸幅面尺寸

公文用纸一律采用 A4 型纸,其成品幅面尺寸为 210mm×297mm。

(二)公文页边与版心尺寸

公文用纸天头(上白边)为:37mm±1mm;公文用纸订口(左白边)为:28mm±1mm;版心尺寸为:156mm×225mm(不含页码)。

(三)排版规格。

正文用 3 号仿宋体字,一般每面排 22 行,每行 28 个字。

(四)公文各要素划分部分

组成公文的各要素划分为眉首、主体、版记三部分。置于公文首页红色反线(宽度同版心,即 156mm)以上的各要素统称眉首;置于红色反线(不含)以下至主题词(不含)之间的各要素统称主体;置于主题词以下的各要素统称版记。

(五)常规格式眉首部分标识规则

1. 公文份数序号

公文份数序号是将同一文稿印制若干份时每份公文的顺序编号。用阿拉伯数码顶格标识在版心左上角第 1 行。

2. 秘密等级和保密期限

秘密等级分绝密、机密和秘密三种,如需标识,用 3 号黑体字,顶格标识在版心右上角第 1 行,两字之间空 1 字;如需同时标识秘密等级和保密期限,用 3 号黑体字,顶格标识在版心右上角第 1 行,秘密等级的两字间则空 1 字距离,秘密等级和保密期限之间用★隔开。

3. 紧急程度

紧急程度分特急、急件两种,如需标识,用 3 号黑体字,顶格标识在版心右上角第 1 行,两字之间空 1 字;如需同时标识秘密等级与紧急程度,秘密等级顶格标识在版心右上角第 1 行,紧急程度顶格标识在版心右上角第 2 行。

4. 发文机关标识

由发文机关全称或规范化简称后加文件两字组成;对一些特定的公文可只标识发文机关全称或规范化简称。发文机关标识上边缘至版心上边缘为 25mm。对于上报的公文,发文机关标识上边缘至版心上边缘为 80mm。

发文机关标识推荐使用小标宋体字,用红色标识,居中排布。字号由发文机关以醒目美观为原则酌定,但是最大不能等于或大于 22mm×15mm。

联合行文时应使用主办机关名称在前,文件二字置于发文机关名称右侧,上下居中排布;如联合行文机关过多,保证公文首页显示正文。

5. 发文字号

发文字号由发文机关代字、年份和序号组成。发文机关标识下空 2 行,用 3 号仿宋体字,居中排布;年份、序号用阿拉伯数码标识;年份应标全称,用六角括号〔〕括入;序号不编虚位(即1不编为001),不加第字。发文字号之下4mm处印一条与版心等宽的红色反线。

6. 签发人

上报的公文需标识签发人姓名,平行排列于发文字号右侧。发文字号居左空1字,签发人姓名居右空1字;签发人后标全角冒号,冒号后用2号楷体字标识签发人姓名。如有多个签发人,主办单位签发人姓名置于第1行,其他签发人姓名从第2行起在主办单位签发人姓名之下按发文机关顺序依次顺排,下移红色反线,应使发文字号与最后一个签发人姓名处在同一行并使红反线与之的距离为4mm。

(六)常规格式主体部分标识规则

1. 公文标题

红色线下空2行,用2号小标宋体字,可分一行或多行居中排布;回行时,要做到词意完整,排列对称,间距恰当。

2. 主送机关

标题下空1行,左侧顶格用3号仿宋体字标识,回行时仍顶格;最后一个主送机关名称后标全角冒号。如主送机关名称过多而使公文首页不能显示正文时,应将主送机关名称移至版记中的主题词之下、抄送之上,标识方法同抄送。

3. 公文正文

主送机关名称下一行,每自然段左空2字,回行顶格。数字、年份不能回行。

4. 附件

公文如有附件,在正文下空1行左空2字用3号仿宋体字标识附件,后标全角冒号和名称。附件如有序号使用阿拉伯数码(如:附件:1. ×××);附件名称后不加标点符号。附件应与公文正文一起装订,并在附件左上角第1行顶格标识附件,有序号时标识序号;附件的序号和名称前后标识应一致。如附件与公文正文不能一起装订,就在附件左上角第1行顶格标识公文的发文字号并在其后标识附件(或带序号)。

5. 公文生效标识

成文时间用汉字将年、月、日标全;零写为〇。

单一机关制发的公文在落款处不署发文机关的名称,只标识成文时间。成文时间右空4字;加盖印章应上距正文2~4mm,端正、居中下压成文时间;印章用红色。

当印章下弧无文字时,采用下套方式,即仅以下弧压在成文时间上;当印章下弧有文字时,采用中套方式,即印章中心线压在成文时间上。

当联合行文需加盖两个印章时,应将成文时间拉开,左右各空7字;主办机关印章在前;两个印章均压成文时间,印章用红色。只能采用同种加盖印章方式,以保证印章排列整齐。两印章间互不相交或相切,相距不超过3mm。

当联合行文需加盖3个以上印章时,为防止出现空白印章,应将各发文机关名称(可用简称)排在发文时间和正文之间。主办机关印章在前,每排最多3个印章,两端不得超过版心;最后一排如余一个或两个印章,均居中排布;印章之间互不相交或相切;在最后一排印章之下右空2字标识成文时间。

行政机关联合向上行文,为简化手续和提高效率,可由主办单位加盖印章即可。

特殊情况说明:当公文排版后所剩空白处不能容下印章位置时,应采取调整行距、字距的措施加以解决,务使印章与正文同处一面,不得采取标识此页无正文的方法解决。

6. 附注

公文如有附注,用 3 号仿宋体字,居左空 2 字加圆括号标识在成文时间下一行。

(七)常规格式版记部分标识规则

1. 主题词

主题词是用于揭示公文内容,便于公文检索查询的规范化词,通常由公文制发机关的最高行政主管机关负责制定和发布。如国家行政机关公文主题词是由国务院办公厅编制的《国务院主题词表》。主题词用 3 号黑体字,居左顶格标识,后标全角冒号;词目用 3 号小标宋体字;词目之间空 1 字。

2. 抄送

公文如有抄送,在主题词下 1 行;左空一字用 3 号仿宋体字标识抄送,后标全角冒号;抄送机关间用顿号隔开,回行时与冒号后的抄送机关对齐;在最后一个抄送机关标句号。如主送机关移至主题词之下,标识方法同抄送机关。

3. 印发机关和印发时间

位于抄送机关之下(无抄送机关在主题词之下)占 1 行位置;用 3 号仿宋体字。印发机关左空 1 字,印发时间右空 1 字。印发时间以公文付印的日期为准,用阿拉伯数码标识。

4. 版记中的反线

版记中各要素下均加一条反线,宽度同版心。

5. 版记的位置

版记应置于公文最后一页(封四),版记的最后一个要素置于最后一行。

(八)页码

用 4 号半角白体阿拉伯数码标识,置于版心下边缘之下一行,数码左右各放一条 4 号一字线,一字线距版心下边缘 7mm. 单页码居右空 1 字,双页码居左空 1 字。空白页和空白以后的页不标识页码。

(九)公文中的表格

公文如需附表,对横排 A4 纸型表格,应将页码放在横表的左侧,单页码置子表的左下角,双页码置于表的左上角,单页码表头在订口一边,双页码表头在切口一边。公文如需附 A3 纸型表格,且当最后一页为 A3 纸型表格时,封三、封四(可放分送,不放页码)应为空白,将 A3 纸型表格贴在封三前,不应贴在文件最后一页(封四)上。

(十)公文的特定格式

1. 信函式格式

发文机关名称上边缘距上页边的距离为 30mm. 推荐使用小标宋体字,字号由发文机关酌定;发文机关全称下 4mm 处为一条武文线(上粗下细),距下页边 20mm 处为一条武文线(上细下粗),两条线长均为 170mm。每行距中排 28 个字。发文机关名称及双线均印红色。两线之间各要素的标识方法从常规格式要素标识规则。

2. 命令格式

命令标识由发文机关名称加命令或令组成,用红色小标宋体字,字号由发文机关酌定。命令标识上边缘距版心上边缘 20mm,下边缘空 2 行居中标识令号;令号下空 2 行标识正文;正文下一行右空 4 字标识签发人名章,签名章左空 2 字标识签发人职务;联合发布的命令或令的签发人职务应标识全称。在签发人名章下一行右空 2 字标识成文时间。分送机关标识方法同抄送机关。其他从常规格式要素标识规则。

3. 纪要格式

纪要标识由××会议纪要组成，用红色小标宋体字，字号由发文机关酌定。纪要不加盖印章。其他要素从常规格式要素标识规则。

三、格式要素标识注意事项

（一）公文格式要素，分选择标识和必选标识两种

公文格式要素中，份数序号、秘密等级、保密期限、紧急程度、签发人、附件、附注为选择性标识要素，是根据公文实际需要而选择标识的。其他则为必选标识要素，是每份公文缺一不可的。

（二）眉首部分，上行文与下行文不同

上行文发文机关标识上边缘至版心上边缘为 80mm，中间空白为批示域，作上级领导批示意见用（见图三）；上行文还需标识签发人。下行文发文机关标识上边缘至版心上边缘为 25mm，无批示域，无需标识签发人（见图二）。

（三）发文字号，标识必须完整规范

发文字号由发文机关代字、年份和发文序号组成，三个要素必须齐全。机关代字不得与其他机关代字相同。年份应标全公元纪年，如 2004 不能简化标为 04。序号不编虚位，不加第字。

（四）公文标题，编制谨防出现错误

完整式的公文标题由发文机关、事由和文种组成；省略式的公文标题由事由和文种组成。编制公文标题，常见的错误有：发文机关位于事由之中，如《关于滨江市政府加强铁路运输安全工作的通知》。事由缺少关联词"关于"、"对于"，如《滨江市政府加强铁路运输安全工作的通知》。事由与文种搭配不当，如《滨江市政府关于工业生产情况的请示》，又如《滨江市政府关于工业生产问题的报告》。

（五）主送与抄送，必须正确区分标识

主送机关，是需要送达并对公文内容负有直接受理责任的机关。抄送机关，是需要送达但一般只要知晓公文内容的机关。上行文主送机关只能确定一个，下行文则可以多个。一般情况下，主送必须逐级行文。不是非常重大紧急的情况，不得越级行文主送。下行文标识多个主送机关时，应标明同类型机关的统称，如各省、自治区、直辖市人民政府。标识多个抄送机关时，应按机关级别高低依次排列。

（六）附件，要明确不同类型及产生的原因

附件类型主要有三种：一是补充正件内容的文件材料，当正件内容需要再加具体阐释或证明时产生。二是被正件转发的文件材料，当上级机关或下级机关文件需要转发时产生，正件文种通常为转发通知。三是被正件呈报的文件材料，当机关事务文书需要对外行文时产生，正件文种通常为呈送报告或呈批请示。前一种，附件的重要性次于正件。后两种，附件的重要性大于正件。

常规格式公文单页幅面示意图（图一）：

机密 ★ 永久

×××××文件

×××发（2012）58 号

关于××××的通知

×××××：

　　××××××××××××××××
　　×××××××××××××××
　　×××××××××××××××
　　×××××××××××××××
　　×××××××××××

附件：1、×××××
　　　　2、×××××

××××

二〇一二年六月二日

（此件不登报）

主题词：　×× 　×× 　通知

抄送：　×××、×××、×××。

×××办公室　　　2012 年 6 月 6 日

−1−

图一

常规格式下行文单页标意图（图二）：

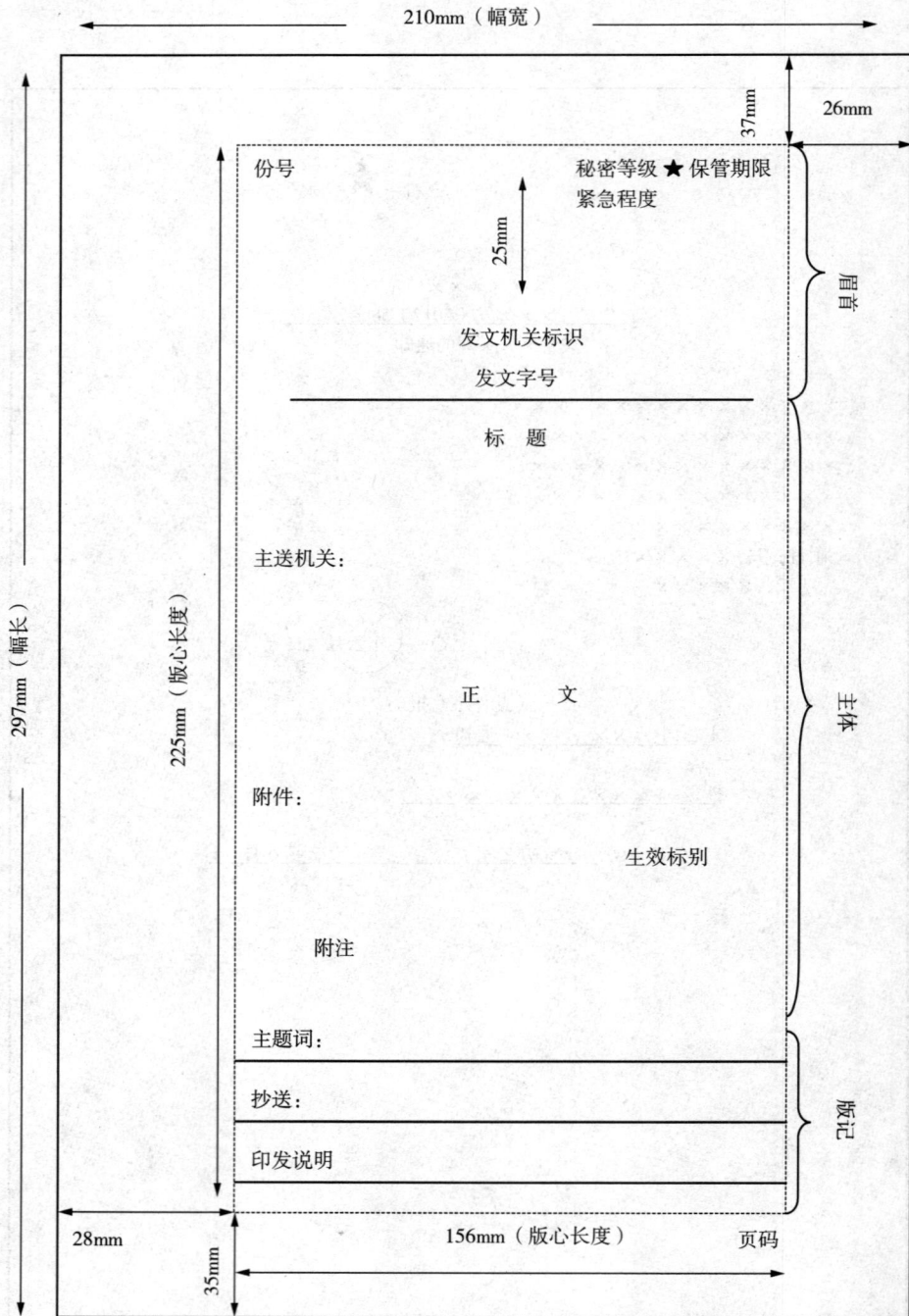

图二

常规格式上行文多页示意图(图三):

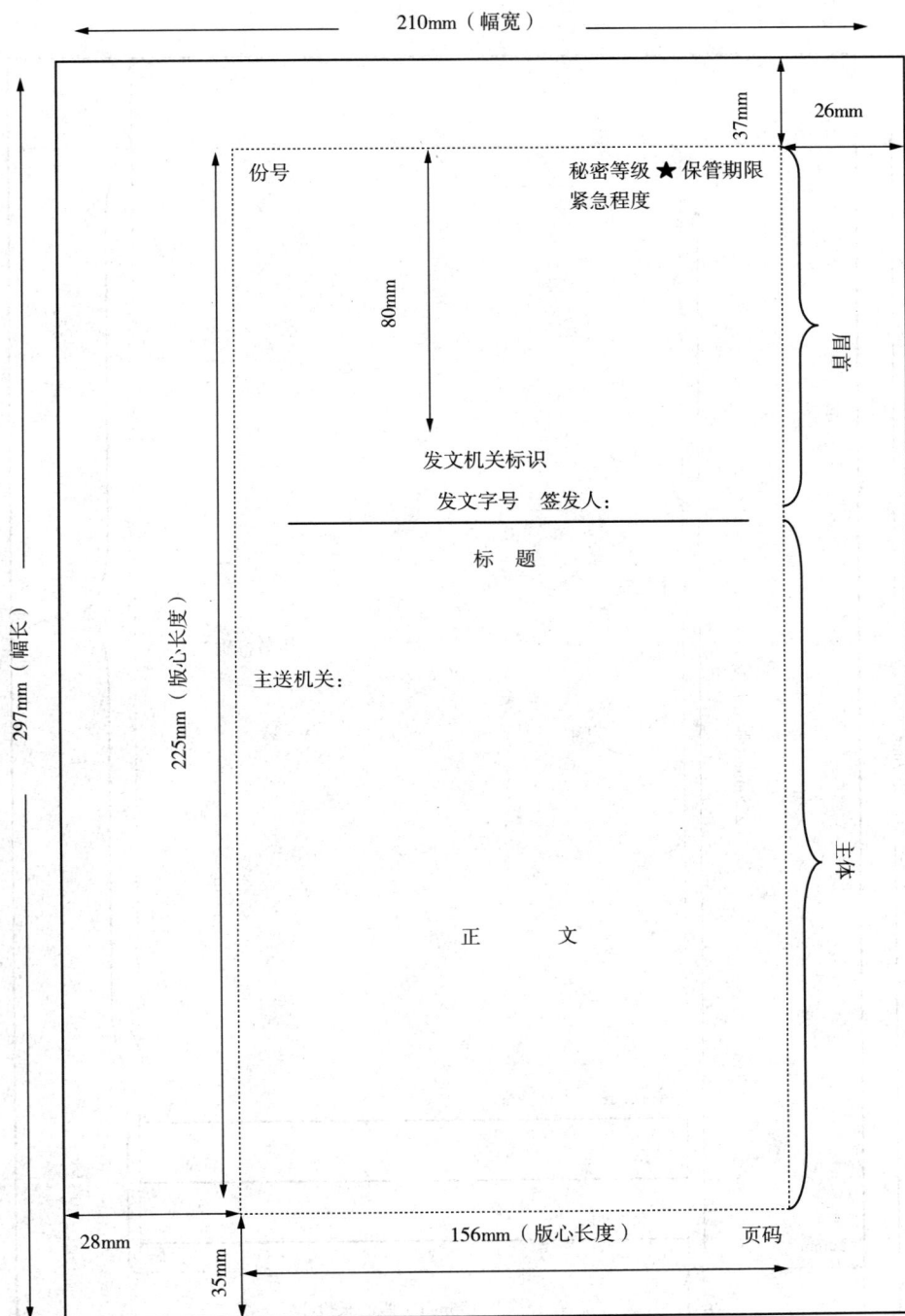

图三

常规格式上行文单页示意图(图四)：

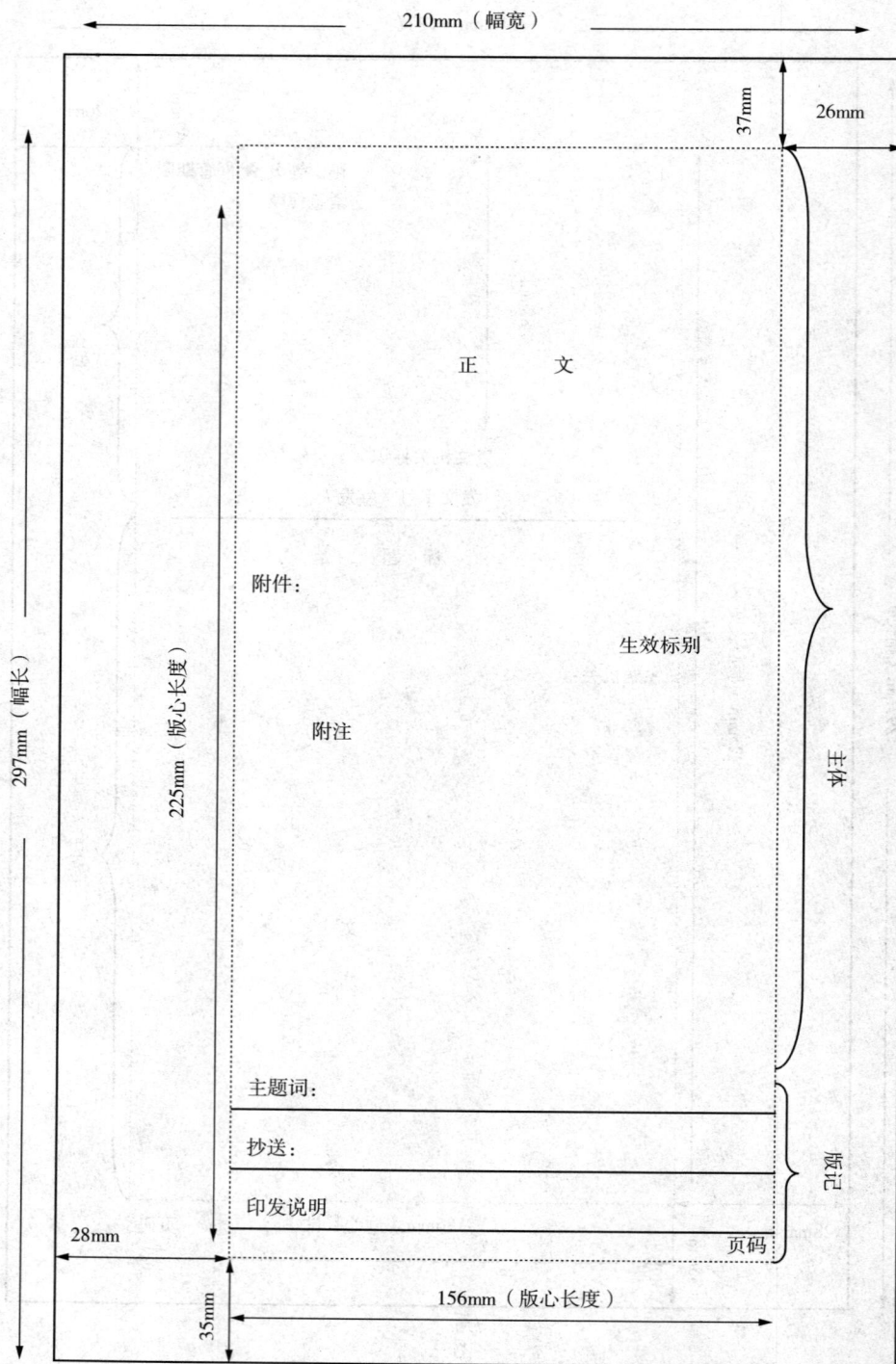

210mm（幅宽）

37mm

26mm

正　　文

附件：

生效标别

附注

297mm（幅长）

225mm（版心长度）

主体

主题词：

抄送：

印发说明

页码

版记

28mm

156mm（版心长度）

35mm

图四

四、公文内容的基本要素

从以上公告、通告和通知的写作分析中,可以得知公文内容具有行文依据、具体事项、工作要求、习惯用语等基本要素。明确这些要素,有利于掌握公文写作的一般规律和基本模式。

公文内容的基本要素主要有以下几点:

(一)行文依据

行文依据,又称缘由、根据,通常是公文写作内容的第一层次。行文依据,分为事实依据和理论依据两大类:事实依据一般由实际情况、具体问题等组成;理论依据一般由工作目的、领导指示、文件精神、会议决定、政策法规等组成。行文依据,体现出按事实办事、按程序办事、按章法办事三条行政管理的工作原则,因此必须充分。

(二)具体事项

事项,包括具体的时间、地点、人员、事情、意愿、安排等方面,通常是公文写作内容的第二大层次。具体事项只有考虑周到,说明清楚,才能确保工作顺利有效地进行,因此必须周全。

(三)工作要求

工作要求,对上而言,是指下级机关向上级机关提出的呈请要求;对下而言,是指上级机关向下级机关提出的执行要求。通常是公文写作内容的第三层次。工作要求必须明确。

(四)习惯用语

习惯用语,是公文语言运用的特点之一。文中起转承连接作用的如"现将有关事项通知如下"、"为此,特作如下决定"、"主要有以下几点"等;文尾收束全篇的如"特此通告"、"当否,请批示"、"如无不妥,请批转执行"等。习惯用语必须规范。

公文内容具有行文依据、具体事项、工作要求、习惯用语等基本要素,这些要素构成了公文写作的基本模式。在13种法定行政公文中,虽然每个具体文种有其自身的写作特点,但大多数文种,如命令、决定、公告、通告、通知、请示、批复、意见、函等,都基本上可以采用这一模式写作,从而体现出一定的规律性。

第三节　公告、通告、通知

一、公告

公告,适用于向国内外宣布重要事项或者法定事项。

(一)公告的特点

公告主要有以下几个特点:

1. 事项内容的重要性

公告宣布的内容是重要事项或法定事项。它通常以国家领导机关名义或者授权新华社向国内外庄重宣布某一重大事项。如宣布国家领导人的选举结果、出访情况,颁布法律、法令,公布重大科技成果等等。

2. 对象范围的广泛性

一般公文发送对象范围都是特定的地区、单位,而公告的对象范围则是国内外,有时甚至通过新华社用登报、广播的形式向全国、全世界发布。

3. 制发机关的限制性

公告一般是由较高级别的国家领导机关,或者授权新华社制发的。基层单位不得随意使用公告。报纸上常见到迁址公告、聘员公告、招生公告、中奖公告等,都是滥用公告。

(二)公告的种类

公告的主要种类如下:

1. 重大事项公告

它通常以国家领导机关名义或者授权新华社向国内外庄重宣布某一重大事项。

2. 专业事项公告

这类公告,是由国家有关职能部门,根据专业工作需要,按法定程序发布的。

(三)公告的写作

标题可以由三种形式构成:由发文机关、事由、文种组成;由发文机关、文种组成;只由文种这一要素组成,如《公告》。标题下可依公告发布顺序编号,如第四号,在公告的正文中,要简明扼要地写出公告依据、事项。结尾一般写上习惯用语"现予公告、特此公告"。

(四)实例简析

【实例一】

中华人民共和国全国人民代表大会公告

(第 2 号)

第十届全国人民代表大会第一次会议于二〇〇三年三月十五日选举:

胡锦涛为中华人民共和国主席

曾庆红为中华人民共和国副主席

现予公告

中华人民共和国第十届全国人民代表大会第一次会议主席团

二〇〇三年三月十五日于北京

【评析】

这是一份向国内外宣布重要事项的公告,内容重要,语气庄重。公告的依据、公告事项写得简明扼要。最后采用惯用结语"现予公告"结束全文。

【实例二】

中国人民银行关于完善人民币汇率形成机制改革的公告

为建立和完善我国社会主义市场经济体制,充分发挥市场在资源配置中的基础性作用,建立健全以市场供求为基础、有管理的浮动汇率制度,经国务院批准,现就完善人民币汇率形成机制改革有关事宜公告如下:

一、自 2005 年 7 月 21 日起,我国开始实行以市场供求为基础、参考一篮子货币进行调节、有管理的浮动汇率制度。人民币汇率不再钉住单一美元,形成更富弹性的人民币汇率机制。

二、中国人民银行于每个工作日闭市后公布当日银行间外汇市场美元等交易货币对人民币汇率的收盘价,作为下一个工作日该货币对人民币交易的中间价格。

三、2005 年 7 月 21 日 19:00 时,美元对人民币交易价格调整为 1 美元兑 8.11 元人民币,作为次日银行间外汇市场上外汇指定银行之间交易的中间价,外汇指定银行可自此时起调整对客户的挂牌汇价。

四、现阶段,每日银行间外汇市场美元对人民币的交易价仍在人民银行公布的美元交易中间价上下千分之三的幅度内浮动,非美元货币对人民币的交易价在人民银行公布的该货币交易中间价上下一定幅度内浮动。

中国人民银行将根据市场发育状况和经济金融形势,适时调整汇率浮动区间。同时,中国人民银行负责根据国内外经济金融形势,以市场供求为基础,参考一篮子货币汇率变动,对人民币汇率进行管理和调节,维护人民币汇率的正常浮动,保持人民币汇率在合理、均衡水平上的基本稳定,促进国际收支基本平衡,维护宏观经济和金融市场的稳定。

二○○五年七月二十一日

【评析】

这是一篇知照性公告。公告先简要交代发布目的和依据,然后分四条列写公告事项,内容具体明确,语言简洁庄重。这是涉及国内外的大事,采用公告发布恰当。

【实例三】

××市人民政府关于在全市开展第一次
全国经济普查登记工作的公告

根据国家和省的统一部署,××市经济网站普查工作从 2005 年 1 月 I 起进入普查登记阶段。为确保普查登记工作顺利进行,现就有关事项公告如下:

一、经济普查的标准时点为 2004 年 12 月 31 日,调查资料年度为 2004 年。本市辖区内除农业以外的所有国家机关、社会团体、企事业单位和其他经齐组织都应当接受调查,个体经营户应当接受抽样调查。

二、配合普查人员做好调查是每个普查对象应尽的义务,任何单位和个人不得以任何理由拒绝或妨碍普查,不得虚报、迟报、瞒报、拒报、伪造普查资料,违者将依据《中华人民共和国统计法》、《全国经济普查条例》予以处罚。

三、普查登记期间,××市将按照"在地普查"原则,由各级普查机构集中普查对象进行普查表的填报培训,或由普查员登门入户协助普查对象填写普查表,普查员有权依法查阅普查对象的经营证件、财务报表和业务核算等相关原始资料。

四、各级经济普查机构和普查员应严格遵守《中华人民共和国统计法》和《全国经济普查条例》的有关规定,对在普查活动中知悉的国家秘密、普查对象的商业秘密履行保密义务;普查所取得的企业和个人资料严格限定用于经济普查目的,任何政府部门不得以普查资料为依据对普查对象进行行政处罚。

五、请社会各界对经济普查工作中单位和个人的违法行为进行监督和检举。

市经济普查办公室举报电话:2120283;传真:2120284。

二○○五年一月五日

【评析】

　　这份公告由标题、正文和成文日期组成。其中,正文第一自然段为公告缘由,第二自然段至最后一个自然段为公告事项。无结语。

二、通告

　　通告,适用于在一定范围内公布应当遵守或者周知的事项。

(一)通告的特点

　　与公告相比较,通告主要有以下几个特点:

1. 公布范围的局部性

　　通告只在社会一定范围内公布,有别于公告向国内外公布。

2. 发布形式的灵活性

　　通告除通过新闻媒体发布之外,还可采取张贴形式发布。

(二)通告的种类

　　通告的主要种类如下:

1. 知照性通告

　　通告内容主要是公众需要了解的重要情况、重要消息。

2. 制约性通告

　　通告内容主要向公众交代需要遵守、执行的政策、措施以及其他行为规范。

(三)通告的写作

　　标题可以由四种形式构成:由发文机关、事由、文种组成;由发文机关、文种组成;事由加文种组成;只由文种这一要素组成,如《通告》。正文由依据和事项两部分组成:依据为发布通告的原因和根据,事项为须知或需要遵守、执行的内容,以习惯用语"特通告如下"转承连接。结尾部分可提出执行要求,并用习惯用语"特此通告"作结。

(四)实例简析

【实例一】

广州市人民政府关于加强珠江广州河段
生活污水排放管理的通告

　　为保护和改善珠江广州河段的水域环境,防治船舶污染,促进经济社会可持续发展,根据《中华人民共和国水污染防治法》、《中华人民共和国废水污染防治法实施细则》、《中华人民共和国防治船舶污染内河水域环境管理规定》、《广州市饮用水源污染防治条例》等法律法规的规定,现将有关事项通告如下:

　　一、船舶在珠江广州河段水域从事航行、停泊、作业及其他影响水域环境的活动,适用本通告。

　　二、船舶在珠江广州河段排放生活污水应符合国家和地方规定的标准。

　　珠江广州河段东河道人民桥至华南大桥河段及饮用水源保护区为禁排区。船舶禁止在禁排区内排放《中华人民共和国防治船舶污染内河水域环境管理规定》所指的生活污水以及任何形式的厨房、厨房排水口的排出物和其他废物。

饮用水源保护区的具体区域范围,由市环境保护部门依照《广州市饮用水源污染防治条例》划定。

三、船舶应当按照规范要求设置与生活污水产生量相适应的处理装置或者储存容器。

四、接收船舶生活污水的单位必须具有相应的资质。不符合排放标准和要求的船舶生活污水,必须交由具有资质的单位接收处理。船舶应当保存每次生活污水接收单证,以备海事部门检查船舶生活污水去向。

五、港口装卸站应当具备与停靠船舶生活污水产生量相适应的接收能力,满足到港船舶的要求,并通过市政管网将船舶生活污水排至市污水处理厂处理。

六、违反本通告的,由海事、渔政和港口等行政管理部门依照有关法律、法规、规章的规定予以处理。

七、本通告自 2006 年 11 月 1 日起施行,有效期 5 年。

特此通告

广州市人民政府(印章)

二○○六年十月二十五日

【评析】

这篇知照性通告,叙述清楚,条理分明。先写出依据——发布的目的,后分条款列出告知的具体事项,结尾提出执行时间要求,并用习惯用语"特此通告"作结。

【实例二】

<h2 align="center">中华人民共和国公安部通告</h2>

中华人民共和国民政部已于 1999 年 7 月 22 日认定法轮大法研究会及其操纵的法轮功组织为非法组织,决定予以取缔。据此,特通告如下:

一、禁止任何人在任何场所悬挂、张贴宣扬法轮大法(法轮功)的条幅、图像、徽记和其他标识。

二、禁止任何人在任何场合散发宣扬法轮大法(法轮功)的书刊、音像制品和其他宣传品。

三、禁止任何人在任何场合聚众进行会功、弘法等宣扬法轮大法(法轮功)的活动。

四、禁止以静坐、上访等方式举行维护、宣扬法轮大法(法轮功)的集会、游行、示威活动。

五、禁止捏造或者歪曲事实、故意散布谣言或者以其他方式煽动扰乱社会秩序。

六、禁止任何人组织、串联、指挥对抗政府有关决定的活动。

违反上述规定,构成犯罪的,依法追究刑事责任;尚不构成犯罪的,依法给予治安管理处罚。

中华人民共和国公安部

一九九九年七月二十二日

【评析】

这篇制约性通告,将执行依据、禁止事项、惩处办法等一一写明,简明易懂,中心突出,起到了有章可循、有规可依的作用。

三、通知

通知,适用于发布、传达要求下级机关执行和有关单位周知或者执行的事项,批转下级机关的公文,转发上级机关和不相隶属机关的公文。

(一)通知的特点

通知、公告和通告属于近似文种,只有明确了三者的异同,在行文时才能正确选择文种进行写作。

相同点:三者都是法定行政公文,都是下行文,都可以是知照性文种。

不同点:一是制发机关的级别不同。公告为国家高级机关使用的文种,通告、通知则所有行政机关都可使用。二是事项告知的范围不同,公告面向国内外,通告面向社会某一局部,通知则面向某一机关、系统内部。三是事项内容的重要程度不同,一般来说,公告事项内容的重要程度要大于通告,通告又要大于通知。四是发布形式不同,公告一般通过新闻媒体发布,通告除通过新闻媒体发布之外,还可采取张贴形式,通知一般以文件形式传送。五是个别格式要素标识不同,公告、通告一般不标主送机关,发文编号另制。

与公告和通告相比,通知主要有以下几个特点:

1. **功能作用的广泛性**

通知是公文中使用频率最高的一个文种,告知事项,发布规章,指导工作,批转公文,任免干部等都可使用,功能作用十分广泛。

2. **文种类别的多样性**

通知按照功用的不同,又可以划分为多种类别,如知照性通知、指挥性通知、转发性通知等等。

3. **对象指向的明确性**

公告、通告指向广泛,一般不标主送机关;而通知的受文对象却是具体明确的。

(二)通知的种类

通知的主要种类如下:

1. **指示性通知**

主要用于对下级机关布置任务、作出指示、宣布规定、提出要求等。

2. **知照性通知**

用于向下级机关传达需要晓喻的重大事项,如任免或聘用干部、设立或调整机构、启用或更换印章、迁移办公地点等等。

3. **转发性通知**

用于转发上级机关和不相隶属的机关的公文,批转下级机关的公文,以及颁发本机关制定的各类规章文件等。

4. **事务性通知**

用于告知机关日常事务中需要办理或知晓的具体事项,如会议通知、放假通知等。

(三)通知的写作

标题可以为两种形式:由发文机关、事由、文种组成;由发文机关、文种组成。

主送机关较少的,应具体写明受文机关名称;主送机关较多的,应用规范化统称标注。

正文内容一般分依据、事项和执行要求三部分:依据旨在说明发布通知的原因和根据,常以习惯用语"特通知如下"转接下文。事项为须知或需要办理的事宜,必须具体、周全。事项较多的通知,采用分条分款方式表述,将内容按一定逻辑标准排序,做到条理清晰,一目了然。执行要求常用"以上通知,望认真执行"、"本通知自下发之日起施行"等语句提出,并用习惯用语"特此通知"结尾。

　　用于转发公文的通知,称为主件,被转发的公文称为附件。主件要写明转发对象和批注意见,附件名称要在主件正文后标注明确。

　　（四）实例简析

【实例】

关于成立国务院行政审批制度改革工作领导小组的通知

各省、自治区、直辖市人民政府,国务院各部委、各直属机构:

　　为加强对行政审批制度改革工作的领导,国务院决定,成立国务院行政审批制度改革工作领导小组(以下简称领导小组)。现将有关事项通知如下:

一、领导小组的主要职责

（一）指导和协调全国行政审批制度改革工作。

（二）研究提出国务院各部门需要取消和保留的行政审批项目并拟定有关规定。

（三）督促国务院各部门做好行政审批项目的清理和处理工作。

（四）研究处理与行政审批制度改革有关的其他重要问题。

二、领导小组的组成人员

组长　李××　（国务院副总理）

副组长　王××　（国务委员兼国务院秘书长）

何××　（监察部部长）

成××　崔××　（国务院副秘书长）

杨××　（国务院法制办公室主任）

宋××　（国务院经济体制改革办公室副主任）

王××　（国家发展计划委员会副主任）

李××　（国家经济贸易委员会主任）

楼××　（财政部副部长）

周××　（对外贸易经济合作部副部长）

王××　（国家工商行政管理总局局长）

王××　（中央机构编制委员会办公室副主任）

三、领导小组办事机构的设置

　　领导小组办公室设在监察部,承担领导小组的日常工作。办公室主任由何××同志兼任,办公室副主任由国务院法制办公室副主任李××、监察部办公厅主任李××担任。

国务院办公厅

××××年九月二十四日

【评析】

这是一篇关于设立重要机构的知照性通知,以国务院决定为发布依据,分条款——列出职责、成员、分工等重大事项,层次清楚,言简意明。

第四节　决定、通报

一、决定的含义

适用于对重要事项或者重大行动做出安排,奖惩有关单位及人员,变更或者撤销下级机关不适当的决定事项。

决定是党政机关对于某些重要事项或重大行动作出决策和安排,是各级党政机关、社会团体、企事业单位经常使用的、具有规定性和领导性的规范性公文。决定是仅次于命令的重要行政公文,而在不能发布命令的社会组织如企业中决定就是最有权威性的行政公文。

决定使用范围比较广泛,除国家行政机关以及党、人大、军队机关外,企事业单位乃至人民团体只要事关大局、内容重要都可以使用"决定"这一文种。但安排日常工作或处理具体工作时,不宜选用该文种。

决定是权威性较强的文种,因此,在使用中一定要规范。要避免小题大做,人为地强调某件事的重要性,滥用"决定"行文,把本来一般事项或行动升格为重要事项或行动,失去了公文的严肃性。要避免随意误用,把本来可以用"通报"表扬、批评的事项,写进"决定"。只有在有关法规、规章及条例、条令中有明确规定的奖惩事项,才可用"决定"行文。此外,一般性的表扬先进、批评错误的决定用"通报"。

重要事项,如《关于实行居民身份号码制度的决定》、《中华人民共和国民政部关于取缔"法轮大法"研究会的决定》、《国务院关于成立国务院西部地区开发领导小组的决定》、《中共中央关于加快农业发展若干问题的决定》等。

重大行动,如《中共中央国务院关于治理向企业乱收费乱罚款和各种摊派等问题的决定》、《中共中央、国务院关于打击经济领域中严重犯罪活动的决定》、《国务院关于调整国家机关、科学文教卫生等部门部分工作人员工资的决定》等。

二、决定的特点

(一)具有权威性和规定性

决定是下行文,一般由党政机关部门制发,要求下级机关贯彻执行,因此,具有权威性和规定性。一般说,机关级别越高,使用决定的频率也就越多,单位级别比较低的就很少使用这个文种。

(二)具有指导性和全局性

决定记载与传达党和国家领导机关对重要事项和重大行动的决策,具有一定的理论性、政策性、指导性,而且一般不是局限于某个部门,行文有一定的普遍性。

(三)具有稳定性和长远性

决定对于重要事项做出的决策,一般要在相当长的时间内发挥作用,是各级部门工作的指导方针。

三、决定的种类

(一)指挥性决定

适用于对重要事项或重大行动作出安排。指挥性决定是针对某一方面的工作或者某类问题,一般偏重于统一认识或者确定某一方面的方针。这决定带有纲领性、法规性和指导性,不仅要求下级机关了解决定的内容,而且要求下级机关认真遵照执行。这类决定一般篇幅较长,说理透彻,能充分体现领导机关的意图,具有指挥的性质。如《国务院关于加强地质工作的决定》、《中共中央国务院关于实施科技规划纲要增强自主创新能力的决定》、《国务院关于完善企业职工基本养老保险制度的决定》等。

(二)法规性决定

是指为规范人们的社会行为和国家某一方面的管理工作要求而制定的类似法规的重要决定,如《关于惩治虚开、伪造和非法出售增值税专用发票犯罪的决定》等。

(三)知照性决定

主要是指把决定的事项简要地传达给有关地区、单位和人员,多数没有执行要求,少数兼有事项安排。如《全国人民代表大会常务委员会关于加入〈南极条约〉的决定》,这是我国采取的一个重大决策和安排,用决定的形式知照全国、全世界。一般说来,这类决定内容比较单一、简明扼要,而且并不要求下级机关执行。

(四)奖惩性决定

这类决定用于对英雄、模范和有突出贡献的人物进行表彰嘉奖,或对犯有严重错误的单位、个人做出处理,如《国务院关于 2008 年度国家科学技术奖励的决定》、《国务院关于表彰全国劳动模范和先进工作者的决定》。

(五)变更性决定

指对下级机关不适当的决定事项或有关事项做变更或撤销处理的决定,如《国务院修改〈国务院关于职工工作时间规定〉的决定》。

(六)任免性决定

对机构的增设或撤销,比较重要的人事安排作出的决定。

四、决定的结构

(一)标题

决定标题一般为公文的常规模式,即"发文机关+事由+文种",有的也可以省略发文机关。

(二)题注

标题之下,一般标有成文时间。会议通过的决定,应用题注的形式标明何时由何会议通过,并括上圆括号,标识在标题下一行。有题注的决定可不再标识成文日期。其他决定的成文时间要以领导人签发的日期为准。如:

中共中央关于完善社会主义市场经济体制若干问题的决定

(2003 年 10 月 14 日中国共产党第十六届中央委员会第三次全体会议通过)

（三）主送机关

如果决定面向的范围较大，具有广泛性，可以不写主送机关；如果具体到某个机关单位则应写主送机关。

（四）正文

1. 开头

开头又称决定缘由，要写明发布决定的背景、根据、目的、意义，接下来常用过渡词语如"经会议研究决定"、"为此，特作如下决定"等。

不写缘由，只写事项。这种写法一般用在一些重要或者重大决定上。

2. 主体

主体又称决定事项，针对决定缘由提出任务、措施、方案、要求等，篇幅较长的要用小标题，使人容易抓住各层次的中心，便于理解和执行。如某项工作确定的原则、提出的要求、作出的规定、提出的措施办法、作出安排和处置、对某一文件表示批准意见等。

指挥性决定，开头只简要概述决定缘由，后写决定的具体事项，重点放在布置任务、拟出规定、交代办法，最后提出希望或号召。

表彰性和惩处性决定的正文，写法大体相同。表彰性决定，主要写清缘由，指出性质、奖励内容并提出希望、发出号召。惩处性决定正文的写法与表彰性决定的写法相对应，即先写处分的原因，指出性质，再写处分的内容，最后提出警示，从中吸取教训。

变更撤销性决定正文，一般只要写明变更或撤销有关事项的原因、依据和决定事项即可。撤销或变更的依据，应注意讲明有关的法律、法规或相关的规定与政策，不能离开法律规定随便撤销或变更下面的决定。

知照性决定的目的，不是让人们具体地去做什么，只是让人们知晓其内容，所以一般不做原因和意见方面的阐述，也不可能有具体的意见和要求，因此写法简单，往往是直陈其事，即只写出决定的根据与决定的具体内容，结构上常常只有一个段落。

任免性决定的篇幅很短，结构也很简单，在正文中写明任免依据和任免的内容即可。

3. 结尾结语

结尾又称执行要求，一般比较简单，多以提出希望号召或执行要求结尾。也可对决定事项内容加以补充或强调，以加深人们对决定事项的认识理解，提高执行效力。

4. 落款

标明发文行政机关名称，成文时间置于落款之后，也有的成文时间列于标题之下。

决定性公文，如果没有特殊需要，一般不写受文单位，不落款。制发机关见于标题之中，时间见于标题之下的标示。

（五）实例简析

【实例一】

全国人民代表大会常务委员会关于维护互联网安全的决定

（××××年十二月二十八日第九届全国人民代表大会

常务委员会第十九次会议通过）

我国的互联网，在国家大力倡导和积极推动下，在经济建设和各项事业中得到日益广泛的应用，使人们的生产、工作、学习和生活方式已经开始并将继续发生深刻的变化，对于加快我国国民经济、科学技术的发展和社会服务信息化进程具有重要作用。同时,如何保障互联网的运行安全和信息安全问题已经引起全社会的普遍关注。为了兴利除弊,促进我国互联网的健康发展,维护国家安全和社会公共利益,保护个人、法人和其他组织的合法权益,特作如下决定:

一、为了保障互联网的运行安全,对有下列行为之一,构成犯罪的,依照刑法有关规定追究刑事责任:

(一)侵入国家事务、国防建设、尖端科学技术领域的计算机信息系统;

(二)故意制作、传播计算机病毒等破坏性程序,攻击计算机系统及通信网络,致使计算机系统及通信网络遭受损害;

(三)违反国家规定,擅自中断计算机网络或者通信服务,造成计算机网络或者通信系统不能正常运行。

二、为了维护国家安全和社会稳定,对有下列行为之一,构成犯罪的,依照刑法有关规定追究刑事责任:

(一)利用互联网造谣、诽谤或者发表、传播其他有害信息,煽动颠覆国家政权、推翻社会主义制度,或者煽动分裂国家、破坏国家统一;

(二)通过互联网窃取、泄露国家秘密、情报或者军事秘密;

(三)利用互联网煽动民族仇恨、民族歧视,破坏民族团结;

(四)利用互联网组织邪教组织、联络邪教组织成员,破坏国家法律、行政法规实施。

三、为了维护社会主义市场经济秩序和社会管理秩序,对有下列行为之一,构成犯罪的,依照刑法有关规定追究刑事责任:

(一)利用互联网销售伪劣产品或者对商品、服务作虚假宣传;

(二)利用互联网损害他人商业信誉和商品声誉;

(三)利用互联网侵犯他人知识产权;

(四)利用互联网编造并传播影响证券、期货交易或者其他扰乱金融秩序的虚假信息:

(五)在互联网上建立淫秽网站、网页,提供淫秽站点链接服务,或者传播淫秽书刊、影片、音像、图片。

四、为了保护个人、法人和其他组织的人身、财产等合法权利,对有下列行为之一,构成犯罪的,依照刑法有关规定追究刑事责任:

(一)利用互联网侮辱他人或者捏造事实诽谤他人;

(二)非法截获、篡改、删除他人电子邮件或者其他数据资料,侵犯公民通信自由和通信秘密;

(三)利用互联网进行盗窃、诈骗、敲诈勒索。

五、利用互联网实施本决定第一条、第二条、第三条、第四条所列行为以外的其他行为,构成犯罪的,依照刑法有关规定追究刑事责任。

六、利用互联网实施违法行为,违反社会治安管理,尚不构成犯罪的,由公安机关依照《治安管理处罚条例》予以处罚;违反其他法律、行政法规,尚不构成犯罪的,由有关行政管理部门依法给予行政处罚;对直接负责的主管人员和其他直接责任人员,依法给予行政处分或者纪律处分。利用互联网侵犯他人合法权益,构成民事侵权的,依法承担民事责任。

七、各级人民政府及有关部门要采取积极措施,在促进互联网的应用和网络技术的普及过程中,重视和支持对网络安全技术的研究和开发,增强网络的安全防护能力。有关主管部门要加强对互联网的运行安全和信息安全的宣传教育,依法实施有效的监督管理,防范和制止利用互联网进行的各种违法活动,为互联网的健康发展创造良好的社会环境。从事互联网业务的单位要依法开展活动,发现互联网上出现违法犯罪行为和有害信息时,要采取措施,停止传输有害信息,并及时向有关机关报告。任何单位和个人在利用互联网时,都要遵纪守法,抵制各种违法犯罪行为和有害信息。人民法院、人民检察院、公安机关、国家安全机关要各司其职,密切配合,依法严厉打击利用互联网实施的各种犯罪活动。要动员全社会的力量,依靠全社会的共同努力,保障互联网的运行安全与信息安全,促进社会主义精神文明和物质文明建设。

全国人民代表大会常务委员会

××××年十二月二十八日

【评析】

这是一篇对重要事项表明处置意图的指挥性决定,采用的是公文写作的基本模式:正文先以互联网的安全存在保障问题和兴利除弊的目的为行文依据,然后从保障互联网的运行安全、维护国家安全和社会稳定、维护市场经济秩序以及保护合法权利四方面表述事项,并针对具体情况分条作出处置规定,最后对下级有关部门提出执行要求。特殊点在于:一是标题下用题注方式标明通过的会议和时间;二是文尾不用习惯用语。

【实例二】

关于表彰 2011 年度厦门市信访工作
先进集体和先进工作者的决定

各区区委、区政府,市直各有关单位:

2011 年以来,我市各级各部门的领导和专兼职信访干部在信访工作实践中认真贯彻"三个代表"重要思想,求真务实,勇于探索,大胆开拓,为加强党和政府同人民群众的密切联系,维护社会稳定,促进海湾型城市的建设,做了大量富有成效的工作,取得了很大成绩,涌现了一批信访工作先进单位和先进工作者。为了表彰先进,树立典型,推动全市信访工作再上新台阶,市委、市政府决定授予厦门市湖里区、思明区等 22 个单位为信访工作先进集体,授予洪其昌等 51 位同志为信访工作先进工作者。希望受表彰的单位和个人珍惜荣誉,发扬成绩,再接再厉,在信访工作中取得更大成绩。希望各级领导和广大信访干部认真总结经验,宣传先进,发扬成绩,努力开拓我市信访工作新局面。

附:厦门市信访工作先进集体、先进工作者名单

中共厦门市委办公厅

厦门市人民政府办公厅

二○一二年二月十六日

【评析】

这是一篇由党政联合发布的表彰决定,采用奖惩性公文的写作模式,先肯定信访工作的成绩和指出树立先进典型的意义,然后具体写出表彰依据和事项,结尾提出希望,层次分明,概括简要。

五、通报

通报,适用于表彰先进,批评错误,传达重要精神和告知重要情况。

(一)通报的特点

通报的特点主要有以下几点:

1. 事例的典型性

通报的对象要求典型,必须是具有广泛代表性的人和事。只有通过剖析典型,才能更好地揭示事物的本质规律,总结经验,吸取教训,引导人们辨别是非,弘扬正气,树立新风。

2. 制发的及时性

通报的制发讲求时效,针对当前工作中出现的新情况和新问题,只有抓住时机迅速通报,才能达到及时指导和推动工作的目的。

3. 表达的陈述性

在表达方式上,通报主要通过陈述具有典型意义的事实,来交流信息、说明问题和分清是非。

(二)通报的种类

通报的主要种类如下:

1. 情况通报

情况通报,是在一定范围内传达重要情况和动向,以指导面上工作为目的的通报。

2. 表扬通报

表扬通报,是用来表扬先进单位和个人,介绍先进经验或事迹,树立典型,号召学习的通报。

3. 批评通报

批评通报,是用来指出有关单位或个人存在的错误事实,批评后进,打击歪风,以示警诫,要求吸取教训的通报。

(三)通报的写作

不同类别的通报,其内容和写法有所不同。

情况通报,正文应该包括两项内容:通报有关情况;分析并作出结论。具体写法,有的是先摆事实,然后进行分析得出结论;有的是先通过简要分析作出结论,再列举事实,来说明结论的正确性和针对性。

奖惩性通报,是指表扬通报和批评通报。正文一般先举出典型事实,然后在分析评论的基础上具体写明奖惩依据和事项,最后提出希望和要求。

(四)实例简析

【实例一】

国家林业局 公安部 海关总署 国家工商行政管理总局
关于表彰"飞鹰行动"先进集体的通报

各省、自治区、直辖市林业厅(局)、公安厅(局)、工商行政管理局,新疆生产建设兵团林业局、公安局、工商行政管理局,海关总署广东分署、天津、上海特派办、各直属海关,内蒙古、吉林、龙江、大兴安岭森工(林业)集团公司:

　　2008 年 3 月 20 日至 5 月 31 日,国家林业局、公安部、海关总署、国家工商总局在全国范围内联合开展了代号"飞鹰行动"的集中打击破坏野生动物资源违法犯罪活动专项行动。在地方党委、政府的重视和领导下,各级林业、公安、海关、工商部门周密部署,密切配合,切实加强对破坏野生动物资源违法犯罪的专项打击和综合治理,有效遏制了破坏野生动物资源案件持续上升的势头,有力地打击了违法犯罪分子的嚣张气焰,营造了全社会共同保护野生动物的良好氛围。行动期间,各地共出动人员 336874 人次、车辆 106152 台次,清查野生动物活动区域 10681 处、驯养繁殖场所 5797 处、加工经营场所 21622 处,查处案件 7795 起(其中刑事案件 771 起),打击处理违法犯罪人员 9396 人,打掉犯罪团伙 48 个,收缴野生动物 386641 头(只)、野生动物皮张 1264 张、野生动物制品 2862 件(共计 29180 公斤)、猎具 3377 件、猎枪 323 支。

　　为表彰先进,树立典型,进一步提高各部门加强野生动物保护执法工作的积极性,国家林业局、公安部、海关总署、国家工商总局决定,对"飞鹰行动"中表现突出的北京市森林公安局刑警队等 161 个先进集体(名单见附件)予以通报表彰。希望受表彰的单位谦虚谨慎,戒骄戒躁,再接再厉,再创佳绩,为我国野生动物保护事业做出新的贡献。各级林业、公安、海关、工商部门要以他们为榜样,振奋精神,开拓创新,扎实工作,为保护野生动物资源,维护生态安全,全面构建社会主义和谐社会而不懈努力。

　　附件:先进集体表彰名单(略)

二〇〇八年九月一日(章)

【评析】

　　本文属于表彰性通报。文中对参加打击破坏野生动物资源违法犯罪活动专项行动的有关单位作出了表彰。全文分为两部分,第一部分叙述通报事件,第二部分阐述通报事件意义、宣布表彰决定、提出希望要求。文章虽然简洁,但如果第二部分分段表述,层次将更为分明。

【实例二】

关于二〇〇八年元旦期间人民银行系统安全保卫工作情况的通报

人民银行各县、市支行:

　　由于各分行领导的高度重视和机关各部门的大力支持,在元旦期间,安全保卫工作做到了全区库款、机关院内、职工人身三安全。根据部分县、市支行汇报和三组分行的抽查,现将情况通报如下:

　　一、党组重视。节前,专门组织全行人员认真学习省分行关于节日期间加强安全保卫工作的电视通知精神,再一次进行安全防范教育,就节日期间的安全保卫工作作了详细安排,行长以身作则。

　　二、加强各项规章制度,并检查、督促、落实。

　　三、进一步重申了枪支弹药专人保管、专人放置,对枪支、警具、报警设施和车辆进行了全面擦拭和保养,使其处于良好的战斗状态。

　　四、今年元旦大部分县支行做到了节前有安排,节日期间有检查,节日之后有书面汇报,做得比较好的有××市、××县、××县、××县、××县。

　　元旦刚过去,春节即将来临,为了保证节日期间库款、机关院内、职工人身绝对安全,我们再重申几点要求:

　　一、各行要把春节期间的安全防范工作当作头等大事来抓,春节期间,探亲访友人员增多,值班人员相对减少,机关院内出入人员复杂,各行要提高警惕,加强门卫制度、值班制度,行长应到守库现场检查,以确保安全。

　　二、严格值班纪律,在值班期间严禁酗酒、玩扑克牌,调款车无调款任务要控制外出,确保行车安全。

　　三、春节期间烟花、爆竹相对增多,要防止失火,认真做好工作,防微杜渐,杜绝事故发生,各行要再认真进行一次自查,加强必要的安全措施。

　　四、加强汇报制度。各行要在二月三日前,把节日安全保卫执行情况,报二级分行保卫科。

中国人民银行××分行
二〇〇八年一月八日

【评析】

　　这是一篇情况通报。第一段是前言,从简述中用过渡句"现将情况通报如下"过渡到下文。下面分四个方面总结了元旦期间人民银行系统安全保卫工作的情况,向属下各单位部门通报。因接下来春节即将到来,所以后面又重申了安全保卫工作的四条要求。由此可见,情况通报是以叙述情况为主的,而写法非常灵活,既可先叙述情况后作出结论,也可先作出结论后叙述情况,还可以针对具体问题提出相应的对策。

第五节　报告、请示

一、报告的含义

　　报告是适用于向上级机关汇报工作、反映情况、答复上级机关询问的行政公文文种。

　　报告属于报请性公文、上行文。

　　研究公文的人都注意到,关于"报告",2000年的《办法》与1993年的《办法》不同。2000年的《办法》删掉了前报告中的一项功能,即"提出意见或者建议",但在行政公文中增加了"意见"这个新文种。这就是说,报告的这项功能,已经移交给意见,这也无异于说,自2001年1起,凡是运用"报告"继续提出意见、建议,从而要求"批转"的,都已经不符合现行行政公文的标准与要求(党务公文不在此列),而所有的公文教科书,也不应该再设置"建议报告"这一类型。

　　作为行政公文的报告,和一些专业部门从事业务工作时所使用的标题也带有"报告"二字的行业文书,如"审计报告"、"评估报告"、"立案报告"、"调查报告"等,不是相同的概念。这些文书不属于行政公文的范畴,注意不要混淆。

二、报告的特点

(一)直陈性

　　报告用于向上级机关汇报工作、反映情况、答复询问,无论其所表达的内容还是使用的语言都是具有陈述性的。可以说对事实和观点的直陈构成了报告的主体内容。

正因为报告是陈述性公文,所以它的主要表达方法是叙述和说明,应尽量少发议论。

(二)概括性

报告往往是对一定阶段工作的综合和归纳,不是侧重于事物发展变化的具体过程和细节,而是侧重于事物发展变化的结果,因此,报告必须高度概括事物发展变化的过程,归纳出事物发展变化的规律,总结出符合客观实际的经验和教训,提出切实可行的意见和建议。

(三)内容的综合性

报告是 13 种公文中综合性最强的,报告的内容可以是一文一事,还可以是一文多事,涉及的面较广,篇幅也相对较长。

(四)时间的不定性

报告的制发不受时间的限制,事前可以报告计划和设想;事中可以报告进展情况;事后可报告已完结的事项。

三、报告的种类

按照不同的标准可以对报告作不同的分类。

按行文时限分,可以把报告分为定期报告(也称例行报告)和不定期报告。下级机关定期向上级机关汇报工作,呈报的是定期报告,如年度工作报告;如有重大的、临时的、突击性的工作或情况,则随时向上级机关汇报,呈报的是不定期报告。

按内容范围分,可以把报告分为综合报告和专题报告。向上级机关汇报全面工作,内容涉及面较广的,是综合报告;综合报告涉及面宽,要把主要工作范围之内的方方面面都涉及,可以有主次的区分,但不能有大的遗漏。大到国务院提供给人民代表大会的政府工作报告,小到某单位向上级提供的年度、季度、月份工作报告,都属于这种类型。向上级机关汇报某一方面专项工作或某一方面具体情况的,是专题报告。

按内容性质分,可以把报告分为工作报告、情况报告、答复报告和报送报告等。

工作报告用于向上级机关汇报有关工作进展的情况、取得的成果、积累的经验、存在的问题以及今后的打算等。一个部门、一个单位做完一个阶段的工作,或完成一项工作任务后,常常要回顾与总结,把有关情况、做法或成绩、经验、体会、问题和意见等向上级机关或群众作出书面汇报,达到交流经验、解决问题、推动工作的目的。

情况报告用于反映上级机关所要了解的有关情况、有关方面的动态等,汇报一些重要情况、特殊情况、突发情况和新情况,为上级机关进行决策提供依据。一般包括的事项有:①主要的社情、民情;②严重灾害、案情、敌情及处理情况;③举行重要活动,召开重要会议的情况,各级、各类代表大会选举情况;④对上级重要决议、决定事项的督办情况及检查某项工作发现的情况;⑤对某项工作存在的失误和重大问题的反思与检讨;⑥其他重要的、典型的突发性新情况(如突发性的群体性事件)、有一定倾向性的异常事件或新动态、新风气、新生事物等。如《关于×××工程施工造成管道煤气泄漏事故的报告》。《关于××地区遭受严重洪灾的紧急报告》等。

答复报告用于对上级机关有关询问的答复。这是上级机关向下级了解和询问某一情况或问题,下级机关作出答复时所使用的一种报告。

报送报告用于向上级机关报送文件、物件等。这是下级向上级报送文件、物件时随同写出的报告。

四、报告的结构

(一)标题

标题可分为两种形式:

一是发文机关+事由+文种,如《××省人民政府办公厅关于我省清理整顿统一着装工作情况的报告》、《财政部关于 2000 年中央和地方预算执行情况及 2001 年中央和地方预算草案的报告》、《林业部关于加强森林防火工作的报告》。

二是事由+文种,如《关于 320 国道湘乡铁路段立交桥积水堵车的情况报告》、《关于国民经济和社会发展第十个五年计划纲要的报告》、《关于进一步加强我市公共场所防火工作的报告》。

报告的标题容易出毛病的是事由。有的报告标题乱而且长,内容不集中,中心不突出。例如某单位给上级政府的一份报告《关于×××共建文明村和开展植树造林情况的报告》,把"共建文明村"和"植树造林"两种不同性质的事项写在一个标题当中。又如有一份报告的标题《××××人民政府关于认真贯彻落实××政发(×××)××号文件精神,积极动员群众大力开展抗旱播种保苗,保证今年农业夺取丰收的情况的报告》,这个标题长达 60 多个字,冗长、啰唆,不够明确,这个标题可改为《××××人民政府关于抗旱播种保苗的情况报告》。

(二)主送机关

行政机关的报告,主送机关尽量要少,一般只送一个上级机关即可。但行政机关受双重领导的情况比较多见,只报送其中一个上级机关显然不妥,因此,有时主送机关可以不止一个,还须呈送其他上级机关,应采用抄送形式。报告应报送自己的直接上级机关,一般情况下不要越级行文。

(三)正文

1. 开头

开头一般写发文缘由。发文缘由通常写明报告的目的、意义、根据、背景,或概括地提示报告的主要内容,或简要介绍所报告的事项、概况等。一般用"现将有关情况报告如下"承启下文。答复报告开头要先引述来函文号及询问的问题,然后过渡到下文,答复上级的询问。

2. 主体

主体一般写报告事项。报告事项是正文的主体,不同类型的报告具有不同的写法。

(1)工作报告

工作报告要写清楚开展某项工作的情况,包括工作的内容、进展的情况、采取的措施、取得的成绩、经验、存在的问题(工作中的缺点、不足或遇到的困难)、今后的打算、下一步的工作安排等。结语写"特此报告"。

工作报告正文的写法,要根据所汇报的工作进程时间的不同,把握不同的要点。汇报某项工作的筹备情况,要重点写出为全面开展某项工作已拟定好的方法、措施、步骤、建议等;汇报某项工作的进展情况,要重点写出已做工作的概况和继续做好工作的打算、意见等;汇报某项工作的完成情况,要重点写出该项工作取得的成绩和经验,附带写出工作中的不足或教训。

工作报告一般内容较多,篇幅较长,常采用分条列项的结构形式。

(2)情况报告的写作

情况报告正文的写作模式为:"情况—原因—教训—意见"四步写法。

情况:概括写出"情况"或"事件"发生的过程、造成的后果。

分析:分析发生"情况"或"事件"的原因和教训。

意见:在分析原因的基础上,总结应吸取的教训或可借鉴的意义。也包括对"情况"、"事件"或对当事人及有关责任人的处理意见、解决的办法和今后的打算、改进措施等。

情况报告所涉及的事项一般比较单一,但就单一的事项,应写出事情的缘由、过程、结果、性质、现状或后果、初步处理情况及汇报者的态度、建议等。要写得概括简明,事实清楚,实事求是,态度诚恳。

(3)答复报告的写作

答复报告是以调研为基础形成的报告。其正文的结构模式为:

引述来文:一般引上级来文的标题和发文字号。

答复询问:逐项回答上级机关或领导人询问或批示的具体问题。

注意,回答问题要以调查所得的客观事实为基础,针对上级提出的问题实事求是地回答,不能答非所问,不能隐瞒欺骗,不能打幌绕圈,不能含糊其辞。

(4)报送报告

报送报告用于下级机关上报重要材料和重要物品等。这种用途虽然没有被《国家行政机关公文处理办法》及其他有关公文处理文件规定进去,但在实际工作中已被普遍使用和认可。

报送报告的事项部分一般很短,只要说明报送材料或物件的名称、数量即可。

报送报告正文的写作通常是一句话或一段话写明报送的文件、物件及意图,如"现将我局《200×年工作总结》随文报送,请予审阅"。如果是专报材料,可不在附件说明处标注附件名称;如果报送的材料较多,要在附件说明处逐一标注;如果是资金物品,要在附件说明处标注附件名称,在附件中写清资金数额并逐一写明物品的名称、件数或型号、商标等。

3. 结尾结语

结尾有两种写法:

(1)今后工作的意见

为了配合领导工作或协助领导决策,在陈述完报告事项后,或说明今后的打算,或提出工作意见或建议。

今后的打算一般是说明今后工作的主要任务,以及完成这些任务的具体做法。提出工作意见或建议,是对报告事项的补充与延伸。

(2)尾语

工作报告、情况报告、答复报告常用的尾语有:"特此报告"、"专此报告"、"请审阅"、"请指正"、"以上报告,请审阅"、"以上报告如有不当,请指示"等。

如报送报告常用的尾语是"请查收"、"请查阅"、"请查收并审核"等。答复报告多用"专此报告",递送报告则用"请审阅"、"请收阅"等。工作报告和情况报告的结束语常用"特此报告"。也有的报告,既写今后工作的意见,也以尾语作结。

报告是单向性行文,不需要任何相对应的文件。为此要特意提请注意,像类似"以上报告当否,请批示"的说法是不妥当的。

【实例一】

关于××市第三棉花加工厂特大火灾事故检查处理情况的报告

国务院：

××××年4月21日，我省××市第三棉花加工厂发生一起特大火灾事故，烧毁皮棉101,980担，污染1396担；烧毁籽棉5535担，污染72,600担；烧毁部分棉短绒、房屋、机器等造成直接经济损失20,129,000余元，加上付给农民的棉花加价款3,669,000余元，共损失23,799,000余元。

火灾发生后，虽然调集了本省和邻省部分地区的消防人员和车辆参加灭火，保住了主要的生产厂房、设备，抢救出部分棉花，但由于该厂领导组织指挥不力，加上风大、垛密，缺乏消防水源，致使火灾蔓延，给国家造成了巨大损失。事故发生后，省委、省政府立即采取紧急措施，派有关部门负责人赶赴现场，协助调查处理这一事故，做好善后工作。经过上下通力合作，该厂于4月30日正式恢复生产。

从调查核实的情况看，这次火灾是一起重大责任事故，其直接原因是该厂临时工李××违反劳动纪律，擅自扭动籽棉上垛机上的倒顺开关，放出电火花引燃落地棉所致。但这次火灾的发生，领导负有重大责任。一是长期以来，厂领导无人过问安全工作。从去年棉花收购以来，该厂有记录的火情就有十二次，并因仓储安全搞得不好、消防组织不健全、消防设施失灵等，多次受到通报批评。厂长段××严重丧失事业心和责任感，对火险隐患听之任之，对上级部门的批评置若罔闻，直至得知发生火灾消息后，也没有及时赶到现场组织抢救。因此，段××对这次火灾应负主要责任。分管安全生产工作的副厂长张××，工作不负责任，该厂发生的多次火情，从未研究、采取措施，对造成这次火灾负有重大责任。二是××市委、市政府对该厂的领导班子建设抓得不紧。××年建厂以来，一直没有成立党的组织，管理混乱。这次火灾发生后，分管财贸工作的副市长×××同志，忙于参加商展销招待会，直至招待会结束才到火灾现场，严重失职，对火灾蔓延、扩大损失负有重要领导责任。三是这次事故虽然发生在基层，但也反映出省政府、××行署的领导，在经济体制改革的新形势下，对安全生产工作中出现的新情况、新问题认识不足，抓得不力。

另外，近几年来，××市棉花生产发展较快，收购量大幅度增加，储存现场、垛距、货位都不符合防火安全规定的要求，再加资金缺乏，编制不足，消防队伍的建设跟不上，消防设施不配套，也给及时扑救、控制火灾带来了困难。

为了认真吸取这次特大火灾的沉痛教训，我们采取了以下措施：

（一）认真学习国务院关于搞好安全生产的有关规定，提高对新形势下搞好安全工作的认识。省政府于五月上旬发出了《关于加强安全生产工作的紧急通知》，要求各级政府、各部门认真学习有关安全工作的规定，牢固树立"安全第一，预防为主"的思想，迅速制定安全措施，建立健全安全生产、安全管理、安全监察等各项制度。××市第三棉花加工厂发生的火灾事故已通报全省。

（二）在全省开展安全生产大检查，及时消除事故隐患。从五月中旬开始，省政府确定由一名副省长负责，组织了四个检查组，到有关地市，对矿山、交通、棉储、化工、食品卫生等行业进行重点检查。各地市也分别组成检查组，进行安全检查。

（三）对××市第三棉花加工厂发生的这起特大火灾事故，省政府责成省供销社、省劳动

局、省公安厅会同××地委、行署核实案情,抓紧做好善后工作。××地委、行署几次向省委、省政府写了检查报告,请示处分,并已整顿了企业领导班子,虚心接受这次事故的教训。事故的性质和责任已经查明,对肇事者李××已依法逮捕,负有直接责任的厂长段××、副厂长张××依法处理。对××市政府分管财贸工作的副市长×××同志,给予行政撤职处分。

我们一定要在现有人力、物力、技术条件下,尽最大努力做好安全工作,防止此类事故的发生。

以上报告,如有不当,请指正。

××省人民政府

××××年×月×日

【评析】

本文属情况报告。全文共分为三部分:1、2 两段"陈述情况";3、4 两段"分析原因";5~9 段"提出对策措施"。

(1)文章一开篇便点明了时间、地点和事件,作为全文的总起;接着,以一连串数字说明了损失之惨重,突出了事故的严重性。第 2 段交代了抢救情况与善后工作,以省府机关组织实施的"调查处理"点题,并以此作为"分析原因"和"提出对策"的依据,为下文张本。

(2)对于事故发生的原因,作者从主观、客观两个角度作出了全面深入的分析。第 3 段为"主观"原因分析,这是分析的重点。作者首先以"调查核实"为依据,认定这是一起"重大责任事故";然后,从"直接责任"和"领导责任"两个方面作出分析:"直接责任"在于临时工李××违反劳动纪律所致;而"领导责任"则涉及厂领导、市领导、省领导 3 个层次,按照责任"由重到轻"、级别"由低到高"的逻辑顺序展开,显示了十分明晰的条理。

第 4 段为"客观"原因分析,它虽然处于次要位置,但在整个原因分析中也是必不可少的一项内容,有了它才能保证分析的全面、客观与公正性。

(3)提出对策。作者针对这一责任事故以及安全生产的某些薄弱环节,说明了已经采取的三项措施:其一,建立健全安全生产规章制度;其二,进行安全生产大检查;其三,善后工作及惩处决定。

(4)文章最后一个小段,以"惯用结语"作结。

(5)全文内容充实,结构严谨,显示了章法的完整性与条理性。

(6)此文的表达也颇具特色,主要表现在以下几个方面:叙述、说明、议论有机结合运用;依据表现主旨的需要,对表达详略的处理得体适度,分寸感极强;用语简明,言约意丰。

【实例二】

××市国土资源局 2008 年依法行政工作报告

××市人民政府:

按照《国土资源部关于深入持续推进依法行政构建保障和促进科学发展新机制的通知》[国土资发(2008)248 号]的要求,现将我局 2008 年全面推进依法行政工作情况报告如下。

一、2008 年依法行政主要工作情况(略)

(一)完成法规规章和规范性文件的清理工作(略)

(二)进一步规范行政审批事项,及时修改办事程序(略)

（三）认真贯彻落实政府信息公开条例(略)

（四）加强行政处罚实施的规范化,严格行政处罚自由裁量权(略)

（五）严格执法队伍管理,建立健全依法行政评议考核机制(略)

（六）建立依法行政监督机制,认真处理好群众来信来访(略)

二、存在的主要问题和原因(略)

三、2009—2013 年依法行政工作重点(略)

特此报告

$$××市国土资源局(印)$$
$$二○○八年十一月十日$$

【评析】

这是一篇工作报告。开头干净利落,交代了报告的缘由,然后以一句"现将我局 2008 年全面推进依法行政工作情况报告如下"过渡到下文。

主体部分结构清晰,条理分明。主要工作情况部分是本文的重点所在,从 6 个方面汇报了主要工作成绩及做法;存在的问题及原因部分的陈述,客观简洁;最后点明了今后的工作重点。主要工作情况部分,如能将每层的小标题都设计成结构相同或相似,会更好。

【实例三】

关于报送 2006 年度工作目标的报告

四川省人民政府:

为做好 2006 年安全生产监管监察工作,推动全省安全生产形势稳定好转,根《四川省人民政府对省政府部门目标管理工作实施办法》(川府[2003125 号]和关于 2005 年度目标考核有关事项的通知)[川府目督(2005)44 号]要求,我局制定了 2006 年度工作目标,现报上,请予审查。

附件(略)

$$二○○六年一月十九日$$

【评析】

该报告主体中的正文部分首先表述行文单位报送的文件制定目的、依据,然后用"现报上,请予以审查"这一较典型的报送报告的尾语作结。所报送的文件作为附件处理。该文行文脉络清晰,语言得体,语气适合。

【实例四】

关于报送重点研究基地"十五"科研规划的报告

教育部社政司:

根据《关于教育部第二批人文社会科学重点研究基地制定"十五"科研规划的通知》[教社政司(2000)64 号]精神,我校边疆考古研究中心、数量经济研究中心、理论法学研究中心认真制定了"十五"科研规划,现报送贵司,请查收。

附件:1. 吉林大学边疆考古研究中心"十五"科研规划

2. 吉林大学数量经济研究中心"十五"科研规划

3. 吉林大学理论法学研究中心"十五"科研规划

吉林大学

二〇〇一年三月一日

【评析】

本例文的写法很规范,正文部分先说明发文缘由;之后介绍报送材料内容或名称;最后以"现报送贵司,请查收"的尾语收束。报送报告均有附件,本例文附件格式准确,请注意学习。

五、请示

请示适用于向上级机关请求指示、批准。

(一)请示的特点

报告与请示不分的现象之所以存在,就在于未能掌握请示、报告各自的特点,以至于行文时混用这两个文种,因此有必要明确两者的异同。

相同点:两者都是法定行政公文,都是上行文,都是报请性文种。

不同点:一是行文目的不同。报告的行文目的,主要在于汇报工作、反映情况、答复询问等,故不向上级机关提出任何要求;请示的行文目的,除了反映情况之外,主要在于请求指示或审核批准,需要上级机关给予答复。二是上级机关处理原则不同。对于报告,上级机关只在认为有必要时才予以批复;而对于请示,上级机关不管同意与否均应批复。三是内容限制不同。对报告虽也提倡一文一事,但像综合性工作报告等显然多为一文数事且篇幅较长;对请示则严格要求一事一请,篇幅相对较短小。四是行文时间不同。报告在事前、事中、事后均可行文;而请示必须事前行文。

归纳起来,请示主要有以下几个特点:

1. 行文目的的呈请性

请示的事项是必须办理而在本机关职权范围内又不能解决的,需要请求上级机关指示或审核批准,及时给予答复,其行文目的的呈请性十分突出。

2. 主送机关的明确性

请示行文的主送对象,是有职权主管这一事项的上级机关。特别是受双重领导的下级机关行文请示时,更应当谨慎地根据上级机关主管职权的分工,明确一个主送对象。

3. 事项内容的单一性

行文请示必须一文一事,切忌把不相关联的多个问题放在一个请示里,事项内容的单一性也是请示的显著特点。

(二)请示的种类

请示的主要种类如下:

1. 请求指示的请示

这是对上级的某项规定或指示有不同理解,希望上级明确解释的;或者从实际出发需要上级对某项规定、制度、指示作出修订、补充的请示。

2. 请求审批的请示

这是请求上级解决本单位的某些困难;或对本单位的某个问题提出处理意见请求上级

认可的请示。

3. 请求批转的请示

这是某职能部门针对新情况、新问题提出了解决的办法和措施,因为不能直接要求平级或不相隶属的机关部门照办,而需要请求上级审定后批转有关方面执行的请示。

(三)请示的写作

请示正文内容一般具有行文依据、具体事项、呈请要求、习惯用语等基本要素,采用的是公文写作的基本模式。首先写明请示依据,强调请示的必要性,为请示事项作好铺垫;其次提出请示事项,这是请示的核心部分,要求明确、具体、周全;最后用习惯用语表示呈请要求,一般有"当否,请批示"、"如无不妥,请批复"、"如无不妥,请批转有关单位执行"等。

(四)实例简析

【实例一】

**××省人民政府关于建议暂缓批准解决××湖地段勘界
遗留问题方案的请示**

国务院:

我省参加国务院赴××湖工作组召开的研究解决××湖地段勘界遗留问题会议后,省委、省政府非常重视,再次进行了认真研究。鉴于目前××湖地区的客观形势,我省认为暂不宜批准实施《解决××湖地段勘界遗留问题方案》(以下简称《方案》)。主要理由是:

一、××湖地区的现实状况发生了很大变化,批准实施《方案》已没有实际意义。(内容略)

二、目前××湖地区两省群众和睦相处、形势稳定,不宜再触及可能引发纠纷的敏感问题。(内容略)

三、××两省对《方案》分歧较大,难以实施。《方案》通报给两省后,两省对《方案》都不满意,如果批准该《方案》,下一步实施起来难度会更大。还是先协调、先磋商,基本取得一致意见或相近意见后再定,以便更好落实。

四、眼下正值年末岁首,各地都在学习贯彻中央召开的一系列重要会议精神,筹备召开"两会",安排部署 2004 年的工作。涉及国计民生的大事很多,时间紧,任务重,是全年最忙时期之一,政府很难集中精力处理这件事。

五、解决××湖问题应保持政策连续性。我省认为,解决××湖问题应保持政策的连续性,应坚持贯彻、全面深入落实党中央、国务院 1984、1985 年"三个文件"精神,坚持××湖由××县统一管理的原则,而不要翻来覆去调整边界。如果需要重新勘界,应待南水北调工程完工后,再根据新情况考虑调整方案,以利××湖问题的彻底解决,确保××湖地区的长治久安。

鉴于上述原因,恳请国务院暂缓批准《解决××湖地段勘界遗留问题方案》。

当否,请批复。

××省人民政府

二○○三年十二月二十七日

【评析】

文章开头即亮明了"《方案》暂时不宜批准实施"的观点,接着从实施该《方案》的不必要性和不可行性两个角度谈了五点理由,然后水到渠成地提出"恳请国务院暂缓批准《解决××湖地段勘界遗留问题方案》"的要求。行文内容严谨有序,语言简明有度。

【实例二】

××职业学院关于组织动漫考察团出访韩国的请示

市政府:

为更好地推进我院动漫专业的建设与发展,提高教师的业务能力和水平,学习和借鉴国外先进的技术与成功经验,应首尔动漫协会的邀请,我院拟于2008年6月下旬组织动漫考察团赴韩国进行考察学习和交流。

一、主要任务

1. 与首尔动漫协会就动漫制作、动漫专业的就业市场前景和开设与管理方面的问题进行座谈,首尔动漫协会的首席代表、漫画作家金智勇和李照熙先生将与我方共同探讨合作开办动漫软件学院的有关事宜。

2. 与韩国首尔产业通商振兴院接洽,双方将就动漫专业的设置、建设和发展等方面的问题进行交流和座谈,并商讨派遣动漫专业教师互访事宜。

3. 参观釜山大学动漫专业,学习该院动漫专业的教学模式,并就专业建设与发展情况进行交流。

4. 考察釜山市动漫产业公司,就动漫制作、艺术设计等前沿技术问题进行交流。

二、出访时间及费用

考察团拟于2008年6月下旬成行,境外停留6天,出访费用由本院承担。

妥否,请批示。

附件:1. 出访人员名单

2. 首尔动漫协会邀请函及翻译件

××职业学院(印)

二〇〇八年五月九日

【评析】

这是一份请求批准的请示。理由简洁而充足,事项的陈述分条列项。

第六节 批复、意见

一、批复的含义

批复是适用于答复下级机关请示事项的行政机关公文文种。

批复是与请示相对应的,有请示才有批复,没有请示就没有批复。批复是被动行文。

批复属于指挥性公文、下行文。

二、批复的特点

（一）针对性

在各种行政公文中，批复是针对性最强的文种。它唯一的用途就是用来答复下级机关的请示事项，内容直接针对请示机关、针对请示事项。可以说批复是与请示相对应的一对文种，有请示才有批复，请示什么答复什么。

（二）指导性

批复针对请示表态或发表意见，对下级的工作有指导、规范作用，下级机关就某事项一经发文请示上级，上级机关就一定要答复；而上级机关在批复中表述的意见，下级机关都必须遵循，不能违背上级的批复意见。

三、批复的结构

（一）标题

批复的标题一般采用公文常规式写法，即发文机关+主要内容+文种。

关于批复的标题有以下几点需要说明：

1. 可以在批复的标题中加上"同意"以标明态度。批复往往在标题的主要内容一项中，明确表示对请示事件的意见和态度，而一般公文标题中的主要内容部分一般只点明文件指向的中心事件或问题，多数不明确表示态度和意见。如《国务院关于同意××省撤销××地区设立地级××市的批复》，其中"同意"两字就是用来表明态度和意见的。如果不批准请求事项，标题中可以不出现态度和意见，到正文中表态。如果是答复请求指示的请示，也无须在标题中表态。

2. 标题中批复的事由可以与请示的事由相同。

3. 用介词"对"加上被批复文件的名称或文号，都是不规范的标题形式。

（二）正文

批复的正文主要由引语、批复意见、结语等部分构成。

1. 引语

引语主要引述下级机关请示来文的标题和发文字号等，如"你×（单位）《关于××××××的请示》（××〔2010〕××号）收悉，现将有关事项批复如下"。

2. 批复意见

针对下级机关请示所作的答复，如发出的指示、作出的批准决定以及补充的有关内容，都属于批复事项。如果内容复杂，可分条表述，但必须坚持一文一批的原则，不得将若干请示合在一起用列条的方式分别给以答复。如同意请示事项，必要时并可作某些指示；如若不同意，则应简要阐明理由。批复内容文字简练，不作议论。

批复事项的内容包括：批复态度和批复意见。要求写得态度鲜明，意见具体，或完全同意，或部分同意，或不同意，有的批复还提出具体处理意见。总之批复不能含糊不清、似是而非、模棱两可，否则下级无所适从，更不能回避不复。如有必要，批复机关也可以针对请示事项的实施、落实等问题作出有关指示性意见。针对请求指示的请示，批复机关应作出明确指示。

批复的内容应一文一事，批复中凡引用有关法规、规章作答的，应写明出处，先引文件标题，后引发文字号。

如果批复内容较多,可采用分条列项的方式表述出来。

领导机关应急下属机关之所急,接到请示之后,要及时研究,及时批复,做到及时行文。

3. 结语

批复的结束语一般有"此复"、"特此批复"等。

附:对越级请示如何批复?

对越级请示的批复一般采用变通的方法,即电话或书面征求越级请示单位的直接上级机关或主管部门的意见,然后将批复意见主送越级请示单位的直接上级,同时抄送越级请示的单位(即请示的行文单位)。

(三)实例简析

【实例一】

福建省人民政府关于同意福安市

嘉美房地产开发有限公司海域使用申请的批复

省海洋与渔业局:

你局《关于审批福安市下白石镇江滨商住楼项目使用海域的请示》(闽海渔发[20××]112号)文悉。根据《中华人民共和国海域使用管理法》等有关法律、法规的规定,经研究,同意福安市嘉美房地产开发有限公司使用福安市下白石镇客运码头北侧0.354公顷海域,用于填海建设江滨商住楼。请严格按有关规定,给予办理相关手续。

此复

福建省人民政府

××××年四月七日

【评析】

这篇审批性批复以有关法规文件为依据,紧扣请示事项明确作答,态度鲜明,言简意赅。

【实例二】

国家工商行政管理局对虚假广告认定问题的批复

广东省工商行政管理局:

你局《关于对免费做广告活动如何处理》(粤工商发[××××]12号)的请示收悉。现就有关问题批复如下:

一、《羊城晚报》登的广州市京粤广告公司免费做广告,携手创辉煌广告,其经营方式实际是以预收三年广告投资的利息为广告费,并非是免费做广告,且在广告词中谎称有多种户外广告媒体。上述行为,违反了《广告法》第三条和第四条的规定,应认定为虚假广告,并依法予以查处。

二、此广告系广告界做的虚假广告,有一定的典型性。请你局在查处此案违法当事人的过程中,注意总结经验,并将案件情况和处理结果一并报送我局广告监督管理司。

此复

国家工商行政管理局

××××年三月六日

【评析】

这篇指示性批复,针对下级机关询问的有关问题进行答复,先依据国家《广告法》的规定,明确认定免费做广告,携手创辉煌的广告活动为虚假广告,随即指示下级机关依法予以查处,并要求及时上报处理结果。它既解答了来文机关的疑问,也对全局工作起着指导和规范作用,充分体现了批复的针对性、指示性和权威性。

四、意见

意见,适用于对重要问题提出见解和处理办法。

(一)意见的特点

意见是《国家行政机关公文处理办法》(国发〔2000〕23 号)中新增加的文种,主要有以下两个特点:

1. 行文的灵活性

意见可以用于上行文,也可用于下行文和平行文,行文方向不受限制,使用相当方便灵活。

2. 内容的建议性

意见作为上行文,是对工作提出建设性意见,需要呈报上级机关认定后方可执行。意见作为平行文,是提出见解供对方参考。意见作为下行文,文中对贯彻执行有明确要求的,下级机关应遵照执行;无明确要求的,相当于工作建议,下级机关可参照执行。因此,意见内容具有建议性的特点。

(二)意见的种类

意见的主要种类如下:

1. 下行意见

用于向下级机关提出处理重要问题的方针、原则和措施、办法,一般相当于原则性的工作指导。

2. 上行意见

用于向上级机关提出开展工作的各项具体建议,一般相当于呈请性的工作打算。

3. 平行意见

用于向平级机关提出协商工作的见解,一般相当于配合性的工作商议。

(三)意见的写作

意见一般采用的是公文写作的基本模式,正文内容具有行文依据、具体事项、工作要求等基本要素。首先写明提出意见的事由、根据和目的;其次提出的具体见解和措施办法,可采用小标题或围绕问题分条列项进行撰写;最后对贯彻意见提出具体要求。

(四)实例简析

【实例一】

水利部关于水权转让的若干意见

各流域机构,各省、自治区、直辖市水利(水务)厅(局),各计划单列市水利(水务)局,新疆生产建设兵团水利局:

健全水权转让(指水资源使用权转让,下同)的政策法规,促进水资源的高效利用和优化配置是落实科学发展观,实现水资源可持续利用的重要环节。在中央水利工作方针和新时期治水思路的指导下,近几年来,一些地区陆续开展了水权转让的实践,推动了水资源使用权的合理流转,促进了水资源的优化配置、高效利用、节约和保护。为进一步推进水权制度建设,规范水权转让行为,现对水权转让提出如下意见。

一、积极推进水权转让

1. 水是基础性的自然资源和战略性的经济资源,是人类生存的生命线,也是经济社会可持续发展的重要物质基础。水旱灾害频发、水土流失严重、水污染加剧、水资源短缺已成为制约我国经济社会发展的重要因素。解决我国水资源短缺的矛盾,最根本的办法是建立节水防污型社会,实现水资源优化配置,提高水资源的利用效率和效益。

2. 充分发挥市场机制对资源配置的基础性作用,促进水资源的合理配置。各地要大胆探索,勇于创新,积极开展水权转让实践,为建立完善的水权制度创造更多的经验。

二、水权转让的基本原则

3. 水资源可持续利用的原则。水权转让既要尊重水的自然属性和客观规律,又要尊重水的商品属性和价值规律,适应经济社会发展对水的需求,统筹兼顾生活、生产、生态用水,以流域为单元,全面协调地表水、地下水、上下游、左右岸、干支流、水量与水质、开发利用和节约保护的关系,充分发挥水资源的综合功能,实现水资源的可持续利用。

4. 政府调控和市场机制相结合的原则。水资源属国家所有,水资源所有权由国务院代表国家行使,国家对水资源实行统一管理和宏观调控,各级政府及其水行政主管部门依法对水资源实行管理。充分发挥市场在水资源配置中的作用,建立政府调控和市场调节相结合的水资源配置机制。

5. 公平和效率相结合的原则。在确保粮食安全、稳定农业发展的前提下,为适应国家经济布局和产业结构调整的要求,推动水资源向低污染、高效率产业转移。水权转让必须首先满足城乡居民生活用水,充分考虑生态系统的基本用水,水权由农业向其他行业转让必须保障农业用水的基本要求。水权转让要有利于建立节水防污型社会,防止片面追求经济利益。

6. 产权明晰的原则。水权转让以明晰水资源使用权为前提,所转让的水权必须依法取得。水权转让是权利和义务的转移,受让方在取得权利的同时,必须承担相应义务。

7. 公平、公正、公开的原则。要尊重水权转让双方的意愿,以自愿为前提进行民主协商,充分考虑各方利益,并及时向社会公开水权转让的相关事项。

8. 有偿转让和合理补偿的原则。水权转让双方主体平等,应遵循市场交易的基本准则,合理确定双方的经济利益。因转让对第三方造成损失或影响的必须给予合理的经济补偿。

三、水权转让的限制范围

9. 取用水总量超过本流域或本行政区域水资源可利用量的,除国家有特殊规定的,不得向本流域或本行政区域以外的用水户转让。

10. 在地下水限采区的地下水取水户不得将水权转让。

11. 为生态环境分配的水权不得转让。

12. 对公共利益、生态环境或第三者利益可能造成重大影响的不得转让。

13. 不得向国家限制发展的产业用水户转让。

四、水权转让的转让费

14. 运用市场机制,合理确定水权转让费是进行水权转让的基础。水权转让费应在水行政主管部门或流域管理机构引导下,各方平等协商确定。

15. 水权转让费是指所转让水权的价格和相关补偿。水权转让费的确定应考虑相关工程的建设、更新改造和运行维护,提高供水保障率的成本补偿,生态环境和第三方利益的补偿,转让年限,供水工程水价以及相关费用等多种因素,其最低限额不低于对占用的等量水源和相关工程设施进行等效替代的费用。水权转让费由受让方承担。

五、水权转让的年限

16. 水行政主管部门或流域管理机构要根据水资源管理和配置的要求,综合考虑与水权转让相关的水工程使用年限和需水项目的使用年限,兼顾供求双方利益,对水权转让的年限提出要求,并依据取水许可管理的有关规定,进行审查复核。

六、水权转让的监督管理

17. 水行政主管部门或流域管理机构应对水权转让进行引导、服务、管理和监督,积极向社会提供信息,组织进行可行性研究和相关论证,对转让双方达成的协议及时向社会公示,对涉及公共利益、生态环境或第三方利益的,水行政主管部门或流域管理机构应当向社会公告并举行听证。对有多个受让申请的转让,水行政主管部门或流域管理机构可组织招标、拍卖等形式。

18. 灌区的基层组织、农民用水户协会和农民用水户间的水交易,在征得上一级管理组织同意后,可简化程序实施。

七、积极探索,逐步完善水权转让制度

19. 各级水行政主管部门和流域管理机构要认真研究当地经济社会发展要求和水资源开发利用状况,制定水资源规划,确定水资源承载能力和水环境承载能力,按照总量控制和定额管理的要求,加强取水许可管理,切实推进水资源优化配置、高效利用。

20. 鼓励探索,积极稳妥地推进水权转让。水权转让涉及法律、经济、社会、环境、水利等多学科领域,各地应积极组织多学科攻关,解决理论问题。要积极开展试点工作,认真总结水权转让的经验,加快建立完善的水权转让制度。

21. 健全水权转让的政策法规,加强对水权转让的引导、服务和监督管理,注意协调好各方面的利益关系,尤其注重保护好公共利益和涉及水权转让的第三方利益,注重保护好水生态和水环境,推动水权制度建设健康有序地发展。

二〇〇五年一月十一日

【评析】

本文是一份指导性意见，水利部向下级相关机关传达关于水权转让的若干意见，带有工作指导性。该意见在正文部分先交代了做出意见的背景，再做出了关于水权转让的态度、基本原则、限制范围、转让费、年限、监督管理、转让制度等。该意见非常明确全面，具有很强的工作指导性。

【实例二】

国务院办公厅关于实施《国家行政机关公文处理办法》
涉及的几个具体问题的处理意见

各省、自治区、直辖市人民政府，国务院各部委、各直属机构：

为确保国务院发布的《国家行政机关公文处理办法》[国发(2000)23号]的贯彻施行，现就所涉及的几个具体问题提出如下处理意见：

1. 关于"意见"文种的使用

"意见"可以用于上行文、下行文和平行文。作为上行文，应按请示性公文的程序和要求办理。所提意见如涉及其他部门职权范围内的事项，主办部门应当主动与有关部门协商，取得一致后方可行文；如有分歧，主办部门可以列明各方理据，提出建设性意见，并与有关部门会签后报请上级机关决定。上级机关应当对下级机关报送的"意见"作出处理或给予答复。作为下行文，文中对贯彻执行有明确要求的，下级机关应遵照执行；无明确要求的，下级机关可参照执行。作为平行文，提出的意见供对方参考。

2. 关于"函"的效力

"函"作为主要文种之一，与其他主要文种同样具有由制发机关权限决定的法定效力。

3. 关于"命令"、"决定"和"通报"三个文种用于奖励时如何区分的问题

各级行政机关应当依据法律的规定和职权，根据奖励的性质、种类、级别、公示范围等具体情况，选择使用相应的文种。

4. 关于部门及其内设机构行文问题

政府各部门(包括议事协调机构)除以函的形式商洽工作、询问和答复问题、审批事项外，一般不得向下一级政府正式行文；如需行文，应报请本级政府批转或由本级政府办公厅(室)转发。因特殊情况确需向下一级政府正式行文的，应当报经本级政府批准，并在文中注明经政府同意。

部门内设机构除办公厅(室)外，不得对外正式行文的含义是：部门内设机构不得向本部门机关以外的其他机关(包括本系统)制发政策性和规范性文件，不得代替部门审批下达应当由部门审批下达的事项；与相应的其他机关进行工作联系确需行文时，只能以函的形式行文。

"函的形式"是指公文格式中区别于"文件格式"的"信函格式"。以"函的形式"行文应注意选择使用与行文方向一致、与公文内容相符的文种。

5. 关于联合行文时发文机关的排列顺序和发文字号

与行政机关联合行文，主办机关排列在前。行政机关与同级或相应的党的机关、军队机关、人民团体联合行文，按照党、政、军、群的顺序排列。

行政机关之间联合行文，标注主办机关的发文字号；与其他机关联合行文，原则上应使

用排列在前机关的发文字号,也可以协商确定,但只能标注一个机关的发文字号。

6. 关于联合行文的会签

联合行文一般由主办机关首先签署意见,协办单位依次会签,一般不使用复印件会签。

7. 关于联合行文的用印

行政机关联合向上行文,为简化手续和提高效率,由主办单位加盖印章即可。

8. 关于保密期限的标注问题

涉及国家秘密的公文如有具体保密期限应当明确标注,否则按照《国家秘密保密期限的规定》(国家保密局1990年第2号令)第九条执行,即"凡未标明或者未通知保密期限的国家秘密事项,其保密期限按照绝密级事项三十年、机密级事项二十年、秘密级事项十年认定"。

9. 关于"附注"的位置

"附注"的位置在成文日期和印章之下,版记之上。

10. 关于"主要负责人"的含义

"主要负责人"指各级行政机关的正职或主持工作的负责人。

11. 关于公文用纸采用国际标准A4型问题

各省(区、市)人民政府和国务院各部门已做好准备的,公文用纸可于2001年1月1日起采用国际标准A4型;尚未做好准备的,要积极创造条件尽快采用国际标准A4型。省级以下人民政府及其所属机关和国务院各部门所属单位何时采用国际标准A4型,由各省(区、市)人民政府和国务院各部门自行确定。

中华人民共和国国务院办公厅二〇〇一年一月一日

【评析】

这是国务院办公厅就公文处理实施中的具体问题,给下级机关即"各省、自治区、直辖市人民政府,国务院各部委、各直属机构"下达的"指导性意见"。文中的11条意见,既表现了发文机关的全局性观念,又指出了下级机关应该施行的"处理办法"。

第七节　函、纪要

一、函的含义

函是适用于不相隶属机关之间商洽工作,询问和答复问题,请求批准和答复审批事项的行政机关公文文种。

在适用的内容方面,它除了主要用于不相隶属机关相互商洽工作、询问和答复问题外,也可以向有关主管部门请求批准事项,向上级机关询问具体事项,还可以用于上级机关答复下级机关的询问或请求批准事项。

函除作为平行文种出现之外,有时也可用于有隶属关系的上下级机关之间。例如,上级机关向下级机关询问有关情况,用其他的文体显然不合适,可以用函,但下级的答复最好用报告。上级机关向下级机关催办有关事宜,如要求下级机关呈报有关报表、统计数字或材料时,也可以用函,下级同样要回以报告。

理解函的定义时,关键要把握住"不相隶属机关"这一概念。一个系统内部的平级机关是不相隶属机关,即凡是双方在行政或组织上没有领导与被领导关系、业务上没有指导被指导关系的,都是不相隶属机关,无须考虑双方的级别大小。比如××市人民政府各办、局、委之间,一个企业的各科之间,它们的关系是平等关系,平等关系不是隶属关系,不存在管辖与被管辖。对××大学××系(学院)来说,这个大学的教务处是它的教学主管部门,科研处是它的科研主管部门,人事处是它的人事主管部门,学生处是它的学生主管部门等等。

在不相隶属机关之间,级别高的一方不能向级别低的一方发出指挥、指导性公文(个别晓谕性的通知例外),级别低的一方也不需向级别高的一方发出请示和报告。双方之间如果有事项需要协商或请求批准,都要使用"函"这种平行文体。

按照《国家行政机关公文格式》规定,函的特定格式是"信函式格式",但这并不意味着只有函才可采用"信函式格式"。《办法》规定:办公室(厅)除外的部门内设机构与相应的其他机关进行工作联系确需行文时,只能以函的形式行文,并且"以'函的形式'行文应注意选择使用与行文方向一致、与公文内容相符的文种"。这就是说,并非只有函才可以使用信函格式。凡是适合在不相隶属机关之间行文的文种,如"通知"、"意见"、"议案"等,都可以使用信函格式。于是,我们看到很多公文明明不是"函"(如批复、通知等),却在发文字号里注明"函"。如《河北省人民政府关于同意涿州市承办河北省第六届农民运动会的批复》[冀政函(2006)97 号]。

函,不等同于信函格式:函是一种文种,信函格式是一种公文格式。

二、函的特点

(一)灵活性

灵活性是指函的行文关系多样灵活。函在行政机关公文中属于行文关系较为灵活的一个文种,虽然它是一种典型的平行文,但在实际操作中,函也可以用于具有隶属关系的上下级机关之间,这种情况下的函,其基本功用是上行或下行。

(二)平等性

平等性是指函的收发文机关双边关系的平等性。函用于不相隶属机关之间平行行文,行文机关之间往往分属不同的系统、部门、行业或地域,没有领导与被领导关系,因此可以说,其相互间的关系应是平等的,哪怕双方的行政级别不同,哪怕双方在业务上具有主管与被主管的关系。

(三)广泛性

广泛性是指函的使用范围相当广泛,它可以用于商洽工作、询问和答复问题、请求批准、答复审批事项,例如:人事调配、商借物品、查询事项、通报情况、联系工作、请批资金、催办公务等等。

机关之间的日常公务联系,不便使用其他公文文种时,都可以用函行文。

(四)单一性

一份函只宜写一件事项。一般的函是很短小的,内容单一,语言简洁,简单明了,有的便函只有三言两语,因此,函有公文"轻骑兵"的誉称。短小精悍,简便灵活。

三、函的种类

按性质分,可以分为公函和便函两种。公函用于机关单位正式的公务活动往来;便函则用于日常事务性工作的处理。便函不属于正式公文,没有公文格式要求,甚至可以不要标题,不用发文字号,只需要在尾部署上机关单位名称、成文时间并加盖公章即可。便函一般不归档,但是便函仍用于公务,不是用于私事的私函。

按照不同的行文方向,可以把函分为去函和复函。由发文机关发出的函称为去函;有关机关回复的函称为复函。当然,去函和复函是相对而言的。

函按内容和用途,可分为商洽函、询问函、请批函、周知函、答复函。

商洽函用于平行机关、不相隶属机关之间相互商洽、协调、联系工作或有关事项,如商调干部、联系事务等。

询问函可以是平级机关或不相隶属机关之间就本机关职权范围无法解决或难以解决的事宜进行政策性、业务性的询问发出的函。

请批函是向有关职能部门请求批准的函。

周知函,亦称通报函、告知函,由于没有隶属关系,用"通知"不妥,所以宜用"函"。用于把某些具体事项告知一个单位,无需对方回复的去函,不相隶属机关之间或上下级之间都可以使用。但如果是上下级之间使用周知函,其所周知的事项一定是较小的事项,内容重要的,则不可用函。

答复函又称为复函,是就询问、请批函给予答复的函。

四、函的结构

(一)标题

公函的发文字号与其他公文的发文字号相似,只须要在机关、单位代字中加上"函"字。如"川政函字(1998)08 号",表示四川省人民政府 1998 年第 8 号函件。

复函的标题"文种"要写明"复函"。

(二)主送机关

函的行文对象一般情况下是明确、单一的,所以多数函的主送机关只有一个。但有时内容涉及部门多,也有排列多个主送机关的情况,如《国务院办公厅关于羊毛产销和质量等问题的函》(国办函[1993]2 号)的主送机关,有七个之多:"国家计委、经贸办、农业部、商业部、经贸部、纺织部、技术监督局"。

(三)去函的写作

其正文的结构模式为:

缘由:去函的理由、依据目的、原因等等。

事项:需要商洽、询问、请求或告知的事项和有关要求。

函的事项部分内容单一,一函一事,行文要直陈其事。无论是商洽工作、询问和答复问题,还是向有关主管部门请求批准事项等,都要用简洁得体的语言把需要告诉对方的问题、意见叙写清楚。

结语:商洽函的尾语常用"恳请协助"、"不知贵方意见如何,请函告"、"望协助办理,并请尽快函复"、"望大力协助,盼复"、"敬请函复"等;询问函的尾语常用"特此函询(商),望予函告"、"请速回复"、"盼复"、"请予复函"、"即请函复"、"敬请函复"等;请批函的尾语常用"可否,请予审批"、"请审核批准"、"当否,请审批"等;答复函、批答函的尾语常用"此复"、"特此专复"、"特此函复"、"专此函告"等。

（四）复函的写作

其正文的结构模式为:

引述来文:一般引述对方来文的标题和发文字号。

答复事项:针对所问作答,答复要明确、得体,不能答非所问。

结束语:"此复"、"特此函告"、"特此函复"等。

如属便函,可以像普通信件一样,使用"此致"、"敬礼"。

不论是哪一种内容,对哪一级,要求的语气都应是谦和的,要注意语言得体,讲究分寸,注意礼貌,既不巴结,也不生硬。注意行文简洁明确,用语把握分寸。无论是平行机关或者是不相隶属的行文,都要注意语气平和有礼,不要倚势压人或强人所难,颐指气使盛气凌人,也不必逢迎恭维、曲意客套。

【实例一】

关于调整国内外贸易标准化归口管理部门的复函

商务部:

你部《关于明确商务部科技发展和技术贸易司、市场体系建设司为国内外贸易标准化部门的函》（商建函【2010】20 号）收悉。经研究,现复函如下:

一、根据《中华人民共和国标准化法》以及国务院办公厅《关于印发商务部主要职责内设机构和人员编制规定的通知》（国办发[2003]29 号）的有关规定,为适应标准化工作改革与发展的需要,同意你部为国内外贸易标准化的归口部门,分工管理本部门、本行业的标准化工作。

二、原国家质量技术监督局、原国家国内贸易局《关于加强商业标准化管理工作的通知》（质技监局标函[2001]36 号）和《关于加强物质流通标准化管理工作的通知》（质技监局标函[2001]37 号）所确定的国内贸易标准化管理工作一并调整为商务部管理。其中,科技发展和技术贸易司负责进出口贸易方面的标准化管理工作,保留外经贸行业标准代号 WM;市场体系建设司负责国内贸易方面的标准化管理工作,国内贸易行业标准代号统一为 SB。

三、国内贸易标准化管理工作涉及范围广,专业性、技术性强,在贸易标准制修订、宣贯、培训、实施与推广等标准化工作中,应充分利用中国商业联合会、中国物资与采购联合会,以及相关的专业协会、商会等专业组织的技术优势,发挥其积极作用,共同做好标准化工作,促进我国国内外贸易事业的发展。

中国国家标准化管理委员会

二〇一一年四月二十八日

【评析】

这篇复函针对来函所询问请示的问题迅速给予明确答复,行文依据确凿充分,事项内容简明扼要,一文一事,不枝不蔓,行文的针对性和明确性都很强,及时有效地保证了公务活动的正常进行。

【实例二】

卫生部办公厅关于商请做好蜂胶产品监督管理工作的函

工商总局、质检总局办公厅,食品药品监管局办公室:

卫生部于2月24日以《卫生部办公厅关于转请调查处理部分涉嫌存在违法问题蜂胶产品的函》(卫办监督函〔2009〕154)致函你单位,通报中国蜂产品协会反映的蜂胶市场存在的假冒伪劣和监管问题。近期,中国蜂产品协会再次向有关部门反映蜂胶产品进口和市场方面的问题。

蜂胶作为《可用于保健食品的物品名单》(卫法监发〔2002〕51号)的物品,不得作为普通食品原料生产经营。2007年,我部下发《关于"黄芪"等物品不得作为普通食品原料使用的批复》(卫监督函〔2007〕274号),再次重申蜂胶产品纳入保健食品管理,不得作为普通食品原料生产经营。

现请你单位依据职责分工,依法做好蜂胶产品生产经营和进出口的监督管理工作。

中华人民共和国卫生部

二○○九年八月十一日(章)

【评析】

本文属于商洽函。卫生部作为管理蜂胶产品的进口和市场的主管部门,根据有关管理法规性文件对与进口和销售蜂胶产品有关的管理部门商请依据职责分工,依法做好蜂胶产品生产经营和进出口的监督管理工作。依据充分,商洽事项明确。

五、纪要

纪要,适用于记载会议情况和议定事项。

(一)纪要的特点

纪要与会议记录为近似文种,两者的异同如下:

相同点:两者都具有记载功能;两者都因会议而产生。

不同点:一是公文性质不同,纪要是法定行政公文;会议记录属机关事务文书。二是内容表达不同,纪要是会议内容的摘要;会议记录是讨论发言的实录。三是文种作用不同,纪要通常要通过发文贯彻执行;会议记录一般只作资料存档。四是产生情况不同,纪要产生于会后;会议记录产生于会议过程中。

纪要主要有以下几个特点:

1. 内容的纪实性

纪要必须如实地反映会议的精神实质,对会议存在的分歧意见和问题等,也要真实、概括地予以反映,以后才能发挥其凭证查考的作用,纪要因此具有纪实性特点。

2. 表达的摘要性

纪要是根据会议的中心议题、指导思想和议定事项,经过概括归纳,以列出要点的方式集中地反映会议的精神实质,表达的摘要性也就十分突出。

3. 称谓的特殊性

纪要一般采用第三人称写法。由于纪要反映的是与会人员的集体意志和意向,常以会议或代表们作为表述主体,如文中段首用"会议认为"、"会议指出"、"会议决定"、"会议要求"、"会议号召"等习惯语,就是称谓特殊性的表现。

(二)纪要的种类

根据会议性质的不同,纪要可以分为以下两种:

1. 综合性纪要

综合性纪要是在研究全局工作或多项问题而召开的会议后形成的,一般产生于较大型的会议,纪要内容具有综合性。

2. 专题性纪要

专题性纪要是在研究专项工作问题而召开的会议后形成的,一般产生于小型的会议,纪要内容具有专一性。

(三)纪要的写作

纪要的标题通常是由会议名称和文种构成,如《信息工作会议纪要》;也有由发文机关、会议名称和文种构成的,如《湖北省政府襄樊现场办公会议纪要》。标题下标明字号,或为发文字号,或为成文时间和发送期数。

纪要的正文由开头、主体和结尾三部分组成。

开头部分为简述会议的基本情况,采用记录式或概述式写法,主要内容包括会议名称、时间、地点、主持人、主要议程、参加人员、会议形式以及重要成果等,然后用"现将会议有关情况纪要如下"或"现将会议主要精神纪要如下"等语句转入下文。

主体部分为条列式摘录会议的要点,是纪要的核心内容,主要记录会议的精神实质。具体行文时,要按照从重要内容到次要问题、从全体共识到个别意见的先后顺序排列要点,段首常用"会议认为"、"会议指出"、"会议决定"、"会议要求"、"会议号召"或"代表们一致认为"、"部分代表指出"、"个别代表提出"等习惯语带起。有的会议纪要则直接用序号标明各个要点。结尾部分为补充说明有关情况,有的列出参加会议的单位、人员;有的交代会议留存的个别问题。有的则没有这部分,主体内容写完,全文即告结束。

【实例】

广东省政府春运工作会议纪要

[2011]第 4 期

2011 年 1 月 6 日,×××副省长主持召开省春运工作联席会议,听取各成员单位对今年春运工作准备情况的汇报,研究部署我省 2011 年春运的有关工作。现纪要如下:

一、摸清情况,未雨绸缪。2011 年春运期间,预计我省客运量将达 7900 万人次,比去年增长 4.6%。其中:公路增长 5%;铁路增长 2%;民航增长 10%;水运增长 1%。由于今年春节放假时间关系,导致学生流与返乡客流高峰重叠;加上预计春运期间气候变化较大,寒冷、雨水偏多,出现恶劣天气的可能性很大等因素,给今年的春运工作带来了较大的压力。对此,各级政府、各有关部门都予以了高度重视,按照省府办公厅《印发广东省加强和规范春运管理工作若干意见的通知》(粤府办[2010]96 号)精神,对春运工作做了认真的准备和部署,为春运工作的顺利开展奠定了基础。

二、为更好地按国家、省的统一部署完成春运各项任务,会议要求:

(一)统一认识,加强领导。各地、各有关部门特别是春运联席会议各成员单位要以"三个代表:重要思想为指导,认真贯彻落实党的十六大和省委九届二次全会精神,加强领导,确保责任到人,措施到位;要把春运工作当作关系到全省经济正常运行和社会稳定、关系到广大人民群众切身利益的大事抓紧抓好;要克服麻痹大意和松懈思想,把春运各项准备工作做得更加细致,更加扎实,更加落实,确保春运工作圆满完成。

(二)重视安全检查,制定应急预案,确保春运安全。各有关市、各有关单位要强化交通沿线和车站、码头、机场周边地区的治安管理,确保广大乘客和交通工具的安全;春运期间重点工作在道路和水上交通,重点地区在广州、东莞、深圳,重点部门在铁路,重点部位在广州站。要组织各类司乘人员进行春运安全知识教育,要严格春运交通工具的安全检测,严禁带病运行,交警部门要强化行车监控,要集中力量对重点地区、重点线路和重点部位进行综合治理;认真做好防火、防爆工作,严防恐怖分子的破坏活动及各类传染疾病的蔓延,并制订各类事故应急预案,确保万无一失;要严禁旅客携带"三品"乘坐各类交通工具,严厉打击车匪路霸和危及行车安全等犯罪活动;对客流量大,容易出问题的广州火车站、三元里等地要加派警力,保持治安的高压态势,确保春运期间有良好的治安秩序。广州市要对白云机场候机楼前的道路交通进行综合整治,确保交通畅顺;省经贸委要负责收集各地、各有关部门春运应急预案;省交通厅近期要组织人力、物力,采取切实有效措施,确保冻害损毁公路及时修复,确保春运期间双向畅通;省信息产业厅要会同广州军区无委办、广州市无管办、省无线电监管站等单位,加大排查力度,解决民航无线电受干扰问题;省劳动保障厅要派出检查组,对全省企业拖欠薪酬问题开展专项检查;省公安厅、交通厅要以减少站点为原则,联合检查,对交通运输违章事故进行查处;海事、港务、安全生产监督等部门近期要以做好客滚船、乡镇横水渡安全管理及清理三无船舶、渔船载客为重点,进行一次水上交通安全特别是对琼州海峡交通安全进行严格检查;省春运联席会议成员单位要会同省安全生产监督管理局组成春运联合检查组,在春运前开展全省春运工作安全大检查。

(三)精心组织,周密安排,为旅客提供安全、有序、优质的服务。各有关部门要坚持全心全意为人民服务的宗旨,增强服务意识,提高服务质量。各运输部门要合理增设售票网点,组织上门售票或流动售票,延长售票日期,开展铁路客票联售、异地代售、往返联票等业务,堆护车站秩序,为旅客购票和出行提供方便。在安全第一的前提下,努力提高运输正点率,确保送得出去,接得回来。

(四)加强领导,分工协作,密切配合,进一步强化春运属地化管理。春运工作是一项系统工程,涉及面广,各有关部门要各司其职,各负其责,互相配合;要进一步完善属地化管理机制,发挥团队精神,共同做好春运各项工作。春运期间,各地发生重大问题,要及时报告当地党委、政府,并在当地党委、政府的统一协调下,采取有效措施尽快予以处置。

三、加强舆论宣传工作,充分发挥舆论导向作用。

春运期间,各新闻单位要坚持以正面宣传为主,重点宣传春运的组织、安全运输和外省务工人员的有序流动;利用电视、广播、报纸等媒体引导外省务工人员留在广东过年,劝导外省务工人员不要盲目进入广东,及时为群众提供春运动态和车船安排、气象等信息。各市、各有关单位要积极配合省委宣传部做好有关宣传报道工作,及时提供有关情况。

参加会议人员:省政府×××,省府办公厅×××,省经贸委×××,省委宣传部×××。省公安厅×××,省民政厅×××,省劳动保障厅×××,省建设厅×××,省交通厅×××,省信息产业厅×××,省物价局×××,省旅游局×××,广州市政府×××,广东海事局×××,民航中南管理局×××,广铁集团×××。

【评析】

这篇关于专项工作的专题性会议纪要,紧扣如何做好春运工作这一中心议题行文,直接用序号标明会议议定的各项要求和措施,内容集中,要点明确,对春运工作起到了很好的指导作用。

第八节　议案、命令（令）

一、议案的含义

《办法》规定:"议案适用于各级人民政府按照法律程序向同级人民代表大会或人民代表大会常务委员会提请审议事项"。《办法》中对议案所下的定义,仅限于各级政府向同级人大及其常委会提出的议案。议案是一种上行文。

行政机关议案不同于人大议案。两者区别在于适用主体不同。人大议案,是人大代表及有关部门向人民代表大会提出的议事原案。根据《全国人大组织法》和《全国人大议事规则》的规定,全国人民代表大会主席团、全国人大常委会、全国人大各专门委员会、国务院、中央军委、最高人民法院、最高人民检察察院,以及一个代表团或者30名以上的代表联名,可以向全国人民代表大会提出属于全国人大职权范围的议案,由主席团决定是否列入会议议程,或者先交有关的专门委员会审议,给出是否列入会议议程的参考意见,再决定是否列入会议议程。全国人民代表大会各代表团全体会议、代表小组会议对议案进行审议,主席团可以将议案交相关专门委员会进行审议、提出报告,由主席团审议决定提请大会全体会议表决。经表决,议案由全体代表的过半数通过。在地方各级人民代表大会召开期间,"本级人民代表大会的主席团、常务委员会、各专门委员会、本级人民政府或县级以上的地方各级人民代表大会代表10人以上联名",可向本级人民代表大会提出属本级人民代表大会职权范围内的议案。而行政议案的适用主体是"国务院和地方各级人民政府"。

行政机关议案也不同于政协提案和职代会提案。政协提案是政协委员向人民政协组织,并通过政协组织向人民代表大会或人民政府就有关国家或地方大政方针、社会生活等重大问题提出意见和建议的形式。政协提案实行提出提案的时间不限、内容不限、人数不限的"三不限制"原则。提出提案一般有四种形式:政协委员以个人或者联名方式提出提案;政协全体委员会议期间以小组名义提出提案;参加政协的各党派和人民团体,政协各专门委员会以及本专门委员会名义提出提案。提案办理有专门机构负责,要求件件有着落,案案有答复。

人大代表议案与政协委员提案的不同之处在于:人民代表大会是权力机关,人大代表的议案一经通过,就具有法律效力。而人民政协是统一战线组织,政协委员提案是民主监督的一种形式,没有法律的约束力。另外,人大代表议案,一般只在大会期间提出,而政协委员提案,既可在全体会议期间提出,也可在休会期间提出。

在某些教科书甚至是法学词典中,议案被解释为"提案",这是错误的。现代意义上的议案源于提案,但议案现在已经发展成为与提案有所区别的独立公文文种。根据《全国政协提案工作试行条例》的规定,政协委员向政府部门提出的书面意见和建议叫做提案。提案是人民当家做主和参政议政的一种形式。职工代表大会提请审议事项的文书也叫提案。议案与提案的区别在于:

1. 作者不同

如上所述,议案的作者是各级人民政府;而提案的作者是人民政协或政协委员等。至于宪法与组织法所规定的机关和代表(如各级人大组成人员、中央军委、最高法院、最高检察院等),虽具议案提出权,但其议案不属行政公文。

2. 提请作用不同

议案是各级人民政府行使职权的一种工具,议案事项一旦通过表决,就形成了法定文件。而提案是为了发挥人民政协或政协委员政治协商、民主监督与参政议政的作用而设立的。

政府向人大提出的议案、非政府机关向人大提出的议案、人大代表联名向人大提出的议案,这是议案的三种不同类型。在这,我们重点介绍的是政府向人大提出的议案。其他议案与政府议案并无太大差异,可仿照制作。

二、议案的特点

(一)制作主体的法定性

我国宪法规定,国务院可以"向全国人民代表大会或者全国人民代表大会常务委员会提出属于全国人民代表大会及其常务委员会职权范围内的议案";"地方各级人民代表大会举行会议的时候,本级人民政府可以向本级人民代表大会提出属于本级人民代表大会职权范围内的议案"。也就是各级政府机关,即上至国务院,下至乡、镇,都有权向本级人民代表大会或人大常委会提交议案。党团组织、社会团体、政府各部门、企事业单位等,都无权提出议案。因此,议案这种文体在基层使用很少。

《办法》对议案的定义是比较狭窄的,制作主体仅限于各级政府。在公文的实际运作中,议案的使用范围要大于上述限定。《中华人民共和国全国人民代表大会组织法》第九条规定:"全国人民代表大会主席团、全国人大常委会、全国人大各专门委员会、国务院、中央军事委员会、最高人民法院、最人民检察院,可以向全国人民代表大会提出属于全国人民代表大会职权范围内的议案。一个代表团或者30名以上的代表,可以向全国人民代表大会提出属于全国人民代表大会职权范围内的议案。"《地方组织法》第十四条规定:"地方各级人民代表大会举行会议的时候,主席团、常务委员会、本级人民政府和代表(有三人以上附议),都可以提出议案。"这些显然超出了国务院办公厅的职权范围,在《办法》中不可能给予表达。而《办法》中对议案所下的定义,仅限于各级政府向同级人大及其常委会提出的议案。

各级人民政府的职能部门需要向本级人民代表大会提出议案的,必须向直属政府报告拟提议案的有关情况,经政府讨论通过后,以政府的名义提出议案。

(二)内容的特定性

各级人民政府所请审议的事项,不可超出同级人民代表大会或人大常务委员会的职权范围。"职权范围"即指人民代表大会依照宪法所拥有的监督权、人事任免权和重大事项决定权。如所提内容超出人代会职权范围,则人代会也无权决定。

（三）提交的时限性

议案需要法定主体在法定时间内（人大或人大常委会举行期间）以书面形式提出。只有在这段时间内,受理议案的机构才能依法登记、立案、审议并决定是否列入会议议程。闭会期间不能提出议案。

（四）内容的单一性

一事一案,以便处理,不能把内容不同的两件以上的建议意见写进同一份议案。

三、议案的种类

议案根据其适用范围,可分为如下类别。

（一）立法议案

用于提请审议法律和法规。立法性议案是指用于提请审议法律法规的议案,简称法案。人民代表大会是国家的权力机构,也是立法机关。但只有省级以上人民代表大会以及全国人民代表大会授权的地方人民代表大会才有立法权,党的机关、国家行政机关、企业事业单位都没有立法权。因此,许多法律法规（草案）首先由政府提出,提请全国人民代表大会或全国人民代表大会常务委员会审议通过后,予以确立。如《国务院关于提请审议〈中华人民共和国教育法（草案）〉的议案》;提请审议地方性法规的,如《湖南省人民政府关于提请审议〈湖南省洞庭湖区水利管理条例（草案）〉的议案》等。

（二）重大事项的议案

用于议案制作主体提请审议属于权力机关职权范围的事项,如变动行政机构、行政区划,确立某种节日,重点工程的兴建等,都是国民经济社会发展如政治、经济、科技、卫生、文化教育、体育等方面的重大事项。如《国务院关于提请审议兴建长江三峡工程的议案》、《国务院关于提请审议设立海南省的议案》等。

（三）任免议案

是指国务院或地方各级政府向同级人大或其常委会提请任免国家重要公职人员职务的议案。如《国务院关于提请审议×××等二十一位同志职务任免的议案》等。

（四）批准条约议案

是指国务院提请全国人大或其常委会批准草签的国际条约,或提请批准加入某国际公约、条约而使用的议案。如《国务院关于提请审议批准〈中华人民共和国和俄罗斯联邦关于中俄国界两段的协议〉的议案》。

四、议案的受理程序

按照相关规定,各级人民政府依其职权提出的属于该级人民代表大会职权范围内的议案,应首先交由大会主席团,由主席团决定交与人大专门委员会审议,其审议后提出的报告,符合立案标准的才列入人大会议议程,再由主席团决定是否提交大会表决。通常情况下,表决时,全体代表过半数票,即为通过了该议案。

提出议案和审议议案都要依照法律程序进行。《全国人民代表大会议事规则》第二章"议案的提出和审议"第二十一条规定:"国务院向全国人民代表大会提出的议案,由主席团决定列入会议议程。"《中华人民共和国全国人民代表大会常务委员会议事规则》第二章"议案的提出和审议"第十二条规定:"国务院向全国人大常务委员会提出的议案,由委员长会议决定提请常务委员会会议审议,或者先交有关专门委员会审议、提出报告,再决定提请常务委员会会议审议。"

《中华人民共和国地方各级人民代表大会和地方各级人民政府组织法》第十七条规定,地方各级人民代表大会举行会议的时候,本级人民政府向本级人民代表大会提出的议案,由主席团决定提交人民代表大会会议审议,或者交有关的专门委员会审议、提出报告,再由主席团审议决定提交大会表决;第四十二条规定,县级以上的地方各级人民政府向本级人民代表大会常务委员会提出的议案,由主任会议决定提请常务委员会审议,或者先交有关的专门委员会审议、提出报告,再提交常务委员会会议审议。

五、议案的结构

议案是以政府名义行文的,其结构与其他行政公文结构有所不同,写作上也有一些特殊要求。议案不能套用现成的有正式文件版头的公文用纸,需要另行印刷。议案结构一般包括发文字号、标题、主送机关、正文、签署、日期、主题词、印刷版记等部分。发文字号可以在标题右上方,也可以在标题右下方,甚至可以省略。议案一般采用常规发文字号,与其他公文不同的是议案是用"函"或"议"来代替"发"字。

《全国人民代表大会和地方各级人民代表大会代表法》第九条规定,代表们提出的"议案应当有案由、案据和方案"。这一规定同样适用于人民政府议案的写作。从结构体式上看,议案一般由标题、主送机关、正文、落款等几部分组成。

(一)标题

议案的标题由发文机关、事由、文种构成。不能省略任何一项提请国家权力机构审议的事项,都是重大事项,涉及法律法规和大政方针的事项,标题必须写明发文机关,事由也要概括得清楚明确,一目了然。这样的标题,体现出议案这种文体的庄重色彩。通常可以在事由前加上"提请审议"的字样。其中"提请"不能用"提交"等词代替,要体现尊重的词义色彩。

(二)主送机关

全称或规范化简称,不得随意简化。如"全国人民代表大会"、"全国人民代表大会常务委员会"、"市人大"、"市人大常委会"。在人大或人大常委会开会期间提出议案,应标明人大的届次,如"第八届全国人民代表大会第四次会议"、"市人大常委会"。

(三)正文

议案的正文由案由、议案事项和结语三部分组成。

1. 案由案据

议案的第一部分叫做案据,顾名思义,这部分要提供提出议案的根据,阐明提出议案的原因、目的、依据、意义、作用以及解决有关问题的迫切性和必要性等。任免人员议案可不写缘由。

2. 议案事项

即所提出的审议事项。

如果是提请审议已制定的法律法规的,解决问题的方案就在法律法规之中,这部分只需写明提请审议的法律法规的名称即可,但要把法律或法规文本作为附件。

如果是任免性议案,要将被任免人的姓名和拟担任的职务写明。

如果是提请审议重大决策事项的,要把决策的内容一一列出,供大会审阅。如果是建议采取行政手段解决某方面问题的,要把实施这一行政手段的方案、办法、措施及科学论证等详细列出,以便于审议。不能只指出问题,而没有解决问题的方案。措施、方案、办法要求写得目的明确,依据可靠,理由充分,措施方案切实可行,为审议和决定提供有效依据,以利于议案通过审批,更有助于落实办理。

3. 结语

是议案的结尾部分,通常以祈使句来提出审议请求并结束全文,言简意赅。如"这个草案业经市政府同意,现提请审议"、"请审议批准"、"请审议决定"、"现提请审议"、"请予审议"等。

4. 附件

是否提交附件,要依据内容而定。有些议案事项明确单一,无需附件,如任免议案;但有一些立法议案无法在正文部分尽陈法律法规,这时就须出具附件,将法律或法规文本以附件形式报审,以补充正文。另有一些事项议案则还须附有相关的事实材料、说明文字与图表等,以使主送机关便于审查。

(四)落款

标明发此议案的政府名称或政府首长(写明职务)姓名。写明成文时间并加盖印章,日期以行政首长签发的日期为准。

一般行政公文,最后签署的都是发文机关的名称,而议案有所不同,要由政府首长签署。国务院提交给全国人大的议案,要由总理签署;各省、市、自治区提交给同级人民代表大会的议案,要由省长、市长或自治区主席签署。

行政首长签名,名字前标注职务。

【实例】

甘肃省人民政府关于提请审议
《甘肃省农作物种子管理条例(草案)》的议案

省人大常委会:

《甘肃省农作物种子管理条例(草案)》已经 2011 年 4 月 29 日省政府第四十次常务会议讨论通过,现提请审议。

甘肃省人民政府
二〇一一年五月八日

【评析】

这篇订立法规的议案,表达清楚,简明扼要。提请审议《甘肃省农作物种子管理条例(草案)》是行文事项,省政府第四十次常务会议讨论通过一句是行文依据,现提请审议一句是行文要求。

××市人民政府关于提请审议《××市环境保护条例(草案)》的议案

市人大常委会:

为了维护和改善本市的生活环境与生态环境,防治污染和其他公害,保障人民群众身体健康,促进社会主义现代化建设,根据《中华人民共和国国家环境保护法》和其他法律法规,结合本市情况,市环保局起草了《××市环境保护条例(草案)》。该草案已经于2007年8月2日第×次市政府常务会议讨论通过,现请审议。

附件:关于《××市环境保护条例(草案)》的说明

市长 ×××(印章或签名)

二〇〇七年八月七日

【评析】

这是一份申请制定地方性法规的议案。此类议案是最普通、最具有代表性的法规议案。标题由提请机关、事由及文种(议案)三个部分组成。主送机关是市人大常委会,正文部分包括提请审议的原因、事项和结语。先用"为了……"的句式简洁交代提请审议事项的目的和意义,以此作为行文的依据,接下去陈述要求审议的事项,后明确提请审议的要求。这份议案完整地载明了相应的要素内容,格式规范,层次清晰。

六、命令

命令(令),适用于公布行政法规和规章、宣布实行重大强制性行政措施;批准授予和晋升衔级、嘉奖有关单位及人员。

(一)命令(令)的特点

命令主要有以下几个特点:

1. 发文机关的限制性

命令(令)是国家高级领导机关和主要领导人使用的文种,各级地方政府一般不使用。因此,命令不能随意制发,发文机关受到严格限制。

2. 事项执行的强制性

命令(令)一经发布,有关下级机关和人员必须坚决地无条件执行,做到令出必行,令行禁止,在所有国家机关行政公文中,命令最具有强制性。

3. 内容表述的严肃性

命令(令)所颁布的内容事项,都十分重大和重要,行文时语气坚决有力,表述相当严肃庄重。

(二)命令(令)的种类

按作用分,命令的主要种类如下:

1. 发布令

发布令是颁布重要行政法规时使用的令文。由正件和附件组成。附件即应公布的重要法规或规章。

2. 行政令

行政令是在较大范围内采取重大强制性行政措施时使用的令文。

3. 嘉奖令

嘉奖令是表彰奖励成就显著的下级机关或人员时使用的令文。

(三)命令(令)的写作

命令(令)的标题有三种:一是由发令机关领导人职务加上文种(令),如《中华人民共和国主席令》；二是发令机关加上文种（令），如《中华人民共和国国务院令》；三是发令机关加上事由和文种，如《国务院关于在我国统一实行法定计量单位的命令》。

行政令、嘉奖令列发文字号；发布令只列令号。令号不以年度编号，而以领导人任期内发令顺序编号。

由于命令（令）又有不同的具体种类，正文内容各有侧重点，写法也就各不相同。发布令和行政令，一般按照公文的基本模式写作。嘉奖令一般按照奖惩性公文的模式写作。发布令的正文一般包括三个内容：一是发布的事项，即发布的是哪一个行政法规或规章；二是发布的依据，即由哪一级组织或哪一次会议在什么时候通过了本法规或规章；三是执行要求，即由什么时候起施行本法规或规章。行政令首先交代发布依据，着重阐明发令原因、目的和意义，然后一一写明发布事项，即所要采取的重大的强制性行政措施，最后提出执行要求。嘉奖令一般按照奖惩性公文的模式写作，正文包括五个部分：事迹和成果，性质和意义，办理依据，嘉奖项目，号召和希望。

【实例】

中华人民共和国主席令

第五十六号

《中华人民共和国军人保险法》已由中华人民共和国第十一届全国人民代表大会常务委员会第二十六次会议于 2012 年 4 月 27 日通过，现予公布，自 2012 年 7 月 1 日起施行。

中华人民共和国主席　胡锦涛

2012 年 4 月 27 日

【评析】

这是一篇颁布重要行政法规的发布令，"已由中华人民共和国第十届全国人民代表大会常务委员会第二十六次会议于 2012 年 4 月 27 日通过"为颁布依据，公布《中华人民共和国军人保险法》为颁布事项，"自 2012 年 7 月 1 日起施行"为执行要求，行文言简意赅，表述庄重严肃。

第九节　决议、公报

一、决议

决议适用于会议讨论通过的重大决策事项。为 2012 年 4 月 16 日，中办、国办联合印发《党政机关公文处理工作条例》中新增的正式公文文种。

决议是指党的领导机关就重要事项，经会议讨论通过其决策，并要求进行贯彻执行的重要指导性公文，也是应用写作重点研究的文体之一。

（一）决议的特点

1. 权威性

决议是经过党的会议讨论通过才能生效并由党的领导机关发布的，是党的领导机关意志的反映。决议的内容事关重要决策事项，一经公布，全党、全国上下都必须坚决执行。

2. 指导性

决议表述的观点和对事项的评价都具有指导意义。

（二）决议的分类

决议一般分为公布性决议、批准性决议和阐述性决议三种类型。公布性决议是为公布某种法规、提案而写作的决议；批准性决议系为肯定或否定某种议案的文件；阐述性决议是对某些重大结论的具体内容加以展开阐述的文件。

（三）"决议"和"决定"的区分

决定是党政领导机关对重要事项或重大行动做出决策、安排和规定的指导性、指挥性公务文书。在实际运用中，还应对"决议"和"决定"做以下区分：

1. 从制作程序上区分

"决议"须经某一级机关或组织机构的法定会议对某一议题进行集体讨论，由法定多数表决通过，然后形成正式文件，并以会议的名义公布。而"决定"却不一定经过法定会议讨论通过的程序。它既可以是某种会议讨论研究的成果，形成正式文件予以公布，也可由各级领导机关直接制作并予以公布。

因此，可以认定，凡未经有关法定会议讨论通过这一程序，而是以领导机关的名义发布的议决性文件，就只能使用"决定"。

2. 从作用上区分

"决议"一律要求下级机关执行。而"决定"只有"部署性决定"才要求下级机关执行，"宣告性决定"只起知照性作用，一般不要求下级机关执行。

3. 从内容上区分

（1）在会议讨论通过的前提下，凡作出了具体的规定和要求，履行法定的权力，强制有关部门贯彻执行的，用"决定"。若只是简要地表示肯定或否定的意见，履行法律程序，指导有关部门遵照办理的，用"决议"。

（2）由会议或领导机关直接制定发布行政法规，用"决定"。由会议审议批准某项议案、重要报告、法规，用"决议"，所审议批准的条文作为"决议"的附件。

（3）授予荣誉称号或给予处分，用"决定"。审议机构成立或撤销，用"决议"。

4. 从写法上区分

公布性决议、批准性决议一般写得比较简要、笼统。阐述性决议除指出指令性意见外，还要对决议事项本身的有关问题作若干必要的论述或说明，即作一些理论上的阐述。

"决定"的写法与"决议"大不相同，它不多说理论上的道理，而往往着重提出开展某项工作的步骤、措施、要求等。"决定"要求写得明确、具体一些，措施也更落实，行政约束力强，可以直接成为下级机关行动的准则。而"决议"往往写得比较概括，原则性条文多，下级机关在贯彻执行时，多数还要根据"决议"制定相应的具体办法或实施措施。

（四）决议的写作

决议由首部和正文两部分组成。

1. 首部。包括标题和成文时间两个项目。

（1）标题。决议的标题有两种形式：一种是由发文机关（或会议名称）、事由和文种构成；另一种是事由和文种构成。

（2）成文时间。即决议正式通过的日期。一般放在标题下，在小括号内注明会议名称及通过时间，也可只写年月日。

2. 正文。由决议根据、决议事项和结语三部分组成。

（1）决议缘由：一般简要说明有关会议审议决议涉及事项的情况，陈述作出决议的原因、根据、背景、目的或意义。

（2）决议事项：写明会议通过的决议事项，或会议对有关文件、事项作出的评价、决定，或对有关工作做出的部署安排和要求、措施。

（3）结语：一般紧扣决议事项有针对性地提出希望、号召和执行要求。有的决议可不单列这部分。

【实例一】

四川省第七届人大常委会第八次会议
关于依靠科技进步振兴农业的决议
（1989 年 3 月 10 日通过）

四川省七届人大常委会第八次会议，听取和审议了省科委主任张廷翰受省政府委托作的《关于省农村科技工作情况的汇报》。会议以为，我省各级政府依靠科技发展农业事业方面做了大量工作，取得了一定成绩，但发展不平衡的，还存在一些亟待解决的问题，特别是粮食生产面临的形势是严峻的，任务是艰巨的。为了进一步依靠农业科技，夺取粮食增产，农业丰收，推动农村经济的全面振兴，特别作出了如下决议：

一、各级政府要在广泛深入开展农业基础地位的再教育中，提高领导在各个方面对科学技术是第一生产力的认识，牢固树立依靠技术进步、振兴我省农业的观念，把发展农业经济转到依靠科学技术和提高劳动者素质的轨道上来。要把农村科技纳入政府工作的重要议事日程，重视农业科学研究和技术推广工作，充分发挥农业科技人员在发展农业中的积极作用。要把这项工作的好坏，作为考核各级政府及其领导成员政绩的主要内容之一。

二、各级政府从今年起逐步增加对农业科技的投入。增加农业科研和推广的事业费，建立农业科技开发基金，多途径开辟农业科技资金来源，尽力增加科技装备和设施，为农业科研和推广服务工作创造条件。主管部门要管好各项农业科技经费，专款专用。农村的集体和个人也要千方百计加强技术开发活动，增加投入。

三、各级政府应从本地区的实际出发，制定依靠科技振兴农业的年度计划和中、长期规划，并认真组织实施，狠抓落实，层层进行检查监督。对在农业科技工作中做出显著成绩的各级领导、农业科技人员以及农民中推广应用先进技术的积极分子给予表彰奖励，对有突出贡献的给予重奖，并大力宣传他们的先进事迹。

四、各县、（区）、乡应进一步建立健全农业科技推广服务体系，切实加强基层农业科技管理工作。要采取多种形式，搞好培训、试验、示范等农业科技的推广服务工作，传授科技知识，普及先进农业技术，要着重培训本地科技人员，抓好农业科技成果的推广应用，鼓励采用新技术。要发挥各种推广农业技术的民间组织的作用。

五、各级政府要采取切实有效的措施，认真落实好中央和省制定的各项有关科技人员的政策。要为农业科技人员创造必要的工作条件，稳定农业科技队伍，动员和组织广大农业科技人员为振兴农业不断作出贡献。

二、公报

公报也称新闻公报,是党政机关和人民团体公开发布重大事件或重要决定事项的报道性公文,是党和国家经常使用的重要文种。公报是应用写作的重要文体之一。

(一)公报的种类

公报依据发文主体的不同分为两类:一类是党政机关或团体发布重大事件、重要决定的公报;另一类是联合公报。党、政、团体发布的公报可因内容的不同分为事件性公报和会议公报两种;联合公报是用于两个或两个以上国家的政府、政党、团体的代表就会谈、访问等事宜所发表的公报。

(二)公报的写作

公报包括首部、正文和尾部三部分。

1. 首部。包括标题和成文时间。

标题。公报的标题常见的有三种形式。一种是直写文种《新闻公报》;第二种是由会议名称和文种构成;第三种是联合公报,由发表公报的双方或多方国家的简称、事由、文种构成。

成文时间。用括号在标题之下正中位置注明公报发布的年、月、日期。

2. 正文。包括开头、主体两部分。

开头。即前言部分。事件性公报要求用最鲜明、最精炼的语言概述事件的核心内容,即何时、何地、发生了什么重大事件;会议性公报要求概述会议的名称、时间、地点、参加人员等;联合公报要求概述公报的来由,即在何时、何地、谁与谁举行了什么会谈或谁对谁进行了什么性质的访问等。

主体。是公报的核心内容,要求把公报的内容完整、系统、有序地表达清楚。常见的有三种写作:一种是分段式,即每段说明一层意思或一项决定;第二种是序号式,多用于内容复杂、问题较多的公报;第三种是条款式,多用于联合公报。

3. 尾部。事件性公报和会议性公报。

公报一般没有尾部;联合公报要在正文之后写明双方签署人的身份、姓名、年、月、日并写明签署地点。

(三)例文

中国共产党第十四届中央委员会第三次全体会议公报
(1993 年 11 月 14 日)

中国共产党第十四届中央委员会第三次全体会议,于 1993 年 11 月 11 日至 14 日在北京举行。出席这次会议的中央委员 182 人,候补中央委员 128 人,有关负责同志 54 人列席了会议。全会由中央政治局主持,中央委员会总书记江泽民同志作了重要讲话。全会审议并通过了《中共中央关于建立社会主义市场经济体制若干问题的决定》。

《决定》共五十条,分十个部分:

一、我国经济体制改革面临的新形势和新任务;

二、转换国有经营机制,建立现代企业制度;

三、培育和发展市场体系;

四、转变政府职能,建立健全宏观经济调控体系;

五、建立合理的个人收入分配和社会保障制度;

六、深化农村经济体制改革;

七、深化对外经济体制改革,进一步扩大对外开放;

八、进一步改革科技体制和教育体制;

九、加强法律制度建设;

十、加强和改善党的领导,为本世纪末初步建立社会主义市场经济体制而奋斗。

全会认为,在邓小平同志建设有中国特色社会主义的理论指导下,经过十五年改革,我国经济体制发生了巨大变化。以公有制为主体的多种经济成分共同发展的格局初步形成,农村经济体制改革不断深入,国有企业经营机制正在转换,市场在资源配置中的作用迅速扩大,对外经济技术交流与合作广泛展开,计划经济体制逐步向社会主义市场经济体制过渡。改革解放和发展了社会生产力,推动我国经济建设、人民生活和综合国力上一个大台阶。以邓小平同志1992年年初重要谈话和党的十四大为标志,我国改革开放迈出新的步伐,宏观调控取得积极成效,经济蓬勃发展,社会政治稳定。我们要紧紧抓住国内国际的有利时机,加快建立社会主义市场经济体制的进程,实现国民经济持续、快速、健康的发展。全会指出,社会主义市场经济体制是同社会主义基本制度结合在一起的。建立社会主义市场经济体制,就是要使市场在国家宏观调控下对资源配置起基础性作用。为实现这个目标,必须坚持以公有制为主体、多种经济成分共同发展的方针,进一步转换国有企业经营机制,建立适应市场经济为要求,产权清晰、权责明确、政企分开、管理科学的现代企业制度;建立全国统一开放的市场体系,实现城乡市场紧密结合,国内市场与国际市场相互衔接,促进资源的优化配置;转变政府管理经济的职能,建立以间接手段为主的完善的宏观调控体系,保证国民经济的健康运行;建立以按劳分配为主体,效率优先、兼顾公平的收入分配制度,鼓励一部分地区一部分人先富起来,走共同富裕的道路;建立多层次的社会保障制度,为城乡居民提供同我国国情相适应的社会保障,促进经济发展和社会稳定。这些主要环节相互联系又相互制约,构成社会主义市场经济体制的基本框架。

全会强调,建立社会主义市场经济体制是一项开创性的伟大事业。要毫不动摇坚持邓小平建设有中国特色的社会主义的理论和党在社会主义阶级阶段的基本路线,以是否有利于发展社会主义社会的生产力,是否有利于增强社会主义国家的综合国力,是否有利于提高人民的生活水平,作为决定各项改革措施取舍和检验其得失的根本标准。在推进改革的过程,必须解放思想,实事求是;以经济建设为中心,改革开放、经济发展和社会稳定相互促进,相互统一;尊重群众首创精神,重视群众切身利益;实行整体推进和重点突破相结合;各级党委和政府要用党的基本理论和基本路线统揽全局。把更大的精力集中到加快改革上来,当前要紧紧抓住建立现代企业制度、市场体系和金融、财税、计划、投资、外贸等重点领域的改革,制订具体方案,采取实际步骤,取得新的突破。全会指出,建立社会主义市场经济体制,加快现代化建设步伐,必须坚持和改善党的领导,加强党的自身建设。要用邓小平同志建设有中国特色社会主义的理论武装全党,提高贯彻执行党的基本路线和发展社会主义市场经济的方针政策的坚定性和自觉性。适应建立社会主义市场经济体制和经济发展的要求,积极推进政治体制改革,加强社会主义民主政治和法制建设,坚持两手抓,两手都要硬的方针,加强社会主义精神文明建设。深入开展反腐败斗争,切实抓好廉政建设。加强社会治安综合治理,巩固和发展安定团结的政治局面。全会号召,全党同志和全国各族人民更加紧密地团结在以江泽民为核心的党中央周围,在邓小平同志建设有中国特色社会主义的理论和党和十四大精神指导下,同心同德,锐意改革,自力更生,艰苦创业,为在本世纪末初步建立起社会主义市场经济体制,实现国民经济和社会发展第二步战略目标而努力奋斗!

思考与练习

一、法定行政公文有哪些特点? 请举例说明法定行政公文与机关事务文书的区别。

二、15 种法定行政公文,哪些是上行文? 哪些是下行文? 哪些不受行文方向限制?

三、公文格式要素主要有哪些? 标识时应该注意些什么事项?

四、按照国家行政公文格式标准,用电脑制作一份公文,内容自拟。

五、由哪些内容要素构成了公文写作的基本模式? 请按这一模式写作一份会议通知。

六、107 国道某路段要抢修路面,请确定一个文种按国家标准格式写一篇知照性公文。

七、由哪些内容要素构成了奖惩性公文的写作模式? 请按这一模式写作一份表扬通报。

八、请简述下列几组公文的异同:

公告、通告与通知,请示与报告,批复与复函,纪要与会议记录,议案与提案。

九、某市工商分局需要新建一座办公楼,请确定一个文种按国家标准格式写一篇报请性公文。

十、纪要的正文分几个部分? 各部分的内容应如何写作?

第四章 日常应用文书写作

第一节 概 述

一、日常应用文书的概念

一般来说,日常应用文书是指人们的日常工作、学习或生活中,办理公务、处理私事时所使用的一种实用性文书。它主要用以沟通感情,增进友谊,表达意愿,改善关系等。

二、日常应用文书的特点

(一)明确的读者对象和实用目的

日常应用文书是针对什么样的读者来写,对象非常明确。如书信、请柬等。其实用目的也非常明显。如书信的沟通作用,条据的凭证依据作用和约束作用等。

(二)约定俗成的固定体式

日常应用文书的体式虽然不像公文那样有着明文规定,但也有约定俗成的格式,我们不能随意违反,而必须严格遵守这些规范。

(三)具有特定的习惯用语

某一种日常应用文书一般都会有一些特定的习惯用语。我们在下面讲一些具体文体的写作时会不断地接触到。如条据开头的"今",介绍信开头的"兹"等等。

三、日常应用文书的种类

日常应用文书一般包括以下几类:

(一)条据类。包括借条、收条、欠条、请假条等。

(二)启事类。包括启事、告示、声明、海报等。

(三)申请书类。

(四)书信类。包括一般书信与专用书信,专用书信包括介绍信、证明信、感谢信、慰问信、推荐信、邀请信、求职信等。

四、日常应用文书的写作要求

(一)要遵循日常应用文书约定俗成的规范性特点,力求把文书写得恰如其分、规范、得体。

(二)措辞要严谨礼貌,符合对象、场合。

第二节　条据类

一、条据的概念

条据是人们在日常生活、学习、工作中,要办理某些事情或发生财务往来时常用的一种文书。通过简单书面条子的形式要向有关人员托付事情说明情况,这样的条子也属于条据类应用文。

二、条据的特点

条据主要有以下三大特点:

(一)凭证性

条据的主要功能就是凭证作用,条据类作为钱物借还的重要凭据,应该严加保管,供日后核对情况甚至可以作为档案保存起来。

(二)说明性

条据内容涉及钱物的名称、用途、时间、数目、去向等重要信息,具有说明事实的性质,其语言要遵守说明文语言的规范。

(三)简便性

条据类应用文一般在熟悉的人员之间使用,运用起来灵活、方便,文小功能大。

三、条据的种类

根据内容和性质,条据可以分为两大类:

(一)说明性条据

如留言条、请假条等。

(二)凭证性条据

如借条、欠条、收条、收据、领条等。

四、条据应用文的格式与写法

(一)说明性条据

说明性条据主要是向有关人员说明情况、托付事情、传递信息用的条子。其写作的基本格式为:

1. 标题

请假条一般都有标题,留言条、便条一般省略。标题要居中。

2. 称呼

因为条据一般是在熟人之间使用,称呼一般可以用简称,如唐老师、小李等等。称呼要顶格写。

3. 正文

一般需要交代清楚原因(或因病,或因事,要表达清楚)、时间、具体事情或者有关要求等。行文要注意语言简洁、礼貌周全。

致敬词：最常用的有此致敬礼、谢谢等用语。

4. 落款

包括署名和时间两个内容。

【实例】

请假条

邓老师：

　　我因重感冒需休息四天(11月12日至15日)，不能上课。特此请假，恳请批准！

　　附：医院证明一张。

　　此致

敬礼！

12土木1班　李××

二○一一年十一月十一日

（二）凭证性条据

凭证性条据又称单据，它是单位之间、个人之间，或单位和个人之间发生财务往来时，一方写给另一方的字据凭证。凭证性条据一般涉及借、欠、收、还、领个人或公家现金、财物，它往往起到日后的凭证作用，钱物归还后，条据要回收作废或撕毁。凭证性条据主要有借条、欠条、收据、领条等。

凭证性条据通常写作格式为：

1. 标题

可以直接用条据的种类"借条"、"欠条"、"收据"或"领条"作为标题，标明条据的性质内容。标题要居中。

2. 正文

正文开头惯用语为"今借到"、"今领到"、"今收到"等，涉及钱物数量数字要大写。数额前不留空格。如果是钱币，还应写上币种名称，如"人民币"、"美元"等。如果金额末位数不是"分"的话，则应在金额末尾数后写上"整"字，以防被人在后添加数字。

3. 落款

包括制件人姓名和时间两项内容。如果是单位名称，除了写明单位名称外，还应写明经办人姓名。

【实例】

借　条

今借到×××人民币壹仟元，借期一个月，至××××年××月××日前归还。利息不计，此据。

借款人×××

××××年××月××日

收　条

今收到×××公司赞助的人民币壹拾万元整。此据。

经手人×××

××××年××月××日

领　条

今领到笔记本电脑贰拾台,凳子三十条。此据。

领取人×××

××××年××月××日

欠　条

今在本校小卖部购饮料叁箱,计人民币叁佰元整,已付贰佰伍拾元整,尚欠伍拾元整,定于本月八日归还。此据。

欠款人×××

××××年××月××日

五、条据类应用文写作注意事项

（一）条据必须由对方亲笔书写,接收方不能代笔,要交代清楚四项要素,即写给谁,什么事情,谁写的,什么时间写;要一一写明。

（二）条据涉及的钱物数量要写清楚,数字要大写,数字前不能留空白,后面要写明计量单位,以防恶意添加或篡改。

（三）语言要避免歧义,以免造成纠纷。

（四）单据写好后,不宜改动,如需改动,应在涂改处加盖责任人的印章,以示负责,如能另写一张则更好。

（五）用墨应用蓝色或黑色钢笔或圆珠笔,不要用铅笔、易褪色的墨水或红色墨水。这样保留时间长而不易变色。

单据一般要保留一段时间,单据又涉及财物,所以稍不小心,很容易引起矛盾纠纷,故单据要写得清晰、字迹端正,不要用草书,以免误认。

第三节　启事、声明

一、启事

（一）启事的概念

"启"有稿纸、陈述的意思,启事是单位、个人因有事向社会告知或请求有关单位、别人帮助所写的一种说明事项的实用文章。启事是公开的,一般张贴于公共场所或刊登在报刊上,也可在广播电台、电视台中播出。

(二)启事的种类和特点

1. 启事的种类:启事的种类繁多,不胜枚举,大体上可归为三大类。

(1)告知类启事。即因有事要向社会宣布或告知,并希望引起人们注意所发的启事,如开业、停业、迁址、更名、改期、讲座、举办活动等启事。

(2)征求类启示。即出于某种需要,请求别人帮助、关照时所发的启事,如征集、征订、征地、征稿、征租、招聘、招标、招募等启事。

(3)寻求类启事。即因丢失物品、资料,或因友人走失、下落不明所写的启事,如寻人、寻物等启事。

2. 启事的特点:

(1)周知性

启事所涉及的内容必须是需要向社会大众公开陈述的有关事项。因此,周知性便成为其第一个特点。为了使有关事项在社会上得以周知,它往往采用多种多样的发布途径和发布形式。既可以抄写张贴在公共场所,也可以制成印刷品广泛传播;既可以在报刊登载,也可以利用广播、电视播放。

(2)商洽性

启事和通知、通告一类的公文虽然都具有周知性,但它不像通知、通告等公文那样具有行政的强制性和约束力。机关、单位需要向社会公众周知有关事项时,它们与告知对象之间在行政上并没有隶属关系,因而,不能以通知、通告之类的行政公文发布,而只能采用启事以商洽的语气向社会大众陈述有关事项。它不能硬性规定人们必须阅读、收看或者收听,更不能强制别人必须办理、执行。它所周知的事项,知悉者可以参与,也可以不参与。

(3)祈请性

启事的目的不仅在于向人们公开告知有关事项,而且更侧重于请求人们协助办理。

(三)启事的写作格式

启事一般由标题、正文和落款三部分组成:

1. 标题

启事的标题有多种写法,一种是笼统式,只写"启事"两字;二是事由和文种式,如"开业启事"、"招聘启事";三是事由式,即只有事由,没有文种,如"招聘"、"寻人"、"征婚"等;四是单位名称、事由和文种组合而成的标题,如"×××公司的招聘启事"。一般而言。第一种笼统式效果不太好,标题不引人注目,容易被人忽略,而写明事由,则较为醒目,而且针对性强,便于人们分类查找。另外,有的启事为表明诚意,还在标题中加上敬辞,如"诚聘"、"敬聘";有的要紧启事,还在标题中注明"紧急寻人启事",这样更容易引起人们的注意。

2. 正文

在第二行空两格空两行写正文。由于启事种类繁多,正文内容也不一致,要分别而论。一般而言,启事的正文要概括说明启事的目的或原因、具体事项和要求、联系地址和方法。如招聘启事,正文需要写明所招聘的缘由,招聘工种、专业或岗位,条件、人数、要求以及应聘方法、联系地址等内容。而开业启事则应写明开业单位的名称、开业地点、经营服务项目、有何特色、具体营业时间,最后往往写上一句"敬请广大顾客光临"等客套话收结。总之,启事的正文要根据不同的种类来安排内容。关键在于具体、明确。启事由于内容简短,所以通常不另结尾,全文大多只设一段文字,如具体事项多,也可分条目逐一表达。

3. 落款

在正文后偏正右边,写上启事单位名称或个人姓名。单位名称已写入标题,后边就不必再写了。只写联系地址,电话号码,邮政编码,联系人,年月日。

(四)启事的写作要求

1. 标题需醒目

一般应表明事由,以便人们按需查找。

2. 内容要单一

启事应做到一事一启,不能将几件事放在一起。

3. 语言要简洁

启事的语言要尽可能简洁达意,通俗明白。

4. 事实要真

启事的内容必须真实,诸如"招工启事"、"征租启事"、"征婚启事"都应实事求是,不能从中作假进行欺骗。

【实例】

××门市部开业启事

××门市部装饰工程已顺利完工,定于×月×日正式开业。

本门市部向您提供自产各式面包,物美价廉,营养丰富;堂内供应各式饮料,可堂吃也可外卖,方便、经济、实惠。

营业时间:9:00~21:00

门市部地址:××路××××号

××门市部

××××年×月××日

二、声明

(一)声明的概念

声明是国家机关、社会团体、企事业单位或个人就某一重要问题表明立场、态度、主张或就自己权益所发表的公开性应用文书。

(二)声明的特点

1. 周知性

声明所涉及的内容必须是需要向社会大众公开说明的有关事项,为了达到周知目的,它往往采用多种多样的发布途径和发布形式。既可以抄写张贴在公共场所,也可以在报刊登载,还可以利用广播、电视播放。

2. 严肃性

声明的事项都是重要而严肃的,不是任何事情都使用这种文书,写作声明的态度要严肃、认真,不可使用幽默诙谐的语气。

（三）声明的种类

根据内容,声明大体可以分为如下几种:

1. 道歉声明

指通过声明向某人或某群体就某事项而道歉的文书。

2. 遗失声明

指为了不让别人利用自己遗失的物品或证件,通过声明说明自我态度的文书。

3. 搬迁声明

指为了不影响业务联系,通过声明公布搬迁的事实的文书。

4. 委托声明

指通过声明委托某人或某单位做某事的文书。

5. 澄清声明

指通过声明澄清某事项、说明某情况的文书。

（四）声明的写作格式

声明通常由标题、正文、落款和附项四部分组成。

1. 标题

在第一行正中用大于正文的字体写"声明"或"××声明"。如果事关重大、紧急,也可以在声明之前加上"重要"、"严正"或"紧急"等字样,表明声明的性质与内容,或表明情感态度。

2. 正文

在正文中要写清楚声明原因和声明事项。写作中注意层次清楚、细节分明,使人一目了然。

3. 落款

在声明右下方写明声明的单位或个人姓名,署名下一行写日期。

4. 附项

有的声明正文内容中写有希望公众检举揭发侵权者的意思,如有必要,可以附注自己单位的地址、电话、电传号码以及邮政编码,以便联系。

（五）声明的写作要求

1. 事实清楚

事实清楚有利于公众了解情况,办理有关事项。对于警告性的声明来说,文中指出的侵权事实一定要清楚、确凿。确凿的事实才能让声明有充足的依据。

2. 语言得体

声明用语表明态度或说明真相,语言风格应该适应文种性质的需要。态度要严肃,观点要鲜明。措辞要严,侵犯当事人的合法权益是违反国家法律的行为,故声明的措辞应义正词严,毫不留情。即严正地指出侵权者的违法事实,及由此造成的严重后果和不良影响,严正地要求侵权者停止侵权行为,严正地阐述当事人的态度和立场。

3. 行文简洁

声明应该简洁明了,层次分明,条理清晰。

【实例】

澄清声明

我们注意到,近期有媒体刊载一篇题为《中金对深发展方案忍无可忍　公开征集投票权》的文章。该文章多处将"山东中金资本管理有限公司"简称为"中金公司",并在题目中将其略写为"中金"。我公司特此郑重声明:我公司的正式中文名称为中国国际金融有限公司,《中金对深发展方案忍无可忍　公开征集投票权》一文中所指的"山东中金资本管理有限公司"与我公司没有任何关系;中国国际金融有限公司从未发布任何向深发展流通股股东征集投票权的声明,亦从未授权任何第三方发布此类声明。

如有任何问题,敬请联系中国国际金融有限公司公关部,电话××××-××××××××。

中国国际金融有限公司

××××年×月×日

第四节　申请书

一、申请书的概念

申请书,顾名思义,就是申明请求的一种文字,是单位或个人因某种需要,向有关部门、组织、社会团体提出书面请求的专用文书。申请书一般有表格和书信两种形式,要求写清申请解决的问题及具体要求、申请的理由及动机、申请者的态度等。有些申请书要经过有关部门批准同意,才能有效。申请书也是一种专用书信,它同一般书信一样,也是表情达意的工具。申请书要求一事一议,内容要单纯。

二、申请书的使用范围

申请书的使用范围十分广泛,尤其是在当今商品经济的大潮中,人们的交往越来越多,申请书的使用大有用武之地。个人对党团组织和其他群众团体表述志愿、理想和希望,要使用申请书;下级在工作、生产、学习、生活等方面对上级有所请求时,也可以使用申请书。

三、申请书的作用

申请书的作用是多方面的,其主要作用如下所述:

1. 申请书是向机关、单位领导反映情况的一种好形式

机关、单位领导不可能对所属部门的每一个问题都完全清楚,特别是在某些具体问题上更是如此。这就需要所属部门或个人将工作、生产、学习、生活等方面的愿望、要求及时地向上级机关、单位反映清楚,并且采取书面的形式申报说明,以便上级机关、单位掌握情况,加深对自己或下级的了解和理解。所以,申请书是下情上传的一种好形式。

2. 一种良好的沟通手段

要想做好任何一项工作,个人与组织,群众与领导,下级与上级之间的关系非常重要。

如果上下一致,齐心协力,工作就能做好,良好的愿望就能实现。否则,上下不和,左右扯皮,就会延误时间,抵消力量,以至出现事倍功半的结果。要上下一致,通力合作,申请书则是一种良好的沟通手段,能够把分力变成合力,从而最大限度地做好工作。

3. 申请书是增加感情、引起重视的一种有效办法

凡使用申请书,一般都是个人向组织,下级向上级有所要求,不仅要把情况、困难、问题说明清楚,而且要把请求讲得明确,这就要求态度谦恭,语言恳切,做到以诚相见,以情动人。况且申请书是以从下向上的角度和口气写成呈送的,这样就容易引起人的好感、同情及领导的重视,从而使申请书在个人向组织,下级向上级有所要求中发挥有效的作用。因此,申请书虽属于书信类,但不是一般书信,而是一种专用书信。它是个人、集体或下级对组织、机关、团体、单位有所请求时使用的书信,具有一种汇报和请求的口气,在内容上一般是一事一文。这就使得申请书这种专用书信与互通情况、交流感情、交换意见、研究工作、商量事情的一般书信有所区别。

四、申请书的特点

申请书主要有以下一些特点。

1. 申请书请求的特性

"申请"是申述自己的理由对他人有所请求的意思。无论是个人在政治生活上入团、入党的申请,或者个人、单位在其他方面的申请,均是一种请求满足要求的一种公用文书。所以,请求的特性是申请书的一个根本的特点。

2. 申请书采用书信体格式

申请书是一种专用书信,因此它也必须按照书信的格式来行文。其内容因要求不同而不同,但形式都基本保持不变。

3. 申请书是个人向组织、下级向上级的行文方式

这是申请书的性质所决定的。所以,申请书在语言的使用上及选择上均需符合这种下对上的行文标准。

五、申请书的类型

申请书从用途上可分为以下几类。

1. 思想政治生活方面的申请书

这种政治申请书一般是指加入某些进步的党派团体,如申请加入中国共产主义青年团、中国共产党、少先队、工会、参军等。

2. 工作学习方面的申请书

这种申请书是指在实际工作中或求学等方面所写的申请,如设备更新申请书、带职进修申请书、工作调动申请书等。

3. 日常生活方面的申请书

在日常生活中,对于柴米油盐、吃穿住行,我们常常会遇到一些问题,需要个人申请才可以被组织、集体、单位考虑、照顾或着手给予解决,诸如申请结婚、个人申请开业或困难补助申请等。

六、申请书的写法和格式

各种类型的申请书,尽管内容各异,要求不同,但就其结构形式而论,却可归纳出它们的一般格式,即它们有着相对固定的规范。申请书的一般格式介绍如下。

1. 标题

在申请书第一页第一行上面的正文中间,写上申请书的标题,即申请的名称。有的只写上"申请书"三个字;有的则按申请书的类型写上"入会申请书"、"技术革新申请书"等;有的还加上说明,如"关于参加第三期计算机学习班的申请书",使人不仅知道它的申请类型,而且知道它的主要申请内容、事项。标题的字体一般要大些,以便醒目和引起重视。

2. 称呼

称呼主要是指接受申请书的组织、团体、机关、单位或者是负责人的姓名、职务。称呼写在标题下第一行的顶格处,如"辽宁省写作学会"、"××市工商行政管理局"、"××大学"或"校长先生"、"张局长"等。称呼后要加冒号,表示要说的内容在下边。当然,也有的把称呼写在申请书结尾之后、署名之上的左前方,即"此致"另行顶格左前方。

3. 正文

这是申请书的主要部分。在这部分里,要写清楚所申请事情的原委、理由和事项。在一些短的申请书里,因为内容简单,理由单一,采用简短精练的语言就可以说清楚,然后直接提出申请事项,如困难补助申请就是如此。在一些长的申请书里,因为内容复杂,牵涉方方面面的问题,为了更好地说明情况、申述理由,必须根据情况将内容、理由、申请事项分段交代清楚。

4. 署名和日期

在正文之后的右下角2～3行下面,要写上申请人的姓名或申请单位的名称,并加盖印章。有时根据情况还要单位领导签字或加盖印鉴。在署名的后面或下边,应写明申请的年、月、日。

5. 注意的事项

写申请书时应注意以下几点:

(1)先要把申请个人、申请单位的情况介绍清楚。这是提出请示、讲明理由的基础和前提,没有它,请示和理由就无从谈起。但这部分要写得简明扼要,不可占篇幅过多,否则会喧宾夺主,冲淡主要内容。

(2)对于不同的申请内容,在介绍情况的时候也要有不同的侧重。要使申请书的接收者看后能比较透彻地了解申请人或申请单位的具体情况,知悉其意愿和要求。如果申请者对事情和理由交代不清,含混不明,或者写得不得要领,就会影响上级或领导的决心,延缓问题的解决。

(3)要坚持实事求是的态度。为了达到申请的目的,绝不是把情况和问题说得越严重越好,越迫切越好,也不是把要求提得越高越好。所以,只有如实介绍情况,合情合理地进行分析,实事求是地提出要求,有理有据地说服接收申请的人,使他们满足申请者的要求。

(4)语言文字要得体。申请书是给组织、团体、机关、单位的领导审阅的,他们是特定读者。因此,写作者态度要诚恳,口气要谦虚,要以汇报的形式讲问题,切不可用指令性语言。说明情况,申明道理,语言要准确,文字要朴素,只要求实事求是,把道理表达清楚。切忌为了说透问题,而随意渲染,故弄玄虚,或为了文辞生动,牵强附会地使用怪僻、深奥的文字语言,造成因字害意、因词害文的现象。同时,收尾要工整,符号要正确,格式要规范,这样才能使人读起来有严肃、认真、恭敬、礼貌的印象,从而收到申请的最佳效果。

【实例】

入党申请书

敬爱的党组织:

我郑重地提出申请,要求加入中国共产党。

加入中国共产党是我在学生时代就向往的,记得我在加入共青团时,就曾宣誓要为共产主义事业而奋斗终生。现在,我已进入中年,曾几次拿起笔,想向党表明心愿,可在这严肃的时刻,总觉得我与党的要求相差甚远,常常因没有勇气而搁笔。

这几年来,经过党的教育,英雄模范人物的激励,我经过了思想磨炼,更加坚定了把自己的前途、工作与党的事业结合起来,为共产主义远大理想奋斗终生的信念。我热爱中国共产党,对她坚信不移。

中国共产党是中国工人阶级的先锋队,是中国各族人民利益的忠实代表,是中国社会主义事业的领导核心,党的最终目的是实现共产主义的社会制度。

中国共产党是伟大、光荣、正确的党。曾带领中国人民战胜了各种艰难险阻,从1921年建党以来,取得了一个又一个的胜利。没有共产党就没有新中国,没有共产党就没有我们当今的建设成就。党的十一届三中全会确定了我党在新时期的改革开放的政策,并且取得了丰硕成果。尽管我们党也受到一些挫折,党内还存在不正之风,但这不是主流,是在前进道路上的问题。事实证明,党能够依靠本身的力量,克服困难,改正错误,更加生气勃勃地前进。

我深深地认识到,我们只有团结在党的周围,在党的各项方针政策的指引下,进行社会主义现代化建设,才能使我们国家早日进入世界先进国家的行列。我们个人的命运与党的命运息息相关,没有党的领导,建设社会主义将是一句空话。更何况个人的前途命运。

近几年来,我在本职工作方面取得了一些成绩,思想方面也有了较快进步,这些都与党对我的关怀、教育分不开。我的身上还存在缺点,还有待于不断学习不断磨炼。我衷心希望得到党组织的帮助和培养。虽然我现在还不是一个共产党员,但是,我决心用共产党员的标准严格要求自己,积极向组织靠拢,在组织的教育和帮助下,发扬成绩,克服缺点,不断进步,争取早日从思想上入党。当前,党和国家的各项改革事业正在蓬勃发展,能够在此时向党递交申请,我感到光荣和自豪。不论组织何时发展我入党,我都将永远为党的事业而不懈努力。

请党组织在实践中考验我!

此致

敬礼!

申请人:×××

××××年×月×日

第五节　专用书信类

专用书信是指用于某种特定的场合、针对某种特定的事务所写的书信。专用书信有许多不同的种类,如介绍信、证明信、感谢信、表扬信、慰问信、推荐信、邀请信、求职信、个人简历、辞职信等。这些不同种类的书信,各有各的用途,应用于不同的场合,写给不同的对象,因此在写法上就有不同的格式和要求。

掌握专用书信的写法,先要搞清楚它们各自的用途是什么,有哪些不同的特点;然后了解每一种书信在写法上的特殊格式和要求。

一、介绍信、证明信

(一)介绍信的概念、特点和种类

1. 介绍信的概念

介绍信是机关团体、企事业单位派人到其他单位联系工作、了解情况或参加各种社会活动时使用的一种专用书信。

2. 介绍信的特点

介绍信的特点一般来讲,具有以下几点:

(1)证明性

介绍信是机关团体必备的具有介绍、证明作用的书信。接介绍信的人,可以凭借此信同有关单位或个人联系,商量洽谈一些具体事宜,而收看介绍信的一方则可以从对方的介绍信中了解来人的职业、身份、要办的事情、要见的人、有什么希望和要求等。介绍信是连接双方关系的一个桥梁,其目的旨在证明来人的身份,以便防止假冒。

(2)时效性

介绍信就相当于一个在一定时间内的有效证件,它可以帮助对方了解你的身份、来历,同时也赋予了你一定的责任和权利,所以介绍信一般都开列出一定的时日期限,这是一种在限期内才具备有用性的一种专用文书。

3. 介绍信的种类

介绍信的分类方式可以有很多种。角度依据不同,则可以分为不同的类别。不过一般来讲,介绍信通常可以分为以下两种,即手写式介绍信和印刷式介绍信。

(1)手写式介绍信

手写式介绍信是一种较常见的介绍信,一般采用公文信纸书写或书写在机关、团体、单位自制的信笺上,最后只要加盖公章即可。

这是一种比较便捷的介绍信方式,但因其用纸、书写没有什么严格的要求,所以容易被人伪造,所以在更为正规的场合下可以少用这种介绍信。

(2)印刷式介绍信

这是一种正式的介绍信,铅印成文,内容格式等已事先印刷出来,使用者只需填写姓名、单位,另加盖公章即可。

印刷式介绍信又可以细分为两种,一种为有存根的介绍信,一种为不带存根的介绍性。

带存根的介绍信通常一式两联,存根联由开介绍信一方留档备查,正式联由被介绍人随身携带。格式统一制作的介绍信使用时简单方便,只需填写个别内容,可以提高工作效率,是公用介绍信使用较多的一种。

不带存根的介绍信内容格式同带存根的介绍信在正文的印制上无甚差别,也是随用随填,只是未留存根而已。

（二）介绍信的写作格式

介绍信一般应包括标题、称谓、被介绍者简况、事由、署名日期和有效期等内容。不同形式的介绍信的写法,其格式内容也略有差异。

1. 手写式介绍信的格式

手写式介绍信包括标题、称谓、正文、结尾、落款等五部分。

（1）标题

手写式介绍信的标题一般是在信纸的第一行居中写上"介绍信"三个字,字体可比正文字体略大。

（2）称谓

称谓在第二行,要顶格写,要写明联系单位或个人的单位名称（全称）或姓名,称呼后要加上冒号。

（3）正文

正文要另起一行,空两格写介绍信的内容。常用"兹"、"今"、"现"领起正文,介绍信的内容要写明如下几点:

① 要说明被介绍者的姓名、年龄、政治面貌、职务等。如被介绍者不是只有一人还需注明人数。其中,政治面貌和被介绍者的年龄有时可以省略。

② 写明要接洽或联系的事项,以及向接洽单位或个人所提出的希望和要求等。最常用的表述有"请接洽"、"请给予方便"、"敬请大力支持"、"请予接洽为盼"、"请接洽并予协助"等。

（4）结尾

介绍信的结尾要写上"此致敬礼"等表示祝愿和敬意的话。

（5）落款

出具介绍信的单位名称写在正文右下方,并署上介绍信的成文日期,加盖单位公章。最后在左下角注明本介绍信的使用期限。

这种介绍信写好之后,一般装入公文信封内。信封的写法同普通信封的写法相同。

2. 印刷式介绍信的写法

不带存根的印刷式介绍信印刷的内容、格式同手写式介绍信大体一样,这里主要介绍带存根的介绍信。带存根的印刷式介绍信一般由存根联、正式联和间缝三部分组成。

（1）存根部分

① 存根部分的第一行正中写有"介绍信"三个字,字体要大;紧接"介绍信"之后,用括号注明"存根"两个字。

② 第二行。在右下方写有"××字×号"字样。如是市教委的介绍信就写"市教字×号";如是县政府商业局的介绍信可写"县商字×号"。"×号"其编号方式与公文发文字号相同,一般是介绍信的页码编号。

③ 正文。正文要另起一行写介绍信的内容,具体有以下几项构成。

A. 被介绍对象的姓名、人数及相关的身份内容介绍,还要写明前往何处何单位。

B. 具体说明办理什么事情,有什么要求等。

④ 结尾。结尾只注明成文日期即可,不必署名,因为存根仅供本单位在必要时查考而已。

（2）介绍信的间缝部分

存根部分同正文部分之间有一条虚线,虚线上即有"××字第××号"字样。这里可照存根第二行"××字×号"的内容填写。要求数字要大写,如"壹佰叁拾肆号",字体要大些,便于从虚线处截开后,字迹在存根联和正文联各有一半。同时,应在虚线正中加盖公章。

（3）正式联部分

① 第一行正中写有"介绍信"字样,字体较大。

② 第二行在右下方有"××字××号"字样,内容照存根联填写。

③ 称谓。称谓要顶格写,写明所联系的单位或个人的称呼或姓名,后加冒号。

④ 正文。正文应另起一行,空两格起再写介绍信的具体内容。内容同存根内容一样,主要写明持介绍信者的姓名、人数、要接洽的具体事项、要求等。

⑤ 结尾。写明祝愿或敬意的话,一般要写些诸如"请接洽"、"请指教"、"请协助"之类的话,后边还要写"此致敬礼"。最后要注明该介绍信的有效期限。

⑥ 落款。在右下方要署上本单位的名称全名,并加盖公章,同时另起一行署成文日期。

这类介绍信写好后,也应装入公文信封内。信封的写法同普通信封相同。

（三）介绍信的写作要求

介绍信篇幅短小,写作简便,但功能强大,在写作或填写介绍信的时候,务必注意以下事项:

1. 要填写被介绍人的真实姓名、身份,不得弄虚作假。

2. 所接洽办理事项要写清楚,介绍信要简明扼要。

3. 介绍信务必加盖公章,以免以后造成不必要的麻烦。查看介绍信时要核对公章和介绍信的有效期限。

4. 有存根的介绍信,存根联和正式联要内容完全一致。存根底稿要妥善保存,以备今后查考。

5. 介绍信书写不得涂改,要书写工整。有涂改的地方,可加盖公章,否则此介绍信将被视为无效。

（四）证明信的概念、特点和种类

1. 证明信的概念

证明信是单位或个人为证明某人身份、职务、经历等情况以及证明某个事件原委、真相的专用书信。

2. 证明信的特点

（1）凭证的特点

证明信的作用贵在证明,是持有者用以证明自己身份、经历或某事真实性的一种凭证,所以证明信的第一个特点就是它的凭证的作用。

（2）书信体的格式特点

证明信是一种专用书信，尽管证明信有好几种形式，但它的写法同书信的写法基本一致，它大部分采用书信体的格式。

3. 证明信的种类

根据分类的标准不同，其种类也不同。从写作者来划分，可分为以组织名义出具的证明信和以个人名义出具的证明信。从证明信的用途来看，又可分为作为材料存入档案的证明信、证明丢失证件等情况属实的证明信和作为证件使用的证明信。从格式上可分为手写式和印刷式两种。

（1）手写式的证明信

一般都是单位的负责人或文秘人员根据真实的档案或调查得来的材料，组织书写的一种证明信，篇幅可长可短。

（2）印刷式的证明信

它是一种事先把格式印好，只需填进主要内容的一种证明信。一般留有存根，以备今后核查。

（五）证明信的写作格式

证明信一般由标题、称谓、正文、结尾、落款和日期几部分组成。

1. 标题

证明信的标题通常有以下两种方式：

（1）单独以文种作为标题。在第一行居中冠以"证明信"、"证明"等字样。

（2）由文种加事由构成。一般也在第一行居中，如"关于××同志××情况的证明"。

2. 称呼

在第二行顶格写上受文单位名称或受文个人的姓名称呼，然后加冒号。如果是供有关人员外出活动证明身份的证明信没有固定的收文者，可以不用写称呼，但需要在正文前用引导词"兹"引起正文。

3. 正文

另起一行，前空两格，写清需要证明的事项。

4. 结尾

另起一行，前空两格，写"特此证明"，以收束全文。

5. 落款

在正文右下方先写明证明单位名称或个人姓名，并加盖公章或私章。在落款的下方写明具体的年、月、日。

如果是以个人的名义出具的证明信，出具证明者所在单位须签署意见，说明出具证明者的一般表现，并对证明信上所写的材料做出表态，以供需要证明信的单位鉴别证明信的可靠程度。在签署意见的右下方，写上单位名称和日期，并加盖公章。

（六）证明信的写作要求

1. 要实事求是，言之有据，证据确凿，不能隐瞒真相，弄虚作假。

2. 用语要准确、明晰，切忌含糊其辞、模棱两可。不能用铅笔、红笔书写，不能涂改。

3. 如果是随身携带的证明信，应该注明有效期限。

【实例】

介绍信（存根××）

××字第×号

兹介绍××等同志前往××联系××。

××××年×月×日

·················第·················号·················介绍信

介绍信

×××字第××号

×××：

　　兹介绍×××等同志××人，前往贵处联系×××，敬予接洽并予以协助。

　　此致

敬礼！

××人民政府（章）

××××年×月×日

（有效期××天）

【实例】

证明信

×××局党委：

　　××同志，男，现年 40 岁，一九六四年九月考入我校学习，系×××教授的研究生，一九六七年九月毕业。由于历史原因，毕业时未能发给研究生毕业证书，现即将补发。

　　特此证明。

　　此致

敬礼！

××大学校长

×××（签名）

××××年××月××日

二、感谢信、表扬信、慰问信

（一）感谢信的概念、特点、种类

1. 感谢信的概念

感谢信是对于关心、帮助、支持过自己的党政机关、企事业单位、社会团体或个人表示衷心感谢的专用书信。

在日常生活和工作中，得到人家的帮助和支持，可用这种文体"感谢"一下。感谢信除了具有感谢的意思之外，还有表扬的功能。它与表扬信有许多相似之处，所不同的是感谢信也有表扬信的意思,但是重点在感谢。

2. 感谢信的特点

(1)公开感谢和表扬

感谢信除了具有感谢的意思之外,还有表扬的功能。感谢信除了送给对方或对方的所在单位之外,也可以寄到报社、电台、电视台播报。

(2)情感性感谢,顾名思义就是有感而发,对对方的帮助、关心发自内心的感谢,使对方在付出劳动后得到心理的受益。所以感谢信要写得真挚、诚恳,不能矫揉造作。

(3)礼节性

感谢信是一种礼仪文书,一方受惠于另一方应及时地向对方表达谢意,并以此为契机加强与对方的友好合作关系。为了体现真诚,感谢信最好要手写,字体要规范、工整,用于张贴的感谢信必须用大红纸抄写。

3. 感谢信的分类

感谢信依据不同的标准可以有不同的分法。

(1)按感谢对象的特点来分

① 写给集体的感谢信

这类感谢信,一般是个人处于困境时,得到了集体的帮助,并在集体的关心和支持下,自己最终克服了困难,渡过了难关,摆脱了困境,所以要用感谢信的方式表达自己的感激之情。

② 写给个人的感谢信

这类感谢信,可以是个人,也可以是单位,也可以是集体为了感谢某个人曾经给予的帮助或照顾而写的。

(2)按感谢信的存在形式来分

① 公开张贴的感谢信

这种感谢信包括可在报社登报、电台广播或电视台播报的感谢信,是一种可以公开张贴的感谢信。

② 寄给单位、集体或个人的感谢信

这种感谢信直接寄给单位、集体或个人。

(二)感谢信的写作格式

感谢信的结构一般由标题、称谓、正文、结语、落款五部分构成。

1. 标题

感谢信的标题通常有以下几种形式:

(1)单独由文种构成,只在首行居中写"感谢信"三个字。

(2)由感谢对象和文种构成,如《致××的感谢信》。

(3)由感谢双方和文种构成,如《××致××的感谢信》。

2. 称谓

顶格写感谢对象的单位名称或个人姓名,然后加冒号。

3. 正文

主要写两层意思,一是写感谢对方的事由,即"为什么感谢",二是直接表达感谢之意。

(1)感谢事由。精炼地叙述事情的前因后果,交代清楚人物、时间、地点、事迹、过程、结果等基本情况;然后在叙事基础上对对方的帮助作恰贴、诚恳的评价,以揭示其精神实质、肯定对方的行为。在叙述和评价的字里行间要自然渗透感激之情。

（2）表达谢意

在叙事和评论的基础上直接对对方表达感谢之意,根据情况也可在表达谢意之后表示以实际行动向对方学习的态度。

4.结语

一般写上敬意、感谢的话,常用"此致敬礼"或"再次表示诚挚的感谢"之类的话。

5.落款

署上发文单位名称或发文个人姓名,并且署上成文日期。

（三）感谢信的写作要求

1.叙述对方对自己或本单位的帮助,一定要把人物、时间、地点、原因、结果以及事情经过叙述清楚,便于组织了解和群众学习。

2.信中要洋溢着感激之情。在叙述事实的过程中,除了要突出对方的好思想和表示谢意外,行文要始终饱含着感情。这感情要真挚、热烈,使所有看到信的人都受到感染。

3.写表示谢意的话要得体,既要符合被感谢者的身份,也要符合感谢者的身份。

4.感谢信以说明事实为主,切勿不着边际地大发议论。文字朴实、精炼,措施恰当,篇幅要短小。

（四）表扬信的概念、特点、种类

1.表扬信的概念

表扬信是用来表彰某个单位、组织或个人的先进事迹、高尚风格的专用书信。

它主要用于作者在日常工作、生活中受益于被表扬者的高尚品行（或被其品行所感动）,特向被表扬者所在单位或其上级领导致信,以期使其受到表彰、奖励,使其精神发扬光大。

2.表扬信的特点

（1）褒扬性

表扬信是从正面表扬某个单位、组织或个人的先进事迹、高尚风格、无私奉献、乐于助人的精神等的信件。其实质就是一种精神表彰,以弘扬正气,以期形成一种良好的社会风气。

（2）时效性

对先进事迹,高尚风格,无私奉献、乐于助人的行为应该及时表扬,以免影响效果。

（3）公开信

表扬信是一种公开信,可直接将表扬信寄给被表扬人或其所属单位,也可以用大红纸抄写张贴,也可以寄给报社刊登或广播电视台播出。

3.表扬信的种类

（1）从表扬双方的关系来看,表扬信可以分为两种。

① 上级对下级、团体对个人的表扬

以领导机关或群众团体的名义表扬其所属的单位、集体或个人。

这种表扬信可以在授奖大会上由负责同志宣读,也可以登报、广播、上电视。

② 群众之间的表扬

这种表扬信不仅赞颂对方的好品德、好风格,也有感谢的意思。这种表扬信可直接寄给本人或所属单位;也可将表扬信寄给报社、电台,请新闻单位帮助在报纸、广播、电视台进行宣传。

（2）从被表扬者的身份来看，表扬信又可分为两种。

① 对集体的表扬

对集体的表扬可以是上级领导，同级单位，也可以是群众团体，或某一普通个人。

② 对个人的表扬

由于个人在工作中取得了优异的成绩，或为单位作出了巨大贡献，或者帮助别人解决了某些困难，因此受到单位或个人的表扬、表彰。

（五）表扬信的写作格式

表扬信通常由标题、称谓、正文、结尾和落款五部分构成。

1. 标题

一般而言，表扬信标题单独由文种名称"表扬信"组成，位置在第一行正中。

2. 称谓

表扬信的称呼应在开头顶格写上被表扬的机关、单位、团体或个人的名称、姓名。写给个人的表扬信，应在姓名之后加上"同志"、"先生"等字样，后边加冒号。若直接张贴到某机关、单位、团体的表扬信，开头可不必再写受文单位。

3. 正文

正文的内容要另起一行，空两格写。一般要求写出下列内容。

① 交代表扬的理由

用概括叙述的语言，重点叙述人物事迹的发生、发展、结果及其意义。叙述要清楚，要突出最本质的方面，要让实事说话，少讲空道理。

② 指出行为的意义

在叙事的基础上进行评价、议论，赞颂该人所作所为的道德意义。如指出这种行为属于哪种好思想、好风尚、好品德。

4. 结尾

该部分要提出对对方的表扬，或者向对方的单位提出建议，希望对某某给予表扬。如"某某同志的优秀品德值得大家学习，建议予以表扬"。写给本人的表扬信，则应适当谈些"深受感动"、"值得我们学习"等方面的内容。并要求在结尾处写上"此致敬礼"等结束用语。

5. 落款

落款应写明发文单位名称或个人姓名，并在右下方注明成文日期。

（六）表扬信的写作要求

1. 叙事要实事求是，对被表扬的人和事的叙述一定要准确无误，既不夸大，也不缩小。评价要实事求是，恰如其分。

2. 要用事实说理，要充分反映出对方的可贵品质，写动人事迹要做到见人、见事、见精神。不要用空泛的说理代替动人的事迹。

3. 表扬信语气要热情恳切，文字要朴素、精炼，篇幅要短小精悍。

（七）慰问信的概念、特点、种类

1. 慰问信的概念

慰问信是以组织或个人的名义，向在某方面作出特殊贡献、遇到意外损失和遇到巨大灾难的群体或个人表示热情关怀和亲切问候的一种专用书信。慰问信也可以在节假日向对方表示问候关心。

2. 慰问信的特点

慰问信有以下三个特点：

（1）发文的公开性

慰问信可以直接寄给本人，但大多是以张贴、登报，在电台、电视上播放的形式出现的。公开性是慰问信的一个特点。

（2）情感的沟通性

无论是对有突出贡献者的慰问还是对遭遇困难者的慰问，情感的沟通是支撑慰问信的一个深层基础。慰问正是通过赞扬表达崇敬之情，或通过表达关切之意的方式来达成双方的情感交流和相互理解的。节日的慰问，尤其是为某一群体而设的节日的慰问，更是起着相互沟通情感的作用。如三八妇女节、教师节等的节日慰问。

（3）书信体的格式

慰问信是一种专用书信，写作中采用书信体格式。

3. 慰问信的种类

从慰问的对象和内容上来看，慰问信可以分为有三种类型：

（1）对作出贡献的集体或个人的慰问

这类慰问主要针对那些承担艰巨任务、作出巨大贡献甚至牺牲了自己的生命，取得突出成绩的先进个人或单位。如对抗洪抢险的解放军战士的慰问、对保家卫国的边防军人的慰问、对春节期间仍坚守岗位的铁路工人的慰问，等等。

（2）对遭受困难或蒙受损失的单位或个人的慰问

这类慰问信通常是针对那些由于某种原因（如车祸、火灾、地震、暴雨等）而遭到暂时困难或蒙受严重损失的集体或个人，对他们表示同情、安慰鼓励他们克服暂时的困难而加倍努力。如对灾区人民的慰问、对边区群众的慰问等。

（3）节日慰问

在节日之际上级对下级，机关对支援群众的一种慰问。一般表示对他们以前工作的肯定和赞扬，并鼓励他们在未来的工作中做出更大的成绩。

（八）慰问信的写作格式

慰问信通常由标题、称呼、正文、结尾、落款五部分构成。

1. 标题

标题通常有以下几种方式：

（1）单独有文种构成，只在首行居中写"慰问信"三个字。

（2）由慰问对象和文种构成，如《致××的慰问信》。

（3）由慰问双方和文种构成，如《××致××的慰问信》。

2. 称呼

标题下空一行顶格写上受文者的名称或姓名称呼。如果是写给个人的，应在姓名之后，加上"同志"、"先生"等字样，后加冒号。如"郑州市人民政府："""鲁迅先生："。

3. 正文

正文要另起一行，空两格写慰问的内容。正文一般由发文目的、慰问缘由或慰问事项等几部分构成。

（1）说明写慰问信的背景、原因。常用的表述如"至此 2008 年新春佳节即将到来之际……""正当举国人民在欢度国庆的日子里……""正当你们与全国人民一道为实现祖国的富强而努力奋斗时，突然遇到了×××自然灾害……"在介绍背景和形式之后接着写表示亲切慰问的话，如"致以节日的祝贺"、"致以亲切的慰问"等。

（2）慰问缘由或慰问事项

本部分要概括地叙述对方的先进思想、先进事迹，或战胜困难、舍己为人、不怕牺牲的可贵品德和高尚风格；或者简要叙述对方所遭受的困难和损失，以示发信方对此关切的程度。要表现出发信方的钦佩或同情之情。

4. 结尾

结尾表示共同的愿望和决心。如"让我们携手并进，为早日实现祖国的四个现代化而共同奋斗"，又如"……困难是暂时的，最后的胜利一定属于我们"等。接着写祝愿的话，如"祝你们取得更大的成绩"、"祝节日愉快"等等，但"祝"字后面的话应另起一行，空两格写，不得连写在上文末尾。

5. 落款

署上发文单位的名称或发文个人姓名，并在署名右下方署上成文日期。

（九）慰问信的写作要求

1. 要明确写作的对象和写作目的。如果对方是在承担艰巨任务中作出了巨大贡献，信的内容就应该着重赞扬、歌颂对方的功绩；如果对方是遇到困难或遭受灾害，信的内容应该着重向对方表示关心和支援，使对方得到精神上的安慰，增强战胜困难的勇气和信心。

2. 感情要充沛真挚，语言朴实、精炼，措辞要恰当，篇幅要短小。

【实例一】

感谢信

《×××》杂志社：

请贵刊转告全国所有关心我的大学生、解放军战士、工人、教师及各界朋友，我的病情经几家大医院治疗和各界的关心，目前已得到控制，现正在家休养。如不出意外，下学期开学即可返校学习了。

顽疾缠身，是人生中的不幸，我遭此一难，几乎摧毁了我和我的家庭。由于《×××》杂志的呼吁，一封封来自远方的书信、一张张几经周折转来的药方，使我那不情愿跳动的心，又恢复了正常的节奏；几乎凝滞的血，又沸腾了。一双双援助的手，一颗颗充满爱的心，指明了我生活的路，温暖了我一家几乎冷却的心。

可敬的叔叔、阿姨、各位同学们：我和你们天各一方，相见无期，你们却把微薄的收入，甚至把你们的助学金、生活费，或者靠卖几个字画的钱寄给了我。而你们当中甚至本人就有残疾，没有经济收入，而要用你们宝贵的血汗钱来挽救我……近来我的脑海中经常出现你们的身影：有年迈的老人，有可爱的军人，有可敬的老师，还有很多我不相识的人……我无法具体描绘你们的形象，但你们的高尚品格，助人为乐的精神将永存于我心中，永存于我家乡父老的心中……

唯一遗憾的是我不能当面答谢各位。在此请接受用你们的爱心挽救的人的深深谢意，愿你们的爱的春风暖遍祖国，充满世界。

　　为了不辜负你们的一片爱心和良好祝愿,我将继续我的学业,继续我的事业,争取取得优异的成绩,献给关心我的远方的各位朋友们。

　　愿我们的心永远相通。

×××

××××年××月××日

【实例二】

表扬信

××高级中学:

　　昨天我食品公司第二门市部从外地运回一批糕点、糖果等商品,因卡车有急事暂时先将货投卸在马路边。下午3点左右,我们正往门市部仓库里运时,忽然雷声隆隆,豆大的雨点洒落下来。大家正急得不知所措时,放学回家的一群学生,立即投入了抢运货物的战斗。抬的抬,扛的扛,搬的搬,使我们几千元的商品免遭损坏。我们万分感激,拿出糖果表示点谢意,可他们坚决不肯接受,并且连姓名也不愿留下。

　　直到今天早晨,我们才了解到他们是贵校高一(3)班的×××、×××等20名同学。他们爱国家,爱集体,做好事不留名的优秀品质使我们深受感动,我们深为祖国有这样的好接班人感到欣慰。

　　请贵校对他们的精神广为宣传,对他们的行为大力表扬!

×××食品公司

××××年××月××日

【实例三】

致全体灾区供电企业的慰问信

　　入夏以来,全国部分地区灾情不断,先是江浙一带的龙卷风,接着是南方大面积强降雨、泥石流,以及淮河流域的洪水,再加上最近山东、重庆遭受的暴雨、洪水袭击,给国家财产,人民生命造成了巨大损失。

　　但是在灾难面前,广大供电企业的干部职工为了保证及时恢复供电,危险冲在前,困难踩脚下,夜以继日地战斗在抢修第一线,以大无畏的忘我的精神,向国家和人民交上了一份合格的答卷。体现了供电职工高度的社会责任感和过硬的思想素质,你们是全国供电企业的榜样,是全体供电职工的骄傲。值此,谨向你们及家属,致以深切的敬意和亲切的慰问,你们辛苦啦!

　　目前防汛形势依然严峻,突发事件随时可能发生,各供电企业正在严阵以待。因此我们希望你们能尽快将抗灾中个人和集体的英雄事迹提供给我们,以便在《中国供电信息网》上进行宣传,进一步弘扬供电企业的优良传统和善于打硬仗的精神。同时在抗灾抢修期间各单位工作上有什么困难和诉求也请及时向我们反映,我们将尽力为大家排忧解难。

　　预祝大家身体健康,早日取得抗灾保电的最后胜利!

中电联供电分会

××××年××月××日

三、推荐信、邀请信

（一）推荐信的概念、特点和种类

1. 推荐信的概念

推荐信是一种向用人单位荐举人才的书信。有向某单位自荐的,也有第三者荐举的。

2. 推荐信的特点

推荐信一般来讲具有以下特点:

（1）荐举贤能

推荐信是向用人单位介绍、荐举自己或自己了解的优秀人才,能够使有才能的人可以为用人单位所用,为社会造福。一个没有才能的人既不可能有自荐的信心,同时也不会得到别人的信任而受到举荐。

（2）公私兼顾

推荐信无论是以单位名义发文,向有关单位推荐人才,或是以个人名义向组织推荐或向个人推荐人才,其中均有举荐人才、公私兼顾的特点。从某个角度来说举荐信可以认为是一种私人之间的通信。凡是写举荐信的人均希望自己的举荐可以成功,得到承认。

3. 推荐信的种类

（1）从推荐者的情况来分

可以分为"自荐信"和"推荐信"两种。

所谓自荐信是指写信人为了在某单位谋求一份工作或在自己原有的单位谋求更好的职位而写的一种推荐自己的信件。

推举信则是写信人(通常是有声望有地位的人)向某单位或个人推荐别人的一种推荐信。

（2）从推荐信的受文对象来分

推荐信又可分为目标明确的推荐信和广泛性的推荐信。

所谓目标明确的推荐信是指写信人明确自己推荐信的投发对象,根据受文对象的用人情况目标明确地行文的一种推荐信。

而广泛性的推荐信则指写信人只是推荐被推荐人的才能而暂时并无明确的推荐单位的一种推荐信。这种推荐信,往往可以同一内容一式多份,向各用人单位广泛投寄。

（二）推荐信的写作格式

推荐信一般由标题、称呼、正文、结语和落款五个部分组成。

1. 标题

一般由文种名称构成,即在首行正中写上"推荐信"三个字。如果写信者与收信者熟知也可以不用标题。

2. 称呼

第二行顶格写上用人单位名称或负责人姓名,也可以只写对方领导人的职务,如"尊敬的×××学院院长"。如果推荐人与收信人是熟人朋友,也可以用通常的私人信件的称呼,如"张兄"之类。

3. 正文

正文一般应该包括如下内容:

（1）介绍被推荐者的基本情况，包括姓名、性别、年龄、学历学位，职业、业务水平、工作能力、身体状况等。

（2）说明推荐的理由，主要就学业成绩、专业特长、业务能力、工作实绩等方面做比较具体、充分的说明。如果是自荐信，应该写明自己在原来的岗位上未能发挥或没有机会发挥的潜能和特长。

（3）表达愿望。恳请对方给予被推荐人工作或晋升机会，如"特此推荐"、"本人乐于推荐此人到贵单位任职"等。

以个人名义写的推荐信，一般在正文开头应先自我介绍，说明自己的姓名、职称、职务、成就、与被推荐人的关系、通讯地址等，以增加可信度。推荐人的身份、资历可以从一个侧面说明推荐意见的分量，所以一般应该尽量请社会名人、权威人士、有关专家、教授、导师及其他有影响力的人写推荐书。

4. 结语

一般用祝颂语作为结语。

5. 落款

在正文右下方署上推荐者的姓名及成文日期。

推荐信一般可以附上被推荐者有关业绩方面的材料，并注明通讯方式，以备联系之用。

（三）推荐信的写作要求

1. 实事求是，客观推荐

写推荐信的人应该本着对用人单位、对被推荐者负责的态度，客观公正地向用人单位提供被推荐人的真实情况，而不能言过其实。

2. 重点突出

推荐是否成功，关键在于能否引起对方的兴趣，推荐的理由越充分、事实越具体、推荐的意见越容易被重视。所以介绍被推荐人不能面面俱到，应该突出其优势、专长。

3. 礼貌周全

向用人单位推荐人，其实是有求于人，因此应该注意文明有礼，态度要诚恳谦虚，不能用命令的语气。

（四）邀请信的概念、特点和种类

1. 邀请信的概念

邀请信又称邀请书或邀请函，是行政机关、企事业单位、社会团体或者个人邀请有关人士前往某地参加某项活动或事宜的专用书信。

2. 邀请信的特点

邀请书一般具有如下格式：

（1）礼仪色彩

同请柬一样，邀请信也具有邀请的功能，邀请有一些礼仪色彩。但相比较而言，邀请信更恳切、热情、朴实一些。它没有请柬那么庄重严肃，但也具有礼仪色彩，讲究礼貌周全。

（2）书信体格式

邀请信是一种专用书信，写作时严格按照书信体的格式来写。

3. 邀请信的种类

根据内容的不同，邀请信可以分为以下几类：

（1）纪念邀请信，为了纪念某个重大的节日，举行重大活动而发出的邀请对方前来参加活动的书信。

（2）会议邀请信，邀请对方参加某个会议的书信。

（3）商务邀请函，为了发展商务交流洽谈而发出的邀请对方前来参加的书信。

（五）邀请信的写作格式

邀请信通常由标题、称呼、正文、结语和落款五部分组成。

1. 标题

邀请信的标题一般有两种形式：

（1）单独由文种构成，在首行居中用大于正文的字体写"邀请信"或"邀请书"或"邀请函"三个字。

（2）由事由和文种构成，如《关于出席××会议的邀请书》。

2. 称呼

标题空一行顶格写被邀请单位的名称，被邀请者是个人的应写其姓名并加上表示尊敬的称呼语，如"××大学"、"××同志"、"××教授"等等。

3. 正文

正文包括前言与事项两部分：

（1）前言部分

前言主要说明活动的内容、活动的目的、活动的时间、活动的地点、活动方式，并向对方提出邀请。

（2）事项部分

事项部分可以分项列出，包括交通路线、来回接送方式、经费及差旅费开销来源、准备材料、节目发言等等。

如果附有票、券等物，应该同邀请信一并送给主送对象。

4. 结尾

写上礼节性的问候语。如"敬请光临"、"敬请莅临"、"恳请光临指导"等。

5. 落款

署上发文单位名称或个人姓名，署上发文日期。单位邀请的应该加盖公章，以示慎重。

（六）邀请信的写作要求

1. 有关信息要交代清楚

邀请信是除了有通知的功能之外，还有其他功能，它是被邀请人考虑是否接受邀请和进行准备的依据，活动的各项事宜务必在邀请信中交代清楚，这样受邀请人可以有备而来，很多时候也会使活动主办方减少一些不必要的麻烦。

2. 措辞讲究

邀请信的内容类似于通知，但通知是下行文，可以用命令的态度或语气，而邀请信不能用命令语气，只能是平等商量的语气，突出"请"意，避免使用"务必"、"必须"之类的强制性语气。有的邀请信还应该在开头解释不能亲自面邀的原因，以示尊敬。

3. 制作精美

邀请信装帧尽可能美观、大方。

4. 注意场合

隆重的礼仪场合多用请柬,参加学术研讨会、纪念会、订货会等多用邀请信。一般的会议发通知即可。邀请的事项单一,用请柬;邀请的事项复杂或需要向被邀请者说明有关文体,则用邀请信。

【实例一】

推荐信

××先生:

　　×××先生1984年毕业于复旦大学中文系文学专业。在校学习期间各科成绩优良,曾先后发表过小说《×××》、剧本《×××》等十多部作品,还翻译过外国文学剧本《×××》。×××先生有较强的研究能力,社会知识比较丰富,富有钻研精神。近闻贵厂想请他参加系列片的编写工作,我深信他是可以胜任的。

　　顺颂近安。

复旦大学中文系教授×××
××××年××月××日

【实例二】

邀请书

尊敬的×××教授:

　　我们学院决定于××××年×月×日在××宾馆举办古代文学理论报告会。恭请您就有关古代文学的研究现状与发展发表高见。务请拨冗出席。

　　顺祝健康!

××大学××学院
联系人:×××
××××年××月××日

四、求职信、辞职信

(一)求职信的概念、特点及种类

1. 求职信的概念

求职书是现代社会使用日益频繁的一种实用性文体。它是求职者以自我推荐的方式向用人单位表达求职意愿,提出求职请求,并要用人单位考虑答复的专用书信。如大学生毕业的求职、下岗职员和工人的二度求职等。它的写作是否得体,直接关系到一个人的求职能否成功的关键。

2. 求职信的特点

(1)自荐性

求职信其实就是自荐信,求职者要毛遂自荐,以期被用人单位看中并聘用。求职面临很激烈的竞争,要在竞争中胜出,就要突出自己的优势。能力与优势就成为求职信写作的重点。这些优势不是编造出来的,而是经过实践检验的,求职信要附上能证明自己能力与优势的各种证明材料。

（2）针对性

求职信要针对用人单位的不同岗位、不同职务的不同要求来写作。还要针对求职者自己的知识技能、业绩、阅历等情况向用人单位展示自己的能力与优势。

3. 求职信的种类

求职信的分类有两种不同的分法:

（1）按求职者的社会成分分类

① 毕业生求职信

我国每年有几百万的大中专毕业生,其中大部分求职都通过求职信的形式进行。

② 下岗、待业人员求职信

下岗工人、待业人员再就业除了进行相应的技能培训之外,还要靠自己向用人单位毛遂自荐,求职信成为他们再就业的一个非常重要的工具。

③ 在岗者求职信

有些已经有工作岗位的人,由于不适应现有的工作岗位,或学无所有,或潜能得不到发挥,或为了谋求更好的职位,用求职信向用人单位推荐自己也是他们常用的方式。

（2）按求职对象的情况分

① 应聘信。求职者通过招聘广告等渠道清楚了解用人单位招聘的岗位及相关要求,这时写的求职信应该有针对性地谋求一个明确的目标岗位,这样的求职信其实就是应聘信。

② 自荐信。这样的求职信是指求职者没有确定的求职单位,求职信是写给所有同类性质的单位,属于投石问路性质的。这样的求职信只能根据自己的专长与技能,凭借用人单位通常的用人标准来进行写作。

（二）求职信的写作格式

求职信的写作遵守书信体的格式,主要有标题、称谓、正文、结语、落款几部分构成。

1. 标题

一般直接写"求职信"或"应聘信"即可,也可以省略标题。

2. 称谓

求职信一般的读信人为用人单位的负责人,求职者不知其姓名,一般可以用"尊敬的××局局长"、"尊敬的××厂厂长"、"尊敬的××公司经理"等称呼。

3. 正文

正文一般应该包括以下内容:

（1）引语

说明求职的缘由,如果是应聘信应该说明消息来源,比如"近日在《××报》上看到贵公司招聘广告,获悉贵公司正在拓展业务,招聘新人,我有意角逐经理助理一职……"如果不知道对方是否招聘新人,也可以投石问路,如"久闻贵公司实力雄厚,声誉卓著,故冒昧写信自荐,希望加盟贵公司……"

（2）介绍个人背景,包括与应聘职位有关的学历、经历、成绩等,关键在于打动对方,引起对方的兴趣。当然这不能代替简历,较详细的个人简历可以作为附件附在求职信之后。

（3）展示自己能胜任竞聘职位的各种能力。这是求职信的核心内容,应该表明自己具有专业知识与社会实践经验,具有与工作要求相关的特长、兴趣、性格与能力。主要是让对方感到你能胜任这个工作,主要是针对招聘条件突出自己的优势,与招聘条件无关的不谈。

4. 结语

结语主要是以诚恳的态度提出自己的愿望与要求,如希望对方能给自己一个面试的机会,盼望答复,静候回音等。然后写上表示敬意、祝福之类的词语,如"祝贵公司财源广进"、"顺祝愉快安康"等等。

5. 落款

署上自己的姓名和成文日期。

一般求职信还需要附件,在信后附上有关材料,包括简历和其能够证明自己的身份和能力的证明材料,如身份证、学历证书、职业资格证书,各种获奖证书等。

（三）求职信的写作要求

1. 目的要明确。

求职人要根据用人单位的需求选择陈述内容,不要没有重点地泛泛而谈,缺乏针对性的材料,如"本人爱好广泛,能胜任各种工作"之类。要注意突出技术专长,根据用人单位的选拔条件,抓住重点,有的放矢,否则只会弄巧成拙。

2. 内容要真实。

写求职信必须实事求是,不能夸大其词,更不可虚构材料,编造历史。

3. 语言表述要谦和、诚恳。

求职者充满自信地推销自己是必要的,但要注意态度谦和、言辞恳切、不卑不亢、情真意切。实践证明,只有那些既有真才实学,又言词得体的求职者才受人欢迎,易被录用。

4. 文面整洁,杜绝错别字。

求职信中若出现错别字、文面涂改等情况,会严重影响到求职效果,因为它反映求职者工作态度不严谨,给招聘方留下不好印象。如果写得一手好字,手写的求职信一般效果会更好些。

【实例】

个人求职信

××经理:

我从《×××日报》上的招聘广告中获悉贵酒店欲招聘一名经理秘书,特冒昧写信应聘。

两个月后,我将从××××学院酒店物业管理系毕业。身高1.65cm,相貌端庄,气质颇佳。在校期间,我系统地学习了现代管理概论、社会心理学、酒店管理概论、酒店财务会计、酒店客房管理、酒店餐饮管理、酒店前厅管理、酒店营销、酒店物业管理、物业管理学、住宅小区物业管理、应用写作、礼仪学、专业英语等课程。成绩优秀,曾发表论文多篇。熟悉电脑操作,英语通过国家四级,英语口语流利,略懂日语,粤语、普通话运用自如。

去年下半学期,我曾在×××五星级酒店客房办化验室实习半个月,积累了一些实际工作经验。我热爱酒店管理工作,希望能成为贵酒店的一员,和大家一起为促进酒店发展竭尽全力,做好工作。

我的个人简历及相关材料一并附上,如能给我面谈的机会,我将不胜荣幸。

联系地址:湖南××学院酒店物业管理系××××××

联系电话:××××××××

此致

敬礼!

　　　　　　　　　　　　　　　　　　　　　　求职人:×××

　　　　　　　　　　　　　　　　　　　　　　××××年××月××日

(四)辞职信

1. 辞职信的概念

辞职信,也叫辞职书或辞呈,是辞职者向原工作单位辞去职务时写的书信。辞职信是辞职者在辞去职务时的一个必要程序。

2. 辞职信的特点

(1)严肃性

辞职是一件很严肃的事情,绝不是一种走过场的形式。辞职者辞职前要认真、全面考虑辞职利弊、辞职时机和条件,不能说辞就辞,更不能不辞而别。

(2)理智性

不管是出于什么原因辞职,都要有端正的态度和良好的心态,辞职信的语言要礼貌、得体。

(3)诚恳性

辞职原因要如实说明,即便有时不便直白,但也要让对方明白辞职的真实原因,不能虚伪、敷衍,同时,对于以往合作,该道歉处要道歉,该致谢处要致谢,要光明磊落、真诚实在。

(4)简明性

辞职者与供职单位已有合作,彼此许多情况都互相了解,辞职信里的内容基本上是点到为止,极为简约。

3. 辞职信的结构格式

(1)标题

一般标题写"辞职书"或"辞职信"。

(2)称谓

写辞职信送达的单位名称、领导姓名或职务。

(3)正文

正文一般包括以下内容:

辞职意愿,一般写"我请求辞去××职务"。

辞职原因,一般写得简约些,但要真实,对不便明说的原因可以含蓄点出,如跳槽去了更好的单位,可表述为"为了开阔眼界,提高自己"等。

辞职时间,应该明确说明离职时间,让原单位做好人员调剂准备。

感谢语,感谢对方对自己过去工作的支持和帮助。并诚恳地希望对方谅解自己的辞职。

请求批准。

致敬语,如"此致"、"敬礼"之类。

(4)落款

署上自己的姓名和成文日期。

【实例】

辞职信

尊敬的××经理：

　　您好！

　　我准备辞职离开公司，现向您说明情况如下：

　　为了进一步锻炼自己，提升自己的职业技能，我准备到香港进修发展。

　　我与公司所签的劳动合同也基本到期，手头工作也基本完成，本岗位人员充足。鉴于此，我准备本月月底辞职。

　　5 年来，公司给予我极大的支持和信任，使我由一名刚出校门的大学生成长为一个成熟的业务行家，对此，我万分感激，永不能忘。如有机会，必当更好回报。

　　请予批准。

　　诚祝公司

　　事业发达！前景辉煌！

×××

××××年××月××日

思考与练习

　　1. 条据类应用文写作应该注意哪些事项？

　　2. 写求职信有哪些要求？

　　3. 2010 年 10 月 10 日张东按照合同向房东缴了 2010 年第四季度的房租 4500 元钱，请你代替房东张丽写一张收条。

　　4. 株洲炎帝广场麦当劳店于 2013 年 6 月 18 日开业。6 月 18 日至 28 日开业期间，全场商品 8 折优惠，专卖店地址：××市××路××号，电话×××。根据以上材料，写一则开业启事。

　　5. 湖南工业大学科技学院的梁××、王××等 16 位同学 2013 年暑假将要到株洲市××××公司参加社会实践活动，请你代湖南工业大学科技学院为他们写一封介绍信。

　　6. ××××年×月×日为湖南××学院建校八十周年大庆日，请代学校写邀请信。时间、地点、活动形式等可以模拟酌定。

　　7. 根据自身实际情况，拟写一封求职信。

第五章 财经文书写作

第一节 概　述

一、财经文书的含义

财经文书是经济文书中的一个大类，是指财经领域中党政机关、社会团体和企事业单位或者自然人使用的专业文书。它包括财经实践中经常运用的合同、广告、说明书、招投标文书、审计报告、财政预决算报告等等。

二、财经文书的特点

与其他文书相比较，不难发现，财经文书具有自己的特点：

（一）专业性强

顾名思义，财经文书主要集中用于财经活动领域，是财经运行过程中不可或缺的一种应用文体，因而，它具有极强的专业性。写作财经文书必须具有一定的财经基础知识和实践经验，熟悉财经运行和管理的一般规律。

（二）实用性强

财经文书是适应财经工作的日常实际需要而形成的一种应用文体，财经工作本身就是一种非常实际的专业工作，它关系到国家、集体甚至个人的切身利益，是一切经济工作中的命脉，稍不留心就会出现重大的损失。因而财经文书反映财经信息，揭示财经规律，组织财务收支，保证财经部门日常管理顺利进行。它既是一种财经凭据，又是一种实用资料，对于经济活动来说，它的实用性更为明显。

（三）政策性强

一财经文书涉及的往往都是财经管理部门的日常业务，涉及国家、单位或个人的直接或间接经济利益，因而，它具有很强的政策性。任何财经文书都只能按照国家的政策法规的要求和规定来写作。否则它会造成财经管理混乱，影响到整个经济的运行秩序。因此，不仅在政策法规上，国家先后颁布了相对应的法律法规，如涉及合同的有《合同法》，涉及审计报告的有《审计法》等。而且在财经文书的形式上，还规定了相应的格式和规范。更重要的是，财经文书的政策法规性还表现在它们一经签订，就立即产生法律法规约束力，若有违反，就可追究违反者的法律责任。此外，对于财经文书的写作，也有相应的政策法规，规范其必须在法律许可的情况下写作，无论是内容表述还是格式要求，如有错误必然会承担相应的责任。

三、财经文书的分类

从财经文书的作用的角度,财经文书大致可分为这么几类:

(一)财经法律文书

即在财经管理工作中为实现某种经济目的而相互约束对方权利与义务关系的文书。财经法律文书包括合同、协议书等。

(二)财经宣传文书

为宣传、推介项目、产品,树立形象,从而达到一定的经济目的而制作的文书。如广告、说明书等。

(三)专业财务文书

指为某一具体的工程项目、大宗商品买卖而优选合作伙伴所制作的文书。如招投标文书。

(四)财经管理文书

为保证国家经济政策、法规的贯彻执行,实行财务监督管理而制作的文书。如审计报告、查账报告等。

第二节　合同与协议

一、合同的含义与作用

"合同"古称契约,现在有时称协议书。合同,就是"验合相同"的意思,签约双方各执一半,合起来相同,现代法律意义上的"合同"也基本沿袭这一含义。所谓"合",就是至少有两个或两个以上的当事人共同参加;所谓"同",就是双方或多方有共同的意思表示。"合同"是自然人、法人及其他具有民事主体资格的当事人双方或多方,为实现各自的目的,按照法律的规定,经充分协商而同意订立的明确相互间权利与义务关系的文书。

合同有书面形式合同、口头形式合同和其他形式。书面形式是指合同书、信件和数据电文(包括电报、电传、传真、电子数据交换和电子邮件)等可以有形地表现所载内容的形式。

自古以来,合同在人们生活中占据着举足轻重的作用。因为人是社会的人,人和人之间必然发生着某种联系,相互依赖、相互存在,合同就是这样一种明确关系的凭据。随着社会主义市场经济体制的确立,合同在人们生产和生活中起着越来越重要的作用,使用也越来越广泛。

合同是一种权利义务关系,没有权利义务关系内容的,不构成合同关系。例如:邀请购买东西,双方尽管有要约与承诺的内容,但由于无权利义务关系,故不存在合同关系。

因此,合同对于订立双方来说,作用是明显的:第一,建立信任或交易关系;第二,明确权利与义务关系;第三,制约和规范双方履行权利与义务;第四,确保信用与交易的实现等等。

二、合同的原则与类别

（一）订合同的原则

订立合同应建立在如下原则基础上：

1. 合同自由原则

合同自由原则包括合同的缔约自由、相对人自由、内容自由、变更和解除的自由以及形式自由等。

所谓缔约自由即是任何人或单位都不能强行要求或阻止其他人订立或取消合同。内容自由是指合同的内容由当事人自由协议确定，法律没有禁止性、强制性或者限制性的规定。合同法中关于合同内容的规定，就其法律规范的性质而言，是属于任意性的、选择性的和提示性的规范，而不是一种强制性的义务性规范。合同当事人可以参考，也可以根据自己的实际情况由当事人双方重新约定。《合同法》将合同的作用定性为证据的作用，也就是说，在合同履行阶段，合同是确认当事人双方权利义务的基本依据，也是一种证据。一份合同究竟缔结哪些内容是由当事人双方所约定的。

基于合同自由的原则，可以确定：首先，合同法规定的合同的形式是多种多样的，当事人可以自由选择；其次，合同形式由当事人自由决定，书面形式也好，口头形式也行，由当事人自由选择。再次，对法律规定应该采取书面形式，但当事人未采取书面形式合同的效力问题，应具体情况具体分析。

2. 合同正义原则

合同正义原则包括相互给付的等值性、风险负担的合理性和权利义务的公平性等等。

（1）相互给付的等值性

相互给付的等值性是指：在民事合同中，任何合同关系均属于等价有偿的合同，没有无权利的义务，也不存在无义务的权利。

英、美等国家的合同法规定，合同必须要有对价的内容，否则，即便从形式上讲，合同内容双方签字盖章了，但合同不能成立。按照英、美合同法的原理，对价实际上是合同产生的基础。如果一份合同没有对价，那么这份合同则缺乏基础和前提。因此合同关系不成立。我国合同法规定了合同的基本原则为等价有偿原则，也就是说所有的合同必须遵守这一原则。合同法所规定的大量的有名合同均为有偿合同。这是市场经济发展的必然要求。

（2）风险负担的合理性

风险负担的合理性是指合同负担和风险的合理分配。为充分保证当事人之合法权益，合同法几乎在每一种较为典型的合同中对风险的合理分配均作了明确的规定。例如：在142条至149条规定了买卖合同中的风险承担规则。即标的物毁损，灭失的风险在交付前由供方承担，交付后由需方承担，即交付主义规则。

（3）权利义务的公平性

权利义务的公平性是指对合同双方当事人的责、权、利的规定要公平、公正。除了给付等值、风险负担合理分配等的公平性以外，还包括对合同其他权利义务的合理分配。这些权利义务的合理分配可以从以下两个方面来把握：

第一，合同撤诉权的配置。按照合同法之规定，当事人对重大误解的合同、显失公平的合同享有撤销权。在法律规定当事人享有合同撤销权的同时，又规定享有撤销权的当事人自知道或应当知道撤销事由之日起一年内行使撤销权,如果当事人知道或应当知道撤销的事由后,明确表示不行使该权利的,撤销权自然消失。这种巧妙的设计体现了权利义务的合理分配,是合同正义性原则的一种体现。

第二,对免责条款的规定。合同法规定合同中的某些免责条款无效,包括几种情况:

一是因故意或过失给对方造成财产损失的免责条款。二是因故意或过失给对方造成人身伤害的免责条款。例如:产品质量纠纷,劳动合同纠纷的。三是对格式合同的规定。格式合同大量存在。它的优点是:节约成本、有利于快速、便捷的交易;其缺点在于:有悖于合同自由原则、对合同条款消费者无法协商。为了体现合同的公平和正义原则,新的《合同法》从两个方面对格式合同进行了规范。首先,从法律地位上肯定了格式合同赋予其法律约束力,从而对鼓励交易和便捷交易等起了积极的推动作用。其次,为了维护交易双方的公平性原则,法律对提供格式合同的一方又作了一系列限制性的规定:

①《合同法》要求提供格式合同的一方应当遵循公平的原则来确定当事人之间的权利义务关系;

②《合同法》规定:提供格式合同的一方当事人应当采取合理的方式提请另一方当事人注意免除或限制其责任的条款;

③《合同法》明确规定:合同中的条款中有排斥对方主要权利,免除己方主要义务的条款,该条款无效。

④《合同法》明确规定:对格式合同的理解发生争议时,应作出不利于格式合同提出方的解释。

3. 鼓励交易原则

合同必须鼓励安全、便捷、快速的交易,以促进商品经济的发展。这是合同的最终目的。新的合同法从立法的指导思想到具体的条文规定,都充分地体现了法律对交易的鼓励原则。

(1)严格限制了无效合同的范围。

根据合同法第52条之规定,有下列情形之一的合同无效:

① 一方以欺诈、胁迫的手段订立合同,损害国家利益。

② 恶意串通,损害国家、集体或者第三人的利益的合同。

③ 以合法形式掩盖非法目的。

④ 损害社会公平利益。

⑤ 违反法律、行政法规的强制性规定的合同。

合同是否有效,必须要看合同是否违反了国家法律、行政法规中的强制性、禁止性的义务性规定。这里面可以引申出几层意思:

首先,部门规章不能作为合同无效的理由和依据;其次,如果合同没有违反法律、行政规章禁止性规定的,均属有效合同;再次,违反地方性法规的合同是否有效,法律没有明确的规定。

(2)明确规定了合同的内容、形式由当事人自由选择。

(3)明确规定了要约和承诺的规定,使当事人双方知道缔约规则,提高了缔约的成功率。

(4)在可变更和可撤销的合同中,强调变更而不是撤销。

（二）合同的类别

根据不同的标准，合同可分为若干类型：

1. 有名合同与无名合同

有名合同是指典型形式的合同，即在合同法中对合同的名称、内容等条款有明确规定的合同。我国合同法所规定的合同的典型形式共有十余种类。

无名合同是指：合同法中没有规定其名称、内容，而是由当事人自己订立的合同，这种合同处理时的法律依据为：（1）合同法的总则及其他法律规定；（2）当事人双方的约定。例如：股份制企业的股权纠纷问题；民办学校的股权纠纷问题；产权拆细转让纠纷等。

2. 双务合同与单务合同

在同一合同中一方既享受权利，又承担义务，且享受权利是以承担义务为基础的。合同法中的合同大量的是双务合同。单务合同是指一方只享有权利不承担义务，而合同的另一方只承担义务，不享受权利的合同。单务合同可能会产生有失公平、欺诈胁迫等问题。

3. 有偿合同与无偿合同

取得合同的标的物必须付出一定的代价的合同为有偿合同。无偿合同则相反。

4. 诺成合同与实践合同

两个合同的成立时间不同；诺成合同自当事人双方就合同的主要条款达成一致意见时，合同就正式成立。实践合同则不同，它不仅要求双方就合同的标的物达成一致意见，同时还必须交付合同的标的物，只有在合同的标的物交付后合同才正式成立。

5. 要式合同与非要式合同

要式合同是指根据法律的规定，合同必须具备一定的形式后才能成立的合同。例如：购房合同，为书面形式；而担保合同则必须采取书面形式，只有具备了这种形式合同才能正式成立。第二种情况是合同必须经有关部门批准合同才能生效。例如：中外合资经营合同，合作经营合同，当事人双方不仅要采取书面形式，而且必须接受经贸部的批准合同才能成立。股权转让合同，不仅要有书面合同，还必须经股东会同意，并且报工商局登记备案后才能生效。

6. 主合同与从合同

在经济活动中，经常会遇到在签订合同后还要根据所签订的合同再签订一些附属合同的情况，这些附属合同从属于前面所签订的合同，这就是主合同与从合同。例如一些大的工程项目，承包商与业主签订合同后，往往还要把其中的一些子工程项目拿出来给别的承包商做，他与别的承包商签订合同的时候，必须要根据他与业主签订的合同去操作，而不能另行其是。

生活中常见的合同分类则依据《中华人民共和国合同法》可以分为：

1. 买卖合同

买卖合同是出卖人转移标的物的所有权于买受人，买受人支付价款的合同。

2. 供用电、水、气、热力合同

供用电合同是供电人向用电人供电，用电人支付电费的合同。其余以此类推。

3. 赠与合同

赠与合同是赠与人将自己的财产无偿给予受赠人，受赠人表示接受赠与的合同。

4. 借款合同

借款合同是借款人向贷款人借款,到期返还借款并支付利息的合同。

5. 租赁合同

租赁合同是出租人将租赁物交付承租人使用、收益,承租人支付租金的合同。

6. 融资租赁合同

融资租赁合同是出租人根据承租人对出卖人、租赁物的选择,向出卖人购买租赁物,提供给承租人使用,承租人支付租金的合同。

7. 承揽合同

承揽合同是承揽人按照定做人的要求完成工作,交付工作成果,定做人给付报酬的合同。承揽包括加工、定作、修理、复制、测试、检验等工作。

8. 建设工程合同

建设工程合同是承包人进行工程建设,发包人支付价款的合同。

建设工程合同包括工程勘察、设计、施工合同。

9. 运输合同

运输合同是承运人将旅客或者货物从起运地点运输到约定地点,旅客、托运人或者收货人支付票款或者运输费用的合同。

10. 技术合同

技术合同是当事人就技术开发、转让、咨询或者服务订立的确立相互之间权利和义务的合同。

11. 保管合同

保管合同是保管人保管寄存人交付的保管物,并返还该物的合同。

12. 仓储合同

仓储合同是保管人储存存货人交付的仓储物,存货人支付仓储费的合同。

13. 委托合同

委托合同是委托人和受托人约定,由受托人处理委托人事务的合同。

14. 行纪合同

行纪合同是行纪人以自己的名义为委托人从事贸易活动,委托人支付报酬的合同。

15. 居间合同

居间合同是居间人向委托人报告订立合同的机会或者提供订立合同的媒介服务,委托人支付报酬的合同。

三、合同成立的要件

合同成立必须必经具备以下几个要件:

1. 合同的主体必须符合法律规定

在现实生活中,因主体不合格致使合同无效的情况大量存在,因此,合同的订立的第一要件是合同的主体要件。根据合同法的规定,在我国,下列当事人可以作为合同的主体:

(1)自然人;(2)法人,必须符合其经营范围;(3)有经营资格的其他组织。

实行外贸合同则不同,根据我国现行法律之规定,在我国目前实行外贸代理制度,只有少数企业拥有外贸自主经营权,才可以直接与国外法人、经济组织和个人签订合同。因此,外贸合同在合同的主体方面实行特许制度。反之亦然。

2. 合同的必要条款齐备

合同中的主要条款实际上是当事人双方权利义务的具体体现。当事人双方在合同中对合同的条款达成一致意见,也就是对合同中当事人双方权利和义务作了明确的约定。一旦发生争议,双方纠纷的解决有了充足的依据。

3. 合同应当具备相应的形式要件

合同的订立是一个过程,它以当事人双方达成一致意见为标志;以承诺为终结;以当事人双方签订书面协议为标准。合同的订立是一种事实行为,合同的生效是法律对已订立的合同的一种法律评价。合同的生效是以合同的成立为前提和基础的;而合同的订立是以合同的生效为目的的。只有生效的合同才能得以履行,如果不履行,法律才会充分保护,并且要求当事人承担违约责任,赔偿经济损失,继续履行合同。合同无效,法律不会给予以上保护的。

合同的生效包括四大要件:(1)行为人主体合格;(2)合同的内容合法;(3)意思表示真实;(4)符合法定的形式。

四、合同订立的规则——要约与承诺

(一)要约

要约是指一方当事人以订立合同为目的,向对方当事人提出订立合同的条件,希望对方作出接受的意思表示。要约必须具备以下几个要件:

(1)向特定的相对的人发出(相对性原则)。(2)要约的内容必须完整、具体。(3)要以订立合同为目的。

要约的法律效力表现在三个方面:(1)要约生效的时间:有时间限制的采取到达主义原则;无时间限制的采用合理期限主义。(2)对要约人的约束力:要约一经发出,对其本人即产生约束力,不得撤回、撤销或者对要约加以限制变更和扩张。(3)对受约人的拘束力:一经承诺,合同即成立,不得转让。

要约的撤回和撤销:

(1)要约的撤回:生效之前可以撤回。但撤回要约的通知必须先于要约到达或同时到达方可产生撤回的效力。

(2)撤销:采取先期到达原则,即撤销要约的通知必须先于要约或者与要约同时到达,受要约人才产生撤销的法律效力。

要约失效的条件:有下列情形之一的,要约失效。

(1)拒绝要约的通知到达要约人;(2)要约人依法撤销要约;(3)承诺期限届满,受要约人未作出承诺的;(4)受要约人对要约的内容作出实质性变更的。

有关合同的标的、数量、质量、价款或者报酬、履行期限、履行地点和方式、违约责任以及争议的解决方法的变更,均可视为要约内容的实质性变更。

(二)承诺

1. 承诺是受要约人同意要约的一种意思表示

2. 承诺的构成要件

(1)承诺必须向要约人作出;(2)承诺的内容必须与要约的内容完全一致;(3)承诺必

须在规定的期限内作出；（4）承诺的方式：口头、书面、行为。

3. 承诺的生效

承诺的生效原则为到达主义原则。即在规定的承诺期限内或者虽未规定承诺期限，但却在合理的期限内，承诺的通知到达要约人生效。承诺不需要通知的，根据交易习惯或者要约的要求，作出承诺的行为时生效。

4. 承诺的撤回

（1）承诺可以撤回；（2）撤回承诺的通知采取先期或者同期到达主义原则。

五、合同的一般内容和格式

合同的内容由当事人约定，一般包括以下条款：

（一）当事人的名称或者姓名和住址

（二）标的

标的是指合同当事人权利与义务所共同指向的具体对象。它决定了合同的性质和类别。合同不同，其标的物自然不同。如借贷合同的标的是货币，购销合同的标的是产品，建筑工程承包合同的标的是工程项目。合同的标的，必须写得完整严密，除品名外，还应标明规格、型号、制造商或产地、标准等，尽可能具体详细，无可争议。

（三）数量

标的数量是衡量合同当事人权利与义务大小的尺度，是标的的具体化。不但数字要准确，而且计量单位也要精确，尽量做到清楚无误。

（四）质量

标的质量是检验标的的内在品质和外观形态优劣的标志，在合同中往往起到对标的的保证作用，否则就会损害到当事双方的根本权利。标的质量尽可能细化，从用材、质地、性能、用途到保质期限，都要谨慎。或者严格按行业标准或国家标准，或者提供样品，以保证标的质量。

（五）价款或者报酬

价款或报酬是标的的价值，是取得对方产品、接受对方劳务或智力所支付的代价，它以货币数量来表示。价款中有单位价格和总和价款，一般表格式合同用阿拉伯数字写单价，以大写汉字写总价；条款式合同数字用汉字大写。

（六）履行期限、地点和方式

任何一个合同都有一个履行期限，它是指合同履行的时间范围；合同的履行都有确定的地点和方式，必须规定具体明确。履行的方式也多种多样，如是一次履行还是分批履行，是送货还是提货，运费、包装费由谁负责，运输方式、包装方式怎样，是分期付款还是一次付清，是现金还是转账都要规定清楚。

（七）违约责任

违约责任是指不履行或部分不履行或无法履行合同应负的责任。这是对不按合同规定履行义务者的制裁措施。这一规定是维护和确保合同各方合法权益的保证。

（八）解决争议的方法

合同生效后产生争议的，可由合同订立的双方或多方协商解决，也可以请仲裁机构乃至人民法院审理判决。

　　合同的格式是历史形成的,为了规范合同的文本,减少因合同不规范而引起的不必要的争议与麻烦,有必要对合同的格式进行适当的规范。我国从上个世纪 90 年代初起开始推行合同格式示范文本制度。这种示范文本格式分三类:一类是统一文本格式,如建设工程承包合同、财产租赁合同等;一类是行业文本格式,如借款合同、运输合同、财产保险合同等;一类是参考文本格式,如供用电合同、承包或租赁经营合同等。从形式上看,合同格式还有条款式、表格式等形式。不管是哪一类哪一种合同格式,其结构上都应该包含有如下几个部分:

　　一是标题。合同标题主要标示合同的性质,如建设工程合同。

　　二是订立合同的当事人,分甲方、乙方或多方。

　　三是正文,包括订立合同的依据、目的或方式,写清标的、数量、质量、价格,合同履行期限、地点和方式、违约责任;注明合同的份数、有效期限等。

　　四是结尾。包括署名、日期,加盖印章,鉴证机关和鉴证日期,当事双方的地址、开户银行及账号。

　　应该指出的是,在现实生活中,标准合同文本很多。例如:建设部制定的《商品房预售合同》《建筑工程安装合同》等等,这些合同文本就其法律属性而言也是当事人之间签订合同的一种参考资料,不具有强制执行的效力。

【实例】

买卖合同

　　卖方:××市洗衣机厂(以下简称甲方)

　　买方:××市××商场(以下简称乙方)

　　经甲乙双方充分协商,订立本合同,以资共同遵守。

　　一、标的:××牌洗衣机,型号规格为 XPB20-3。

　　二、数量和金额:共计壹仟台,每台单价为 1095 元,总计金额壹佰零玖万伍仟元整。

　　三、交货日期:2010 年 7 月 15 日交 400 台,2010 年 12 月底前交 600 台。

　　四、产品质量标准:按布颁发质量标准。

　　五、产品包装要求:用硬纸箱包装。

　　六、产品验收方法:乙方按质量标准验收。

　　七、交(提)货方法、地点及运费:由甲方通过铁路运输到株洲市火车站,运费由乙方负担。

　　八、货款结算方法:通过银行托收,验货合格后 3 日内承付。

　　九、因产品数量短少,不符合规定,甲方必须偿付乙方不能交货部分总值的 5% 的罚金;因包装不符合要求造成的货物损失,由甲方负责赔偿;因交货日期违约,比照银行延期付款的规定,每延期 1 天,按延期交货部分总值的 0.03% 偿付乙方。

　　十、如乙方半途退货,由乙方偿付退货部分货款总值的 5% 的罚金;乙方延期付款,比照银行延期付款的规定,每延期 1 天,按延期交货部分总值的 0.03% 偿付甲方。

　　十一、非人力抗拒的原因造成不能履行合同时,经双方协商和合同鉴证机关查明证实,可免于承担经济责任。

　　十二、本合同自签订之日起生效,任何一方不得擅自修改或终止。

　　十三、本合同正本两份,甲乙双方各执一份;甲乙双方各执一份;副本四份,甲乙双方业务主管部门、鉴证机关、银行各执一份。

十四、本合同有效期到 2010 年 12 月 31 日。

甲方:××市洗衣机厂(章)　　　　　乙方:单位名称(章):××市××商场(章)

地址:×××××××　　　　　　　　地址:××市××路 69 号

代表人:李××(章)　　　　　　　代表人:张××(章)

开户银行:××银行××支行　　　　　开户银行:××银行××支行

账号:××××××　　　　　　　　　账号:××××××

电话:×××××××　　　　　　　　电话:××××××××

鉴证机关:××××××(章)

2010 年×月×日

(引自高雅杰等主编《应用文写作》,有改动)

【评析】

　　这是一份条款式的买卖合同。标题明确了合同种类;正文将合同的标的、数量、质量标准,包装要求,验收方法,交提货的方法、地点及运费负担,结算方法,违约责任及免责条件,合同有效期等内容分条表述得很清楚,便于双方当事人履行;结尾写明了双方当事人、鉴证机关的有关信息。

六、协议

　　协议有时和合同的含义相同,它也是机关团体或个人为确立某种关系或达到某种目的,经双方或多方商定而订立的条款文书,也属于一种具有合同性质的凭证文件。但严格地讲,协议和合同既有相同的地方,也有区别。从内容上看,协议的项目比合同多,内容不如合同具体、细致;从用途上看,合同一般用于经济活动,协议既用于经济活动,也可用于政治、军事、外交、科研等领域,范围要宽广得多。从时效上看,合同的有效时间一般较短,协议的有效时间一般较长,有的协议甚至具有永久法律效力。不过,随着人们的诚信意识与法律意识越来越强,协议与合同之间的差别也越来越小。

　　根据协议的内容,协议可分为:

　　①委托代理协议;②诉讼管理协议;③执行和解协议;④仲裁协议;⑤财产约定协议;⑥财产分割协议;⑦赠与协议;⑧收养协议;⑨调解协议;⑩雇佣协议;⑪合作协议。与合同相比,协议在格式上较合同灵活,主要是条款式协议,具体条款以当事双方商定为准,没有严格的规范,但在写作结构上都要求具有如下项目:

　　1. 标题

　　协议的标题写作与合同的标题写作相同,标示协议的性质,如"网络广告代理协议"。也可以是公文式标题,也就是在标题中写明签订协议的单位、协议事由和文种,如"惠普与梦工厂关于联合开发与营销的合作协议"。

　　2. 签订协议的双方名称

　　包括法定代表人的姓名。

　　3. 正文

　　正文是协议的主体,一般先写明签订协议的缘由或目的,用"双方达成协议如下"等语来引起正文主体。在正文主体部分用条款形式交代协议的具体事项,双方承担的权利与履行的义务,协议事项的具体内容,协议履行的期限、方式、管辖范围、违约责任及保密事项等。要写作双方应承担的权利与义务时,一般用"甲方同意:"、"乙方同意:"来引领条款。

4. 结尾

结尾包括署名、签订日期,加盖印章并签字,协议的鉴证机关等。

写作合同的基本要求和原则,同样可以适用于协议的写作。

【实例】

网络广告代理协议

鉴于公司(后面简称:甲方)是下面所签协议中具体说明的互联网络网址(网站名:_____)的所有者和经营者;

鉴于(后面简称乙方)是设在……经营一个由互联网网站组成的网络的公司,并利用这一网络,在适合登载广告的网站的网页加入专门的链接程序(TAC),招揽广告商、广告代理公司、电子购物服务商等(后面简称广告商)跟广告有关的业务;

鉴于甲方愿意把它的网址(_____)包括进乙方的网络中,而乙方也愿意接受这些网址。因此,考虑到上述情况,双方特签署合同和协议,并出于其他方面的考虑一致同意合同和协议应当写得周到细致,双方达成的协议如下:

第一条　专署权利

甲方愿意成为乙方网络联盟的成员并授权乙方独家推销其网站上所有广告的权利。甲方不得同意、授权、许可其他任何人或法人主体订立、出售或代理促销甲方之协议。

第二条　乙方承担的义务

除了上面提到的以外,乙方还同意:

1. 本协议有效期内并只有在执行本协议时,乙方将向甲方提供用 HTML/Java 语言或其他适当的语言制作的链接程序,甲方应当用适当的方式将其加到甲方的所有广告位置上(甲方对这些链接程序没有任何专利、产权或利益,其中包括知识产权)。

2. 乙方将尽最大的努力,以双方拟订的具市场竞争力的合理广告价格和折扣,向广告商销售上述网址的网页上的广告位。

3. 乙方应事先避免违法的广告刊登,并通过电子邮件把乙方已经征集到将在上述网址网页上登载的新广告通知甲方,并尽量尊重甲方根据下面第三条 5 款规定,作出的拒绝任何不合法广告的决定。

4. 通过乙方链接程序(TAG),乙方将提供实时的广告报告给甲方,同时甲方也可自行上网查询,以便乙方有效地控制广告登载到其网页的次数及所得收入。

5. 乙方同意向甲方提交:①每月 25 日之前提供说明甲方在该月 20 日之前所得收入和甲方账面总数的月报表;②乙方应在每月 30 日之前收到甲方根据乙方提供的月报表的发票;③乙方应于每月 30 日,支付 60 天之前该月的甲方该得的款项。

6. 在行政管理、销售和技术岗位上安排称职的人员有效地执行本协议的条款。

第三条　甲方承担的义务

甲方同意:

1. 在本协议有效期内,将尽最大努力以跟该公司目的相一致的方式继续和保持上述网站和网页。

2. 在上述网站的每个网页的广告位上插进上述链接程序(TAG),确保当上述网页以640×480 的解析度显示带有上述链接程序的广告时,在上述网站的每个相应的网页上能清楚地完全看到。

3. 广告的效果和结果将以乙方提供的广告管理软件系统作出的报告为准。

4. 在上述网站的主页上插进带有乙方标识的按钮,向潜在的广告商指明乙方独家代理促销本网站之所有广告位。

5. 在得到新广告通知之后,如果甲方对新广告有任何反对意见的话,必须在接到新广告通知之后的一个工作日之内通知乙方。如果不能及时告知对新广告的反对意见,那么,在甲方把反对意见告知乙方之前都将被认为是甲方同意登载这些新广告。乙方在收到甲方的反对意见之后的一个工作日之内撤销这些新广告。

6. 甲方向乙方提供有关用户、浏览者、库存量、使用报告、评估和用户研究、传送、统计要求的信息以及有关甲方的其他信息,乙方将适当地利用这些信息来推销广告。

7. 甲方应按照与乙方共同拟定的具市场竞争力的合理广告价格和折扣,作为向广告主收取推销本网站的广告位的费用。

第四条 广告费

于本协议执行期间,乙方所招揽的广告主因刊登广告于本网站所应支付的广告费用,均应直接由乙方向广告主收取。

1. 双方网站之广告月收入分配如下:

上个月广告条出现总印象数	甲方保留之广告费比例	乙方保留之广告费比例
499,999 以下	50%	50%
500,000 到 1,499,999	55%	45%
1,500,000 到 2,499,999	60%	40%
2,500,000 以上	65%	35%

2. 乙方应将广告主其他广告活动之广告收入,付给其中50%之广告所得予甲方。

3. 系统服务费:甲方非经由乙方招揽的广告,如使用乙方的广告流量监测系统,则广告服务费应按每千个印象数(CPM)USD1.00,支付给乙方。

第五条 知识产权

乙方根据这一协议使用的所有硬件、软件、程序、密码、商品名、技术、知识产权、许可证、专利、商标、技术知识和经营过程(统称乙方技术)仍然是乙方独家的产权。甲方对乙方的这些独家产权没有任何权利、称谓权或利益。在本协议终止时,双方应马上归还除了本协议规定可以保留的所有属于对方的信息、文件、手册和其他材料。

第六条 保密

乙方和甲方互相向对方作出保证,任何一方都不向(受本协议条款约束的本公司有权知道的雇员和董事以及有必要知道的分公司雇员和董事以外的)任何第三方透露有关这一协议条款的信息或对方认为不公开的保密信息,除非:

1. 根据法律或法院(或规章法庭或行政法庭)有效判决必须提供的那些信息,在这种情况下,提供信息的一方应尽快通知另一方(如果可能应在透露以前通知对方)并应设法使这些信息得到保密对待——如果可能的话;

2. 作为其正常的报告或评估程序的组成部分向本公司审计员或律师透露这些信息,如果需要让他们知道本协议条款的话;

3. 为了行使其跟本协议不相矛盾的权利;

4. 跟在政府机关备案有关的信息,或者法律所要求提供的信息,其中包括股票交易所或行情系统的规则所要求提供的信息;

5. 跟乙方或甲方的融资、兼并、合并或股票销售有关的不得不透露的信息。

应当保密或有理由应当保密的信息或专利包括(但并不限于)有关乙方网络、销售、成本和其他未公布的财政信息、产品和经营计划、设计规划、营销数据资料和赞助者的信息,但不包括下述信息:

① 已经通过合法途径获得的信息或由一方独立开发的信息;

② 公开材料中已经透露的信息;

③ 公众已经普遍知道的信息;

④ 已经通过合法途径从第三方获得的信息;

⑤ 法律要求透露的信息。

第七条　期限

本协议的期限应从协议生效之日公元　年　月　日起至　年　月　日止,为期一年,当任何一方没有在协议期满前一个月前对他方提出终止协议的书面通知,本协议视为双方自期限截止时再自动续约一年。

第八条　网站和广告的内容

甲乙双方保证并同意,不包括或通过上述网址或网页提供任何被认为或可能被认为属于下述内容的材料,也保证并同意:

1. 中国或当地法律确定为诽谤、色情、淫秽或诬蔑的内容;

2. 侵犯任何第三方知识产权(包括版权、专利、商标、商业秘密或其他产权)的内容;

3. 侵犯任何第三方公众形象或隐私的内容。

甲方保证并同意,在经营其网址和网页方面遵守各种法律、法令、法规和规定。

第九条　不得弃权

本协议不能放弃、修正、让与或转让,除非有甲方和乙方一致同意并签字的那种书面协议。甲方同意,如果它要让与或转让本协议,它将使该继承者或承让者承担本协议规定甲方应承担的所有义务。因此,任何让与、转让或继承都不能免除本协议规定甲方应承担的义务。

第十条　违约责任

双方都必须按照协议的内容执行。如有违约,违约方应向非违约方承担所有的经济损失和相应的法律责任。

第十一条　管辖法律

本协议受适用于在中国签署和执行的合同的中国法律管辖并根据这些中国法律进行解释,不考虑法律冲突的原则。

第十二条　通知

本协议要求或允许送达的所有通知都应该是书面通知,可以按后面列出的通信地址通过派人送达、电传、一级挂号邮寄送达。

第十三条　协议的完整性

本协议为一完整之协议,取代本协议签立前双方以前所签立的所有协议。

甲方:	乙方:
代表签字:	代表签字:
地址:	地址:
日期:	日期:

第三节　广告与说明书

广告是向公众介绍商品、报道服务内容或文体节目等的一种宣传方式。一般通过报刊、电台、电视、招贴、橱窗布置等形式来进行,具有促进生产、扩大流通、指导消费、活跃经济、方便人民生活以及发展国际经济贸易等方面的媒介作用,对社会主义的物质文明和精神文明建设有着不可低估的作用。

一、广告的含义及作用

(一)广告的含义

广告的含义有广义和狭义之分。

广义的广告有"广而告之"的意思。从这个意义上说,凡是通过说服、劝导的方式,进行公开宣传的均可称为广告,如中央电视台近年开办的"广而告之"专题栏目。党政机关、人民团体的启事、声明、通告、公告等也是广义的广告。

狭义的广告通常指的是"商业广告"或"经济广告"。企事业单位(统称广告主)通过一定的媒介,有计划地宣传经济信息,促使消费者产生明显或潜在需求的手段称为广告。这种广告与商品或劳务的销售直接相关,因此广告是组织商品流通的一种手段,是传播经济信息的一种工具,是"科学推销术",是"商业新闻的一种"。实践证明,广告在我国社会主义经济建设中,具有越来越重要的地位和作用。

(二)广告的作用

广告是经济现象,也是意识形态范畴的一部分。广告直接参与了经济活动中的生产、流通、消费以及竞争诸多环节。同时又对经济活动的诸多方面起着引导促进作用。广告是商品经济的产物,商品经济越发达,广告的作用就越重要,可以简单归纳如下:

1. 经济作用

广告在经济活动中能够传播市场信息、沟通产销,组织商品流通。广告不仅促进商品需求的形成,还能够促进商品竞争,改变商品的流通结构和消费结构,促使商品升级换代,促进商品生产与经营管理的改善。广告也能对消费者起到引导提示的作用,为消费者购买商品提供信息和便利条件。广告还具有开拓市场,扩大对外贸易,增加外汇收入的作用。它不但参与了商品的创造,而且能够使之增值,为活跃和发展社会经济起着重要的作用。例如哈尔滨铝合金框架厂由于地处偏远地区,产品一直没有打开销路,1984 年亏损已达 20 万元。1985 年 6 月 25 日在《经济信息报》刊登了广告后,大庆、塔河、牡丹江市等地客户纷纷前来订货,半年就完成产值 20 余万元,变亏损为盈利。人们都说:"一个广告救活了一家企业。"

2. 公关作用

广告的公关作用也是信息作用,是指广告主通过公平手段和方式,在公众中树立良好的形象,增加公众对它整体性的了解,提高知名度和美誉度,从而得到公众的信任和合作。这种作用是一种间接的经济作用,不一定直接见效,它以多样的手段,以独特的表达方式,着眼于长远利益,着眼于局面和市场的开拓。据国外一项调查表明,公关广告对企业股票价格的正影响率为 2%。假定某公司拥有 2 亿元股票的话,公关广告可以上涨 2%,也就等于增值 400 万元。如几年前的某一天,在澳大利亚某地,一架飞机在空中撒下金灿灿的一片东西——手表。这是日本精工、东方、西铁城等钟表行业为打破瑞士表垄断世界市场局面而做的一种公关广告。这一出人意料的行动,经新闻媒体传遍世界,从此"精工"、"东方"、"西铁城"名声大振。再如,日本航空公司通过电视剧《空中小姐》中感人的情节,在公众心目中树立良好的形象,从而提高了日航公司的知名度和美誉度,在竞争激烈的民航企业中,产生了不可估量的作用。

3. 社会作用

广告的社会作用主要是为社会主义物质文明和精神文明建设服务。它首先体现在思想品德教育方面,就是要对社会消费坚持正确的导向,宣传合理的消费,反对奢侈浪费,主张勤俭节约。另外,广告是对社会经济成果的实物展示。广告还可以潜移默化地向公众进行审美教育、爱国主义教育,弘扬热爱祖国、培养民族自豪感的精神和形成人们对真、善、美与假、丑、恶的鉴别能力,树立社会主义道德观与人生观。

其次体现在文化教育方面,广告能丰富人们的商品知识,使人们对先进的科学技术有更多的了解;加深对社会经济活动的理解,从而扩大人们的视野。此外,广告在城市建设、美化市容、改善环境等方面,已经成了不可缺少的部分。

二、广告的基本要求

对广告有以下三个基本要求:

(一)真实性

真实性是广告的生命。广告不仅要为广告主服务,还要对人民负责。广告宣传和其他宣传一样,都必须真实可信。《广告管理条例》第三条有明确规定。只有真实的广告,才能取得用户和消费者的信任,才能实现广告宣传的目的。广告的失真,不仅是职业道德信誉方面的问题,甚至也是违法犯罪,要承担法律责任。例如 1984 年四川省三台县新建乡邱碑村民胡运高、汪兴全在全国 20 多家省级报刊(主要是各省农民报上刊登广告)声称,他们出售一种一年四季都有可以结番茄的番茄树种子,骗取了从全国各地汇来的购种款 11.92 余万元,给广大农民造成严重的经济损失。这一行为触犯了法律,已受到法律制裁。

(二)思想性

广告既要讲究经济效益,又要注重社会效果,它不仅能够沟通产销、宣传商品、指导消费、促进生产,还能够进行社会主义精神文明宣传活动。广告一经刊登播放,它的主题、寓意、语言、图像、色彩、音乐都会产生潜移默化的作用,对社会风气产生一定影响。如香烟广告:"爱我中华,请抽中华牌香烟。"本来就应戒烟,但这里竟把抽烟与爱国联系,思想不好。还有一香皂广告:"梦幻香皂,女人味道,不想试试吗?"就十分低级庸俗,会对社会产生负面影响。因此,我们必须注意广告的思想性。我们在做广告时,还要宣传精神文明,加强引导,如提倡经济实惠,反对奢侈浪费等。

(三)艺术性

广告是科学,也是艺术,是科学与艺术的综合体。作为科学,广告要正确地反映商品流通领域中的客观规律,为我国的社会主义建设服务。作为艺术,就是广告设计要涉及文学、音乐、电视等艺术形式,以形象而生动的形式表达广告内容,使人们得到和谐、美妙的艺术感受。一则好的广告,本身就是一件艺术品,有艺术欣赏价值,寓广告于娱乐之中。这样的构思巧妙,耐人寻味,生动有趣,不落俗套,才能引人注目,收到良好效果。中国的鲁迅、巴金、老舍等文学巨匠都为书刊发行撰写过广告,颇具独特的艺术性。

广告的艺术性主要表现在两方面,一是语言,一是形式。妙语精言可以给人留下难忘的印象,陈词滥调令人反感。成语、俗语、歇后语、韵文都可以作为广告的语言,能收到意外的效果。例如:法国某印刷公司的广告"除了钞票,承印一切";四通公司的广告"输入千言万语,奏出一片深情";打字机的广告"不打不相识";礼品的广告"海内存知己,天涯若比邻"、"千里送鹅毛,礼轻情意重";万宝电冰箱的广告"万宝,万宝,实在是宝;家有万宝,不会烦恼";丛书的广告"与书为友,天长地久",等等。广告的形式要求新颖、奇特、美妙的广告形式,来源于明确的主题,巧妙的构思。有些广告千篇一律,单调乏味,不是自夸"优质"、"廉价",就是亮出工厂的大门,产品的照片,生产流水线。这样的广告,毫无新意,它的宣传效果也就很难是理想的。

三、广告的种类

按广告主划分,有工业广告、商业广告、工商联合广告、机关事业广告等。

按广告目的划分,有销售广告、公关广告、服务广告等。

按广告的宣传范围,有国际性广告、全国性广告、地方性广告等。

按广告媒介划分,有报刊广告、电视广告、广播广告、路牌广告、现场广告、招贴广告、车船广告、橱窗广告、商标广告、模型广告、灯光广告、实物广告等。

四、广告的结构和写法

制作和撰写广告的要求是:引人注目、产生兴趣、树立信任、促进购买。

广告的写作也如同文章一样,要有主题、标题、正文等内容。但是所写文章主题要更集中鲜明、突出,表现方法更丰富多彩,布局结构更灵活多样。

广告的形式多样,以下主要介绍报刊广告文字部分的写法。

(一)确定广告主题

这一主题就是广告要向广大公众介绍说明的主要意图,是广告目的的体现。广告主题选择得恰当与否是广告成败的关键。因而主题要鲜明、集中、突出。选择主题时,要考虑产品特点,市场需求变化,消费的差异及购买心理,竞争对手的长处和短处等。一则广告只能突出一个主题,不能面面俱到。确定主题主要从以下几个方面考虑:

首先要考虑广告目的。一则广告,有的为了卖出商品,扩大销售;有的为了树立形象,扩大声誉;有的为了沟通用户;有的为了与对手竞争;有的则为了介绍服务或劳务项目等等,确定主题,首先要从这许多具体的目的中,选择一个作为主题。包罗万象的广告,是主题分散的广告,是很难产生理想效果的。其次要考虑广告时机因素。以商品广告为例,一般商品的发展总要经历四个阶段:创牌阶段、竞争阶段、保誉阶段和衰退阶段。创牌阶段:广告宣传和主题应侧重于介绍商品的功能、用途和特长。要宣传商品的可靠性,立足于"新"字。目的是获得用户和消费者的承认。竞争阶段:广告的主题应侧重于介绍商品的价格优势、质量优势、性能优势等。宣传要立足于"比"字。给用户和消费者树立最佳选择的印象。保誉阶段:广告的主题侧重于介绍信誉、评价、获得的荣誉、市场的占有率等。立足于"信"字。在用户和消费者心目中树立可信、可靠的形象,从而巩固信誉和社会声望。衰退阶段:随着生产力和科技的发展,商品一定要不断更新、淘汰。衰退的商品多不再做广告宣传,除非又挖掘出新的优势、新的用途。

(二)广告的文字结构

一般说来,广告的文字结构包括标题、正文、落款三大部分,有人称之为广告文字结构的"三要素"。由于现代广告讲究图文并茂,所以这三项内容的排列、详略和侧重也是十分灵活自由的。

1. 标题

广告的标题是广告最重要部分,被人们称为广告的灵魂。由于现代社会中生活、生产节奏越来越快,以广告传递的信息越来越多。人们大多不可能把大量的广告都读一遍,只能选择自己需要的感兴趣的那一部分阅读,标题就是广告的"目录"和"索引"。醒目、明快的标题,不但能吸引人们的注意力,而且还可以尽快地传递信息使广告收到理想的效果。广告的标题要求能最精炼地反映广告的目的和主题,要含有庞大的信息量,语言要准确、新颖、独特,通俗易懂。切忌陈词滥调,牵强附会,自我吹嘘,庸俗。广告标题的字体也要鲜明、醒目、美观。

2. 正文

广告的正文是除标题之外的说明文字,是用来充分表现广告主题的,也是广告标题的具体化。

一般广告的正文可分为开头、中心和结尾三部分。

开头要对广告的内容做概括性的说明,并且要为引起下文起衔接作用。中心用关键性的有说服力的证据来证实事实,要充分阐述广告主题。结尾多是强化广告的主题或目的,对人们进行督促。

正文体裁风格丰富多彩,不拘一格。目前国内广告常用的有陈述体、目录体、证书体、问答体、韵文体、新闻体、文艺体等。

3. 落款

广告的落款主要写明广告主的名称(全称)、地点、电话、电报挂号等。标题中已有广告主的名称,落款中可以省略。

【实例】

海尔银色变频冰箱系列广告写作过程

海尔银色变频冰箱系列广告,由广州市致诚广告有限公司策划制作,2000 年获全国报纸优秀广告奖,"广州日报杯"家用电器类金奖。该系列广告由电视广告、平面广告、报纸广告组成。广告刊播以后,银色变频冰箱的销售取得了预期的效果。以广州为例,广告实施一个星期内,广州14家大中型商场,共销售海尔银色变频冰箱200多台,其他型号海尔冰箱800多台。2001年春节刚过,广州市场的海尔银色变频冰箱2000余台全部销售一空。这情景引起其他竞争品牌的强烈关注。

海尔银色变额冰箱系列广告的写作过程是怎样的呢?给我们留下的宝贵经验是什么?

根据刘戈撰写的《外表平常如水　内在震撼如雷——海尔银色变频冰箱系列广告诞生记》一文的介绍,这则系列广告文案的诞生经历了一个艰难的过程,现作简要介绍。

第一步:明确广告目的,分析产品特点。

2000年10月底,海尔正式委托广州市致诚广告有限公司策划海尔新产品——银色变频冰箱上市推广方案,并创作广告作品。海尔提出三点要求:超过去年海尔冰箱的市场销售效果;巩固海尔冰箱在高档冰箱市场的地位;带动海尔其他冰箱的销售。致诚广告公司将这些要求定为广告目的。

明确目的之后,致诚广告公司又分析国产冰箱现状,了解该产品特点:第一,产品优势。科技含量高,数字变频、三温四拉和深冷速冷技术等多项技术业界领先。第二,产品价位,属高档耐用消费品。第三,产品卖点。银色外观+数字变频技术。

第二步:分析市场环境,决定广告形式。

策划小组走访广州上百家商场,分析市场调研资料,发现海尔冰箱在广州市场面临巨大压力:第一,与西门子、华凌、容声等几个冰箱大品牌相比较,海尔的品牌渗透率明显偏低。第二,海尔冰箱距主流消费形态较远。与海尔冰箱一直想塑造的高档产品的愿望有距离。

致诚广告有限公司策划小组也发现银色变频冰箱具有优势商品的特点:产品直观属性与信任属性的完美结合,即银色+变频。策划小组决定采用系列广告形式。

第三步,调查消费需求,确定广告诉求。

了解了产品,熟知市场状况,但消费者状况是如何呢?策划小组选取了120位即将购买冰箱者,通过家庭讨论、购买过程、购买决定三次调查后发现,每一个消费购买行为都经历了由消费心理向购买心理的转变过程,并且有以下特点:第一,未来消费者购买冰箱的需求趋势为乔迁、婚嫁和产品更新换代;第二,多数购买者已将冰箱作为整体家庭环境的一部分进行考虑;第三,购买的焦点已偏向产品外观(直观属性)。

在以上分析的基础上,广告策划小组觉得应以产品直观属性为主、信任属性为辅进行整合推广,创造一个有记忆度,能和产品完美契合的载体,使银色变频冰箱脱颖而出。从而确定了此次系列广告的诉求点:高格调的品位。产品高档品性与目标消费群的高雅生活品位共同决定了海尔冰箱的高格调的品位。强化产品的直观属性(银色外观),以此涵盖产品信任属性(数字变频技术)。

第四步:撰写广告文案,进行广告整合。

有了详尽的市场分析,明确的目标消费群,清晰的诉求定位,策划小组开始了艰苦的创作,小组成员们为此日夜奋战相继提出了几十个创意,大家还觉得不满意。难道就没有能整合"银色变频"冰箱直观属性与信任属性的载体吗?

当大家在会议室内激烈地争议着的时候,一位同事抬头看着天上的一轮弯月突然问道:"你们觉得它像什么?"大家众说纷纭:"像镰刀"、"像小船"、"像银色!"真是一语惊破梦中人,一句"像银色"顿时打开了大家的思路。月亮不一是个很好的载体吗?银色变频就像月亮。接下去的创作变得一帆风顺。第二天,大伙儿热火朝天地开工了。连续几个昼夜的不停奋战,文案终于写成功了。

电视系到广告文案。第一则广告文案:"自动控冷";第二则广告文案:"变频节能";第三则广告文案:"变频静音";第四则广告文案:"银色变频"。

报纸系列广告文案。第一则广告文案:"百变的月亮　银色变频";第二则广告文案:"默默的月亮　银色变频";第三则广告文案:"冷冷的月亮　银色变频";第四则广告文案:"静静的月亮　银色变频"。

五、说明书

这里,说明书是指商品说明书。它是以说明的方法来介绍产品的性能、用途、特点、使用和维修方法,或者介绍产品的生产制作工艺、成分的一类应用文。旨在配合产品用以指导消费者购买和使用。同时也是商品的一种必不可少的组成部分。一般情况下,说明书又分产品说明书和使用说明书。

说明书的主要作用是指导消费。当消费者购买一种商品前,首先必须了解这种商品的用途和特性,否则就可能买到一种对消费者毫无用处的东西。因此,消费者除了听人介绍了解之外,主要通过说明书来了解。其次,如果没有说明书,消费者在使用时有可能因不懂其用途和性能及使用方法而产生害怕恐惧心理,势必影响商品的销售。再次,也是最重要的一点,没有说明书的消费者有可能因使用不当造成严重后果,轻则影响到产品的使用效果,重则会威胁到消费者生命和财产安全。因此,说明书是指导消费的一种最可靠最有效的手段。消费者也重视说明书的作用。对商家而言,说明书在某种意义上也起到替商品做宣传广告的效果,能够促进产品的销售。

说明书不同于广告,也不同于商品的介绍。广告是售前的一种宣传,说明书则是售后的一种服务。目的在于使消费者掌握正确的使用方法,确保商品的使用效果。因此,二者的语体风格不同。后者主要以平实为主。商品介绍则主要是为购买者提供参考的,说明书则更专业,更贴近消费者的实际。

六、说明书的写作

作为一种服务消费者的实用文体,说明书必须以严肃认真的态度处处为消费者着想,表达要平实、准确、明白无误。具体说来,说明书的写作要注意以下三点:

(一)实用性

说明书的实用性体现在消费者使用时只要能按照说明书即可轻松完成操作过程。由于消费者不是专业人员,因此,说明书只有做到实用,消费者才不至于出现使用错误。实用包括说明产品的成分、数量、单位、一次使用量,适用范围,使用操作步骤,使用注意事项和禁忌,保养(保存)方法、使用危险性,使用操作失误的补救等等。一句话,要使消费者一目了然。

(二)科学性

说明书是商家提供给消费者的有关产品的知识和信息的一种工具。它要求必须具有严格的科学性。产品的概念、性能、操作使用过程与步骤、维修或保养(存)方法、专业用语等都必须符合科学常识。说明层次要清晰,条理要分明。要杜绝虚假夸大成分,实事求是,有一说一,反对只说好的,不说负面作用。只要严格按照科学性来写作说明书,消费者如违反说明书所介绍的使用、操作或保存(保养)方法,责任就归消费者自己负责了。

(三)通俗简明

说明书的服务对象是一般的普通消费者,因而,说明书的写作应当通俗简明,使消费者一看就懂。尽量少用专业术语,语言力求平易浅显,在不遗漏重要信息的情况下,内容越简明越好。

说明书的内容往往根据产品的性质特点而有所侧重。如关系到消费者生命财产安危的产品则侧重于警示消费者;使用操作较为复杂的产品,则侧重于介绍使用步骤;对一些保养或保存方面有特殊要求的商品,则侧重于告知保养、保存方法。凡此种种,说明书的内容大体应包括商品名称、商品型号、商品构成构造、性能效用、使用方法、操作步骤、保养贮存方法、有效期、维修服务、企业名称和地址电话等。

说明书的形式可灵活多样,以最大限度帮助消费者正确使用商品为目的。大型产品的说明书一般装订成册,有封面、目录、前言、正文、封底等几个部分。在封面上标明商标、实物照片、产品名称、规格型号、生产商。目录是便于消费者翻阅查找。前言部分用来说明产品性能构造或成分、用途与特点。正文主要介绍各个部件的性能、构造、用途和特点,使用方法、保养或维修方法。有的还需要有各部件图示及线路图等。封底则注明商家地址电话等联系方式。小型产品的说明书则更灵活,一般由标题、正文、生产商组成。完整的标题一般由商品名称、型号再加上"说明书"或"使用说明书"等要素构成。如:有的则就单纯地标明"使用说明书"等字样。说明书的正文风格各异,内容侧重根据产品的性质和特点决定。生产商相当于文章的落款,是说明书必不可少的组成部分。

【实例】

有机硅防水剂产品说明书

一、简介

有机硅外墙防水剂(乳液型)是一种无污染、无刺激性的新型高效防水材料,为世界先进国家所广泛应用,我国建设部把它列为"八五"期间推广应用的建筑材料之一。本产品采用进口原料,以先进工艺配制而成。一次施工,十年有效。

二、性能

本产品喷涂(或涂刷)于建筑物表面后,可在其表面形成肉眼觉察不到的一层无色透明、抗紫外线的透气薄膜,当雨水吹打其上或遇潮湿空气时,水滴会自然流淌,阻止水分侵入,同时还可以将建筑物表面尘土冲刷干净,从而起到使内墙防潮防霉、外墙洁净及防止风化等作用。对于彩色外墙,抗紫外线的透气薄膜还可起到保护颜色的作用,同时具有良好的透气性,墙外雨水渗不进去,但墙内原有潮气可由内向外扩散(有似人的皮肤),有利于墙体保持干燥(一般防水涂料封住气体选出,从而造成建筑物表面起泡剥落)。这就是本产品有别于其他防水材料之显著优越之处。

三、用途

本产品可广泛用于各种建筑物的内外墙,尤其可解决民用房普遍存在的东山墙渗水引起的室内霉变问题。另可广泛用于室内装饰前的防潮防霉处理,工业厂房内外墙的抗污染保洁、抗风化、防酸雨处理,以及古建筑、石碑、瓷砖、图书档案室、精密仪器、仪器及计算机房、变配电房、仓库等。

四、使用方法

请于使用前将建筑物表面尘土打扫干净。本品系浓缩乳液,使用时需外加810倍清水稀释,放入干净容器内搅拌均匀。可以使用一般农药喷雾器(喷雾器需洁净、无污染)由上向下喷淋,喷淋量至自然流淌为佳。也可涂刷施工。务请注意,施工后二十四小时内需保持涂刷面免受雨水侵袭。

五、贮存与包装规格

1. 本品可按非危险品运输,贮存期为一年。

2. 包装为 lkg,1.5kg 或 20kg 塑胶桶。

＊注:以上性能数据为该产品于湿度70%、温度25℃时测试之典型数据,仅供客户使用时参考,并不能完全保证于某个特定环境时能达到的全部数据。敬请客户使用时,以实测数据为准。

第四节　　招标书与投标书

一、招标书

(一)招标书的含义

招标书,也叫招标公告,是招标人对外公布的用以明确招标要求和条件内容的应用文书。

招标和投标是一种引入竞争机制、适用范围极其广泛的现代贸易活动。在贸易活动中,属于大宗商品或大型建设项目,按照规定的条件,对外公开邀请符合条件的国内外企业报价投标,最后由招标人从中选择价格和条件优惠的报价与该投标人签订合同。在这种特定的交易中,对采购商来说,他们进行的是招标;对承包商或出口商来说,他们承担的业务是投标。

(二)招标书的种类

1. 按时间划分,有长期招标书和短期招标书。

2. 按内容划分,有企业承包招标书、企业租赁招标书、工程招标书、大宗商品交易招标书、科研技术招标书等。

3. 按招标范围分,招标书分为招标公告、招标启事、招标函三类。

招标公告(或招标通告):用于招标内容比较重大且面向国内外招标的招标书。即用于国际招标的招标书。招标启事(或招标广告):用于面向国内、关于一般事项招标的招标书。即用于国内招标的招标书。招标函:采用信函形式,直接通知有承办能力的单位参加投标,适用于较小范围招标的招标书。

4. 按招标目的分,招标书主要有采购招标书、建筑工程招标书、科技项目招标书、企业经营者(承包者)招标书四类。

采购招标书:即以采购大宗商品为目的的招标书。建筑工程招标书:即以寻求工程项目承包者为目的的招标书。科技项目招标书:即以寻求科技项目的研究或推广者为目的的招标书。企业经营者(承包者)招标书:即以寻求企业经营者(承包者)为目的的招标书。

(三)招标书的特点

1. 科学明确性

招标人对招标的项目或者工程基本情况要给予明确的说明,例如项目或者工程的主要目的、基本情况、产品要求、人员素质和具体规定等,必须在招标书中给予清晰的描述。

2. 公平竞争性

招标的原则是公开、公平、公正,只有公平、公开才能吸引真正感兴趣、有竞争力的投标厂商竞争,通过竞争达到采购目的,才能真正维护使用单位利益、维护国家利益。作为招标机构编制、审定标书,审定标书中是否含歧视性条款是最重要的工作。作为政府招标管理部门,监督部门在管理监督招标工作,其中最重要的任务为审查招标文件中是否存有歧视性条款,这是保证招标是否公平、公正的关键环节。

3. 法律制约性

招标书是招标方意向的明确表达,受法律的保护和约束,在本质上是为制定交易合同做准备,是要约的过程。一旦确定中标以后,作为招标的重要文件招标书连同投标须知等就成了制定合同的依据,也可作为合同的组成部分。例如项目名称、规格、数量、质量、标价、时间(开工竣工日期)、地点等等都是合同的主要条款。招标书一旦发出就不能随意改动,否则违背了条款就要承担法律责任。

(四)招投标的流程

1. 招标

根据《中华人民共和国招标投标法》的规定,招标项目按照国家有关规定需要审批手续的,应先履行审批手续,取得批准;招标人应有进行项目的相应资金或资金来源已落实,并应在招标文书中如实载明。招标工作包括:

(1)确定招标方式

主要分为两个步骤。

首先要确定是公开招标还是邀请招标。

公开招标:这是一种无限竞争的招标方式。就是招标单位通过各种渠道在一定范围发布招标的信息,吸引有资格的企业或者个人参加投标,在机会平等的条件下,将招标文件售卖给他们,并组织其参加投标活动。

邀请招标:这是一种有限的招标方式。招标单位经过一定的考察,根据工程或者项目的具体要求,邀请行业内的若干单位前来投标。招标邀请书发出后,招标单位需要对投标单位的资格进行预审并召开标前会议,然后进行投标和开标的一系列活动,最后对标书进行评审,择优选择中标单位。对于邀请来的落标单位,或者退回押金,或者给予投标补偿金。

国务院发展计划部门确定的国家重点项目和省、自治区、直辖市人民政府确定的地方重点项目不适宜公开招标的,经国务院发展计划部门或者省、自治区、直辖市人民政府批准,可以进行邀请招标。

其次还要确定是自行招标还是委托招标。

委托招标需向有资格的招标代理机构办理委托手续。首先填写委托书,提供技术资料和有关文件;随之要交纳保证金,与代理机构一起确定招标类型、定标程序。

（2）发布招标信息

如公开招标，在国家指定的报刊、信息网络或者其他媒介发布招标公告。如邀请招标，应当向三个以上具备承担招标项目的能力、资信良好的特定法人或其他组织发出投标邀请书。招标人不得以任何不合理的条件限制排斥潜在的投标人，不得对潜在的投标人实施歧视待遇。

（3）出售招标文件

在公告或邀请书规定的时间、地点发售招标文件。招标文件应当包括项目的技术要求、对投标人资格审查的标准、投标报价要求和评标标准等所有实质性要求和条件以及拟签订合同的主要条款。招标人应当确定投标人编制投标文件所需要的合理时间；但是，依法必须进行招标的项目，自招标文件开始发出之日起至投标提交投标文件截止之日止，最短不得少于 20 日。

（4）勘察项目现场

如有必要，可组织潜在投标人勘察项目现场。但不得向他人透露已获取招标文件的潜在投标人的情况。

2. 投标

投标人应当具备承担招标项目的能力。两个以上的法人或其他组织可以组成一个联合体，以一个投标人的身份共同投标，签订共同投标协议，约定各方承担的工作和责任，将协议与投标文件一并上交招标人，共同与招标人签合同。投标过程包括：

（1）编制投标文件

投标人应按照招标文件要求，对招标文件提出的实质性要求和条件作出响应。

（2）提交投标文件

在截止时间前将招标文件正本、副本送到规定地点，同时交纳投标保证金。招标人应当签收保存，不得开启，投标人少于三个的，应当重新招标。

3. 开标

开标应当在招标文件确定的投标文件截止时间的同一时间公开进行，开标地点应当为招标文件中预先确定的地点。由招标人主持，邀请所有投标人参加，由投标人推选的代表或由招标人委托的公正机构检查并公证，确认无误后，当众拆封，宣读，同时记录，存档备查。

4. 评标

评标由招标人依法组建的评标委员会负责。评标委员会成员为 5 人以上的单数，其中技术、经济等方面专家不得少于总数的 2/3，专家须从事相关领域工作满 8 年并具有高级职称或具有同等专业水平，由招标人从国务院有关部门或省、自治区、直辖市有关部门提供的专家名册或招标代理机构的专家库内的相关专业的专家名单中确定，一般招标项目可以随机抽取，特殊招标项目由招标人确定，与投标人有利害关系的人不得进入评标委员会。中标结果确定前评标委员会成员名单应保密。

评标委员会评标后应向招标人提出书面评标报告并推荐合格的中标候选人，也可直接确定中标人。中标人应能够最大限度地满足招标文件中规定的各项综合评价标准和实质性要求，经评审的投标价格最低，但低于成本价的除外。

如果评标委员会认为所有投标都不符合投标文件要求的，可以否决所有投标，重新招标。

5. 定标

招标人向中标人发出中标通知书,中标通知书具有法律效力。同时将中标结果通知未中标的投标人,向未中标的投标人退还保证金。

依法必须进行招标的项目,应在确定中标人之日起 15 日内,向有关行政监督部门提交招标投标情况的书面报告。

6. 签约

招标人与投标人应在中标通知书发出之日起 30 日内,按照招标文件和中标人的投标文件签订书面合同。

在招标、投标的具体过程中,涉及大量的文书,如:招标委托书、招标公告、投标邀请书、投标须知或投标说明、资格预审公告、资格审查结果通知书、投标书、投标项目方案及说明(施工方案及说明,设备方案及说明)、投标保证金保函、评标报告、中标通知书、落标通知书、招标及投标情况报告等。我们在本节中主要介绍招标书和投标书。

(五)招标书的结构与写法

招标书在结构上一般由标题、正文和落款三个部分构成。

1. 标题

标题一般为招标单位加文种,如"海尔集团国际招标公司招标公告",也可写成招标单位加招标项目名称加文种,如"河南省郑州市煤气管网改造项目办公室关于惠济区改线工程施工招标的公告"。

有的招标书还有招标号,一般是招标人的英文缩写、编号;有些招标公告没有招标号。如果有招标号,则写在标题之下。

2. 正文

分为开头和主体两部分。开头简要说明招标的缘由、依据或目的。例如:"根据我院发展需要,我院将对验光实训室、镜片加工实训室设备进行邀请招标,兹邀请合格投标人前来投标。"主体包括以下几项:

(1)招标项目情况:此项一般包括项目名称,主要内容、规模、数量等。

(2)招标范围:此项需要说明投标人应具备的资质条件。

(3)招标步骤:包括招标文件发售时间、价格,投标截止时间、地点,开标时间、地点,有的还说明签约时限,项目计划开工时间和完工时间。开标时间的确定要给投标商留足准备标书和传递标书的时间,国际招标应尽量避开国外休假和圣诞节,国内招标避开春节和其他节假日。

3. 落款

包括招标单位署名和公告发布日期。招标单位署名除写明单位名称外,一般还写明其地址、电话、电挂、电传、邮编等。

需要说明的是,招标书是整个招标文件的重要组成部分,招标文件有时还包括投标人须知,招标项目的技术要求及附件,投标书格式,投标保证文件,合同条件,技术标准、规范,投标企业资格文件,合同格式等文书,此处从略。

(六)招标书的写作要求

1. 要熟悉招标程序,遵守有关规定

要写好招标书,就要熟悉招标的全过程,还应注意贯彻国家的有关政策、法律,遵守招标工作有关规定和具体办法,执行国家颁布的技术规范及质量标准。

2. 表达要简洁、准确

招标书主要是传播招标信息,写作时,要将项目情况、要求等内容表达清楚、准确,以免使投标者产生歧义和误解,同时还应注意语言的简明。

3. 用语要庄重严肃

招标、投标是国内外广泛采用的经济贸易手段,受法律的保护和监督,招标书作为这种方式的一种书面表达形式,用语必须庄重严肃。

【实例一】

南湖迎宾大道(外环—高速段)绿化改造工程施工招标公告

招标编号:HBAH10041015810101-LH

1. 招标条件

本招标项目南湖迎宾大道(外环—高速段)工程已由相关部门批准建设。项目业主为××市公路建设管理处,建设资金由××市财政局及××市交通运输局设法筹措。项目已具备招标条件,现对本项目绿化改造工程进行国内公开招标。

2. 项目概况与招标范围

2.1 项目概况

2.1.1 建设规模

该路段西起西外环高速出口,东至西南环线,道路全长约800米,为新建工程。

2.1.2 建设工期

计划开工日期为2010年7月1日,计划竣工日期为2010年7月20日。

2.2 招标范围及标段划分

本次招标共一个标段,招标范围为本项目高速互通区等区域内地形改造及绿化工程实施、完成及其缺陷修复等全部相关工作,具体内容详见施工图纸及工程量清单。

3. 投标人资格要求

3.1 本次招标要求具有独立企业法人资格,同时具备建设主管部门颁发的园林绿化工程一级资质和市政公用行业(含风景园林)设计乙级及以上或风景园林工程设计专项乙级及以上资质(均不含暂定资质),近五年内有类似工程(公路项目绿化)施工业绩,并在人员、设备、资金等方面具备相应的施工能力。

3.2 投标人不可以组成联合体投标。

4. 招标文件的获取

4.1 请于2010年6月3日至2010年6月9日(法定公休日、法定节假日除外)每日上午9:00~11:00时,下午14:00~16:00时(北京时间,下同),持企业法人营业执照副本原件、企业资质证书副本原件、单位介绍信、经办人身份证及上述资料彩色复印件或彩色扫描件一套(全本A4幅面装订成册,且逐页加盖单位章),到××市建设路99号新星大厦16层××招标有限公司报名并购买招标文件。

4.2 招标文件每份售价2000元人民币(含图纸),售后不退。

5. 投标文件的递交及相关事宜

5.1 招标人不统一组织进行工程现场踏勘,且不统一召开投标预备会。

5.2 投标文件递交的截止时间为 2010 年 6 月 23 日 9 时 00 分,投标人应于当日 8 时 00 分至 9 时 00 分将投标文件递交至××市建设工程交易中心会议室。

5.3 逾期送达或者未送达指定地点的投标文件,招标人不予受理。

6. 发布公告的媒介

本次招标公告同时在××省招标投标综合网、××省交通厅行政权力公开透明运行网上发布。

7. 联系方式

招标人:××市公路建设管理处	代理机构:××招标有限公司
地址:××市××路××号	地址:××市建设路 99 号新星大厦 16 层
邮编:063000	邮编:063000
联系人:杜美	联系人:张宝旺
电话:××××××	电话:××××××
传真:××××××	传真:××××××

【评析】

这是一份工程施工项目招标书。文章明确了招标条件、项目概括与招标范围、投标人资格要求、招标文件的获取、投标文件的递交及相关事宜、发布公告的媒介及联系方式等,内容完备,分条表述,层次清晰,便于投标单位快速了解和把握招标的内容及要求。

【实例二】

政府采购招标公告

(招标编号:DMZ20100705)

我公司受采购人委托,对采购人的制服及菜籽油等购置项目进行竞争性谈判招标,其项目资金已落实,并已进入政府采购资金专户,欢迎合格投标人对此项目提交密封投标书。

一、招标内容

A 包:菜籽油(33 吨)

B 包:制服(一批)

二、资质或资格要求

(1)经年检有效的营业执照副本、税务登记证副本、组织机构代码证,以上资料须提供清晰的复印件并加盖公章;

(2)A 包投标人还须提供食品卫生许可证;

(3)B 包投标人还须提供标准制服生产许可证;

(4)法人代表授权委托书及被授权人身份证复印件;

(5)本项目不接受联合体投标。

三、发售招标文件时间从 2010 年 7 月 14 日起到 2010 年 7 月 20 日下午 16:30 时止。

四、发售招标文件地点:××市××路世纪大厦 603 室。

五、招标文件售价:人民币 200 元全套,售后不退回。

六、投标截止时间:2010 年 7 月 21 日上午 9:30 时。

七、开标时间及地点:2010年8月2日上午9:00时,××市××路世纪大厦603室。

八、招标代理机构:××市××招投标服务有限公司。

联系部门:政府采购部　　联系人:××

九、联系电话:(××××)××××××××

传真号:(××××)××××××××

办公地址:××市××路世纪大厦603室

邮政编码:××××××

十、电子邮箱:

企业联系QQ:政府采购一部×××××××××

　　　　　　　　政府采购二部×××××××××

详情请登录:××省招标投标网:×××××××

　　　　　　　　××交易网:×××××××

十一、开户银行:中国银行××市××支行

账号:×××××××××　　账户名:××市××招投标服务有限公司

××市××招投标服务有限公司

二○一○年七月十四日

【评析】

这是一份政府采购招标书。文章在简单说明招标背景条件的基础上,分项说明了招标项目的内容,投标人的资质或资格要求,招标文件的发售时间、地点及售价,递交投标文件的截止时间,开标的地点及联系方式等等,内容具体且有条理,格式规范。

二、投标书

(一)投标书的含义

投标书是投标人按招标书提出的条件和要求,具体向招标人提供备选方案并提出订立合同建议的应用文书。

(二)投标书的种类

按照不同的标准分,投标书也可划分为许多种不同的类型。

1. 按投标内容分,投标书可分为承包或租赁企业投标书和任务(项目)投标书两类。

承包或租赁企业投标书:即根据招标条件的要求,投标者把自己在一定期限内的经营方针、所能达到的经营目标、各项主要的经济指标和完成目标的实施办法及设想意见等,按照一定的格式写成的书面投标方案。任务(项目)投标书:即投标者根据招标目的任务或项目的具体要求指标,把自己在规定期限内,愿意接受招标任务或项目提出来的招标条件,完成目标的措施、方法,以及完不成目标应承担的责任等,按照一定的格式写成的书面投标方案。

2. 按投标主体分,投标书分为个人投标书、集体投标书、企业投标书三类。

个人投标书:即投标者是个人的投标书。集体投标书:即投标者是三人以上组成的集体的投标书。企业投标书:即投标者为某企业集团的投标书。

(三)投标书的特点

1. 针对性

投标书是投标单位根据招标文件的要求而写成的文书,投标单位必须认真地对招标单位的条件和要求作出郑重承诺,同意招标书中的各项制约性条款,所写内容应是招标单位要求或关心的,表现出很强的针对性。

2. 明确性

投标书要对所采取的方式、方法,实施措施,所要达到的目标和标准,采用的科学技术方法,可以获得的经济和社会效益等,都要明确清晰地进行说明。

3. 制约性

投标书是投标方意向的明确表达,和招标书一样受法律保护和约束,是承诺的过程。一旦确定中标以后,投标书就成了制定合同的依据,也可作为合同的组成部分。投标书寄出以后,投标人便不能更改,否则即是违约,就要承担相应的法律责任。所以,写作投标书必须有严谨的法律观念,科学的态度。

（四）投标书的结构与写法

投标书是对招标书的回答。由于投标的项目不同,其内容与写法也不尽相同,但其结构形式基本相同,一般由标题、称谓、正文、附件和落款五部分组成。

1. 标题

一般由投标项目和文种两部分组成,也可以写成投标单位名称加文种,如:《××经济特区土地使用权投标书》、《××省第三建筑公司投标书》等。

2. 称谓

一般在标题下,顶格写招标单位名称,如同书信中的称呼,也可以不写此项。

3. 正文

一般由前言和主体两部分组成。

前言部分,一般写招标投标的意义或指导思想,阐明投标项目和内容,以及自己在本次投标竞争中的态度。

主体部分,是投标书的主要内容所在,是鉴定投标方案是否可行,能否被选中的关键部分。一般应写出对本投标项目基本状况进行的分析,找出自身优势和困难的主要方面,提出经营方针、指导思想,讲明承包目标、考核指标,还应写出完成目标的可行性分析和方法、措施,也可写出对招标者所提要求、条件的认可程度。如有必要,也应写明投标者基本情况。若是企业投标,一般写明企业名称、所有制性质、隶属关系、固定资产、技术力量和设备等;若是个人投标,一般写明自己的文化程度、简历、任职情况、有多少财产可以抵押等。关于投标者基本情况可以写在主体部分,也可以专门形成一份材料,作为附件。

主体部分往往内容很多,一般采用横式结构,分部分来写,若其中项目固定,数字较多,也可以采用表格形式。应做到目标可信,方法妥当,措施可行。要有数据,有分析,有目标,有论证,有方法,有措施,有步骤,有见解。

投标书正文的写作也可以根据招标文件的具体要求内容而行文,只要把投标单位的情况、态度,以及对招标单位的要求写清楚,也就达到了写作基本要求。

4. 附件

有的投标书随正文后有附件。若是建筑工程投标,其附件主要有:工程清单或单位工程主要部分标价明细表,也包括单位工程主要材料,设备标价明细表等。若是大宗商品买卖,商品的规格、价格等,可列表作附件。

有的投标书附件是根据招标文件的要求,出具相应的材料,如营业执照复印件、银行开具的保证金保函等。

5. 落款

写明投标单位名称(或投标者个人姓名)、法定代表人姓名、盖章,再注明投标者的地址、电话、电报挂号等,最后写发文日期。

(五)投标书的写作要求

1. 资料要齐全

只有对市场情况、自己的实力了如指掌,掌握多方面的资料,并在写作投标书时充分运用这些资料,才能保证投标书的内容翔实、具体,且具说服力。

2. 内容要具体明确

在投标书写作中,对投标项目的分析,自己的投标态度,将要采取的方针、经营政策,所要达到的目标、采取的措施、承担的责任等,均应写得具体、明确。所有定量数据,都要有切实的依据,并经过严格认真的核算。当然,有时出于竞争策略上的考虑,可以有一定的灵活性。

3. 纲目分明,重点突出

投标中涉及的问题较多,写作投标书时要注意分项说明,做到纲目分明,同时,不能事无巨细全部写进投标书中,而应根据招标文件的要求突出写作重点。

4. 要实事求是,不轻易许诺

投标书的各项内容要在专家充分论证的基础上实事求是地认真填写,因为一旦中标,中标人将在规定期限内与招标人签订合同,而投标人对自己在投标书中的承诺要负法律责任,所以,切忌为中标而毫无把握地许诺。

另外,还应讲究时效。因为招标都规定了明确的时限,过期不候。所以,投标者要在规定的时限内制作好并送出投标书,才有中标的可能。

【实例】

投标书

阿荣旗至深圳国家重点公路濮开高速长垣至封丘段 NO.3 合同段

××黄河高速公路有限公司:

1. 在研究了上述项目第×合同段的招标文件(含补遗书)和考察了工程现场后,我们愿意以人民币大写××××元(￥××××元)的投标总价,遵照招标文件的要求承担本合同的实施、完成及其缺陷修复工作。

2. 本合同段长约××km,技术标准:高速公路,沥青混凝土路面。有××立交××处,大中桥×座,计长×××米,以及其他构造物工程等。

3. 如果你单位接受我们投标,我们将保证按照你单位认可的条件,以本投标书附录写明的金额、方式和时间提交履约担保。

4. 我们同意从规定的开标之日起90天的投标文件有效期内严格遵守本投标书的各项承诺。在此期限满期之前,本投标书始终对我们有约束力,并随时接受中标。

5. 在合同协议书正式签署生效之前,本投标书连同你单位的中标通知书将构成我们双方之间共同遵守的文件,对双方具有约束力。

6. 我们理解,你单位不一定接受最低价的投标或你单位接到的其他任何投标,同时也理解,你单位不负担我们的任何投标费用。

7. 随同本投标书,我们出具金额为人民币 50 万元的投标担保。如果我们在本投标文件有效期内撤回投标文件,或拒绝接受按投标人须知规定的对投标文件细微偏差进行澄清与补正,或在接到中标通知书后的 10 天内未能或拒绝签订合同协议书,或未能提交履约担保(含按规定提交的相应比例的银行汇票),你单位有权没收投标担保,另选中标单位。

附件:×××××××

> 投标人:××××公司(盖章)
> 地址:××市××路×号
> 法定代表人:张××
> 邮政编码:××××××
> 电话:×××××××
> 传真:×××××××
> 联系人:赵××
> 200×年 12 月 15 日

【评析】

这是针对招标书所做的投标书,直接表明接受招标单位提出的条件,针对性强。正文内容比较简单,表述清楚,是经过了认真准备而写成。在结构上采用分条形式,层次清晰,重点突出。

第五节 审计报告与查账报告

一、审计报告概述

审计报告是审计人员根据审计目的,对被审计单位的有关经济活动进行审查后,将审计情况、审计结果及审计意见向委办单位或有关部门提交的书面报告。

审计报告是审计工作中的重要环节,它是审计机关作出审计结论和决定的直接依据。具有一定的权威性和公正性。可以帮助财税部门和经济立法部门了解情况,收集资料,作为决策参考。

我国现行审计报告通常从主体、范围和内容三个方面把审计报告分为不同的类别。从主体来分,有内部审计报告和外部审计报告。外部审计报告是审计机关对被审计单位进行审计后的报告,有国家审计机关和社会审计组织两种审计报告。从范围来分,有专项审计报告和综合审计报告两类。从内容上来分,有财务审计报告、效益审计报告和财政审计报告等。

二、审计报告的内容和格式

根据《中华人民共和国审计法》及其实施条例,完整的审计报告应包括如下内容:

(一)审计的内容、范围、依据和时间及其有关情况的说明;

（二）与审计事项有关的事实；

（三）依据的法律、法规和政策的规定；

（四）初步结论、处理和建议。

审计范围包括时间和业务范围。这里的时间范围是指审计的业务所涉及的时间段，业务范围是指被审计的业务范围。审计内容包括审计目的和任务，被审计对象的具体内容。审计时间是指审计活动开始到结束的时间。

从形式上看，审计报告有文件式、表格式、综合式等。一般情况下，审计报告都以由文字加表格组成的综合式审计报告为主。因此，审计署还特别发文规定，审计报告包括下列基本要素：

（一）标题；

（二）主送单位；

（三）审计报告的内容；

（四）审计组组长签名；

（五）审计组向审计机关提出审计报告的日期。

其具体结构方式是：

标题由被审计对象名称、审计内容和报告的种类组成。如《关于××公司财政纪律审计的专项审计报告》。由于审计报告具有一定的公文性质，因此，正式的审计报告一般都以公文形式出现。有文件头。如："××市审计局文件"，"审发〔2004〕××号"。

正文由报送单位、前言、基本情况、审计情况、结论或评价、处理意见和建议等构成。

审计报告的报送单位一般是委办单位或者上级领导机关。

前言部分一般是概述进行审计的依据、审计范围、审计对象的重点和审计的方式，审计人员的组成、起止时间等。

基本情况主要反映被审计对象的业务性质、组织管理情况，使人对被审计对象有一个基本的印象。

审计报告中的审计情况是正文中的重点。一般而言，审计报告反映的主要是审计出的问题。这一部分要求有事实、有分析，按不同的问题性质进行归类叙述，实事求是，清晰明了。

审计结论应对审计出的问题作出明确结论，对问题的性质和产生原因及其后果进行评价。

处理意见可在查明问题、分析原因的基础上，恰当地提出相应的处理意见，以便有关部门依法追究其法律责任。

类似的写法我们还可以参考审计署的相关规定。审计报告的具体内容主要包括：

（一）审计的范围、内容、方式、起讫时间；

（二）被审计单位的基本情况，财政财务隶属关系，财政收支、财务收支状况等；

（三）被审计单位对提供的会计资料的真实性和完整性的承诺情况；

（四）实施审计的步骤和采取的方法及其他有关情况的说明；

（五）被审计单位财政收支、财务收支的真实、合法、效益情况及其评价意见；

（六）审计查出的被审计单位违反国家规定的财政收支、财务收支行为的事实以及定性、处理、处罚的法律、法规规定；

（七）对被审计单位提出改进财政收支、财务收支管理的意见和建议。

落款包括审计机关或人员署名、写作审计报告的时间，并加盖印章。

三、审计报告的写作要求

写作审计报告是一项政策性极强的工作。审计报告是相应的监督机关依法对有管辖权的单位进行监督的一种重要工具。审计报告也是委办单位对被审计单位的经济活动、存在问题进行指导、监督和作出处理决定的重要依据。因此，写作审计报告涉及面广、严肃性强、关系重大。

首先，事实要清楚。写作审计报告的人必须亲自参与审计工作的全过程，全面充分地掌握第一手可靠的材料，并针对这些材料反复进行核实。审计中发现的问题必须查根究底，才能写入报告。《审计法》还特别规定，审计报告写完后必须交被审计单位征求意见。这是确保审计报告事实清楚的一大关键，保证了被审计单位的正当权益，给予被审计单位申诉解释的权利。

其次，结论要有依据。审计报告的写作者必须具有一定的业务素质和政策水平，对相关审计工作经验要求较高。审计报告中作出的每一条结论都必须有理有据。既要有事实依据，又要有法律依据，要做到令人心服口服。

最后，处理意见要合法适度。审计报告可对被审计单位存在的问题提出处理或改进意见，这些意见必须于法有据，而且要具体可行。坚持客观公正的态度，既要符合事实，又有利于经济建设，起到惩前毖后的作用。

此外，审计报告应当内容完整，结构合理，观点明确，条理清楚，用词恰当，格式规范。

【实例】

国务院关于 2011 年度中央预算执行和其他财政收支的审计工作报告
——2012 年 6 月 27 日在第十一届全国人民代表大会常务委员会第二十七次会议上

审计署审计长　刘家义

全国人民代表大会常务委员会：

我受国务院委托，向全国人大常委会报告 2011 年度中央预算执行和其他财政收支的审计情况，请审议。

根据《中华人民共和国审计法》的规定，2011 年，审计署按照中央要求和部署，全面忠实履行职责，积极促进政策法规落实，推动科学发展；加大揭露和查处违法违规问题及经济犯罪案件力度，全力维护经济安全，推进反腐倡廉建设；注重从体制、机制和制度层面提出建议，努力推动深化改革和民主法治建设。从审计情况看，2011 年，在党中央、国务院的坚强领导下，中央预算执行和其他财政收支情况总体较好，实现了"十二五"时期良好开局。

——加强和改善宏观调控，保障经济平稳较快发展。实施积极的财政政策，中央公共财政支出比上年增长 17%，其中使用的超收收入增长 39%，年末国债余额增长 7%；加快转变经济发展方式，中央财政科技、节能环保和交通运输支出分别增长 18%、13% 和 27%；提高区域发展的协调性，对新疆、西藏及其他藏区支出增长 54%，扎实推进主体功能区规划落实。

——着力保障重点支出，推动民生和社会事业加快发展。中央财政教育、卫生、社会保障、文化等民生方面支出比上年增长 30%，人均基本公共卫生服务经费由 15 元提高到 25 元，城镇居民医保和新农合财政补助标准由每人每年 120 元提高到 200 元；"三农"支出增长 22%，农村中小学公用经费年均提高 100 元，1228 万名中西部家庭困难寄宿生获得资助。

——深化财税改革和预决算公开，促进公共财政体系更加完善。推动所有政府性收入纳入预算管理，对地方政府性债务进行全面审计和清理，完善结构性减税政策；继续优化转移支付结构，健全县级基本财力保障机制，在 1080 个县实行省直管县财政管理方式改革；推行预决算公开，92 个中央部门公开了年度预决算，98 个中央部门公开了"三公经费"。

——切实加大整改力度，推进财政财务管理不断规范。各部门、各单位依法认真整改上年审计查出的问题，被挪用和滞留资金 143.94 亿元已全部追回或拨付，挽回和避免损失 60.66 亿元；有 699 人受到党纪政纪处分，81 人被依法逮捕、起诉或判刑；根据审计建议，完善制度规定 1581 项。具体整改情况，国务院已向全国人大常委会专题报告，审计署已向社会公告。

一、中央财政管理审计情况

从审计情况看，2011 年，财政部和发展改革委等部门认真组织实施积极的财政政策，健全公共财政体系，加强预算和投资管理，规范预算执行和重大投资项目公示试点工作，财政宏观调控作用不断增强，预算约束和投资管理水平逐步提高，但仍存在一些需要进一步规范的问题。

（一）中央预算管理完整性方面

1. 有些收支未纳入预算管理。包括：中国清洁发展机制基金管理中心 2006 年以来收取的温室气体减排量交易收入 101.25 亿元；商务部、卫生部和农业部 2008 年以来接受的国外无偿援助资金收入 62.09 亿元、支出 10.92 亿元；财政部委托进出口银行管理的外国政府贷款利息收入 372.83 万欧元、支出 173.82 万欧元；贸促会控股的中国专利代理（香港）有限公司应上缴的投资股利分红 1.7 亿港元。

2. 财政部在向全国人大报告 2011 年中央预算执行情况时，少报 19.22 亿元超收收入安排情况。

3. 批复的 2011 年部门预算中统筹使用结转结余资金与实际差异较大。主要是：中央公共财政国库集中支付上年累计结余 628.92 亿元，编入部门预算的仅有 300.21 亿元（占 48%）；12 个部门的 12 项政府性基金上年累计结余 52.72 亿元，均未编入部门预算。

4. 部门预决算报表未完整反映政府采购情况。在预算报表中，未要求编列政府性基金安排的政府采购情况；在追加预算中未要求单独编列政府采购预算；决算报表中未要求编制政府采购决算。

（二）中央公共财政预算的细化和执行方面

1. 年初预算未全部细化落实到部门和地区。主要是：中央本级支出预算中，代编支出 982.65 亿元和据实结算政策性补贴等支出 1027.89 亿元未细化落实到部门及项目，占 12%；发展改革委归口管理的中央本级基建支出，年初预算细化到位率仅为 47%，未达到 75% 的要求；在批复的中央部门预算中，30 个部门代编的 85 个项目支出预算 874.5 亿元（占 45%）未细化，而是在执行中进行了二次分配；在转移支付预算中，有 16309.69 亿元（占 50%）未细化落实到省区市，有 8951.41 亿元（占 28%）未在全国人大审查批准后 90 日内下达。

2. 个别投资计划安排不够合理。发展改革委在产业振兴和技术改造投资计划中,对不属于支持范围或未严格执行相关产业政策的6个项目安排投资2922万元,应重点支持的清洁生产技术等11个战略性新兴产业核心领域却未安排投资。

3. 向一些项目安排的财政补助投资未达规定比例,且分配散、金额小。2011年,发展改革委安排25个省区市基层就业和社会保障服务设施建设试点投资中,有21个省区市获得的财政补助投资比例未达规定要求;安排中小企业技术改造专项的1903个项目中,有752个项目的财政补助投资占项目总投资的比例不足规定的一半,最低仅1%;将9.19亿元电子信息产业振兴和技术改造投资计划切块下达给279个项目,各项目财政补助投资比例最高达50%、最低仅0.7%,其中106个项目的补助比例低于规定标准,影响政策实施效果。

4. 在执行中调整预算项目用途。2011年,财政部将义务教育转移支付预算中的"落实教育规划纲要补助经费"70亿元调整为高等教育支出;调整了17.28亿元中央财政代编预算的项目用途。

5. 投资计划下达程序不规范。2011年,发展改革委未严格按规定程序下达投资计划468.37亿元,有13个投资专项没有专项发展规划、未事先编制工作方案或未批复资金申请报告,62个项目尚未批复可行性研究报告、初步设计或用地申请,3个项目存在以虚假资料申报或未通过专家评审等问题。

6. 投资计划和预算下达时间滞后。按要求,投资计划下达和预算追加原则上应于9月30日前完成,部分特殊事项最迟不得超过12月20日。但2011年中央预算投资计划中,有149.54亿元(占4%)是9月30日后才下达的;追加的部门预算中,有592.64亿元(占36%)是9月30日后办理的,其中146.45亿元是12月20日后办理的;还有21个部门2010年决算是超过规定期限批复的。

7. 部分预算执行率低。由于客观情况与年初预期差距较大,至2011年底中央本级代编和据实结算政策性补贴预算有22%未执行,形成结余结转资金447.18亿元;中央预算投资安排的6个项目进展缓慢,7000多万元财政资金闲置或滞留。去年审计指出中央财政养殖业保险保费补贴预算执行率低后,财政部2011年将此项预算从42.95亿元减至26.5亿元,但执行率仍仅为24.7%,比去年还低0.3个百分点,其中"育肥猪保险保费补贴"预算执行率为零。

(三)财政转移支付管理方面

1. 一般性转移支付力度仍应加大。(略)

2. 专项转移支付管理制度不健全。(略)

3. 部分专项转移支付未实现预期目标。(略)

(四)中央政府性基金预算管理方面

1. 基金预算代编规模偏大、执行率低。(略)

2. 执行中改变了预算级次。(略)

3. 基金征缴不到位。(略)

(五)中央国有资本经营预算管理方面

1. 国有资本经营预算范围不完整。(略)

2. 现行国有资本经营收益收缴比例仍偏低。(略)

3. 国有资本经营预算与公共财政预算功能定位不够清晰,在补助对象、支持投向上存在交叉重复。有些方面的专项支出,在财政部代编的国有资本经营预算、国资委分配的国有资本经营预算、公共财政预算中都分别安排了资金。

4. 2011年,国有资本经营预算有603亿元年初未落实到具体项目,财政部拨付资金也主要集中在11月和12月,其中12月拨付327.42亿元(占当年预算的42%)。

(六)国库管理方面

(略)

(七)财税审批和管理方面

政府采购审批监管不严格。由于政府采购标准的制定和采购代理机构的资格认定、审批、授予、考核、处罚都由财政部负责,缺乏有效监督制约,在财政部授予甲级资格的633户采购代理机构中,有129户社会保险费缴纳证明与实际缴纳情况不符;未按规定向国务院报告6家集中采购机构的考核结果,也未依法处理涉嫌违规单位和个人。此外,还以财政部国库司便函形式,审批(核)1319项采购方式变更和采购进口产品事项。

(八)中央决算草案编制方面

总的看,中央决算草案比较完整地反映了中央预算执行结果,但也发现决算草案编制中一些不够严格和规范的问题,有的影响到收支数字的准确性。

1. 截至2011年底,有137.85亿元财政借款未及时清理,也未在决算草案中编报。

2. 编报程序和科目不完全符合制度要求。从程序看,财政部先编制中央决算草案,经全国人大常委会批准后,再调整实际发生的会计账目,不符合规定的决算编制程序。从科目看,在一般性转移支付中列报的"基层公检法司转移支付"等5个科目,不属于规定的政府支出科目。

对上述问题,财政部、发展改革委和有关部门正在逐项研究,加以整改。其中,对少报超收收入安排情况问题,财政部已在编制决算草案时作了调整;对部分国外无偿援助资金专用账户管理不规范问题,财政部已按规定归口管理。

二、中央部门预算执行和决算草案审计情况

此次共审计50个中央部门,延伸审计270个所属单位,审计预算支出1460.24亿元,占这些部门预算支出总额的30%。从审计情况看,这些部门认真贯彻国务院要求,着力加强预算管理改革和制度建设,不断推进预决算通报、公开和监督检查等工作。总体上,部门预算执行和财务管理的规范性逐步提高,违法违规问题不断减少,挤占挪用、多申领预算资金等违规问题金额分别比上年减少13%、61%。审计发现的主要问题是:

(一)预算执行未完全到位。(略)

(二)预算和财务管理不够严格。(略)

(三)一些预算管理制度和规定不够明确完善。突出表现在:(略)。

此外,从部门决算草案审计情况看,2011年各部门决算编报比较规范,发现的问题主要是账务处理或报表填列错误,使决算草案部分内容不够准确,涉及部门36个、金额14.19亿元,占审计资金总量的0.09%。对其中1.39亿元的问题,相关部门在审计过程中已调整账目和报表;对其他问题,审计长已签署意见,要求予以纠正。

对审计指出的问题,相关部门和单位采取了106项整改措施,已通过收回资金、调整会计账目和决算报表等整改问题金额9.58亿元。

三、县级财政性资金审计情况

为了解地方财力保障情况,组织对 18 个省区市县级财力总体状况进行了审计调查。从审计情况看,2011 年,中央财政安排县乡各类奖补资金 1569.68 亿元,是 2005 年的 3 倍多;18 个省级财政投入 437.11 亿元用于保障县级基本财力;重点调查的 54 个县(财力状况好中差各约占三分之一)实现财政性收入 1116.84 亿元,比上年增长 17%,县级财政保障能力不断提高。审计发现的问题:

(一)县级财政性收入中非税收入占比较高,稳定性和可持续性较差。当前县级政府独享税种的税源较为分散,县级财政性收入主要来源于非税收入。2011 年,重点调查的 54 个县实现的财政性收入中,有 675.11 亿元(占 60%)是非税收入,且大多有专项用途,财政不能统筹安排。

(二)一些县在招商引资中变相减免财政性收入,有的存在虚增财政收入现象。(略)

(三)县级财政支出压力较大,一些地方民生资金计提不足。(略)

(四)对超收收入缺乏制度约束,财政管理还不够规范。(略)

针对上述问题,有关部门和地方正在结合省以下财政管理体制改革,研究健全和完善县级财政管理制度,有关地方正在纠正财政管理中存在的不规范问题。

四、重点民生项目及其他专项审计情况

(一)保障性安居工程审计情况。(略)

(二)农村医疗卫生服务体系建设审计调查情况。(略)

(三)现代农业生产发展资金审计情况。(略)

(四)国家科技重大专项审计调查情况。(略)

五、重大投资项目审计情况

主要组织对京沪高铁、西气东输二线工程和中央支持新疆发展项目、中小学校舍安全工程等进行了审计。总的看,这些项目基本能够按计划组织实施,资金使用和工程质量管理得到进一步加强,其中已建成项目的经济效益和社会效益初步显现。但在招投标、投资控制和资金使用、工程管理等方面还存在一些问题。

(一)招投标管理不规范问题仍较突出。审计共发现此类问题金额 389.05 亿元,如抽查中央支持新疆发展项目发现,有 1194 份合同招投标不规范;在京沪高铁全线的土建招标中,铁道部违规将资格预审申请文件的获取时间由至少 5 个工作日缩短至 13 小时,从获取到递交时间由规定的一般不少于 7 天缩短至不到 24 小时。

(二)一些项目投资和进度控制不够严格。审计共发现重复计列费用、价款结算不严等造成投资增加 10.29 亿元,滞留和挪用建设资金 131.30 亿元,拖欠工程款和劳务费 121.08 亿元。一些项目未能按计划推进,如 54 个县的中小学校舍安全工程,至 2011 年底有 54% 的校舍加固和 48% 的校舍新建任务未完成。

(三)一些项目质量管理存在薄弱环节。主要是质量安全措施落实不到位,如西气东输二线工程,有 171 座已运营站场和阀室(占抽查数的 87%)的消防或防雷工程未经验收或验收不合格;在其上海支线建设中,有 48 名无损检测、监理等不可替换关键岗位人员被随意替换,占关键人员总数的 70%。

针对审计指出的问题,相关部门和地方已拨付和收回资金 9.83 亿元,完善了招投标、投资控制等 6 项制度,加快了中小学校舍安全工程的排查和治理工作。

六、汶川、玉树、舟曲灾后恢复重建跟踪审计情况

（一）汶川灾后恢复重建跟踪审计情况。（略）

（二）玉树灾后恢复重建跟踪审计情况。（略）

（三）舟曲灾后恢复重建跟踪审计情况。（略）

七、土地和资源环境保护审计情况

为促进落实国家有关土地和资源环境保护政策，对 11 个省市 2009 年至 2010 年土地管理及土地出让收入等资金征收使用情况、环境保护领域利用国外贷款项目绩效状况进行了审计，还关注了重要资源能源开发利用等情况。从审计结果看，近年来，各地普遍建立了耕地和环境保护目标责任制，加强了土地管理和资源环境保护工作，取得较好成效。审计发现的主要问题：

（一）违规批地用地问题仍时有发生，土地出让收入等资金管理还不够严格。（略）

（二）一些地区和行业发展方式落后，资源环境保护措施不到位。（略）

（三）一些地方环境保护项目建设统筹规划不够，污水垃圾处理等工作滞后。（略）

审计指出问题后，相关地方已收回和规范管理资金 56.62 亿元，纠正违规征地问题涉及土地 17.59 万亩，制订和完善相关制度 18 项，还对 10 名责任人员进行了处理。

八、金融审计情况

从对 8 家商业银行新增贷款投放和 2 家金融机构资产负债损益的审计情况看，这些金融机构能够较好地贯彻落实稳健的货币政策，合理调整贷款投向结构，稳步推进金融业综合经营试点，有效提升了经营管理水平和风险防控能力。但在资金借贷和金融创新管理等方面仍存在一些问题。

（一）在资金借贷方面，审计发现向手续不齐或资本金不到位项目发放贷款、客户挪用贷款资金等问题金额 300 亿元，其中 132.77 亿元被挪用于开发商业地产。一些中小企业为缓解资金困难，参与民间借贷活动日益增多，审计调查的 746 家企业 2011 年底民间借贷余额 134.85 亿元，相当于其从银行等金融机构融资规模的 50%；抽查当年发生的 1593 笔借贷业务，有 75% 的合同还款期限不足半年，24% 的借款利率在一年期贷款基准利率 4 倍以上，多是操作不规范的私下交易，有的存在非法集资、高利转贷等问题。

（二）在金融创新管理方面，主要是一些金融机构通过同业代付、理财等创新业务增加了流动性，但未纳入信贷规模统计和管理，不利于调控和监管；一些金融机构内部治理机制尚不适应金融改革和业务发展需要，特别是对业务拓展中层层设立的子公司管控不到位，在一定程度上存在管理失效问题。

（三）在信用评级行业发展方面，我国目前大多数信用评级机构规模较小，仅在国内开展业务，国际投资活动主要依靠外国信用评级机构；在国内评级市场上，一定程度存在评级机构通过虚高评级换取高收费或抢占市场份额的现象，审计抽查 16 家债券发行企业在信用评级及申请发债中所提供的资料，均不同程度存在弄虚作假问题。

对审计指出的问题，相关金融机构已整改违规问题金额 256.97 亿元，完善规章制度 188 项，处理责任人员 190 名。

九、企业审计情况

从审计情况看，此次审计的 15 户中央企业能够贯彻执行中央决策部署，加强自主创新，优化发展结构，改进内部管理，经营业绩和竞争力不断提高。审计发现的主要问题：

（一）一些企业落实节能减排要求不到位，执行"三重一大"决策制度也不够严格。（略）

（二）财务核算和经营活动中存在一些不够规范的问题。（略）

十、审计查出的重大违法违规问题和经济犯罪案件

在审计中，审计署共向有关部门移送重大违法违规问题和经济犯罪案件112起，涉及300多人，有关部门正在依法立案查处。上述案件主要有以下特点：

（一）大多为利用公权谋取私利、侵蚀公共资源、损害群众利益等问题，有向民生领域渗透的趋势。这些案件涉及司局级及以上人员22人（占7%）；"一把手"利用职权牟取私利、参与作案的职务腐败问题也较突出，有43起（占38%）。金融、土地、国有资产管理和工程建设等领域案件依然较多，有92起（占82%）；还有14起（占13%）发生在医疗、社保、教育等民生领域。

（二）借道"中介服务"等第三方进行权钱交易成为一些领域腐败犯罪新形式。审计共发现此类案件14起，有关单位和个人从中非法获利5.76亿元。主要表现为，一些公司或个人利用掌握的资源或"人脉"，通过中介方介入本来可按正常程序开展的行政审批、财税优惠、信贷发放、招投标及资源配置等活动，协助取得项目或资金，并未提供实质中介服务却收取"顾问费"、"咨询费"等。如招商证券公司投资银行部原执行董事李黎明在负责发行债券和保荐上市业务期间，假借需第三方财务顾问或利用"关系资源"承揽项目之名虚构中介业务，通过其控制公司骗取中介费近3000万元，还违规持有拟上市公司股权，涉嫌内幕交易。审计已将此案移送证监会和公安机关查处。

（三）新业务新技术的快速发展与相关监管机制、法规制度建设的滞后，使不法分子有机可乘。如在融资渠道趋紧的形势下，一些企业和个人通过有组织地违规受让或收集无真实贸易背景的银行承兑汇票，之后伪造交易业务等资料向银行贴现以套取资金。审计查出的4起违规金融票据融资案件，相关人员、"倒票"企业分别从中获利7500多万元和4700多万元，涉及的188家银行基层分支机构均不同程度存在审核把关不严、关键岗位工作人员违规操作等问题。

对于本报告反映的具体审计情况，目前已公告50个中央部门、15户中央企业、2家金融机构和12个专项的审计结果，以及57起办结案件情况。下一步，审计署将继续做好审计结果公告工作，并按国务院要求督促有关方面认真整改。全面整改结果，国务院将在年底前向全国人大常委会专题报告。

十一、加强财政管理的意见

（一）深化财政体制改革，健全统一完整的政府预算体系。进一步理顺政府与市场的关系，按照公共产品的受益范围界定各级政府的事权和支出责任。切实将政府收支全部纳入预算，超收收入和重大预算调整事项应向全国人大常委会报告，逐步建立政府财务报告制度。按照事权与财权相匹配原则，调整优化中央与地方收入分配结构，切实解决转移支付在中央财政支出中占比高、专项转移支付在转移支付中占比高的问题，建立健全规范的转移支付制度。

（二）加强财政制度建设，提高预算执行效果和预算公开质量。从根本上解决预算编制不细化、执行中调整预算级次和项目用途等问题，关键在于建章立制，明确标准和依据，落实管理责任和权限。当前，应加快完善基本支出定员定额标准体系，准确界定基本支出和项目

支出范围,规范和统一部门预算公开内容;加强与政府职能和财政政策相衔接,完善项目储备库建设,确保按期实现预算确定的目标。

(三)优化财政支出结构,进一步加大对民生领域的投入。政府预算安排应体现财政的公共性,优先保障与人民生活直接相关或民生供需矛盾特别突出的领域。为此,应建立健全财政民生支出的绩效考核体系,研究确定全国范围基本公共服务项目和最低保障水平,缩小民生保障标准的地区差异;进一步完善符合我国实际的社会保障制度模式,建立稳定的财政投入机制,促进社会保障相关制度的衔接和公平推进。

(四)清理规范税收优惠和变相减免财政性收入等政策,维护税法的统一公平。近年审计发现,一些地方在招商引资中普遍变相减免或返还财政性收入,不利于建立公平的市场竞争环境。为此,应组织对税收优惠政策进行清理规范,更多地鼓励企业通过深化改革提高竞争力,推动地方通过深入发掘和发挥特色优势,在国家主体功能区规划指导下健康协调发展。

(五)加强财政政策与其他政策的协调配合,发挥宏观调控的整体合力。应根据宏观调控的总体目标,确定财税、信贷、产业、贸易、投资、土地、就业、环境保护等政策的重点任务,增强政策措施的协调性、配套性和可操作性,使各项政策互为补充、有机衔接。建立健全跨地区、跨部门、跨领域的信息共享平台和协调配合机制,加强资源整合,解决信息"孤岛"、信息系统重复建设等问题,切实增强宏观调控的及时性和有效性。

附件:已发布的单项审计结果公告

(全文完)

四、查账报告

(一)查账报告的含义

查账报告系指注册会计师完成对会计报表查账验证之后出具的报告,它用于证明编报单位会计事项的处理和会计报表的反映是否符合国家法律、行政法规、财务会计制度的规定和有关协议、合同、章程的要求,以及是否真实地反映了编报单位的财务状况、经营成果和资金变动情况。

(二)查账报告写作的一般要求

注册会计师对经过查账验证的会计报表提出意见时,应当以在查账验证过程中形成的工作底稿为依据,并对照国家法律、行政法规、财务会计制度的规定和有关协议、合同、章程的要求。提出的意见应当公正、客观、实事求是,并且对所出具报告内容的正确性、合法性负责。

注册会计师在检查验证会计报表的过程中,应当建议或帮助编报单位改进会计报表的编报工作。对于应当调整的会计查账项目或报表项目,应提请编报单位加以调整。如在注册会计师进行检查验证之前,编报单位已将需要调整的会计报表送出,注册会计师应当将需要调整的主要事项在查账报告或其附件中予以说明,并附调整后的会计报表。所附调整后的会计报表可以包括资产负债表(或资金平衡表,下同)、利润表、财务状况变动表和其他附表。

会计报表的真实性、合法性予以确认后,除专业要求需要说明者外,在查账报告中不必将编报单位已调整的事项再作说明。如果编报单位由于某种原因未能接受调整建议,注册会计师应当根据需要调整事项的性质和重要程度,确定是否在查账报告或其附件中予以反映。对于会计报表截止日和"查账报告日"之间发生的影响所有期间财务状况或经营成果的重要事项,除编单位已经调整者外,注册会计师应当根据其性质和重要程度,确定是否在查账报告或其附件中予以说明。

注册会计师出具的查账报告,应由注册会计师和会计师事务所签章后,连同其附件经送委托人,由委托人分送各使用单位。

注册会计师对出具的查账报告独立负责,毋需经任何机关、部门或单位审定。

(三)查账报告的基本类型

注册会计师应当根据查账验证的结果和编报单位对有关问题的处理情况,编制和出其无保留意见、保留意见、反对意见或拒绝表示意见四种类型之一的标准查账报告(或称短文式查账报告)。

注册会计师经过查账验证后,认为编报单位对于会计事项的处理和会计报表的编制符合下述情况时,可以出具表示无保留意见的查账报告:

1. 会计事项的处理和会计报表的编制符合国家法律、行政法规、财务会计制度的规定和有关协议、合同、章程的要求;

2. 会计报表能够真实地反映编报单位的财务状况、经营成果和资金变动情况;

3. 会计事项的处理和会计报表各项目的分类及编制方法与前期一致;

4. 不存在重要的未确定事项;

5. 注册会计师已完成必要的查账验证程序,在工作中未受阻碍和限制;

6. 没有应当调整而编报单位未予调整的账项或会计报表项目。

注册会计师经过查账验证后,认为编报单位对于会计事项的处理和会计报表的编制存在下述情况之一时,应当出具表示保留意见的查账报告:

1. 个别重要会计事项的处理或会计报表个别重要项目的编报方法不符合有关规定,编报单位拒绝进行调整;

2. 由于会计报表个别项目失实,影响到对编报单位的财务状况、经营成果或资金变动情况的恰当反映,编报单位拒绝进行调整;

3. 个别重要会计事项的处理或会计报表个别重要项目的编报方法与前期不一致,而这种不一致不符合现行法律、行政法规和财务会计制度的规定,编报单位拒绝进行调整;

4. 存在重要的未确定事项,且无法适当地预计其结果可能对会计报表相关项目的影响;

5. 注册会计师受到编报单位人为的或客观条件的限制,未能实施某些必要的查账验证程序,难以证实个别重要项目的真实情况。

注册会计师经过查账验证后,认为编报单位对于会计事项的处理或会计报表的编制存在下述情况之一时,应当出具表示反对意见的查账报告:

1. 重要会计事项的处理或会计报表重要项目的编报方法违反有关规定,编报单位拒绝进行调整;

2. 由于会计报表重要项目失实,致使严重歪曲了对编报单位财务状况、经营成果和资金变动情况的反映,编报单位拒绝进行调整;

3. 重要会计事项的处理或会计报表重要项目的编报方法与前期不一致,而这种不一致

不符合现行法律、行政法规、财务会计制度的规定,编报单位拒绝进行调整;

4. 存在重要的未确定事项,而已知其结果将严重影响到会计报表重要项目的真实反映。

注册会计师在查账验证过程中,由于受到编报单位人为的或客观条件的严重限制,使得重要的查账验证程序无法实施,或对多数重要事项无法取得证据,因而无法确认会计报表多数重要项目的情况,难以提出报告意见时,应当出具拒绝表示意见的查账报告。注册会计师明知应当出具保留意见或反对意见的查账报告时,不得以出具拒绝表示意见的查账报告进行代替。

(四) 查账报告的结构

注册会计师编写的查账报告结构,应当划分为"范围段"、"说明段"和"意见段",各段的表述方式、内容和运用的专业术语,也有相应的规定。查账报告"范围段"中应当说明:

1. 检查验证的各主要会计报表的名称、反映的会计期间和编制日期;

2. 所执行的查账验证程序和完成情况;

3. 对于资产负债表中的期初数和利润表中的上期数等比较资料由何注册会计师检查验证;

4. 查账验证所依据的法律、行政法规和编报单位所执行的财务会计制度等的名称。

查账报告的"说明段"中,应当充分叙述对会计报表所持意见的理由。包括对形成意见产生影响的有关事项,以及这些事项对会计报表相关项目的影响情况。表示无保留意见的查账报告,可以省略"说明段"。

查账报告"意见段"中应当说明:

1. 会计报表的编制是否符合有关会计制度的规定和所遵守会计制度的正式名称;

2. 会计报表能否恰当地反映编报单位的财务状况、经营成果和资金变动情况;

3. 有关会计事项的处理方法和会计报表各项目的分类及编制方法是否与前期一致。

表示反对意见的查账报告对本条第三项内容可不作说明。拒绝表示意见的查账报告应说明对本条上述各项内容无法表示意见。

在查账报告上签署的日期,称作"查账报告日"。"查账报告日"应当是注册会计师完成实地查账验证工作的日期,而不是编报单位会计报表截止日或查账报告完稿或印发的日期。

查账报告应有附件。附件的内容主要包括:完成检查验证的主要会计报表或调整后的会计报表;对会计事项和会计报表项目的调整说明;查账验证过程中发现的不便在查账报告中说明的问题;对报告内容所作的其他解释;注册会计师提出的管理建议书;委托人要求随附的其他资料等。

在委托人没有特定要求的情况下,注册会计师出具的查账报告,均为标准查账报告。但如委托人出于自身改进经营管理的目的,或其主管部门和其他有关机关有要求,注册会计师可以按照委托书的约定出具较详细的查账报告,这种查账报告称作长文式查账报告。长文式查账报告的内容包括报告正文和补充资料,其格式和详简程度应当根据委托书的约定和编报单位的具体情况而定。

长文式查账报告正文中表示意见的会计报表,包括编报单位的主要会计报表、其他会计报表,以及有关的附表、补充资料等。如果有必要,注册会计师还可以对编报单位的经营活动是否执行有关的方针政策,是否违反特定的法律、行政法规和财务会计制度,以及对其他有关事项的查账验证情况等表示意见并作说明。

长文式查账报告的正文结构,包括各段内容的表述方式和运用的专业术语,可以比照标准查账报告,划分为"范围段"、"说明段"和"意见段",但内容应更为详细具体,也可以根据不同的情况和要求,采用其他适用的叙述方式。长文式查账报告附加的补充资料可以包括:

(1)主要会计报表中某些重要项目的详细分析资料,如成本费用、销售收入、利润及其分配等;

(2)同以前年度财务状况、经营成果的比较分析资料,包括对变动情况的分析说明;

(3)某些重要的资产负债表项目的明细资料,如应收账款、存货或应付账款等;

(4)对重要会计报表项目实施的查账验证程序的说明;

(5)其他有关资料。

【实例一】

表示无保留意见的查账报告

(委托人名称):

本注册会计师根据你单位同意的××字××号委托书要求,对(编报单位名称)二○××年××月××日的资产负债表(或资金平衡表,下同)和到该日截止的本年度利润表、财务状况变动表进行了检查验证,其中资产负债表中的期初数和利润表中的上期数等比较资料,已由本注册会计师(或其他注册会计师)检查验证。在检查验证中,我们根据有关法律、行政法规、财务会计制度和《注册会计师检查验证会计报表规则(试行)》的规定,结合(编报单位名称)的具体情况,实施了检查内部管理制度遵守情况和数据记录真实情况等必要的查账验证程序。

我们认为,(编报单位名称)的上述会计报表符合《中华人民共和国××××会计制度》的规定,恰当地反映了(编报单位名称)本年度末财务状况及本年度经营成果和资金变动情况,有关会计事项的处理方法、会计报表各项目的分类及编制方法与前期一致。

注册会计师(签章)

××会计师事务所(印章)

××××年××月××日

地址:

【实例二】

表示有保留意见的查账报告

(委托人名称):

本注册会计师根据你单位同意的××字××号委托书要求,对(编报单位名称)二○××年××月××日的资产负债表和到该日截止的本年度利润表、财务状况变动表进行了检查验证,其中资产负债表中的期初数和利润表中的上期数等比较资料,已由本注册会计师(或其他注册会计师)检查验证。在检查验证中,我们根据有关法律、行政法规、财务会计制度和《注册会计师检查验证会计报表规则(试行)》的规定,结合(编报单位名称)具体情况,实施了检查内部管理制度遵守情况和数据记录真实情况等必要的查账验证程序。

经查验,(编报单位名称)将一批管理用具的购置费一次作为企业管理费计入了当期成本。这批管理用具属低值易耗品,但数量较大,使用期限较长,单位价值高于××××期中关于低值易耗品一次摊销的标准,应当分期摊销,列入企业管理费。如果分期摊销上述费用,就应当减少本期成本×××元,增加本期利润×××元。

我们认为,除存在上述问题以外,(编报单位名称)的上述会计报表符合《中华人民共和国××××会计制度》的规定,恰当地反映了(编报单位名称)本年度末财务状况及本年度经营成果和资金变动情况,有关会计事项处理方法、会计报表各项目的分类及编制方法与前期一致。

注册会计师(签章)

××会计师事务所(印章)

××××年××月××日

地址:

【实例三】

表示反对意见的查账报告

(委托人名称):

本注册会计师根据你单位同意的××字××号委托书要求,对(编报单位名称)二〇××年××月××日的资产负债表和到该日截止的本年度利润表、财务状况变动表进行了检查验证,其中资产负债表中的期初数和利润表中的上期数等比较资料,已由本注册会计师(或其他注册会计师)检查验证,在检查验证中,我们根据有关法律、行政法规、财务会计制度和《注册会计师检查验证会计报表规则(试行)》的规定,结合(编报单位名称)具体情况,实施了检查内部管理制度遵守情况和数据记录真实情况等必要的查账验证程序。

上述会计报表中的资产负债表未反映应交利润项目,而在会计处理中,将应交利润×××元直接转入××基金项目。同时属于本期应摊销的低值易耗品×××元未作摊销处理,致使本期因少计成本而虚增利润×××元。这种处理方法同《××××规定》的第××条及《××××会计制度》的第××条的规定不符,我们曾提出调整意见。而(编报单位名称)未予接受。

我们认为,由于上述问题造成的重大影响,(编报单位名称)的上述会计报表不符合《中华人民共和国××××会计制度》的规定,不能恰当地反映(编报单位名称)本年度末财务状况及本年度经营成果和资金变动情况。

注册会计师(签章)

××会计师事务所(印章)

××××年××月××日

地址:

【实例四】

表示拒绝意见的查账报告

(委托人名称):

本注册会计师检查你单位同意的××字××号委托书要求,对(编报单位名称)二〇××年×

×月××日的资产负债表和到该日截止的本年度利润表、财务状况变动表进行了检查验证,其中资产负债表中的期初数和利润表中的上期数等比较资料,已由本注册会计师(或其他注册会计师)检查验证。在检查验证中,我们很据有关法律、行政法规、财务会计制度和《注册会计师检查验证会计报表规则(试行)》的规定,结合(编报单位名称)具体情况,实施了检查内部管理制度遵守情况和数据记录真实情况等必要的查账验证程序。

经检查发现,(编报单位名称)各项资产管理缺乏严格的手续和制度。其中存货数额较大,在期初和期末流动资产总额中分别占××%和××%。在对上述会计报表进行查账验证之前,(编报单位名称)声称已自行对存货进行了盘点和会计处理,但据检查有关资料和现场观察,发现误差较大,并可能存在较大数额的账实不符。固定资产缺少详细记录,规格、型号、购置和使用日期不明,对丢失、损坏等未作相应处理。本注册会计师曾提请对存货重新盘点和对固定资产重新清查和登记,但(编报单位名称)主管人员拒绝进行,所以我们不能对上述会计报表是否符合《中华人民共和国××××会计制度》的规定,以及是否恰当地反映了(编报单位名称)资金变动情况表示意见。

注册会计师(签章)

××会计师事务所(印章)

××××年××月××日

地址:

第六节　财务预(决)算报告

一、财务预决算报告的含义

财务报告制度是政府、企业等法人实体机构在日常管理工作中形成的一种法律制度。它包括定期报告与不定期报告。它是依法行政、财务公开的具体体现。

财务报告又包括财务预算报告和财务决算报告两类。

所谓财务预算报告就是向上一级主管部门报告未来一定时期内可能的或计划的财务收支情况的一种书面文体。相应的,财务决算报告就是向上一级主管部门报告过去一段时间内财务预算的执行情况。

通常情况下,定期预算报告和决算报告是合二为一的,即预决算报告。

二、财务预决算报告的写作

财务预决算报告的结构一般由标题、主送机关、正文、结尾和落款等几个部分组成。

1. 标题

财务预决算报告的标题一般是公文式标题。如《关于×××公司 2011 年度财务预算执行情况的报告》。

2. 主送单位

一般是上级主管部门,或者人民代表大会的代表。

3. 正文

财务预决算报告的正文包括报告缘由、报告主体。报告缘由说明报告的原因。

常规定期的报告一般用"我受×××的委托,向××××报告××××××,请予审议。"

报告主体是报告的核心内容。一般分"过去一段时间内的财务预算执行情况"(即财务决算情况)、"未来一段时间内的财务预算情况"(即财务预算情况)两大部分。在"预算执行情况"部分中,一般先总述,然后分析其特点或规律。在"预算情况"一部分中,一般先概述,然后分析要完成预算,必须采取的具体措施或步骤。

4. 结尾

财务预决算报告的结尾一般采用号召式结尾。

5. 落款

财务预决算报告的落款一般包括报告人、报告时间。报告人一般放在标题下方。报告时间则放在文尾。

【实例】

关于湖南省 2011 年财政预算执行情况与 2012 年财政预算草案的报告

省财政厅厅长 史耀斌

2012 年 1 月 31 日

各位代表:

受省人民政府委托,我向会议报告 2011 年预算执行情况与 2012 年预算草案,请予审查,并请各位政协委员和其他列席人员提出意见。

一、2011 年预算执行情况

过去的一年,全省上下深入贯彻科学发展观,认真落实省委、省政府的决策部署,围绕中心,服务大局,奋勇开拓,扎实工作,全面完成省十一届人大五次会议确定的 2011 年预算收支目标和财政工作任务。

全省财政总收入完成 2460.7 亿元,比年初预算增加 370.5 亿元,比上年增加 582 亿元,增长 31%。其中:地方收入 1456.1 亿元,比年初预算增加 258.5 亿元,比上年增加 374.4 亿元,增长 34.6%;上划中央收入 1004.6 亿元,比年初预算增加 112 亿元,比上年增加 207.6 亿元,增长 26%。全省财政支出为 3465.8 亿元,比上年增加 763.3 亿元,增长 28.2%。

省级财政总收入完成 645.2 亿元,比年初预算增加 90 亿元,比上年增加 145.7 亿元,增长 29.2%。其中:地方收入 267.4 亿元,比年初预算增加 57.7 亿元,比上年增加 72.7 亿元,增长 37.3%;上划中央收入 377.8 亿元,比年初预算增加 32.3 亿元,比上年增加 73 亿元,增长 24%。省级财政支出为 739.5 亿元,比上年增加 251.4 亿元,增长 51.5%。省级财政超收收入主要用于增加教育投入、保障性住房建设、重大水利工程配套、科技支出、扶贫资金、困难群众临时价格补贴等方面,安排使用情况已向省人大常委会报告。

全省政府性基金收入完成 705.4 亿元,政府性基金支出为 705.8 亿元,其中省级收入 130.4 亿元,支出 88.9 亿元。省级收支之间差距较大,一是由于部分基金实行"上年收、下年支"的预算管理体制;二是相当一部分省级收入安排到市县,列市县支出。全省社会保险基金收入完成 639.6 亿元,社会保险基金支出为 505.6 亿元,其中省级收入 114.5 亿元,支出 78 亿元。

初步判断,省级可实现收支平衡,略有结余,市县总体上也可以实现收支平衡。上述预算执行情况是快报数,在决算编制汇总后还会有一些变化,届时再向省人大常委会报告。2011 年全省预算执行和财政工作主要有以下四个特点:

(一)财政增收持续稳定,收入规模再上新台阶。全省财政总收入成功突破 2000 亿大关,达到 2460.7 亿元。横向比较,我省地方收入增幅快于中部六省和全国平均水平。财政收入实现快速增长,是多方因素复合作用的结果,一是经济平稳较快发展,企业效益明显提高,各项与税收密切相关的经济指标均保持了较高增幅,带动相关税收较快增长;二是物价水平上涨,使得以现价计算的税收收入增加较多;三是非税收入的政策性和一次性增收较多,主要是按照中央统一要求,将部分预算外非税收入新纳入一般预算管理,以及国有资产有偿使用收入较上年增长了近 1 倍。

分结构来看,全省税收收入完成 1910.7 亿元,增长 25.1%。主体税种中,增值税 546.4 亿元,增长 19.8%;消费税 384.5 亿元,增长 26.7%;营业税 320.4 亿元,增长 24.8%;企业所得税 220.3 亿元,增长 47%;个人所得税 120.5 亿元,增长 28.2%。全省纳入一般预算管理的非税收入完成 550 亿元,增长 56.7%。

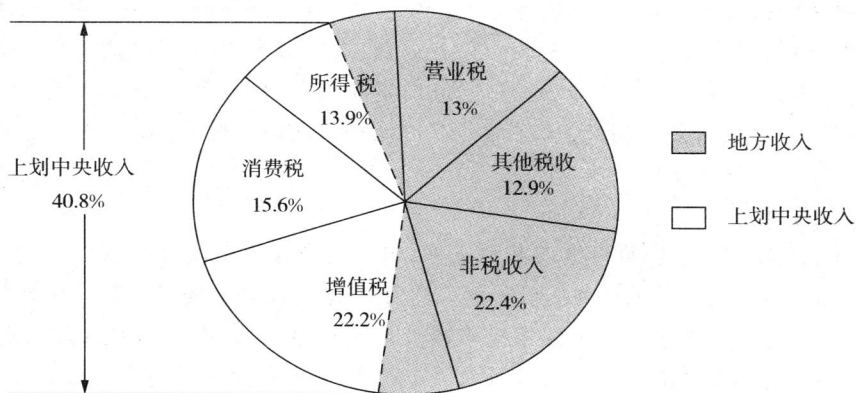

2011 年全省财政总收入构成图

(二)重点支出保障较好,民生建设取得新突破。全省支农、教育、医疗卫生、社会保障和就业等直接用于民生的支出 2274.3 亿元,比上年增长 30.9%,占财政支出的 65.6%。如果再考虑交通运输、商业服务业等其他科目中涉及民生的支出,民生支出的比重还要更高一些。

加强农业基础地位:全省农林水事务支出完成 389.9 亿元,增长 20.8%。(余略)

突出加大教育投入:全省教育支出完成 521.6 亿元,增长 29.4%。(余略)

推进覆盖城乡的社保体系建设:全省社会保障和就业支出完成 476.2 亿元,增长 20.1%。(余略)

支持深化医药卫生体制改革:全省医疗卫生支出完成 255.2 亿元,增长 41.5%。(余略)

加快文化强省建设:全省文化体育与传媒支出完成 44 亿元,增长 10.8%。(余略)

加强生态环保建设:省财政新增省级生态公益林补偿资金 7784 万元。(余略)

（三）调控功能积极发挥，推动发展取得新成效。各级财政统筹整合各种调节手段，促进全省经济稳定增长、提质增效。

稳定经济运行方面：（余略）

转变发展方式方面：（余略）

（四）扶持市县力度加大，区域协调迈出新步伐。（余略）

2011年，全省财政在支持经济社会建设的同时，全面推进科学化、精细化管理。进一步规范政府性基金预算，扩大社会保险基金预算试编范围，启动国有资本经营预算编制，强化政府预算体系的完整性。积极推进财政预算公开工作，省级50项重大民生专项实现了资金文件原文公开，2010年省级决算公开到了款级科目。建立省直部门正常运行经费保障机制，推动预算分配与部门履行职责紧密结合。加强政府性债务管理，清理规范政府融资平台。构建年初尽快批预算、年中抓执行、年底清结余的全程管理机制，支出进度明显加快。省级行政事业单位资产清查顺利推进，预算绩效管理试点正式启动。进一步规范非税收入管理，按中央统一政策取消预算外资金，将政府性收入全部纳入预算管理。

总的来看，当前财政运行良好，这得益于各级党委政府的坚强领导，人大、政协的支持监督，凝结了全省人民的辛勤汗水和智慧结晶。但是，有很多矛盾和问题需要特别关注：要素资源供应持续紧张，经济增速下行压力加大，宏观调控能力亟须加强；城乡差距依然较大，部分地区和部分群众还很困难，均衡发展的任务艰巨；政府性债务规模持续扩张，财政金融风险不断积累；财政收支规模不断扩大、管理范围不断延伸，既要服从服务大局、履行职能职责，又要加强监管、确保安全高效，管理水平有待进一步提高。对此，我们将通过加快改革步伐，改进工作方式，逐步加以解决。

二、2012年预算草案

2012年，湖南财政发展面临很多有利条件，同时也存在不少困难和压力。

从有利条件来看，发展的时机、势头和基础条件整体较好。随着"两型社会"综合配套改革进入第二阶段、湘南地区获批国家级承接产业转移示范区、武陵山片区区域发展与扶贫攻坚试点启动，我省正面临新的重大政策机遇。这些年下大力气培育了一大批新兴产业和企业，加快实施了一大批基础设施建设项目，扎实推进"四个湖南"建设，全省经济发展的基础和环境进一步改善，为财政持续增收创造了较好条件。

从制约因素来看，经济增长下行压力和物价上涨压力并存，财政工作面临十分严峻复杂的形势，预算平衡压力很大。一是发达经济体受债务危机等影响，复苏缓慢，外需增长乏力。二是目前信贷政策还没有大的松动，新增建设用地供需矛盾突出，投资形势严峻；再加上煤电油气等能源短缺呈现出常态化、全年化趋势，内需持续扩大的压力很大。三是企业生产经营成本上升，效益空间压缩，中小微型企业普遍困难。这些都将直接影响相关税收的增长。四是增值税、营业税、个人所得税起征点提高等结构性减税政策的实施，在大大减轻社会负担的同时，预计会带来约75亿元的政策性减收。五是支出方面，重大政策性投入需求巨大，省级仅教育、文化、保障性住房、水利、社会保障、医疗卫生等重点支出的硬需求就超过了百亿元，再加上促进经济发展转型、确保重大在建工程还需要大量资金，收支矛盾极其尖锐。

上述问题相互交织，都将集中影响财政运行，科学合理地编制2012年预算尤为重要。2012年预算编制的指导思想是：全面贯彻党的十七届六中全会和省第十次党代会精神，紧紧围绕中央和省委省政府的决策部署，积极发挥财政政策调控功能和资金引导作用，转变方式,培植财源,推动经济稳定运行、财政持续增收;增加投入,支持改革,推动民生福祉提升水平、文化建设蓬勃发展;均衡财力,调节收入,推动城乡区域协调发展、社会群体和谐进步,为加快建设全面小康和"四化两型"作出新的积极贡献。

根据上述形势分析和指导思想,2012 年全省和省级财政收入增幅按 13% 安排,具体为:全省财政总收入 2780.6 亿元,比上年增加 319.9 亿元,其中:地方收入 1645.4 亿元,上划中央收入 1135.2 亿元。预计中央补助 1520.4 亿元,上解中央支出等 19 亿元,全省财政支出安排 3146.8 亿元,当年收支平衡。

省级财政总收入 695.2 亿元,比上年增加 50 亿元,剔除上年部分一次性收入后按 13% 增长,其中:地方收入 268.3 亿元,上划中央收入 426.9 亿元。省级财政支出 481 亿元,其中当年可用财力安排支出 351.5 亿元,比上年增长 8.6%,当年收支平衡。

另外,全省政府性基金收入安排 717.2 亿元,政府性基金支出安排 722.4 亿元,其中省级收入 133.9 亿元,支出 86.2 亿元。全省社会保险基金收入安排 732.8 亿元,社会保险基金支出安排 637.9 亿元,其中省级收入 120.8 亿元,支出 100.5 亿元。

2012 年财政收支政策和工作重点主要是以下三个方面:

(一)切实增加农业投入,加快推进"三农"发展。省级农林水事务支出安排 40.4 亿元。(余略)

(二)优先支持改善民生,加快缓解民生难题。(余略)

(三)突出支持"四化两型",加快转变发展方式。(余略)

为确保完成 2012 年预算,我们将着重抓好四个方面的工作:

一是切实加强宏观调控功能。紧密跟踪宏观经济走向,着重关注物价水平、要素供应、信贷投放等指标的变动情况,努力提高财政调控手段的针对性和前瞻性,切实把握好各项政策落实的力度、节奏和重点,促进经济稳定增长、财政稳定增收。

二是不断提高财政保障能力。积极落实促进产业、企业发展的结构性减税政策,在此基础上严格收入征管,优化收入结构,提高收入质量。深入研究中央政策的目标取向、实施重点和分配办法,通过争取政策覆盖、解决特殊困难、纳入创新试点等方式,尽可能多地争取中央政策倾斜和资金补助。

三是统筹安排各项重点支出。综合考虑资金需求和财力可能,统筹存量和增量,严控一般性支出,严格落实厉行节约工作要求,尽力保障重点支出。对于一些资金需求巨大、年初预算难以足额考虑的事项,将在年中根据中央支持情况再行筹措安排,优先保障教育、文化、水利、保障性住房、医改、社保等重大政策、重点项目和重要工作的资金需要。

四是加快财政改革创新步伐。积极促进基本公共服务均等化,继续完善县级基本财力保障机制和转移支付体系,健全省直部门正常运行经费保障机制,保障各级各部门维持基本运转和履行职能职责的必要开支。稳步推进预算公开,启动部门预决算、三公经费和行政经费的公开工作。高度重视财政金融风险问题,研究建立政府性债务管理机制,继续抓紧规范政府融资平台公司,积极构建管理规范、运行高效的政府举债融资机制,优先化解教育、医疗等公益性政府债务。建立健全覆盖所有政府性资金和财政运行全过程的监督机制,下大力气推动预算绩效管理,提高财政资金的安全性和有效性。

新的一年,站在新的起点,全省财政将在省委省政府的领导下,自觉接受人大和政协监督,发奋图强,扎实工作,为推动全省科学发展、富民强省作出新的积极贡献。

思考与练习

一、假如你是电影《泰坦尼克号》的发行商，请你根据电影情节写作一条报纸广告。

二、合同的写作有哪些注意事项？

三、审计报告的事实与结论有什么联系和区别？

四、为一家医药公司的新药写一篇说明书。

第六章　诉讼文书写作

第一节　起诉状

一、起诉状的概念、种类和作用

（一）起诉状的概念

起诉状是刑事、民事或行政案件中，自诉人或他的法定代理人，为维护自身的权益，按照法定程序向人民法院提起诉讼请求的一种司法文书。

起诉状的当事人，起诉的一方称为原告人，被起诉的一方称为被告人。根据我国《刑事诉讼法》和《民事诉讼法》的规定，任何国家机关、企事业单位、社会团体和公民个人，在认为自己或受自己保护者的合法权益受到侵害，或是与他人发生纠纷时，都可依法享有向人民法院提起诉讼的起诉权，都可向人民法院提出诉讼请求，要求法院进行审理，以求得法律上的保护。

起诉应当向有管辖权的人民法院提出。民事案件，一般由被告住所地人民法院管辖；侵权案件由侵权行为地或者被告住所地人民法院管辖；不动产案件由不动产所在地人民法院管辖；行政案件，一般由最初作出具体行政行为的行政机关所在地人民法院管辖；对经过复议的案件，如复议机关改变了原具体行政行为的，也可以由复议机关所在地人民法院管辖。刑事自诉案件，由犯罪地所在的人民法院管辖。

（二）起诉状的种类

根据诉讼案件的性质分类，起诉状可分为刑事起诉状、民事起诉状和行政起诉状等。

1. 刑事起诉状，是指法律规定的自诉案件的自诉人或其法定代理人，依据有关法律和事实，直接向人民法院控告刑事被告人侵犯人身权益，要求法院追究其刑事责任（或附带民事责任）而提呈的诉讼文书，简称"刑事诉状"。

2. 民事起诉状，是指民事案件原告人在自己的民事权益受到侵害而与他人发生纠纷时，为维护自身的民事权益，依据有关法律和事实，向人民法院提呈的诉讼文书，简称"民事诉状"。

3. 行政起诉状，是指公民、法人或其他组织，认为行政机关和行政机关工作人员的具体行政行为侵害其合法权益，依据有关法律和事实，向人民法院提起诉讼的文书，简称"行政诉状"。

（三）起诉状的作用

1. 起诉状能引起诉讼程序的开始，也是法院立案和审判的主要凭证之一。一份民事起诉状经过人民法院审查为合法合格，即直接引起诉讼，并意味着审判程序的开始，从而发挥它的法律效力和体现出它的法律意义。它是人民法院对案件进行审理或调解的依据和基础，对法院正确了解案情、处理好案件具有十分重要的意义。

2. 使用起诉状提起诉讼是当事人利用法律所赋予的起诉权来保护自己的合法权益的行为。这对于健全社会主义法制和发扬社会主义民主,具有重要意义。

3. 起诉状对于被告来说,是其应诉答辩的依据。

二、起诉状的撰写

(一)写作内容和方法

民事、行政、刑事自诉状、起诉书的格式基本相同,都由首部、正文、尾部组成,此外还有附项。

1. 首部

(1)标题。居中写明"××起诉状",如"民事起诉状","刑事附带民事诉状"等。

(2)当事人的基本情况。依次写明自诉人及被告人的身份等基本情况。自诉人与被告人为自然人的应写明姓名、性别、出生年月日和年龄、民族、职业、工作单位及职务、住地等。自诉人与被告人为法人的则应写明单位全称和地址,法定代表人的姓名和职务。自诉人和被告人为两人或两人以上的,应一一写明。如果自诉人委托他人为诉讼代理人,则应写明诉讼代理人的姓名、所在单位或律师事务所名称。

(3)案由和诉讼请求。案由,就是案件的性质,即自诉人认定的被告人所犯的罪行或侵权行为。诉讼请求就是诉讼的目的和要求,即通过打官司要达到什么目的,解决什么问题,目的要明确,要求要具体。如果是刑事诉状就要写明追究被告人的刑事责任;如果是民事诉状就要写明请求人民法院依法解决原告要求的有关民事权争议的具体事项,如果属于刑事附带民事的诉状,就要明确提出刑事和民事两方面的具体要求。如"控告被告人李×。犯伤害罪,请求依法处理并责令赔偿经济损失。"

2. 正文

正文主要写事实和理由。这是起诉状的主体部分,重在摆事实,讲道理。

如果是刑事自诉状,要写明被告人犯罪的具体事实,即被告人实施犯罪的时间、地点、动机、目的、手段、情节、危害结果和证实其实施犯罪行为的证据等。在摆事实的基础上,依据有关法律指明被告人犯罪的性质、造成的危害以及追究其刑事责任的法律依据等。

如果是民事起诉状,首先也要摆事实,写明被告人损害、侵害原告人民事权益或当事人双方民事权益纷争的具体情况,包括案件发生的具体时间、地点、动机、过程等,特别要写明被告人的行为所造成的后果或原、被告双方争议的焦点。在摆事实的基础上再讲道理,引用法律条文,依法提出诉讼请求。

写作中,一般于正文后用一段文字总结事实和理由,指明被告人的犯罪行为或侵权行为所触及的罪名,重申诉讼请求。

3. 尾部

(1)致送本诉状及人民法院名称。如"此致××××人民法院"。

(2)自诉人签名盖章。如果是由律师代写诉状。而律师又并非本案自诉人的委托代理人,则应在诉状的最后写上代书律师的姓名及代书律师所在的律师事务所名称。

(3)起诉时间。

4. 附项

多是根据有关规定而提供的一些与正文有关的资料信息。附项一般有三种资料信息:

①文书正文副本信息；②证据资料信息；③其他资料信息，如身份证明书、授权委托书等。

（二）各种起诉状的范本格式

1. 刑事诉状的格式

刑事自诉状

自诉人：姓名、性别、出生年月日、民族、籍贯、职业、工作单位和职务、住址等。

被告人：姓名、性别等情况。出生年月日不详者可写其年龄、民族、籍贯、职业、工作单位和住址等。

案由：（被告人控告的罪名）

诉讼请求：（具体的诉讼请求）

事实与理由：（被告人犯罪的时间、地点、侵害的客体、动机、目的、情节、手段及造成的后果，理由应阐明被告人构成犯罪的罪名和法律依据）

证据和证据来源，证人姓名和住址：（如证据、证人在事实部分已经写明，此处只需点明证据名称、证人详细住址）

此致

××××人民法院

自诉人：×××

代书人：（签名或盖章）

年　月　日

附：1. 本诉状副本____份；

2. 证物____件；

3. 书证　件；

4. 证人住址。

【实例】

刑事自诉状

自诉人：周××，男，1984年5月3日出生，汉族，公司职员，住址、电话（略）。

被告人：张××，男，1978年出生，汉族，个体商户，住址（略）。

诉讼请求：

1. 请求人民法院依法追究被告人故意伤害的刑事责任；

2. 请求判令被告人赔偿原告经济损失23389元。

事实与理由：

2007年9月13日晚，自诉人下班骑自行车回家，遇被告人驾驶机动车在自行车道逆行。本来道路不是很宽，为躲让被告人的车辆，自己腿部不慎擦碰到路边电线杆上。自诉人当时很是气愤，告诫被告人不应在自行车道上逆行，为此双方发生争执。被告人态度极其蛮横，争执中被告人对自诉人大打出手，后被告人开车预逃跑时，自诉人抓住其车门，同时打电话报警，被告人知道自诉人抓车仍发动车辆将自诉人脚部轧伤。警察到现场后未以交通事故处理，按治安案件对被告人进行了拘留、罚款。自诉人脚部骨折住院治疗三个月后才出院。经法医鉴定为轻伤。

自诉人认为,被告人违章在自行车道上逆行导致自诉人受伤,对此拒不承认错误还对自诉人大打出手。在自诉人不让其逃走时,被告人明知自诉人手抓车门,仍然发动车辆倒车将自诉人脚部轧伤,其行为不是过失,而是故意。因公安机关错误认定被告人系过失致人伤害,且被告人拒不履行在公安机关调解下达成的赔偿协议。现依法向人民法院提起刑事自诉,请求人民法院依据《刑法》第270条规定对被告人进行惩处,并依法判令被告人赔偿原告医疗费、误工费、护理费、住院伙食补助费、伤残赔偿金等共计23389元。

　　此致
　　××区人民法院

自诉人:周××

20××年×月××日

　　附:1. 起诉状副本2份
　　　　2. 相关证据复印件×份

【评析】

这篇刑事自诉状,事实叙述清楚,交代详细,援引法律条文准确、适当,让法院对被告人的犯罪事实和性质加以正确认定。

2. 民事诉状的格式

民事诉状

自诉人:姓名、性别、年龄、民族、籍贯、职业、工作单位、住址。

被告人:姓名、性别、年龄、民族、籍贯、职业、工作单位、住址。

案由:＿＿＿＿＿＿＿＿＿＿＿＿＿＿

诉讼请求:＿＿＿＿＿＿＿＿＿＿＿＿＿

事实与理由:＿＿＿＿＿＿＿＿＿＿＿＿

证据与证据来源,证人姓名和住所:

此致

××××人民法院

自诉人:

代书人:

年　月　日

　　附:本诉状副本　份

【实例】

民事诉状

原告:张××,女,32岁,汉族,住××市××路××号。

被告:××房地产开发公司;地址:××市××路××号。

法定代表人:王××总经理。

诉讼请求：

一、判令被告向原告交付房屋及产权证。

二、判令被告向原告支付违约金290080元（大写：贰拾玖万零捌拾元整）。

事实和理由：

原被告双方于二〇〇七年三月一日订立《合同书》一份，确定由原告向被告付款584000元（大写：伍拾捌万肆仟元整），购买被告所承建开发的住宅一套。双方对住宅地点、位置及面积、单价及付款方式、责任及费用、房屋标准、验收和工期及违约金等进行约定。原告依约向被告支付了定金及购房款共计388000元（大写：叁拾捌万捌仟元整），履行了约定义务。被告却屡屡违约，其房屋未能依约竣工和交付使用，房屋质量也不符合合同规定。经原告多次交涉，被告仍不履行其办理产权证和交付房屋之义务，更拒绝承担违约金。至今，该房屋都未能通电和燃气，连水电等设施都未能保证。

原告为维护自身合法权益，在与被告多次交涉未果的情况下，被迫提起诉讼。请人民法院依法判决被告承担相应的民事责任，以维护原告的正当权利，确保民事合同法律的严肃性。

此致

××市××区人民法院

自诉人：张××

二〇〇七年五月十日

附：1. 起诉状副本2份

　　2. 相关证据复印件×份

【评析】

这篇民事起诉状，事实交代清楚，短小精悍，格式规范，能够起到要求对方赔付的作用。

3. 刑事附带民事诉状格式

刑事附带民事诉状

自诉人：姓名、性别、年龄、民族、籍贯、职业、住址。

被告人：姓名、性别、年龄、民族、籍贯、职业、住址。

案由：＿＿＿＿＿＿＿＿＿＿＿＿

诉讼请求：＿＿＿＿＿＿＿＿＿＿

1. 追究刑事责任

2. 要求民事赔偿

事实与理由：＿＿＿＿＿＿＿＿＿

证据和证据来源，证人姓名和住所：＿＿＿＿＿＿

此致

××××人民法院

附：本诉状副本　份。

自诉人：

代书人：

年　月　日

【实例】

刑事附带民事诉状

自诉人:海×国,男,44岁,农民,住东平县××乡××村。

被告人:花××,男,39岁,东平县机修厂工人,住东平县××乡××村。

案由:故意伤害。

请求人民法院依法追究被告人花××伤害罪的刑事责任;赔偿自诉人的医疗费、护理费、误工费。

事实与理由:

我与花××之间素有纠葛,但已经村委会出面予以调解解决。××××年××月××日下午,我路遇花××,他因对村委会的调解处理不满,便对我破口大骂。我便对花××说:"兄弟过去的事已经过去,就别再纠缠了。"花××二话不说,往我腰上踢了几脚,花的弟弟上来劝阻,花××又从我手中夺过挑水的扁担,嘴里骂道:"狗东西,今天我打不死你,也得把你打残。"骂着,便朝我的头上打了过来,头上被打了一个两寸长的口子,鲜血直流,昏了过去。花××见我头部被打伤,便扬长而去,此后两天,我头昏恶心,浑身疼痛难忍,不能吃东西,4月29日,我妻扶我去被告花××家中要求他给治病看伤,被告人不但不给我治伤,反而把我锁在他家中。我两日无人过问,水米未进。5月1日下午,花××指使其弟,将我从他家拖出,扔到我家门口。在遭花××毒打后,我妻曾找过花××所在单位,单位令花××处理好此事后方可上班,而花××却置之不理。后来病情日甚一日,5月12日,我妻带我去乡医院后又转至县医院。县医院确诊为脑伤、脑震荡。我经过20天的治疗,头上伤口已愈治,但至今仍头昏、头疼、留有脑震荡后遗症。后来秋收大忙季节已到,我多次要求出院。主治大夫指出,我的病尚未治愈,就是出院在一个月内也不能干活。我在看病治疗期间,共花去医药费、车费600多元。家中有一个人长期陪伴,影响了生产和工作。在我未受伤前,搞面粉加工业,每天的纯收入平均50元左右,伤后50天不能干活,经济上也受到较大损失。

公民的人身权利和其他权利是受到我国法律保护的。被告人花××无视国家法纪,惹是生非,寻机报复,故意伤害我的身体健康,致使我身体和精神受到了严重摧残,经济上也受到了一定的损失,其行为已构成伤害罪,并应赔偿我的经济损失。根据《中华人民共和国刑法》第234条第1款和《中华人民共和国刑事诉讼法》第59条之规定,特向贵院起诉,请依法公正判处。

此致

××××人民法院

具状人:海×国

××××年××月××日

【评析】

这份刑事附带民事诉状,正文中叙述被伤害的情节,清楚、明白,而因其被伤害,医疗、护理、误工等方面也就必然遭到经济损失,阐述因果关系直接紧密。诉状事项齐备,格式正确,有一定说理性,但未写经济赔偿的具体数字,也未举出证据、证人,这是它的不足之处。

第二节 上诉状

一、上诉状的含义

上诉状是当事人及其法定代理人不服地方各级人民法院第一审的判决、裁定,按照法定程序和期限向上一级人民法院提起上诉,请求撤销、变更原裁决或重新审理时使用的诉讼文书。

二、上诉状的种类

根据案件性质的不同,上诉状分为刑事上诉状、民事上诉状和行政上诉状三类。

三、上诉状的特点

(一)特定性

上诉的主体是特定的,上诉状必须由法律规定的,有权提起上诉的人出具才有法律效力。根据我国《刑事诉讼法》第 180 条规定:"被告人、自诉人和他们的法定代理人,不服地方各级人民法院第一审的判决、裁定,有权用书状或者口头向上一级人民法院上诉。被告人的辩护人和近亲属,经被告人同意,可以提出上诉。附带民事诉讼的当事人和他们的法定代理人,可以对地方各级人民法院第一审的判决、裁定中的附带民事诉讼部分,提出上诉。"民事上诉状和行政上诉状的具状人也应符合上述条件。

(二)针对性

上诉状的内容具有鲜明的针对性,它针对各级法院未生效的第一审判决、裁定的内容进行分析论证,以求证明其中有错误或不当之处。上诉状不是针对被上诉人,也不应盲目地、不着边际地进行陈述和议论。

(三)论辩性

上诉状主要内容是阐明不服一审判决、裁定的理由,因此,上诉状应对一审判决、裁定在认定事实、确定性质、适用法律、处理程序等方面的存在问题进行分析论证,在反驳原审的观点的同时,阐明自己的观点和主张。

四、上诉状和起诉状的区别

上诉状与起诉状都是诉讼文书,都有明确的诉讼对象和明确的案件纠纷,都要遵循最高人民法院对诉讼文书的格式及书写的规定,结构也基本相同,但二者也有明显的区别:

(一)使用的时间不同

起诉状是原告用在一审之前;而上诉状则产生于一审之后法律规定的上诉期限内,且原告被告乃至第三人均可采用。

(二)写作对象不同

起诉状是针对被告的,必须写清事实;上诉状是针对原审判的,一般无须列写事实,只须明确指出原审判的错误或不当之处,并概括写出不服原审判的理由即可。

(三)表达方式不同

起诉状中主要写事实,写法上多用叙述和说明;而上诉状侧重于据理以驳,讲求事实分析,常用夹叙夹议的写法。

上诉状应列明:标题、上诉人和被上诉人的基本情况、案由、上诉请求、上诉理由、致送机关、签署和日期、附项等。

五、上诉状的结构

××上诉状

上诉人(原审×告人):姓名,性别,年龄,民族,职业,住址。

被上诉人(原审×告人):姓名,性别,年龄,民族,职业,住址。

上诉人因××××××××一案,不服××××人民法院××××年×月×日(××××)××字第×号×事判决(或裁定),现提起上诉。

上诉请求:

_____

_____。

上诉理由:

一、_____。

二、_____。

……(可根据实际情况增加续页)

此致

××××人民法院

上诉人:(签章)
××××年×月×日

附:1. 上诉状副本×份;

　　2. 证物×件;

　　3. 书证×件。

六、上诉状的写法

(一)标题

根据案件的类型,写明"民事上诉状"、"行政上诉状"、"刑事上诉状"或"刑事附带民事上诉状"。

(二)上诉人和被上诉人的基本情况

如果上诉人和被上诉人是公民,应写明他们的姓名、性别、年龄、民族、职业、住址;如果上诉人和被上诉人是法人或其他组织,则应写明它们的名称、住所、法定代表人(或负责人)的姓名和职务。上诉人和被上诉人都应分别写明各自在原审中的身份(即原告还是被告)。

书写顺序为:先写上诉人的情况,后写被上诉人的情况。上诉人若有诉讼代理人,应在上诉人情况下面写明代理人的情况及与上诉人的关系;如果代理人是律师,可只写其姓名、单位、职务。

(三)案由

应写明因什么案件要上诉、第一审人民法院的名称、第一审判决书或裁定书的文号和上诉人收到判决书、裁定书的时间。案由的表述是一段程式化的文字,按结构格式中的样式写即可。

(四)上诉请求

写明上诉人希望达到的目的。如:撤销原判决、裁定;或变更原判决、裁定;或请求重新审理。上诉请求应针对原审原判决、裁定提出,而不是针对被上诉人。上诉请求要求具体、明确。

(五)上诉理由

上诉理由是提出上诉的依据,理由充分与否,关系到上诉的成败。因此,上诉理由应针对一审判决、裁定中的不当,有的放矢、有理有据、合情合理合法地进行论证和反驳,以求说明上诉请求的正确性。

具体来说,可以从以下几个方面入手进行论证和反驳:

第一,事实的认定方面。事实是判决的基础和依据。正确的判决、裁定必须是建立在准确认定事实的基础上。如果一审原判决、裁定认定的事实不符合实际,或者事实认定不清,或者遗漏了重要事实,上诉人可以就此提出反驳,通过陈述事实真相,举出相关的证据,论证一审事实认定上的错误。

第二,在案件的定性和判处方面。不论是刑事案件、民事案件,还是行政案件,对事实的定性错了,判决、裁定就不可能正确、合理。上诉人可以就此提出异议,并提出理据加以反驳。

第三,适用法律方面。援用不同的法律条文,对案件事实就会有不同的理解,有不同的定性和不同的判决、裁定。一审适用法律不当,可以作为上诉的理由。上诉人应明确指出被错误援引的具体法律条款,说明错误援引条款的原因。

第四,审判程序方面。一审法院在审判活动中有不符合诉讼法规定之处,如应回避而没有回避,应有辩护人而没有辩护人,应传唤的证人而没有传唤等等,都可能影响案件的公正裁决。因此一审判决、裁定如有违反诉讼程序的,上诉人可以作为上诉理由提出。

(六)致送机关

写明接受上诉的人民法院的名称。

(七)签署和日期

上诉人是公民的,由上诉人签名;上诉人是法人或其他组织的,写明名称并加盖公章。然后注明上诉的日期。

(八)附项

依次写清楚"上诉状副本"及份数、"证物"及件数、"书证"及份数。

（九）各种上诉状的范本格式

1. 刑事上诉状的格式

刑事上诉状

上诉人（刑事公诉案件被告人、刑事自诉案件自诉人、刑事附带民事案件原告人或被告人，刑事公诉案件被告人提出上诉者不列被上诉人）：

填写姓名、性别、年龄、民族、籍贯、职业、工作单位和职务、住址等基本情况。

被上诉人（刑事自诉案件自诉人或被告人、刑事附带民事案件原告人或被告人，刑事公诉案件被告人提出上诉者不列被上诉人）：

填写姓名等基本情况：

上诉人因_____一案，不服_____人民法院　年____月____日（　）字第____号刑事判决或裁定，现提出上诉。

上诉请求：（填写具体的上诉请求）

上述理由：（对一审判决或裁定不服的具体内容，阐明上诉的理由和法律依据）

此致

××××人民法院

上诉人：

代书人：

年　月　日

附：本上诉状副本　份。

【实例】

刑事上诉状

上诉人：李××，男，汉族，1979年8月2日生，××省××县人，无业，住××市××区解放路20号，现羁押××市××区看守所。

上诉人因故意伤害罪一案，不服××市××区人民法院于××年×月×日（××××）××刑事初字第××号刑事附带民事判决，现提出上诉。上诉的请求和理由如下：

一审法院量刑过重，要求二审法院改判。

通过一审庭审查明，上诉人在案发后曾逃往外地藏匿，后来上诉人认识到自己的犯罪行为已给××造成身体上的伤害，已触犯刑律，因此，便在××年×月×日主动到公安机关去投案自首。在一审法院判决书上对这一点已予以确认。

根据新《刑法》第67条的规定："犯罪以后自动投案，如实供述自己的罪行的，是自首。对于自首的犯罪分子，可以从轻或者减轻处罚。其中，犯罪较轻的，可以免除处罚。"

一审法院按原《刑法》第134条第2款判处上诉人6年有期徒刑，上诉人认为量刑过重。理由是原《刑法》第134条第2款处刑是3年以上7年以下有期徒刑，如果本案上诉人没有自首情节；如果本案被害人已造成终身残疾，不能从事生产劳动、生活不能自理，那么，上诉人认为一审判决是恰当的，适用法律是正确的。但事实是，首先上诉人具有法定的从轻或者减轻的情节，即自首；其次上诉人的犯罪行为并未给被害人造成终生残疾、后果严重等情节，且又属偶犯,属酌定从轻情节。

　　我国刑事政策历来是"坦白从宽,抗拒从严"的原则,以及"惩办与宽大相结合"的原则。上诉人是有自首情节,一审法院的判决,仅在故意伤害(重伤)最高刑期 7 年之下少判了 1 年即 6 年,这样的判决不利于上诉人及其他刑事被告人的服刑改造,没有体现刑罪的处罚原则,怎么能鼓励和争取其他犯罪嫌疑人主动到司法机关去投案自首呢? 又怎么能教育、感化那些负案在逃,至今逍遥法外的犯罪嫌疑人呢?

　　综上所述,根据《刑事诉讼法》第 189 条第 2 款:"原判决认定事实没有错误,但适用法律有错误,或者量刑不当的,应当改判。"上诉人请求二审法院,根据本案的具体事实、情节依法予以改判。

　　此致

　　××市中级人民法院

上诉人:李××

××年××月××日

　　附:本上诉状副本×份。

【评析】

　　本上诉状理由部分,将新旧刑法的规定予以对比、剖析,具有较强的说服力。根据案犯自首的情节联系适用法律条文,合乎情理。

　　2. 民事上诉状的格式

民事上诉状(公民提出上诉用)

　　上诉人:

　　被上诉人:

　　上诉人因_____一案,不服_____人民法院于____年____月____日(　　)字第____判决,现提出上诉。

　　此致

　　××××人民法院

上诉人:

年　月　日

　　附:本上诉状副本　份。

【实例】

民事上诉状

　　上诉人:××家具厂(被告)

　　法定代表人:王××,厂长

　　委托代理人:扬××,男,42 岁,××家具厂业务员,住××市××区××街××号。

　　被上诉人:××铁路局直属集体企业办公室(原告)。

　　法定代表人:昌××,主任。

上诉人因合同纠纷一案,不服××市××区人民法院(2010)民字136号民事判决书判决,现提起上诉。请上级人民法院重新审理改判。上诉事实及理由如下:

一、原判决第一款"将57套沙发床及40张板式写字台退回被告"。上诉人不同意退货,并要求被上诉人赔偿损失。因为上述家具已经被上诉人验收达半月之久,只是由于被上诉人保管不善,而造成了破损。经查,在57套沙发床中,已有20余套床带变形。40张板式写字台中,已经用过10台,其中6台的抽屉已零碎不堪。对于上述用过而且破损的这部分沙发床和写字台不应退还,如果被上诉人一定要退还,应付给上诉人家具折旧费和破损费。

二、原判决的第三款:"赔偿经济损失15000元"。上诉人认为:法院将被上诉人延期开业91天造成的全部经济损失,都由上诉人承担是不公平的。因为被上诉人延期开业有多种原因,当时该旅行社基本建设施工尚未竣工,锅炉没有修完,楼梯扶手没有安装完,室内灯具及油漆等也没有完工,银行开业账号也没批下来。上诉人的交货时间,按合同规定是2009年11月3日,往后迟推3日,距被上诉人开业时间还有一个半月,并没有因此而影响开业。因此,被上诉人延期开业有其内部原因,上诉人不负直接责任,更不能承担全部经济损失。

三、原判决还说:"以稻草代替树棕,桦木代替硬杂木……延期3天交货。"按合同规定,上诉人延期3天交货是事实。但延期的原因是当时市内供电不足,而且对这一情况上诉人已向被上诉人单位作了说明,并得到了负责人王××的允许。至于"以稻草代替树棕",是因为树棕原料未到货不得已而为之,而且也把用稻草代替这一情况告诉了被上诉人,经双方商定,每一张沙发床少收4元钱。这种商定意见也是经王××和陈主任同意的。上诉人还对用桦木代替硬杂木一事,曾经提出过换货减价的几种措施,并由厂长出面进行联系,但因被上诉人单位内部矛盾重重,既不予研究做出答复,对质量不合格的家具又不及时退货,而是有意采取拖延的态度,所以上述情况也是事出有因的。总之,被上诉人对经验收的家具,事隔三个多月之后才提出质量问题,既不及时退货,又不妥善保管,以致造成陈旧、损坏,并且要上诉人承担延期开业的全部经济损失,这是很不公平的。故上诉人对此不服,特提出上诉,请求上级人民法院予以重新审理,依法改判。

此致
××省××市中级人民法院

上诉人:××家具厂
法定代表人:王××
附:本诉状副本×份。
委托代理人:杨××
2010年6月21日

【评析】

本文格式规范,针对性强,针对原审判决的不当之处进行了辩驳,摆事实,讲道理,明确提出了"请上级人民法院予以重新审理"的请求。

3. 行政上诉状的格式

行政上诉状（1）（公民当事人提出上诉用）

上诉人：

被上诉人：

上诉人因_____一案，不服_____人民法院××年×月×日（　）字第____号行政判决（或裁定），现提出上诉。

上诉请求：

上诉理由：

此致

××××人民法院

上诉人：

年　月　日

附：本上诉状副本　份。

行政上诉状（2）（行政案件的法人、

其他组织或行政机关提出上诉用）

企业性质_____　工商登记核准号：

经营范围和方式：_____

开户银行：_____账号：_____

被上诉人名称：_____

所在地址：_____

法定代表人（或代表人）姓名：____职务：_____电话_____

上诉人因_____一案，不服____法院××年×月×日（　）字第　号行政判决（或裁定）现提出上诉。

上诉请求：____

上诉理由：____

此致

××××人民法院

上诉人：

年　月　日

附：本上诉状副本　份。

【实例】

行政上诉状

上诉人名称：××省××县工商行政管理局。

所在地址：××省××县城关镇。

法定代表人：胡××；职务：局长，电话××××××。

被上诉人名称:××酒厂。

所在地址:××省××县××乡。

法定代表人:王××;职务:厂长,电话××××××。

上诉人因商标侵权赔偿一案,不服××省××县人民法院××年8月31日(××)年初字第24号行政判决,现提出上诉。

上诉请求:

1. 撤销××省××县人民法院(××)年初字第24号行政判决书;

2. 驳回本案原告无理诉讼请求;

3. 判决本案原告承担本案第一、第二审全部诉讼费用。

上诉理由:

××年9月,××酿酒公司向我局举报本案原告××酒厂在白酒瓶上使用了与该公司白酒注册商标"××牌"相近似的商标,侵犯了该公司的注册商标专用权,要求××酒厂停止商标侵权行为并赔偿损失。

经我局查证,××酒厂确实存在上述行为,并且给××酿酒公司造成经济损失。为此,我局于××年12月28日做出决定,责令××酒厂立即停止商标侵权行为,并赔偿××酿酒公司经济损失10万元人民币。该决定做出后,××酒厂不服,向我局上级单位××省工商局行政管理局申请复议。××年1月17日,××省工商行政管理局将我局决定改为××酒厂赔偿酿酒公司经济损失8万元人民币,同时维持了对侵权行为性质的认定。

××年1月25日,××酒厂向人民法院提起行政诉讼,请求撤销我局和××省工商行政管理局的决定。在一审中,我局明确提出该决定并非行政处罚,而是对××酒厂侵权行为的处理。但一审法院却以(××)年初字第24号行政判决书认定我局决定中的赔偿额过多,判决变更为××酒厂赔偿8万元人民币。我局认为这一判决是错误的:

1. 根据《中华人民共和国行政诉讼法》第5条的规定,人民法院审理行政案件,只能对行政机关的具体行政行为是否合法进行审查。除行政处罚违法或显失公平外,人民法院不应代替行政机关对行政行为是否适当做出决定。

2. 我局及上级机关做出的责令××酒厂赔偿××酿酒公司经济损失的决定不属于对××酒厂的行政处罚,而是对××酒厂侵权行为的依法处理,人民法院不能以判决的形式变更这一处理的决定的内容。

综上所述,本案一审法院对本案裁决违背法律的规定,超越职权,应予撤销。

此致

××省××地区中级人民法院

上诉人:××省××县工商行政管理局
××年××月××日

附:本上诉状副本1份。

七、上诉状写作应注意的问题

1. 要注意针对性

上诉状就是要针对原审裁决,因为认为原审裁决不公或不合法才上诉的。为此,在写作上诉状时,要对原审的判决书或裁定书进行仔细研究,把足以影响定罪量刑或裁决的关键问题找出来,然后根据不同的问题采用不同的方法进行反驳,抓住要害,摒弃枝节,揭示实质,讲清理由。

2. 应以阐述理由为主线

如果原审裁决在认定事实上和上诉人之间并无分歧,自然主要是针对原判的适用法律和诉讼程序方面的不当申述理由。如果原审裁决在认定事实上有错误,当然在上诉状中首先要辨明事实,说明真相。但这种对事实真相的说明,根本目的还是为了阐明理由。事实是阐明理由的根据。所以,书写上诉状要注意处理好事实和理由的关系。

3. 语言应注意分寸

上诉状是针对原审裁决申述理由的,具有驳论性质。但要摆事实讲道理,不能运用出格的语言伤害原审法院。

第三节　申诉状

一、申诉状的概念和种类

(一)申诉状的概念

申诉状,是指诉讼当事人或其法定代理人、被害人及其家属或其他公民,对已经发生法律效力的判决、裁定、决定等不服,向人民法院或人民检察院申请重新审理案件的诉讼文书。

(二)申诉状的种类

根据案件的不同性质,申诉状分为刑事申诉状,民事申诉状和行政申诉状三类。

刑事诉讼当事人,被害人及其家属或其他公民认为已经发生法律效力的判决、裁定有错误,向人民法院或人民检察院提出申请复查纠正的书状,就称为刑事申诉状。

民事诉讼当事人、法定代表人认为已经发生法律效力的判决、裁定有错误,向原审人民法院或者上一级人民法院提出申请复查纠正的书状,就称为民事申诉状。

行政诉讼当事人对已经发生法律效力的判决、裁定认为确有错误,向原审人民法院或向上一级人民法院提出申请复查纠正的书状,称为行政申诉状。

二、申诉状的作用

人民法院的判决和裁定,发生法律效力后,必须严格执行,以维护判决、裁定的严肃性和稳定性。但是,如果发现已经发生法律效力的判决或裁定确有错误时,当事人或其他有关人员,用申诉状提出申诉,实事求是地依法要求纠正错误,也是必要的。

申诉状是运用特殊程序保护申诉人合法权益的诉讼文书,写出申诉状提起申诉,是当事人和其他有关人员充分使用诉讼权的体现。人民法院通过审判监督程序对申诉案件进行处理,可以纠正原审中的错误,使无罪之人不至含冤受罚,或者使民事当事人的合法权益得到维护。

申诉案件一般由原审人民法院审查处理,是人民法院再审案件的来源之一。申诉人如对再审案件仍然不服原审法院的判处,还可向上一级人民法院申诉。

人民检察院接受的申诉,认为原审判决、裁定确有错误,就要按照审判监督程序向原审人民法院提出抗诉。

三、申诉状的撰写

(一)写作内容和方法

申诉状一般由首部、正文、尾部、附项四个部分组成。

1. 首部

(1)标题。居中写明:"××申诉状",如"刑事申诉状"等。

(2)申诉人的基本情况。就是要写出反映申诉人身份概况的七个要素:姓名、性别、年龄、民族、籍贯、职业、住址。如果是刑事案件的在押人,则要写明现押何处。如果是被告人的辩护人、近亲属或其他公民提出申诉,应写明申诉人姓名、职业、同被告人的关系,同时还要写明被告人的身份概况(即上述七要素)。如果是民事案件的当事人提出申诉,除写明申诉人的身份概况以外,还要把对方当事人的身份概况写清楚。

(3)案由。其写法是固定的格式,即写明"申诉人××因××一案,不服××人民法院(××)××字××号刑(或民)事判决(或裁定)提出申诉。"

(4)请求事项。写明原审人民法院的名称、案件的编号和案由,再根据具体案情写明请求事项。不论是刑事案件还是民事、行政案件,都要明确提出要求撤销或变更原裁判,或者要求查处或再审,以纠正原判决(或裁定)的不当之处。

2. 正文

这是申诉状的主要部分,包括事实与理由两个重要内容。

(1)讲清事实。可从原判决(或裁定)认定事实是否确实、充分,适用法律是否恰当,定性是否准确,审判程序是否合法,申诉人主张的从轻或从重,减轻或加重处罚的条件是否被遗漏等方面提出意见。

(2)阐述生效判决或裁定应予变更或撤销的事实依据和法律依据。这里应注意的是,提出事实上、法律上的根据必须有理有据,不能无理申诉。

3. 尾部

(1)致送人民法院,人民检察院名称。

(2)申诉人签名,如果委托律师为申诉人代书申诉状,可在申诉状的最后写上代书律师的姓名及其所在的律师事务所名称。

(3)申诉时间。

4. 附项

在向人民法院提交申诉状的同时应提交原审判决书或裁定书复印件一份。

(二)各种申诉状的范本格式

1. 刑事申诉状的格式

刑 事 申 诉 状

申诉人(当事人及其法定代理人近亲属、委托律师):

写明姓名、性别、年龄、民族、籍贯、职业或工作单位、职务、住址等基本情况,律师只需写明姓名及其所在律师事务所名称。

申诉人____对____人民法院　年　月　日字第____号刑事判决（或裁定不服），提出申诉。

请求事项：

写明请求事项的要点。

事实与理由：

写明基本的案情事实、审判结果以及具体的申诉理由和法律依据。

此致

××××人民法院

申诉人：

代书人：

年　月　日

附：原审_____书复印件1份。

【实例】

刑事申诉状

申诉人：刘××（被害人死者刘×平之兄），男，31岁，汉族，××市人。

案由：××市高级人民法院（××）高刑终字第××号判决书对于杀人犯彭××在定罪和量刑上均有失公正，认定的事实亦有出入。

申诉请求：请求终审法院按照审判监督程序，重新审理此案。

事实和理由：

1. 判决书定彭××为伤害致死人命罪是不恰当的。我认为彭应定为故意杀人罪。因为刘×平并未对彭或其他人造成任何人身威胁，彭××没有必要用三棱刮刀来主持"正义"。他如果真是出于"正义"，不是出于故意杀人的动机和目的，在刘×平赤手空拳的情况下，完全可以采取劝阻和以理服人的方法。为什么要选择最要害的部位——心脏，并一刀刺死刘×平呢？

2. 判决书认定事实有出入。判决书说修建队书记要去医院看病，刘×平进行拦截和挑衅，这与事实不符。事实是：我母亲多次去找××镇修建队要求解决工作问题，遭修建队队长袁××毒打。为此，我母亲找到××区委和××法院，但都未作处理，仍叫我母亲找修建队书记。6月19日我母亲找到书记杨××后，又遭到书记的打骂。然后书记要坐卡车上医院，我母亲拦车不让去，因他打了我母亲，问题还没有解决。可是他们强行把我母亲拉开，把车开走了。我和我母亲也走路去了医院。在这个过程中，我弟弟刘×平根本不在场，何来的"拦截"和"挑衅"呢？到了中午12点，刘×平找我母亲回家吃饭，彭××从仓库里拿出三棱刮刀，一刀刺中刘×平的心脏然后穿过马路逃跑了。我弟弟怎么会跟他们"挑衅"？彭××刺死我弟弟并逃跑，为什么判决书对此只字不提？

3. 高级法院终审判决书以刑法第134条第2款之规定，判处彭××有期徒刑七年，实属定性不当，适用法律错误，判刑太轻。本案被告人犯的是故意杀人罪，应按我国刑法第×××条惩处。为此，申诉人请求法院对此案重新复查审理，依法对杀人犯彭××从严惩处，替我弟弟刘×平申冤,以维护法律的尊严,保护公民的合法权益。

此致

×××市高级人民法院

申诉人:×××

××××年×月×日

附:原判决书副本一份

【评析】

这篇申诉状,是申诉人不服已经发生法律效力的判决,向法院提出申诉,请求重新审理案件的诉讼文书。申诉人就法院判决书中存在的问题,指出重要的三项内容,逐条进行了反驳,有说服力。

2. 民事申诉状的格式

民事申诉状

申诉人:____

申诉人____对××人民法院____年____月____日( )字号民事判决不服,申请再审。

请求事项:

事实与理由:

此致

××××人民法院

申诉人:

年 月 日

附:原审判决书或裁定书1份。

【实例】

民事申诉状

申诉人:唐××,女,××岁,××省××县人,××县××村××厂合同工。住××县××路30号。

申诉人因房屋产权一案,不服××省××县××人民法院(××)民终字第××号民事判决。现依法申诉如下:

1. 我和余××婚姻关系存续期间所住的房子,房款是我独自筹措,也是我独自承担偿还的,有债权人吴××、马××证明。

2. 买房子时,我的丈夫,对方当事人的父亲余昌富公开表态:不与我共买此房。我坚持要买,故请刘××代写了不愿共买房的声明。声明内容请见代写人刘××的书面证明。

3. 一审法院只是简单地认定了事实,援引法律条文,对我提出的证人证言则不加调查,不作分析。这样主观武断地认定案件事实、作出的判决怎能使人信服呢?

4. 夫妻关系存续期间所得财产,应理解为包括双方或一方的劳动所得。如属这样的性质,其产权应归夫妻所共有。我买的房子虽在婚姻关系存续期间,但买房用款是由我个人借债来支付的,还债则是在我丈夫死后,靠我个人的劳动所得偿还的。一审法院引用我国《婚

申诉人＿＿＿对＿＿＿人民法院　年　月　日字第＿＿＿号刑事判决(或裁定不服),提出申诉。

请求事项：

写明请求事项的要点。

事实与理由：

写明基本的案情事实、审判结果以及具体的申诉理由和法律依据。

此致

××××人民法院

申诉人：

代书人：

年　月　日

附：原审＿＿＿＿＿＿＿书复印件1份。

【实例】

刑事申诉状

申诉人：刘××(被害人死者刘×平之兄),男,31岁,汉族,××市人。

案由：××市高级人民法院(××)高刑终字第××号判决书对于杀人犯彭××在定罪和量刑上均有失公正,认定的事实亦有出入。

申诉请求：请求终审法院按照审判监督程序,重新审理此案。

事实和理由：

1. 判决书定彭××为伤害致死人命罪是不恰当的。我认为彭应定为故意杀人罪。因为刘×平并未对彭或其他人造成任何人身威胁,彭××没有必要用三棱刮刀来主持"正义"。他如果真是出于"正义",不是出于故意杀人的动机和目的,在刘×平赤手空拳的情况下,完全可以采取劝阻和以理服人的方法。为什么要选择最要害的部位——心脏,并一刀刺死刘×平呢?

2. 判决书认定事实有出入。判决书说修建队书记要去医院看病,刘×平进行拦截和挑衅,这与事实不符。事实是：我母亲多次去找××镇修建队要求解决工作问题,遭修建队队长袁××毒打。为此,我母亲找到××区委和××法院,但都未作处理,仍叫我母亲找修建队书记。6月19日我母亲找到书记杨××后,又遭到书记的打骂。然后书记要坐卡车上医院,我母亲拦车不让去,因他打了我母亲,问题还没有解决。可是他们强行把我母亲拉开,把车开走了。我和我母亲也走路去了医院。在这个过程中,我弟弟刘×平根本不在场,何来的"拦截"和"挑衅"呢? 到了中午12点,刘×平找我母亲回家吃饭,彭××从仓库里拿出三棱刮刀,一刀刺中刘×平的心脏然后穿过马路逃跑了。我弟弟怎么会跟他们"挑衅"? 彭××刺死我弟弟并逃跑,为什么判决书对此只字不提?

3. 高级法院终审判决书以刑法第134条第2款之规定,判处彭××有期徒刑七年,实属定性不当,适用法律错误,判刑太轻。本案被告人犯的是故意杀人罪,应按我国刑法第×××条惩处。为此,申诉人请求法院对此案重新复查审理,依法对杀人犯彭××从严惩处,替我弟弟刘×平申冤,以维护法律的尊严,保护公民的合法权益。

　　此致

　　×××市高级人民法院

申诉人:×××

××××年×月×日

　　附:原判决书副本一份

【评析】

　　这篇申诉状,是申诉人不服已经发生法律效力的判决,向法院提出申诉,请求重新审理案件的诉讼文书。申诉人就法院判决书中存在的问题,指出重要的三项内容,逐条进行了反驳,有说服力。

　　2. 民事申诉状的格式

民事申诉状

　　申诉人:＿＿＿＿

　　申诉人＿＿＿＿对××人民法院＿＿＿＿年＿＿＿＿月＿＿＿＿日( )字号民事判决不服,申请再审。

　　请求事项:

　　事实与理由:

　　此致

　　××××人民法院

申诉人:

年　月　日

　　附:原审判决书或裁定书 1 份。

【实例】

民事申诉状

　　申诉人:唐××,女,××岁,××省××县人,××县××村××厂合同工。住××县××路 30 号。

　　申诉人因房屋产权一案,不服××省××县××人民法院(××)民终字第××号民事判决。现依法申诉如下:

　　1. 我和余××婚姻关系存续期间所住的房子,房款是我独自筹措,也是我独自承担偿还的,有债权人吴××、马××证明。

　　2. 买房子时,我的丈夫,对方当事人的父亲余昌富公开表态:不与我共买此房。我坚持要买,故请刘××代写了不愿共买房的声明。声明内容请见代写人刘××的书面证明。

　　3. 一审法院只是简单地认定了事实,援引法律条文,对我提出的证人证言则不加调查,不作分析。这样主观武断地认定案件事实、作出的判决怎能使人信服呢?

　　4. 夫妻关系存续期间所得财产,应理解为包括双方或一方的劳动所得。如属这样的性质,其产权应归夫妻所共有。我买的房子虽在婚姻关系存续期间,但买房用款是由我个人借债来支付的,还债则是在我丈夫死后,靠我个人的劳动所得偿还的。一审法院引用我国《婚姻法》第 13 条,只讲"夫妻在婚姻关系存续期间所得财产,归夫妻共同所有",不提该条的最后句"双方另有约定的除外",是不适当的。

以上理由陈述,敬请地区中级人民法院按审判监督程序调卷审理,依法判处,以维护法制,保护公民合法财产。

此致

×××地区中级人民法院

申诉人:唐××

××××年×月×日

附:1. 证明材料 4 份

　　2. 房产影印本一份

　　3. 一审判决书副本各一份

【评析】

这份申诉状条理清晰,理由充分,针对法院的一审判决,运用充分的事实,来为自己的权益进行申诉,合情合理,让人信服,也能争取到法院的同情。

3. 行政申诉状的格式

行政申诉状

申诉人:

法定代表人:

申诉人因××法院××年××月××日(　　)字第×号裁决(或判定)不服,依法提出申诉。

请求事项:____

事实和理由:____

此致

××××人民法院

申诉人(签名、盖章)

××年××月××日

附件:

【实例】

行政申诉状

申诉人:罗××,男,××岁,×族,××县人,医务工作者,住××县××街××号。

申诉人:陈××,女,××岁,×族,××县人,个体工商户,住址同上,系罗××之妻。

申诉人因不服××县人民法院(××)×法行诉字第××行政判决和××市中级人民法院(××)×法行上字第××号行政裁定,特依法向你院提出申诉。

申诉请求:请求人民法院依法受理申诉人诉××县人民政府之不应经租房屋而经租引起产权纠纷一案。

事实和理由:

　　申诉人向××县人民法院提起诉讼的是一起落实解决私房改造遗留问题的案件。所争执之房屋现为××县××街××号(与申诉人现住房为一个房号)。该房系申诉人罗××之父罗××于20××年购得旧房后改建而成,面积281平方米。罗××在该房建成后因劳累过度吐血死亡。20××年,申诉人罗××之母王素容因后夫赵××的成分问题与后夫一起被迫迁往农村居住。其时,申诉人罗××尚且年幼,在城里投靠亲友读书,房屋锁闭。此后,××镇政府部门,未征得房主同意,擅自开门,先后安排东街伙食团和甜食店等单位使用,直至20××年,城关镇和县房管部门将东街17号纳入私房改造。20××年经县领导处理,该房全部退还房主,但在20××年申诉人一家又被强行赶出。申诉人全家7口无处栖身,不断申诉,要求退还私房。20××年××县人民政府以(××)××号文件决定发还其中72平方米作为补留住房。申诉人认为,××街17号确系申诉人一家的自住房,在私房改造前确无私人之间的租佃关系,此情况有本案一、二审代理律师的调查材料和知情的东街干部群众证明,县政府认为申诉人在私房改造前曾将该房出租作营业用房确无充分证据,因此,县政府将其纳入私改,实行经租,最后没收该房,违反了国家关于经租房屋的有关政策,也不符合××省基本建设委员××建委发(××)城××号文件的规定,属于不符合私改条件而私改,应予纠正。故申诉人一直向县政府有关部门申诉,但均无结果,不得已向××县人民法院提起诉讼,希望能依据《中华人民共和国行政诉讼法》来保护自己的合法权益。但县人民法院在已经受理此案(已收取了案件受理费,至今尚未退还)的情况下,又以此案不属于法院审理行政案件的受理范围为由裁定不予受理。上诉后,你院又以"最高人民法院,城乡建设环境保护部关于复查历史案件中处理私人房产的有关事项的通知精神"为由,裁定驳回上诉,维持原裁定,致使申诉人有冤无处申,合法权益得不到保护。

　　申诉人认为,你院裁定驳回上诉,维持原裁定的理由不能成立。20××年×月×日施行的《中华人民共和国行政诉讼法》开宗明义,在第1条中就指出了颁布行政诉讼法的目的是"为保证人民法院正确、及时审理行政案件,保护公民、法人和其他组织的合法权益,维护和监督行政机关依法行使行政职权"。《中华人民共和国行政诉讼法(草案)》的说明中也指出:"根据宪法和党的政策,从保障公民、法人和其他组织的合法权益出发,适当扩大人民法院现行受理行政案件的范围。"私房改造问题是个历史遗留问题,行政诉讼法当然不可能单独列出,所以该法第11条规定的受案范围才单列了第八项"认为行政机关侵犯其人身权、财产权"的案件,属于人民法院受案范围。根据该条该项的规定,人民法院应当受理本案,这样做,也才能体现行政诉讼法的目的。

　　你院在(××)××行上字第××号行政裁定书中作为驳回上诉的理由提到的"最高法院,城乡建设环境保护部关于复查历史案件中处理私人房产有关事项的通知",想来就是最高人民法院会同城乡建设环境保护部于20××年×月××日发布的法(研)发(××)××号文件《关于复查历史案件中处理私人房产有关事项的通知》。该《通知》中指出了"私房因改造遗留问题应移送当地落实私房政策部门办理"。申诉人认为,依据这一规定来确定人民法院受理行政案件的范围也是错误的。第一,该《通知》只是提出了私房问题的一些处理方法,并不是对人民法院受案范围的规定;第二,城乡建设环境保护部只是一个政府部门,既无立法权,又无司法解释权,最高人民法院会同该部下发的文件并不具有司法解释更不具有立法的效力;第三,该《通知》发布于20××年×月××日,《行政诉讼法》生效于20××年×月×日,该《通知》显然不能用来限制或解释《行政诉讼法》。再者,本案是由县人民政府直接作出行政决定的,已经剥夺了当事人提出复议的权利,人民法院又拒绝受理,如何能实现和保护宪法赋予公民的合法权利!

由于申诉人的私房被错误私改,申诉人一家受到了极大的损害,全家7口只有一人有户口,子女入学、就业都无着落,全家仅靠申诉人摆地摊维持生计。为此,恳请贵院能依法撤销原裁定,受理本案,以保障申诉人的合法权益。

此致

××市中级人民法院

申诉人:罗××,陈××

××××年×月×日

附:1. 原向××县人民法院提交的《行政起诉状》一份。

2. ××县人民法院×法行诉字第××号裁定书一份。

3. ××市中级人民法院(××)×法行上字第××号行政裁定书一份。

【评析】

这篇诉状的申诉人针对历史遗留下来的房产问题,引用大量的事实材料,来维护自己的合法权益,内容丰富,合情入理,具有一定的说服力。

第四节　答辩状

一、答辩状的含义

答辩状是指司法诉讼活动中,被告(人)或被上诉人在收到人民法院送达的起诉状副本或上诉状副本之后,在法定期限内,针对起诉状或上诉状的诉讼请求或上诉请求及事实、理由与适用法律进行回答和辩解的一种诉讼文书。

在答辩状中,提出答辩的一方称为答辩人,另一方称为被答辩人。

二、答辩状的种类

按照案件性质来分,答辩状可分为民事答辩状、行政答辩状和刑事答辩状三种。

从诉讼程序上分,答辩状又有第一审答辩状和第二审答辩状之分。一审程序上的答辩状是被告人对原告人(或自诉人)的起诉提出的答辩,二审程序上的答辩状是被上诉人针对上诉人的上诉状提出的答辩,二者在性质上是完全一致的。

三、答辩状的特点

(一)被动性

无起诉(上诉)便无所谓答辩,因而答辩状具有被动性。

(二)针对性

答辩状是被告人或上诉人对原告、上诉人的起诉状或上诉状提出的一种抗辩,是和起诉状、上诉状相对应的,具有很鲜明的针对性。

（三）论辩性

答辩状的主要内容不在于陈述事实，而是针对起诉状或上诉状中的不当内容进行答复和辩解，因而表现出明显的论辩特点。

答辩状应包括：答辩人的基本情况、案由、答辩理由、致送机关、签署和日期、附项等。

四、答辩状的结构

××答辩状

答辩人：姓名，性别，年龄，民族，籍贯，职业，工作单位，住址。

因×××××××案，提出答辩如下：

_____

_____

_____。

此致
×××人民法院

答辩人：（签章）
××××年×月×日

附：1. 答辩状副本×份；
　　2. 证物×件；
　　3. 书证×件。

五、答辩状的写法

（一）标题

根据案件的种类，写明"民事答辩状"、"行政答辩状"、"刑事答辩状"，也可只写答辩状。

（二）答辩人的基本情况

答辩人是公民的，应写明答辩人姓名、性别、年龄、民族、籍贯、职业、工作单位、住址；是法人或其他组织的，应写明答辩人单位全称、所在地址，法定代表人（或代表人）写姓名、职务。

答辩人若有诉讼代理人，应在答辩人下面写明代理人的情况及与答辩人的关系；如果代理人是律师，可只写其姓名、单位、职务。

（三）案由

写明对何人起诉或上诉的何种性质的案件提出答辩。

（四）答辩理由

针对起诉状或上诉状中的事实和理由或诉讼请求提出针对性的答复和反驳，同时也可提出自己新的事实、证据和理由，证明自己的理由和观点是正确的，反驳原告或上诉人的诉词。

在反驳时,答辩人可以从事实、法律、情理三方面进行。其一,就事实方面进行答辩。对诉状或上诉状中所写的事实是否符合实际情况表示意见。如果对方所诉事实全部不能成立,就全部予以否定;部分不能成立,就部分予以否定,进而提出符合客观真实的事实及证据加以证明。不能凭空否定或出假证明。其二,就适用法律方面进行答辩。如果诉状(或上诉状)所叙述的事实与实际有出入,往往导致其适用法律的不当,答辩人就可用准确的法律进行反驳;或诉状(或上诉状)叙述事实与实际没有出入,但对法律条文的理解不当,以致提出不合理的要求,则可据理反驳其不当之处;或在诉讼程序方面原告(或上诉人)起诉(或上诉)违反民事诉讼法的有关规定,没有具备引起诉讼发生和进行的条件,则可就适用法律程序方面进行反驳。其三,就情理方面进行答辩。有些案件情况特殊,不能直接用某种法律或某一法规来解决,只能用人之常情、人之常理来判断是非,答辩时要以情感人,以理服人,使答辩有说服力。

在写作这部分时,要把握好角度,主要针对诉状或上诉状中的漏洞、破绽、有意回避、舍本求末、违背情理之处进行叙述。辩明理由要用反驳的方法,要尊重事实,提出确切的证据,不能空发议论,强词夺理。在写作方法上,将对诉状(或上诉状)中持有不同意见的地方挑出来,根据主次分部分一一反驳。不能再把纠纷事实从头讲一遍,与诉状(或上诉状)相比,只是增加或减少了部分内容,这样,会造成信息重复,重点不突出。

(五)主张和请求

以归纳立论的方式,提出自己的主张和请求。

(六)致送机关

写明接受答辩的人民法院的名称。

(七)签署和日期

答辩人是公民的,由答辩人签名;答辩人是法人或其他组织的,加盖答辩人公章。注明上诉的日期。

(八)附项

应依次写清楚"答辩状副本"及份数、"证物"及件数、"书证"及份数。

六、写答辩状应注意的事项

1. 叙写答辩理由应当针锋相对,有的放矢。
2. 抓住关键性问题进行答复和辩解,不在枝节问题上纠缠,以免分散精力。
3. 应当实事求是,以理服人。
4. 应注意援引有关的法律条款作为依据。

七、答辩状和上诉状的区别

(一)针对的对象不同

答辩状针对的是起诉状和上诉状的请求、事实和理由;而上诉状针对的是原审裁判。

(二)在诉讼中的作用不同

答辩状是否提交不影响审判的进行,当事人可以选择答辩或不答辩;而上诉状是引起二审程序的前提和基础,上诉人如要提出上诉就必须提交上诉状。

八、各种答辩状的基本格式

1. 刑事答辩状的格式

刑事答辩状

答辩人(刑事附带民事案件一、二审被告人,刑事自诉案件二审中原为自诉人的为被上诉人):姓名、性别、年龄、民族、籍贯、职业或工作单位和职务、住地等基本情况。

因____一案,现提出答辩如下:(针对诉状或上诉状,申诉状的指控所做出的答辩理由)

此致

××××人民法院

答辩人:
代书人:
年 月 日

附:本答辩状副本 份。

【实例】

刑事答辩状

答辩人:张××,男,62 岁,汉族,××省××市人,××××学院退休教师,住××市××××大院宿舍区甲楼门×号。因殷××诉我诽谤、侮辱一案,现提出答辩如下:

我与殷××原系同事,都在××学院××教研室任教,我于××年退休。××年暑假,我曾为××会计师事务所和我教研室联系,二者合办一期《××条例》辅导班。××年元月2日,教研室同事赵××、钱××、孙××、李××来我家中看望。聊天中,他们谈到,教研室在与××会计师事务所合办《××条例》辅导班时,殷××拿着他儿子刚刚创办的公司的发票(据说免税)对学员说,交10元钱,开100元发票,交100元开1000元发票,开资料费回去可以报销。于是学员们纷纷交钱买虚假发票,但具体数目不详。我随即打电话给××会计师事务所周××询问此事,周亦证实,并表示不满,还说可以提供学员名单备查。我觉得殷××作为一个共产党员这样做是错误的,便给学院纪委写了信,希望他们调查。如属实,应加强教育。6月14日,退休党员支部活动,我到学院碰到了纪委书记任××。我问任××,殷××的发票问题你们调查了吗?任××说:"我问她了,她说没这回事。"支部活动中,退休党员对学院工作提出了许多意见和建议,我也提到对类似殷××虚开发票这样的问题,应作认真调查,不能只听她本人一句话,就过去。活动结束后,恰巧殷××从会场门口路过,有人说:"说曹操,曹操就到。"殷就问:"说我什么?"我说:"关于办班开假发票的事,希望你再跟任××如实谈一下。"殷××甩了一句:"少跟我来这一套",就匆匆走了。活动以后的这个过程,时间充其量一分钟,根本不容我有在大庭广众之中"侮辱"她的言行。

我认为,我退休前是系部纪检委员,退休后也应该维护党风党纪。我向纪委写信反映殷××的问题,在党员活动中交流我所了解的情况,与殷××当面交谈中表达我对她的希望,既是一个共产党员和公民的权利,也是一个共产党员与公民的义务,根本谈不上诽谤、侮辱。没想到,殷××竟向法院起诉,指控我诽谤、侮辱她。

　　根据上速事实和理由,现提出答辩请求如下:

一、驳回自诉人之诉讼请求;

二、责令自诉人向我赔礼道歉。

　　此致

××人民法院

答辩人:张××

××年×月×日

　　附:本答辩状副本 1 份。

【评析】

　　这份答辩状是针对自诉人在自诉状中所述事实不实而展开答辩的,先写自诉人所犯错误,有时间、有环境、有答辩人发现的过程,有答辩人核对的情节;再写答辩人对自诉人所犯错误的态度与做法,详叙其写信、发言和当面规劝的经过,最后从权利与义务上进行说理,并全文进行归纳。这份答辩状以时间为序,陈述事实,重点突出,最后提出请求,有理有节,是较好的实例。

　　2. 民事答辩状的格式

民事答辩状

　　答辩人:

　　地址:

　　答辩人因＿＿一案(或答辩人因＿＿对＿＿案所提上诉或申诉),提出答辩如下:

　　此致

××××人民法院

答辩人:

年　月　日

　　附:本答辩状副本　份

　　注:答辩人为法人或其他组织的,按法人的项目填写。

【实例】

民事答辩状

　　答辩人:××市××电子配件厂,××市××区××街××号。

　　法定代表人:王××,厂长。

　　因我厂为××公司加工电子元件而发生的合同纠纷一索,提出答辩如下:

　　我厂为××公司加工的装配玩具的电子元件,因时间的原因,未能按合同规定的时间交货,受到××公司向××人民法院的指控,提起了民事诉讼。但是造成此次交货误期的主要责任应由××公司来负,按合同规定,其中主要元件的材料由××公司提供,但××公司提供的元件材料已超过规定的时间一周,且未能全部按时提供,而是陆续送到的。因此我厂交货的时间迟于合同规定的时间两周,至少应扣除材料晚到的一周时间,再者我厂规模较小,加工电子元件的机器的利用率必须充分发挥,由于××公司的材料来到,为不使机械停机,我厂只能改作其他单位的订货;而其他单位的订货上机后,又不宜中间停顿,必须完成部分成品后,方能再上××公司的加工产品。因此,造成这种推迟××公司交货的问题,与××公司的材料未按时送到有直接关系。对此,××公司也应负有一定的连带责任。

　　基于上述事实,我厂认为××公司对我厂因延误交货时间给其造成了经济损失的指控是缺乏事实和法律根据的,也是推卸自身责任和带有欺诈性的。建议法庭查明事实真相。按照合同规定的双方权利义务,依法秉公处理。

　　此致
　　××市××区××人民法院

答辩人:××市××电子配件厂
××年××月××日

【评析】

　　这份答辩状能紧紧抓住该厂为××公司加工电子元件未能按合同规定的时间交货之原因进行答辩,主要讲××公司未能按合同规定的时间提供原材料是造成未能按期交货的原因之一,因而原告应负主要责任。写得基本符合要求。答辩状如能引证合同中有关原材料与产品送交时间的具体规定并引证有关法律的规定进行答辩,该答辩状的说理性将更加充分。

　　3. 行政答辩状的格式

行政答辩状

　　答辩机关(单位)名称:＿＿＿＿＿＿。
　　住所地:＿＿＿＿＿＿。
　　电话号码:＿＿＿＿＿
　　法定代表人姓名:＿＿＿＿＿　　职务:＿＿＿＿＿
　　联系地址:＿＿＿＿＿　　电话号码＿＿＿＿＿。
　　××××人民法院:
　　因＿＿＿＿＿一案现答辩如下:
　　答辩机关(单位)名称(公章)
　　法定代表人姓名、职务(签章)

年　月　日

　　附:本答辩状副本＿＿＿份

【实例】

行政答辩状

　　答辩人:××市林业多种经营管理局,××市××街××号。
　　法定代表人:李××,副局长。
　　因原告张××指控我局所作《××××(××林罚字第××号)处罚决定》对其处罚不当一案,提出答辩如下:

××市郊松山林区发生火灾的情况：

××市北郊松山林区为一国营林区。××市已有多次发布，禁止游人在松山林区野炊、玩火等文告。特别在冬春干燥少雨季节，更是严格禁止游人组织各种活动。今年春季，并由林业多种经营管理局与公安、教育局共同发布通知，禁止学校去松山组织春游，以防止发生火灾。××市××中学也在广播中和教职员工大会上将上述通知予以全文传达。但该校××班学员依然违反规定，利用假日私自组织学生去松山春游。作为班主任的张××，不但不加劝阻、制止，反而支持帮助，并亲自参加，这实际已成为此次违纪违法去松山林区春游的组织者；在春游中又公然与学生一起搞野炊、烤鱼煮饭，当学生李××肆意玩火时又不加管束制止，终造成此次火灾。致过火面达10亩之多，烧死幼树1000多株，加上紧急动员附迁工厂农村群众等参加救火人员300多人的半天的奋力扑救工作，使用汽车8辆，共为国家和集体造成直接经济损失3000余元，并给××市造成极为恶劣的影响。

事后，我局会同公安局、教育局对此次事件的责任人员分别作了处理。除直接肇事者××中学高二学生李××已被公安局拘留外，对××中学的张××做出了处以罚款500元的处罚决定，并责令其通过此次事件做出深刻检查，并建议学校给予应有校纪处理。

但是××中学张××，不但不服处罚还向人民法院对我局提起行政诉讼，要求撤销处罚决定。还歪曲事实地谎称，他并非此次春游活动的组织者，并积极地参加了救火活动。对他的处罚属于处罚不当，构成侵权。现就张××在诉状中对我局的指控和狡辩作如下答辩。

一、张××称，他仅仅是此次活动的被邀请者，而非组织者，张××身为××中学高二××班的班主任，是对该班学生负有行政责任的教师，特别是对学生班集体的活动应成为负有指导责任的校方代表。学生组织该班参加政府明令禁止的活动，作为班主任，本应明确表态制止，而现在张××不但不加制止，却出钱资助，亲自参加，这实际已成此项违纪违法活动的组织者和支持者，因此张××对于这次发生火灾的恶果负有不容推卸的法律责任。

二、张××在诉状中自称，在火灾发生后曾"亲自率领学生积极扑火"，此点也与事实根本不符。火灾发生后，有三名同学积极参加扑救，但火势越烧越旺，难以遏止，张××见势不妙，令学生收拾野炊现场，并让学生赶快脱离火场，避离下山，只是在附近群众前来救火人群的挟裹下，才不得不重新跟着救火群众上山扑救。并非什么"亲自率领学生积极扑火"。张××之所以制造各种谎言，其目的无非是想推卸自身的责任。

三、张××身为中学教师，对于政府的禁令明知故犯，知法犯法，理应受到法律的制裁。而在其诉状中竟然把自己降到一个不懂法、不明理的普通青年的水准之下。为自己的行为狡辩开脱，说什么只顾"照顾学生情绪"、"为了维护班集体的团结"，才同意组织此次春游，这显然是一种无理的辩解，是站不住脚的。

总之，张××的行为还明显违犯了××市政府的政令，也触犯了我国森林法的有关规定，构成了较严重的违法行为，我局对他的处罚并无不当。

此致

××市××区人民法院

答辩人：××市林业多种经营管理局

代表人：郭××

××年×月×日

附:本答辩状副本 1 份。

【评析】

这份答辩状符合答辩状的写作要求,正文部分首先点明了市有关部门多次发文并宣传禁止到松山林区春游野炊的事实。这不仅强调了下文对违纪者处罚的必然性,而且提供了处罚违纪者的依据,下面陈述了造成森林火灾的情况及对原告处罚的过程,然后反驳原告在起诉状中的无理指控和不实之词,据实说理,较为有力。

第五节　委托书与公证书

一、委托书的概念及分类

(一)委托书的概念

委托书又称授权委托书或代理委托书,是当事人为把代理权授予代理人而制作的一种法律文书。它是代理人以被代理人的名义并在被代理人授予的权限范围内进行民事活动或参加诉讼活动的书面根据。

委托代理人在代理权限范围和时间内所实施的行为或诉讼行为所产生的法律后果,均应由被代理人承担。

(二)委托书的分类

委托书有两种:一种是诉讼委托书,即委托代理民事诉讼的授权委托书。根据《民事诉讼法》的规定,当事人、法定代理人、法定代表人委托他人代为诉讼,必须向人民法院提交授权委托书。另一种是事务委托书,即委托代理某种事务的授权委托书。

二者的区别在于前者是授权代理诉讼,后者是授权代理一般事务。

二、委托书的撰写

(一)写作内容和方法

委托书一般由首部、正文和尾部组成。

1. 首部

(1)标题。居中写明"授权委托书"或"诉讼委托书"或"委托书"。

(2)委托人和受委托人的基本情况。要分别写明姓名、性别、年龄、民族、籍贯、职业、工作单位、住址。如受委托人是两个,则要逐一写明上述各项。如果是企事业单位、机关、团体委托诉讼代理人或事务代理人,则要逐一写明上述各项。如果是企事业单位、机关、团体委托诉讼代理人或事务代理人,则首先写委托单位名称(全称),其次写该单位法定代表人的姓名和职务,然后写受委托人的姓名、工作单位和职务。

2. 正文

写委托的基本内容,即委托代理权限。

委托代理权限主要写明委托人授予被委托人在一定时间一定范围之内所行使的权利和义务,在代理权限内,代理人所实施的诉讼行为所产生的法律后果,均由委托人自行承担。

3. 尾部

委托人和受委托人签字盖章并注明日期。

（二）委托书的范本格式

1. 诉讼委托书的格式

诉讼委托书

____人民法院：

你院受理的由_____人民检察院提起的公诉的_____（犯罪嫌疑人姓名和涉嫌的罪名）一案，根据法律规定_____受委托人（姓名及与犯罪嫌疑人的关系）之委托指派____担任犯罪嫌疑人的辩护人。_____（受委托人）在_____（犯罪嫌疑人姓名及涉嫌罪名）一案中，代理权限为：

委托人：

受委托人：

××年×月×日

【实例】

诉讼委托书

××人民法院

你院受理的由××市人民检察院提起公诉的李×文盗窃案，××市律师事务所受李×文之父李×汉的委托，指派张××律师担任犯罪嫌疑人李×文的辩护人。

张××律师在李×文盗窃一案中代理权限为：

一、依法参加××市人民法院对李×文全部诉讼审理活动。

二、出庭为犯罪嫌疑人李×文辩护。

三、根据《律师业务收费办法》的规定，委托人××向××律师事务所缴纳委托费××元。

委托人：李×汉（李×文之父）

受委托人：××律师事务所张××律师

【评析】

该文书委托权限明确，符合要求。

2. 事务委托书的格式

事务委托书

委托人：

受委托人：

委托人_____自愿将其本人名下_____，委托____全权代为处理有关____的____等一切事宜。

委托人：_____（印）

受委托人：_____（印）

年　月　日

注：委托书一式两份，一份由委托人存查，一份由委托人交受委托人递交人民法院（指《诉讼委托书》）。

【实例】

委托书

委托人：赵××，男，32岁，现住××省××市解放路88号。

受托人：卢××，女，45岁，××省××市××律师事务所律师。

现委托卢××为我的代理人，以我的名义办理××省××市升平路52号住房的出售或出租事宜，受托人卢××在该住房出售或出租的过程中签署的一切有关文件，我均予承认并承担责任。

代理人无权转让委托权。

委托人：赵××（印章）

××年×月×日

【评析】

本委托书和委托权限交代清楚、条理分明、格式正确。

三、公证书的概念及种类

（一）公证书的概念

公证书是国家公证机关根据公民、法人或其他组织的申请，对于某种法律行为或具有法律行为或有法律意义的文书和事实给予证明所出具的法律文书。

公证书证明的事项具有无可置疑的证据和法律效力，有着权威性，有的还具有强制执行的效力。一份公证书，只能公证一件事。

（二）公证书的种类

随着社会的发展，公证业务范围不断扩大。公证书的种类也越来越多，难以尽述。常见的有合同公证书、企业法人资格公证书、强制执行公证书及商标权公证书等。

四、公证书的撰写

（一）写作内容和方法

公证书由首部、正文和尾部组成。

1. 首部

包括文书名称和文书编号。如"××合同公证书"、"（　）××字第××号"。

2. 正文。

正文部分应根据申请公证事项的需要来写。

证明合同（契约）、遗嘱、签名、印签等事项的公证词（指公证书的正文内容），只是寥寥数语，可印成填空式的文书用纸。收养子女、财产继承等类公证书，则应逐项说明。

3. 尾部

包括公证机关名称、公证员签名、签发公证书的年月日和公证机关印章。

注意，公证书必须写得清楚、准确、真实、合法，其内容须经当事人同意，在公证书稿制成后，应交当事人自阅或向当事人宣读。

（二）公证书的范本格式

1. 合同公证书

××合同公证书

（　）××字第××号

兹证明××××(单位全称)的法定代表人(或法定代表人的代理人)××与××(单位全称)的法定代表人(或法定代表人的代理人)××于××年×月×日,在××(签约地点或本公证处)在我的面前,签订了前面的《××合同》。

经查,上述双方当事人的签约行为符合《中华人民共和国民法通则》第五十五条规定;合同上双方当事人的签字、印章属实;合同内容符合《中华人民共和国××法》的规定。

中华人民共和国××省××市公证处

公证员(签名)

××年××月××日

2. 企业法人资格公证书

企业法人资格公证书

兹证明××(单位全称)于××年×月×日经××工商行政管理局核准登记,取得工商××字第××号《企业法人营业执照》具有法人资格。其法代表人是××(职务)××(姓名),注册资金××元,法人住所地×××,其经营范围是　经营方式是××

本公证书有效期至××年×月×日止。

中华人民共和国××省××市公证处

公证员(签名)

××年×月×日

3. 强制执行公证书

强制执行公证书

（　）××字第××号

根据债权人××办理强制执行公证的申请,经查,债权人××与债务人××于××年月×日签订了《××××合同》,并经××公证[公证书编号( )××字第××号]。根据上述合同的规定,债务人××应于××年×月×日将××(标的名称、数量)偿还给债权人××××。现债务人违反了合同规定,尚未偿还(或尚未全部偿还)上述欠款(或物品)。

根据《中华人民共和国民事诉讼法》第二百一十八条第一款和《中华人民共和国公证暂行条例》第四条第十项的规定,特证明:债务人××××应于××××年×月×日前,将所欠本金×币×××元,利息×币××元,合计×币××元(或××物品),偿还给债权人××××。

逾期不付,债权人×××可持本公证书向××××人民法院申请强制执行。

中华人民共和国××省××市(县)公证处

公证员　(签名)

××年×月×日

4. 商标权公证书

商标权公证书

（　）××字第××号

兹证明××××（单位名称）生产的××××（商品名称）上的××商标，已于××年×月×日经国家工商行政管理局商标局核准注册，取得第×××号《商标注册证》。该商标的专用权属于我国××××（单位全称）。该商标的有效期为×年。

中华人民共和国××省××市（县）公证处

公证员（签名）

××××年×月×日

5. 遗嘱公证书

张××遗嘱

立遗嘱人：张××，又名××，女，七十六岁，××省××县人，住本市××路×巷×号。我因年老多病，近来愈感沉重，平时生活一直依靠我女儿王××供养和照顾，所以我死后的存款、珍珠耳环一对，家里日常使用的四只装衣箱、大立柜一个、梳妆台两个、椅子两对、靠背椅四对、写字台一张、彩电与冰箱各一台、缝纫机一架等全部财物，均由我女儿王××继承，其他人无权干涉。特立此遗嘱。

立遗嘱人：张××　（盖章）

2011 年×月×日

（2011 年）×字第××号

遗嘱证明书

（2011 年）××字第××号

兹证明前面的遗嘱确系张××所立，并在我的面前亲自签名盖章，经本处审查属实。

××市公证处

公证员：李××（盖章）

××××年×月×日

思考与练习

一、什么叫司法文书？

二、刑事诉状与民事诉状的异同是什么？它们的构成包括哪些部分？

三、试分析上诉状和申诉状的异同。

四、改正下列病句，并指出症结所在：

（1）男方多次提出不合理的要求，障碍问题的顺利解决。

（2）陈某和王某发生拉扯，他将他拽倒在地，他起身又将他推倒在地。

（3）被告张某在本月内曾多次进行审讯。

（4）男女婚前了解不够，婚后感情不和，经常吵架，闹无原则纠纷，致感情发生破裂。

（5）该犯罪行极大，性质严重。

（6）某年某月某日，区公安局接报：该区×××路某高层大楼内发生一起杀人、抢劫纵火大案。于是迅速赶往现场进行勘查。

（7）被告人刘某在任××粮库保管员期间，于2010年3月至2011年12月，先后勾结某某等十余人，分别结伙五次，乘被告值班之机，以给本市××路粮站等单位提粮为名进库装粮，并由被告开出门证混过门卫。

（8）被告应某于2011年4月9日傍晚，借本楼居民李某带其女孩王某在其住室借火煎中药，去同院居住的张某房内服药，小女孩王某在其住室玩耍之机……

（9）汪某贪污公款，罪证确凿，但认罪态度恶劣。

（10）计盗得集体和个人财务：……闹钟四只……以及眼镜、被褥、木板等实用杂物四十余件。

五、根据下列材料拟写一份民事起诉状：

原告刘三，女，45岁；被告王××，女，56岁。原、被告系姑嫂关系。原告父母生有原告及其兄刘二兄妹二人。1986年原告父刘××病逝，遗有祖传房产5间。1981年刘二与被告王××结婚，1987年刘二因公死亡。原告1990年结婚，与丈夫另迁他居。此后，被告与原告母亲同住老屋，但被告脾气古怪，对婆婆无半点孝心，经常无事生非，惹婆婆生气，且要求其婆婆操持家务。1993年更是经常把与之恋爱的男子带回家，并要求婆婆做饭侍候，稍有不慎，即恶语相待，其婆婆无计，只能每年去原告处住三四个月。2010年，老太太病逝后，原告要求继承祖传房产，且同意被告继续居住其中的两房。但被告不允，执意要继承并分割房产，纠纷遂起。原告由此起诉。

六、请代××市第一百货公司写一份委托王为民律师处理该公司与××市光华服装厂合同纠纷一案的授权委托书。有关情况如下：

××市第一百货公司法定代表人：李兰芝，女，45岁，汉族；职务：总经理。

王为民：男，50岁，汉族；工作单位：××市第一律师事务所；职务：律师。

第七章 传播文书写作

第一节 概 述

一、传播

传播是信息流通的过程。它是指为扩大某种影响,向公众有目的地进行宣传的各种方式和手段的总和。其本质是共享、参与、交往,体现了参与双方的关系。

(一)传播的分类

根据使用符号的不同,传播可分为口语传播、文字传播、图像传播、实物传播四种。

根据传播的形式的不同,传播可分为自身传播、人际传播、组织传播和大众传播四种;按传播的性质,又分为人类传播、非人类传播、社会传播、非社会传播等。

(二)传播的特性

1. 形态多样性

传播有口语传播、文字传播和图像传播等多种形态。

2. 时空遍布性

传播具有普遍性,它无处不有,处处有;无时不在,处处在。既纵贯了整个人类历史,也横跨整个人类社会。

3. 行为伴随性

从某种意义上说,一切精神和物质的行为都是传播。因为这些行为的进行和完成都离不开传播,且它们本身就是传播,即携带、发布着某种信息。

4. 极端重要性

传播从本质上看是人类赖以生存和发展的基本行为之一,人类的一切行为都离不开传播。但不能因为"传播"重要就绝对地认为任何传播都关系到人或社会的生存及发展。凡与不重要的行为相伴随的传播活动,自然也不重要,如闲话、废话、流言、谣言等,往往有害无益。

(三)大众传播

大众传播是指职业化的传播机构利用机械化、电子化技术(如报纸、广播、电视)向特定的人传递信息的行为或过程。它的特点是传播速度快、范围广、信息量大、信息质量高。

(四)大众传播媒介

常见的大众传播媒介有报纸、广播、电视、杂志四种类型。

1833 年,美国《纽约太阳报》的创办被称作是大众传播时代来临的标志。大众传播的出现使人类传播信息的能力发生了质的飞跃。随后广播、电视的出现则是一系列技术积累和社会需求的产物。

与印刷品不同,广播和电视的传播可以为没有阅读能力的人接受;它们可以和人的感官发生更全面的联系;它们发送信息的时间周期更短,覆盖的地区更广;在普及的条件下,它们也是消费意义上更廉价的媒介。

近几年,有人将因特网称为继报纸、广播、电视、杂志之后的"第五媒介",它是目前世界上最大的、全球性的和开放的计算机网络。因特网最大的特点是既可作为大众传播组织传播的工具,又可作为人际传播的工具,而且有极大的信息储存与检索能力,它对传统媒介的冲击是全球性的。

(五)广告、新闻、演讲与大众传播媒介的关系

广告是一种借助媒介推销商品劳务的信息传播方式。在现今信息爆炸的时代,广告已深入到社会的各个角落。它是商家促销的手段,也是大众传播的一种非常重要的方式,是传播媒介生存的重要依托。

新闻媒介过去一般是报纸、广播、电视、杂志这四种媒介的合称。19世纪末20世纪初,报纸的蓬勃发展扩大了新闻的功能,将新闻从日常生活常态中凸现出来,且新闻现象开始引起人们的重视,并在大众媒介的推广下与社会生活发生着越来越紧密的联系。新闻成为报纸的主体,作为信息传播大家庭中的一员,理应被当作传播学重要的研究对象。

演讲是公众传播的主要形式。当一位演说者在特定场合对相对较多的听众发表相对有准备及连续性的演说,听众对演说者有相对的消息反馈时,公众传播即存在。演讲在社会公共关系活动中发挥着重要的作用。

二、传播文书

传播文书是为了某种目的将特定信息传递散布给大众的专用文体。

(一)传播文书的种类

传播文书种类众多,如新闻、广告、演讲稿和解说词等。本章主要介绍新闻、广告和演讲稿。新闻文体是对新近发生的事实的报道,主要包括消息和通讯;广告是利用一切传播工具向社会进行形象、商品和服务宣传与推广的形式,广告有公益广告和商品广告之分;演讲稿是演讲者在演讲前事先准备的文稿,是为适应演讲这一特殊社会活动而写作的实用文体。

(二)传播文书的特点

1. 真实性

传播文稿以传播特定信息为目的,它不是文学创作,不能虚构,必须客观反映事实。新闻不能虚构事实,不能歪曲事实真相,也不能为某种目的制造假新闻。广告的真实是法律对它的根本要求。发布虚假广告,欺骗和误导社会公众,广告经营者、发布者和广告主应依法承担法律责任。演讲活动之所以最容易激发听众的情感,使听众的思想为之震动,精神为之振奋,情绪激昂,热血沸腾,是因为演讲者的演讲内容表达了内心的真挚感情。传播文书的撰写必须基于高尚的职业道德,反映和传播有价值的事实。

2. 艺术性

传播文书是沟通的工具,在其语言表达方面具有灵活性和个性化的特点。不同的传播文稿因其写作目的和主题的不同,在文稿的构思、表达手法等方面,追求用生动、形象、鲜明的艺术手法调动读者(听众)的注意力或感染读者(听众)。

第二节　新　闻

新闻是对新近发生的事实以简短的文字所作的及时的报道。通常有广义、狭义之分。

广义的新闻包括消息、通讯、特写、调查报告等;狭义的新闻仅指消息。本节介绍的是狭义的新闻。

一、新闻的特点

新闻是最讲时效的一种宣传形式,它具有内容新颖、事实准确、报道及时、篇幅短小的特点。

内容新颖是指报道的应是新情况、新人物、新动态、新风尚、新知识、新问题等。

事实准确是指报道要有事实依据,人物、时间、地点、数据、结果都须准确无误,对事实的分析要客观,不能主观臆想。

报道及时就是要求把最新的人、事、物以最快的速度在最短的时间内报道出来。如果新闻没有把握好它的时效性,迟写或慢发,新闻都会贬值甚至失去意义。

篇幅短小是保障新闻时效的手段之一,也是增加媒体信息承载量、突出新闻要害的重要途径。

二、新闻的种类

新闻的种类较多,有"标题新闻""一句话新闻""简讯"等,报纸上常见的新闻可分为动态新闻、综合新闻、经验新闻、述评新闻四大类。

(一)动态新闻

动态新闻是新闻中最常见的一种,大多一事一报道,迅速及时地报道国内外最新动态。它在新闻类型中篇幅最短。

(二)综合新闻

综合新闻是围绕一个主题综合反映某一方面的情况、动向、成就、问题的新闻。其内容以面上的概括材料为主,又有点上的典型材料的说明。点面结合,既有广度又有深度。

(三)经验新闻

经验新闻是对某领域较突出的典型经验的重点报道。在内容中要交代过去情况,叙述新做法,反映前后变化,总结典型经验,为人们变革现实提供借鉴。

(四)述评新闻

在反映国内外一些重大事件或问题时,单纯地报道客观事实,既不深刻,又不能满足人们的需要,故记者还要发表自己的评论或分析。这种夹叙夹议的报道形式就是述评新闻。它在安排主体材料时通常是先叙述事实,再依次评论,或边叙述事实边议论。述评新闻在写作时要以报道事实为基础,就事论理,述评要少而精。

三、新闻的结构与写法

新闻的结构一般由标题、导语、主体、背景、结尾五个部分构成。

1. 标题

标题是对新闻内容的概括,好的标题可起到吸引读者、先声夺人的作用。

标题的形式较多样,常见的有单行标题、双行标题和多行标题。

单行标题就是只有一个正题的标题。

例如:(正)别了! 钞票上的民族文化

双行标题有两种形式,或由引题同正题构成,或由正题同副题构成。

例如:(引)不赞成不支持不允许不接受

　　　(正)陈歌章反对"克隆人"研究

三行标题就是由正题、引题和副题组成的多行标题。正题高度概括新闻的主要事实;

引题用来交代新闻背景,烘托气氛,揭示或阐发意义并引出正题;副题用来补充交代新闻事实,或说明事件的结果,有时也说明正题的来由或依据。

例如:(引)奥运会开赛第一天传来"零的突破"的喜讯

　　　(正)我国运动员夺得两枚金牌

　　　(副)同时夺得一枚举重银牌和一枚射击铜牌

三种标题如何运用,要根据需要来定。一般来说,篇幅较短、内容单纯的新闻常采用单行标题;篇幅较长、内容丰富的新闻,常用双行标题或三行标题。

2. 导语

导语是新闻内容的开头部分,以极短的文字用一句话或一个自然段概括出新闻最主要的事实,给读者一个概貌且统领全篇。导语的写法通常有叙述式导语、提问式导语、描写式导语、结论式导语四种。

叙述式导语是最常见的导语写法,它以平实的叙述方式概括主要的新闻事实,多用于动态新闻。例如:

美联社纽约(2001 年 12 月 11 日电)在白宫,在外层空间,在工厂,在遍布世界的美国大使馆里,美国人和他们的盟友今天都停下来纪念"9·11"事件发生三个月。

提问式导语是采用设问的方式把主要的事实提出来引发读者的思考和关注的导语写法,常见于述评新闻。例如:

《人民日报》青岛(2000 年 4 月 10 日电)(记者宋学券　赵永新)虽然已过了海鸥北飞的正常时间,前往青岛观光的游人却惊喜地发现,仍有成群结队的海鸥翱翔在青岛湾,恋恋不舍。是什么原因使得海鸥"乐不思北"? 答案是 6 年前青岛市林业局与青岛晚报社联合发起的"挽留海鸥"行动。

描写式导语是在报道事实前,先对新闻最重要的事实或最有特色的场景或侧面作简明生动的描述,以渲染气氛,烘托主题,抓住读者兴趣。例如:

新华社哥德堡(2000 年 8 月 7 日电)(记者杨明　马小林)爱德华兹大笑,爱德华兹大叫,爱德华兹兴奋地乱喊乱跳。

结论式导语就是将新闻的结论放在开头,再叙写新闻事实。例如:

《中国商报》(2010 年 8 月 9 日电)(记者黄东)"白大褂"让孩子们取尿样,三五分钟结果就出来了,个个缺钙、缺锌、缺铁。随后就向家长推荐补充维生素微量元素的保健品。事后才得知,这些"白大褂"是某保健品公司的推销员。这是近日发生在无锡的荒唐事。

3. 主体

主体是新闻的主要部分,它紧承导语详细叙述事实,说明问题,介绍经验,是对导语充分、具体的说明。主体在安排新闻材料时可按时间顺序写出事件的发展,也可按空间位置的转换组织材料,还可按事物内部的逻辑联系来组织材料。无论采用哪种方式,都要注意主体材料必须同导语叙述的事实密切联系,且主体部分的内容是对导语的有力说明与补充。

4. 背景

背景是指新闻事实发生的历史条件、环境条件。背景材料的说明有助于读者了解事件发生的原因,认识事件的性质和意义。

背景材料按性质可分为说明性材料、对比性材料、注释性材料三种。说明性材料是说明新闻事实的政治背景、历史状况、地理环境、物质条件、人际关系等的材料,帮助读者了解事件发生的原因、条件、环境,以更好地理解新闻;对比性材料通过多种形式的对比突出事物的重要意义,深化新闻主题;注释性材料对新闻事件中涉及的人物身份、专业术语、技术问题、专业知识等加以适当解释。

对背景材料的运用没有固定的模式,应从实际报道的内容出发,用时可放在导语、主体或结尾中。

5. 结尾

结尾是报道新闻事件发展的自然结果,或指出事物发展的趋势,或对报道内容作概括式小结,或提出作者的希望。

四、新闻写作的基本要求

1. 要素要齐备

新闻的六大要素,即什么人,什么时间,什么地点,做了什么事情,为什么,报道时要交代清楚。六大要素也就是英语的 Who(何人),What(何事),Where(何地),When(何时),Why(为何),How(如何),五个"W"一个"H"。

2. 要用事实说话

新闻在报道时一般要舍弃细节,只作客观叙述,不作议论,通过事实来说明问题,影响读者,故材料必须准确精当,有典型性。

3. 导向要正确,角度要新颖,报道要迅速

【实例】

十年来最强沙尘早袭击北方

本报北京讯(记者李宗品)10 年以来最大的一次沙尘暴目前已席卷我国北方 8 个省、自治区、直辖市的 140 万平方公里,影响人口达 1.3 亿。中央气象台发布的最新天气预报显示,在未来的两三天里,中国北方的部分地区仍有扬沙或沙尘暴天气。

昨天,整个北京城"灰头土脸",能见度最低不足 50 米。有关专家表示,这是近 7 年北京遭遇的污染最重的一次强沙尘暴。

上午 9 时 40 分,黄沙静静地弥漫在大街小巷的每一个角落。京城的空间从上到下,整

个昏黄昏黄的。几乎所有的出租车都打开了车前灯。记者从首都机场空管局了解到,由于能见度太低,昨天超过80%的航班不同程度延误,并从下午2时开始控制流量。地面交通也堵得厉害。除了外出办公务,市民能不出门的谁也不愿意出去受沙尘的罪,免得黄沙钻得满头都是,甚至嘴里、鼻孔、眼睛里都有细沙渗入。

昨天下午3时30分,国家环保总局最新监测,昨天北京上空可吸入颗粒物约1500毫克/立方米,超标10倍以上,而总悬浮颗粒物高达140000多微克/平方米,超标近100倍。

专家指出,沙尘暴可能诱发过敏性疾病、流行病及传染病。即使是身体健康的人,如果长时间吸入粉尘,也会出现咳嗽、气喘等多种不适症状,导致流行性病发作。此外,大风跨越几千公里,将沿途的病菌吹到下风向地区,其中可能包括一些传染病菌。

专家认为,抵抗力较差的老年人、婴幼儿以及患有呼吸道过敏性疾病的人群,更应该尽可能远离粉尘源。市民必须在室外活动时,最好用湿毛巾、纱巾保护眼睛和口,但确要提醒的是,这种简单防护对病毒不起作用。他还建议人们多喝水,多吃清淡食物。

(北京日报),2002-03-21)

【例文分析】

这则动态新闻采用的是单行标题,即用一个正题高度概括新闻主要事实。导语用的是结论式,概括了此次沙尘暴的性质、破坏的范围、受害的人群,又提醒人们要继续注意做好预防工作。主体部分按事物内部的逻辑联系详尽地介绍了此次沙尘暴的强度,对城市的污染度,对人体健康的损害等,还介绍了一些预防方法。作者引用大量数据,使所叙述事实更加触目惊心,呼应了标题。

第三节　消　息

一、消息的概念

消息就是以最简要的语言迅速报道新近事件的一种新闻宣传体裁,它只报道事情的概貌而不详述事件的经过和细节,是最广泛、最经常采用的基本新闻体裁。

消息是一种常见的新闻体裁,是对最新发生的社会活动、重要事件作出快速、客观、简明报道。消息在报社、广播电台、电视台等新闻机构广泛使用,企事业单位、社会组织和个人也经常利用消息对外传递信息,进行广泛的社会宣传。消息已经成为现代社会经常使用的一种非常重要的信息传播手段。

二、消息的类型

一般来说,消息可以分为以下四种:

(一)动态消息

动态消息又称"动态新闻",简洁、迅速地报道国内国际的重大事件,反映事件发展过程中的新动态、新经验、新成就。动态消息中有不少是"简讯"(短讯、简明新闻),内容单一,文字简洁,常常是一事一讯,仅用几行文字交代新闻事件的概况。

（二）综合消息

综合消息又称"综合新闻"，是指综合反映带有全局性情况、动向、成就和问题的消息报道。

（三）典型消息

典型消息又称"典型新闻"，通过反映具有代表性的人或事的典型经验或做法来指导工作，警示社会，教育读者。

（四）述评性消息

述评性消息又称"新闻述评"，是指在叙述新闻事实的同时发出一些议论，简明地表达作者的观点。

三、消息的特点

（一）内容真实准确

真实性是消息最基本的特征。消息必须完全真实地反映客观事实，用确凿的事实来教育影响读者，绝不允许虚构和添枝加叶。无论是构成消息要素的时间、地点、人物、事件（起因、经过、结果），还是所引用的背景材料、数字，都要完全真实、准确、可靠。

（二）报道及时迅速

消息在反映现实的速度方面居于各种文体之首，时效性强是消息的突出特点之一。消息必须及时迅速地把最新的事实报告给读者，如果延误了，就会失去其新闻价值。

（三）语言简短精练

消息要用最简短精练的语言来叙述事实，传达信息。它内容集中，言简意赅，简短的消息可以是百余字、几十个字，甚至可以浓缩为一句话。

四、消息的结构

消息一般由标题、消息头、导语、主体、背景、结尾组成。

（一）标题

消息的标题力求言简意明，新颖准确，富有吸引力。一般来说，标题可以分为眉题（又称"引题"），位置在主标题之前，主要用来交代消息产生的背景或说明主标题的由来；主标题（又称"正题"、"母题"），概括说明主要事实和思想内容；副题（又称"辅题"、"子题"），位置在主标题之后，提示消息报道的事实结果，或作内容提要。

出现在报刊上的消息标题主要有如下几种类型：

1. 单一标题

这种标题只有一个主标题，以叙事为主，是对消息内容的高度概括。如：

英国皇家空军因军费紧缩将消减 1/4 飞行员

2. 复合型标题

这种标题的形式有"眉题+主标题"、"主标题+副题"或者"眉题+主标题十副题"。如：

各地"十二五"规划出炉，民生指标更加实在（眉题）

2011 地方两会：幸福成为施政导向（主标题）

全面提高教书育人水平,推动教育事业科学发展(眉题)

胡锦涛考察人民大学及附属中学,向教师祝贺节日(主标题)

代表党中央、国务院向广大教师和教育工作者致以节日问候(副题)

第一位在奥运会上破举重世界纪录的中国选手(引题)

唐灵生堪称举重金刚(正题)

力举170公斤"忘情"地挺立10秒钟,赢得满堂掌声(副题)

见面会火暴背后有隐忧(引题)

本科生直面就业压力(正题)

白沙洲大桥主塔胜利封顶(主题)

建设速度创全国之最(副题)

在拟定消息标题时,力求言简意明,准确新颖,富有吸引力,在写作过程中具体采用上述哪种标题,要酌情而定。

(二)消息头

报纸或网络上刊登的消息,其开头部分往往冠以"本报讯"、"××报××地×月×日电"或者"××网××地×月×日电"的字样,这就是"消息头"。消息头是消息的标志,消息头的形式主要有"讯"与"电"两大类。所谓"讯",主要是指通过邮寄或书面递交的形式向报社传递的新闻报道;所谓"电",主要是指通过电报、电传、电子邮件、传真或电话等形式向报社传递的新闻报道。所以,"讯"与"电"只是在传递手段上有所区别,其性质与作用是一样的。消息头的作用是表明消息的来源。

(三)导语

导语是指紧接消息头的第一句话或者第一自然段。它用简明生动的文字写出消息中最重要、最新鲜的事实或者最精辟的议论,鲜明地提示消息的主题思想,以吸引读者,激发阅读兴趣。导语的类型主要有以下几种:

1. 叙述式

简明扼要地写出主要事实、经验,或对全篇材料进行综合概括,揭示主要内容。如:

记者日前从江苏省教育厅获悉,该省已建立按生均安排公办中等职业学校财政经费的制度,并从2011年春季学期开始实施。这是江苏首次明确中职教育财政经费标准,将为职教发展提供制度性经费保障。

2. 描写式

用简洁传神的笔墨对消息中富有特色的事实或有意义的某个侧面进行勾勒、描绘,给读者以鲜明的印象。如:

1927年7月4日晚,国民党反动军警将一个年轻的革命者押赴刑场。面对敌人的屠刀,这位革命者昂首挺胸,镇定自若,视死如归。敌人喝令他跪下,他巍然屹立,毫不理会。几个行刑的刽子手强行把他按下去。但是,刽子手们刚一松手,这位革命者一跃而起,再次昂然挺立。刽子手恼羞成怒,一拥而上,再次将他强按在地,以乱刀残忍地将他杀害。这位壮烈牺牲的革命者就是共产党员陈延年。

3. 评论式

对所报道的事实先做出评论式结论,然后再以具体的事实来阐述。如:

2008 年 7 月 1 日香港迎来了回归 11 周年的纪念。11 年间,除了与中国内地在经济上实现一体化之外,在国家归属意识上也确实取得了进展。以接受"爱国教育"的年轻人为主,香港人的"中国人意识"正在增强。

4. 引用式

引用消息中人物深刻而富有意义的语言作为导语。如:

"我们是新时代的村官,我们 DIY,向党汇报!"2 月 10 日,大学生村官潘磊这段话,拉开了全国大学生村官视频短片作品展评活动的序幕。

5. 提问式

以设问的形式把消息中要解决的问题或要介绍的经验、做法提出来,然后用事实作答。如:

艺术品可以拍卖,古董可以拍卖,工作权能否拍卖? 从来没听过的事情即将发生。一拍卖公司近日发布消息称,将于下月举办中国首场大学生保姆拍卖会,届时将拍卖 10 名"川妹子"大学生保姆一年"工作权",起拍价不低于 4 万元。消息一经发布,在社会上引发了热议,拍砖者直指其炒作。

此外,消息的导语还有"号召式"、"摘要式"、"综合式"等,导语的写作需"立片言以居要",写作时要注意如下几点:
(1)突出最重要和最新鲜的新闻要素。
(2)简明扼要,短小精悍。
(3)通俗易懂,生动具体。

(四)主体

主体是消息的主干,它承接导语,利用充分、具体的材料来阐述导语所揭示的主题或回答导语中提出的问题,对消息事实作具体、全面的叙述与展开。消息主体可以以时间为序安排结构,也可以按逻辑关系安排结构,在写作消息主体时,要注意以下几点:

1. 围绕主题,紧扣导语,突出主干

主体是消息的"躯干"部分,在材料选择上,要有所取舍,紧紧围绕导语中确立的主题思想来挑选素材,舍去与主题无关的素材。

2. 内容具体、充实,有说服力

导语提出什么问题,主体就回答什么问题,使读者清晰地了解消息中的时间和人物。

3. 结构严谨,段落分明

在写作新闻主体时要保持清晰的思路,段落划分要恰当,段落之间的过渡要自然。

4. 叙述生动,行文有波澜,吸引读者

虽然消息的写作以叙述手法为主,但也不排除其他手法的运用。在消息用形象的描绘来说明抽象的事物,往往会收到意想不到的效果。

(五)背景

所谓"背景"是指事件发生的原因、环境、影响等,受众仅仅获知发生了什么事是不够

的,新闻传播者还要交代背景,从而起到衬托、深化主题的作用。

背景材料一般可作如下分类:

1. 对比材料,对事物进行前后对比,以突出其意义。

当日,国家统计局发布报告,1月份,中国CPI同比上涨4.9%,环比上涨1.0%。据悉,这是国家统计局按照最新启动的CPI统计权重方案公布的数据。

2. 说明性材料,说明消息发生的地理位置、政治背景、历史演变等。

每年6至8月,藏羚羊集结成群,长途跋涉,前往可可西里腹地的卓乃湖、太阳湖一带产息,去完成一年一度的延续种群的历史使命。小羔羊满月后,再由母羊呵护返回原栖息地。

3. 注释性材料,对新闻中出现的概念、名词术语等进行解释说明。

翼龙是恐龙的近亲,与恐龙生活在同一时代,是第一个飞向蓝天的爬行动物,因此也被称为“会飞的恐龙”。翼龙起源于约2.15亿年前的晚三迭世,灭绝于6500万年前的白垩纪末期。这次发现的翼龙胚胎化石发现于辽宁省锦州市义县地区,化石保存在一灰黑色页岩中,距今约1.21亿年。

在选用背景材料时,要注意以下几点:

(1)紧扣主题,简明扼要,防止无关的背景材料喧宾夺主。

(2)有针对性,根据不同的读者群体选用背景材料。

(3)背景材料无固定位置,可以放在导语、主体中,也可以放在新闻的结尾。

(4)背景材料要与新闻主题有着内在的联系,不可生硬脱节。

(六)结尾

消息的结尾主要有评论式、启发式、号召式、展望式等,在有些消息中,事实写完就结束了,可以没有结尾。因此,应根据实际的需要来确定消息是否需要结尾。

五、消息的结构种类

消息的结构可分为如下几种:

(一)倒金字塔式结构

将最重要、最新鲜的新闻事实放在消息的最前面,然后按重要性排列其他内容,即先写最重要的,然后写稍次要的和次要的。

(二)时间顺序式结构

从开始到结束,按事件发生的时间顺序来写作。

(三)悬念式结构

把倒金字塔式结构和时间顺序式结构相互结合而产生的一种消息结构,即在消息的开头设置悬念,然后逐步展开、层层递进,吸引读者。

(四)并列式结构

在消息的开头有一个总括式的导语,然后把几个事实并列叙述。

此外,消息的结构还有菱形式、车辐式、图钉式等,在写作过程中采用哪种结构,要根据具体内容而定。

六、消息写作的注意事项

（一）标题要鲜明

消息的标题应是高度凝练的，既能引起读者的兴趣，又能使读者对消息的内容一目了然。

（二）选题立意准确

筛选信息，选取好的报道角度，要善于从小的新闻素材中提取最有价值的新闻点。

（三）把握好篇幅，切忌贪大求全

消息的特点之一就是语言简洁精练，贪大求全很难写出高质量的消息。

（四）注意消息与通讯的区别

消息和通讯都属于新闻体裁，都有很强的新闻性，在写作过程中要注意二者的区别：

（1）详尽程度不同，一般消息是简单概括地报道事件经过，而通讯报道得比较详细。

（2）形式不同，消息从语言到结构都具有一定的程式性，而通讯的创造性比较强。

（3）时效性方面，通讯没有消息迅速及时。

（4）写作风格上，消息比较朴实，而通讯可以富有文采。

【实例一】

昆山 31 万农民刷卡看病

每人每年缴纳 50 元，最多可得到 1100 倍补偿

苏州日报讯（记者高坡）。从昨天起，昆山 31 万多农民也可以和城里人一样"刷卡"看病了。

昨天，该市 7 个农村发放点的上千名老百姓都领到了一本墨绿色的《昆山市农村居民基本医疗保险证》和一张 IC 卡。此举标志着昆山农村基本医疗保险工作开始进入全面运作阶段。凭着这张 IC 卡，昆山的农村居民在该市的任何一个医保定点医疗单位都可以自由"刷卡"就医。根据该市的具体实施办法，农村居民每人每年只要缴纳 50 元，如果不幸遭遇大病，最高可以得到近 1100 倍的补偿，也就是说，最高可以报销近 55000 元！

昨天下午，在该市北村的社区卫生服务站，村民张燕君拿着刚刚领到的医保 IC 卡开始了自己 70 岁生涯中的第一次"刷卡"看病经历。经过一番"望闻问切"，社区医生给她开了处方，一盒是感冒清胶囊，一盒是珍菊降压片。收银处是一套崭新的电脑设备、输入处方，卡一刷，随即打出一张清单，显示划卡消费 9.5 元，卡上余额 140.5 元。老太太开心得合不拢嘴："没想到，政府为我们老百姓考虑得这么周到，送钱给我们看病！"

根据昆山的农村区保施行办法，筹资标准为每人每年 200 元，这个标准目前是全国最高的，其中市镇两级财政各补贴 65 元，村集体补贴 20 元，农民自己支付 50 元，今年该市财政将拿出 6000 万元用于医保补贴。

据悉，昆山农村医保覆盖了包括居住在农村的小城镇户，其中 16 岁以下的儿童 4.3 万多人，17 到 60 岁的 18.9 万多人、60 岁以上老人 7.7 万多人。另外还有 6000 多名人均年收入在 2000 元以下的农村低保人员，均采取倾斜政策，不用缴纳一分钱，进入这个保障体系无门槛。为 60 岁以上的老人建立个人账户，由保险基金每年每人自动注入 150 元。

昆山医保中心工作人员介绍说，昆山的农村医保，除了筹资标准低于城镇职工，因而报

销补偿的具体数额不一样外,在运作管理模式上已经与城镇职工的医保没什么两样,就连报销的医药范围和5000元报销起付线都是一样的。

（摘自 2002 年 3 月 4 日《苏州日报》）

【评析】

本文在第15届"中国新闻奖"的评选中,被评为消息类一等奖。这是一篇动态消息,反映的是江苏昆山农民刷卡看病的事。该消息导语点出了本文的主旨,正文部分的叙述条理清晰、重点突出、结构合理,全文洋溢着"新"的特征,其赞誉之情溢于言表。由于具有很高的新闻价值,报道刊出后,引起了国内外多家媒体的关注,在社会上引起了强烈反响。

【实例二】

替打工仔治蛇伤　花十二万元包机
武汉"广广蛇府"老板善心可嘉

本报讯昨天凌晨,一架从武汉飞往广州的专机在广州白云机场一降落,被"五步蛇"咬伤的打工仔江某即被抬下飞机,送住广州中医药大学第一附属医院。由于抢救及时,他已脱离危险。

江某在武汉"广广蛇府"酒楼打工。前天下午5时左右,他在捉一条2公斤多重的"五步蛇"时,右手腕被蛇咬一口。他当即被送往武汉同济医院抢救,但该院没有抗蛇毒血清,只能做清创处理。酒楼老板黄先生紧急联系武汉多家医院,亦未找到抗蛇毒血清。后了解到华南地区最大的蛇伤中心——广州中医药大学第一附属医院有抗蛇毒血清,当即决定用飞机送江某到广州。由于当时已是深夜,没有从武汉到广州的航班,黄老板便花10多万元包一架专机,经过1个多小时的飞行,于昨天凌晨抵达广州。

伤者被送到广州中医药大学第一附属医院后,医务人员迅速给他注射了抗蛇毒血清,然后作清创处理,病人已无生命危险。江某说,要不是好心的老板,他已经死在武汉了。

（段功伟、方宁、张伟程,《南方日报》1999 年 4 月 28 日）

【评析】

这是一篇动态消息。消息标题采用主、副标题形式。第一自然段是导语,简明概述了消息的全部情况;第二自然段至最后,为主体部分,详细、具体介绍了具体情况,最后记录江某的话,起到很好的强调作用。

第四节　通　讯

一、通讯与消息的异同

通讯和消息一样,同属于新闻题材中的两大类,也是报纸广播和通讯社的主要文体。

在现实生活中,消息虽然是使用最广泛的新闻文体,然而,仅仅只有这样的快餐式的新闻报道,还远远不能满足读者的需求。人们除了要迅速了解现实生活中发生在国内国外的大事之外,还希望更具体,更详细的了解事件发生的原因、背景、发展的过程和未来趋势以及其中包含的具体意义,这些都是在消息中无法详尽的,往往需要用通讯的形式报道出来。

因此,可以说,通讯是一种比消息更详细和生动的报道客观事实或典型人物的新闻体裁。和消息相比,通讯既有这共同的特点,也有着明显的差异。

共同的特点在于:①现实性。通讯和消息一样都强调现实性,要求反映现实,指导现实,服务于现实生活。在现实性上,两者都强调,真实是其生命所在,不允许虚构。②时效性。在某种意义上,通讯的时效性要求可以不如消息,但是,它同样强调时效,越是接近事情发生的第一时间,通讯的新闻价值就越大。③规范性。通讯和消息一样,都必须具备新闻的六个基本要素,缺一不可。在某种意义上,通讯在对这些基本要素的叙述中还应该尽可能详细、更具体。同时,在形式上,通讯也具有一定的规范性。

二者的差异在于:①报道的重心不同。消息主要以报道事件为重心,而且一则消息大都告诉读者新发生的一件事,通讯则主要报道人物。或者通讯报道事件、风貌、工作来反映人物。②表现方法不同。消息的概括性强,只要求高度简洁和概括性地报道发生的新鲜事件,不讲究详细细节。通讯则要求具体、详尽、完整地报道新闻事实,不仅交代事实的来龙去脉,还要有细节有文采。③叙述口吻不同。消息写作只能是用纯客观的第三人称口吻;通讯则既可以用第三人称,有时作者还可以进入角色,采用第一人称来叙述自己的亲历亲闻。④结构形式不同。消息在结构上有电头、导语;通讯则没有。消息在结构形式上有一定的规范,如倒金字塔式、编年史式,通讯在结构安排上则显得灵活得多,不受这些规范的约束,作者自由发挥和构思的空间要大得多。⑤篇幅与时间有别。消息要求精短,通讯则需要大篇幅来包容大容量。因此,在采访和发稿时间要求上也有差异。消息要求倚马可待,争取第一时间写成并发稿。通讯则不能如此急促,它强调事态发展的过程和来龙去脉,强调挖掘意义,因此一般情况下通讯需要在事情尘埃落定之际完成采写任务。同时由于它要求更具体、完整,因而需要更多的时间花在采访上。在发稿时间上,一般先发消息,后发通讯。

二、通讯的写作

了解上述关于通讯的特点,就可以有针对性地开始写作了。通讯的写作一般包括三大步骤:一是选材,二是确定主题,三是安排结构。

(一)深入调查采访,详细占有材料

通讯的写作,首先要有材料。材料怎么来? 当然是通过寻找新闻线索,发现新闻事实,选取典型对象,深入调查采访得来。

一般而言,通讯的线索可以从大量的消息中得来。然而,并不是所有的消息都能够提供好的通讯线索,这同样需要一种记者的新闻敏感,要善于从消息提供的事实中发现哪些可以进一步深入采访、挖掘出具有更大新闻价值的新闻。

(二)确定主题,精选材料

主题是通讯的灵魂。材料搜集完成后,就该确定如何选取材料,选用哪些材料,哪些舍去。这就需要通过提炼、确定主题。

山不在高,有仙则名;水不在深,有龙则灵。主题恰似这山中之仙,水中之龙,有了它,一篇通讯便可顺手写成。

如,在《一篇没有写完的报道》一文中,穆青说:

"为了避免次要材料削弱主题,我们在《报道》的写作中,几经斟酌,最后舍弃了不少生动材料。有这样一些动人的事例:老坚决经常带着那条小狗巡视苗圃,发现谁拔了几棵苗,就毫不留情地进行批评。有一次,他儿子也拔了几棵回家去栽,他追到家里狠狠地把儿子批了一顿,并且亲自到社员大会上作了检讨,赔了苗钱……顽皮的孩子甚至在苗圃垒了坟,插上个幡,写上老坚决之墓,来咒他……这些材料确实很生动,也很能反映老坚决的思想和性格。但是我们认识到,给老坚决的造林事业带来了深重灾难的并不是这些,而是那人为的急风暴雨。《报道》的主题就是老坚决的那句话:今后可不能再折腾了! 如果把上述这些生动的但比较来说是次要的材料全写进去,就会冲淡和削弱主题。"

怎样提炼主题,方法是多种多样的。20 世纪 60 年代初新华社记者采写的通讯《"一厘钱"精神》便是一个很好的例子,作者这样说:

"未采访以前,听说北京墨水厂经济核算工作做得好,在瓶盖上也力争节约一厘钱,因此,企业由亏转盈。我们想,一个企业由亏转盈,没有全国意义,但他们重视节约一厘钱这种精打细算的做法,对其他企业挖掘增产节约潜力,有启发作用,可是只写一个盖,材料太单薄,于是就想从其他厂找几个类似的材料,写个《一厘钱》的集纳。后来,听说各地各种浪费或占用国家财产的思想同爱护国家财产的思想,矛盾相当突出,全国要开展增产节约运动(这时又了解到北京墨水厂是把节约一厘钱当作增产节约口号提出来的)。看到全国这种情况和动向,我们对节约一厘钱这件事的看法改变了。我们认为,重视节约国家和集体的一厘钱,浪费或占用国家和集体的一厘钱,是上述两种思想矛盾的焦点,是两种思想的分界线。……应当大力提倡那种重视一厘钱的精神。这种精神,有可能在群众中引起反映,成为群众开展增产节约运动的行动口号,有可能变成巨大的精神力量。于是,就产生了一厘钱精神这个主题。

表现这个主题,原计划用三个材料,即节约一厘钱、一克纸浆、一滴药水。在采访过程中,我们发现,这三个材料表现主题的角度重复、单一,讲来讲去,还是在节约财物这个圈子里转,不能充分深刻表现主题,也还是在采访之中,发现一根火柴和一分钟这两个材料,两个从重视质量和节约时间方面表现主题的角度,从而使主题扩大和深化了一步。

初稿的最后一段,插题为动力,主要是写那些职工为什么重视节约一厘钱、一分钟和重视一根火柴的质量,原来我们认为这一段写得还比较深刻。可是总社领导同志说,那一段没有把主题思想提高到应有的高度,要重写,最后才写出了一个真理那一段,使一厘钱精神升华到了一个真理:伟大事业要从最小的事情做起。"

这篇通讯发表后,立即在全国引起了强烈的反响。《人民日报》为此发表了提倡"一厘钱"精神的社论,许多机关单位发出了学习"一厘钱"精神的通知。

(三)安排结构,灵活发挥

有了主题作"灵魂",有了材料作"血肉",剩下的事情只要搭好"骨架"。结构安排就是搭骨架,也是为了更好地表现主题。

通讯的结构形式比起消息来要灵活些。一般说来,有这么几种基本形态可供参考。

1. 纵式结构

就是以时间的推移为顺序来安排材料。事物的发展有一个过程,也有自己的规律,这本身就构成了结构本身的内在逻辑,因此情节的展开顺序也就自然成了结构全文的线索。

2. 横式结构

就是以空间转换为标志来安排材料,或者按照事物的性质来结构全文。各个空间之间,事物的不同性质之间能够表现为一种横向式的集合串联,也就自然地形成一种并列关系。但是这样结构文章,必须把这些并列因素统一到同一个主题下面。如上面提到的《"一厘钱"精神》的通讯。作者用了三个小标题:"一厘钱、一分钟、一根火柴",分别讲述三个不同的故事,最后归结到一个主题、一个真理上。

3. 纵横交错式结构

就是兼顾纵式和横式两种结构的优点,以时间为经,以空间为纬,或者以事物性质为纬来结构全文。如曾获全国好新闻奖的通讯《他、她、她》:

（一）

时间:3 月 20 日。

地点:安陆县新华书店门市部。

营业员刘宪群接待一位想买全套数理化自学丛书的顾客。不巧,存书已不成套了。小刘听对方是孝感县高压线路的巡线工,工作岗位随时流动,就立即去找在县百货商店工作的老同学王小莉,动员她把刚买到手的一套丛书转让出来。助人为乐的小王二话不说,就把丛书交由小刘转让给那位巡线工。

（二）

时间:当晚。

地点:巡线工驻地。

捧着自学丛书、如获至宝的巡线工,如饥似渴地翻阅着。忽然,书中掉下一张"书签",拣起来一看,却是一张 190 元的存款折。第二天一早,他赶紧花了 2 元 1 角 8 分钱的邮资,用保价信函寄回了书店。

（三）

时间:两天后。

地点:同(一)。

营业员小刘接到保价信函,立即将存款折交还割爱让书的老同学王小莉。但发信人是谁呢?信封上只写着巡线工三个字。经过打听,才知道他是孝感县电力局电力工区职工李润德。

这种分"镜头"式的结构方式,非常巧妙地表达了一个主题,三个普通人的高尚品质尽在不言中。且这种写法也很轻松,作者不必刻意去表达什么,但意图很深。

4. 悬念式结构

设置悬念不但能迅速抓住读者,而且便于充分展开故事情节、表现主题。难处在于如何设置悬念。首先要认识到悬念在通讯结构中的目的就在于使文章新颖奇特,增强文章的效果。

利用事实中能够反映矛盾冲突的某一细节或画面可以设置悬念;描写人物的某种反常或不平常的行动,可以构成悬念;利用典故知识、修辞手法也可产生悬念。但是悬念必须是真实的,不允许虚构,并且为主题服务。

（四）通讯的分类写作

就表现形式而言,通讯有许多不同的类型,特写、专访、侧记、巡礼等都是。就报道的内容而言,通讯有人物通讯、事件通讯、工作通讯、风貌通讯等等之分。

1. 人物通讯的写作

人物通讯是以新闻人物为报道对象,反映人物的思想、言行、事迹。这些人物一般是具有一定新闻价值的人物,是读者比较关心的人物,既可以是知名人士、先进典型,也可以是具有争议的人物,或者是那些生活中的富有个性的普通人物。它可以是一个人,如《县委书记的榜样——焦裕禄》,也可以是一个集体,如《谁是最可爱的人》。

人物通讯以展示新闻人物的事迹和表现新闻人物的形象为主要任务。人物事迹是指人物做了什么,以事为主;人物形象是指人物是什么样的,以人为主。有非常之人,必有非常之事。写作人物通讯,完全可以借鉴司马迁写《史记》的笔法,着意好奇。但是平凡人也经常做出不平凡的事,写人物通讯,还要善于挖掘生活中身边小人物的闪光点。

写作人物通讯要注意以下几点:

（1）要抓住人物本身的特点,提炼主题,选取材料。

人间百态,每个人都有各自独特的生活方式。要写出属于他的"这一个人",真实反映人物的思想和情态。人物的性格特点越鲜明,人物形象也就越生动,给读者留下的印象就越深刻。

只有抓住了人物的特点,才有可能把人物写活。如何抓住人物的特点,就要善于观察人物,抓住其与众不同之处。人物的与众不同处并非一定是那些惊天动地的大事或者高、大、全的品质。相反,这些与众不同处恰恰在于生活中一些具体而微的小事或者细节,这些小事或者细节往往包含极其本质的东西,它可能记录着人物心灵历程的具体可感的真情实感。刻画时,应该注重细节的着墨,因为细节最能细腻地体现人物的性格,给人以质感。比如,焦裕禄在与疾病作斗争的过程中,经常用一根硬东西顶着时时作痛的肝部,将另一端顶在右边的靠椅上,以至日子久了,他坐的藤椅右边被顶出一个大窟窿。科学家竺可桢热爱气象科学,身上长期带着气温表,每天要从上衣口袋里拿出来察看气温,以至口袋的袋盖老被磨破。地质学家李四光,多年从事地质工作,长期在野外考察,养成了习惯,每一步的跨度,总是零点八五米,他平时迈开的每一步,实际上成了测量大地、计算岩层距离的尺子。总之,要把人物写活,方法是多种多样的。

（2）努力挖掘人物身上的时代特征,反映出人物的时代精神。

人物通讯是将人物当作新闻来报道的,人物通讯一定要有新闻味,要能够在人物身上看到时代的特征。

穆青曾说,一篇好的人物通讯往往会起到人物的某一段传记、时代的某种记录的作用。任何人都生活在一定的时代环境里,这个时代也必然会在人物身上打下鲜明的印记,把这个印记写好写活,就能看出人物身上体现出来的某种时代精神。

如何通过新闻人物体现出来的时代特征,反映出人物身上的时代精神,是写作人物通讯的一个关键。实践经验表明,要解决好这个关键,最重要的是要将人物与现实生活中人民最关心的问题或最急需解决的课题联系起来。作者要围绕这样的问题或课题选取新闻人物及能表现人物的生活、性格特征的材料。《一封来自美国的"情书"》这篇人物通讯就是一个很好的例子。它报道的是一对著名专家的经历:先是送儿子上山下乡,儿子与乡下村姑恋爱,继而赴美留学,儿媳与公婆在国内和睦相处这一漫长过程。据作者介绍,主人公早在20年前便与作者相识,作者一直想报道他们的事迹,但始终未能找到一个合适的角度去把握人物身上的时代精神。后来,作者在一所大学采访,了解到有些下乡知识青年和青年工人考上大学后,就以情趣悬殊、感情不和为由抛弃了原来在农村、工厂的爱人,有些父母还支持子女这种喜新厌旧的行为,以致造成一些不幸的家庭悲剧。在一些留学人员中也经常发生这种现象。于是作者决定将文章的针对性集中在针砭这一时弊上。

(3)处理好人物与时代环境、个人与社会、优点与缺点的关系。

现实中,新闻人物不是孤立的,它必然与时代环境、与社会相联系。所以写人物通讯要处理好的第一大关系便是人物与时代环境的关系。"人创造了环境,同样,环境也创造了人。"要表现一个人物,不能脱离人物所处的环境去写,否则便会使人物的存在、人物的行为、人物的思想和性格失去产生的依据。如焦裕禄与旱涝、风沙、盐碱遍地的兰考。

要处理好的第二大关系便是个人与社会的关系。人物的存在离不开社会。他的言行举止、思想性格与其他人同样是分不开的。写活一个人,可以带动一群人;写好一群人,可以衬托一个人。因此,在写新闻人物的时候,不应该忽视其他人物的存在。为了写出新闻人物的闪光点,而有意贬低其他人物,这种做法只会引起读者的反感。

同样,一个新闻人物不可能是十全十美的,它既有可歌可泣的优点,也存在这样那样的缺点。有时候缺点可以不写或者忽视回避,但不可文过饰非,把缺点也写成优点。但是很多时候,新闻人物的缺点也能作为一种衬托,反映出人物的精神世界和他的喜怒哀乐。只要主题需要,或者能够为表现主题服务,这样的缺点大可不必为尊者讳。

2. 事件通讯的写作

详细报道具有典型意义或重大意义的新闻事件的发生、发展的通讯,是报刊上常见的一种新闻体裁。它与人物通讯的区别在于,它是围绕着新闻事件来写的。

事件通讯既可以通过表扬性或歌颂性的题材,反映重大事件中所体现的时代精神、社会风尚或人们的思想情操,弘扬社会正气,倡导人性和良知,比如曾经传诵一时的《为了六十一个阶级兄弟》。又可以通过批评性或揭露性的题材,触及社会生活中的弊端,曝光某些不良风气或丑恶现象,起到激浊扬清,引人反思的作用,比如《一个女模特儿的悲剧》。还可以通过报道某一事件,揭示社会现实与生活中存在的问题、矛盾、热点、焦点,阐明其意义,透析其本质,用以指导或启发读者。它介于表扬与批评、歌颂与揭露之间,属于一种客观中性的报道,如《一人沉浮千夫评说　步鑫生被免职后的种种议论》。

事件通讯以记事为主,新闻事件的本质特点决定了事件通讯的主题。不同于人物通讯中写事件主要是围绕表现人物去写,事件通讯虽然侧重报道新闻事件,但并不是孤立地写新闻事件,它必然牵涉到与事件有关的人物。事件与人物是不能脱节的。但人物是为表现新闻事件服务的。

事件通讯的写作要注意掌握两个度:一是新闻热度;一是报道角度。

所谓新闻热度,是讲事件通讯的写作一定要注意新闻性。并不是什么事情都能成为通讯的题材,事件通讯与人物通讯不一样,事件是死的,人物是活的。人物过了报道时机尚可以另行寻找报道由头,而新闻事件一旦过了时机,就毫无价值了。因此,事件通讯所选择的只能是正在发生或刚刚发生的新闻事件,具有较强的时效性。只有当新闻事件尚热的时候,才能把事件通讯写活。比如,云南曾发生 80 次特快列车颠覆事故,记者闻讯后,立即驱车 350 公里急驶到出事地点,置身救援现场将整个事件作了详尽的报道(《80 次特快列车颠覆之后》)。

所谓报道角度,是指事件通讯的写作技巧。事件通讯从发生到发展有一个时间顺序,完全按照这个顺序来写当然可以,但可不可以将事件写得更加好看,风生水起呢? 这就需要我们在写作时寻找最巧妙的报道角度。同时,一个新闻事件往往能够说明许多问题,企图在一篇报道里把所有的问题都说清楚是不现实的,这也需要选取其中一个角度来反映问题,挖掘出新闻事件最有意义的深刻内涵。只要角度切入得巧妙,不管是重大题材还是琐碎小事都能够表现出深刻的主题。不妨看一看曾获全国好新闻奖的一篇通讯:

等一等炊事员

这天,朝阳军分区机关放映电影,开映时间已经超过了十分钟,还不见动静,大家有点沉不住气了。

政治部主任郭义斌站起来,解释说,等一等炊事员,已经去人找了,马上就到。司令员高福临也接过话茬说:"炊事员和战士们,为了保证我们机关干部的正常工作和学习,从早忙到晚,看电影他们拉下就不好了。"没等首长话音落地,响起了一片赞许声。

就在这时,炊事员小李、小骆等赶来了。原来,这场电影离开饭时间只隔半个小时,炊事员的活没有干完,所以迟到一步。他们一进门,见首长和机关干部都在等自己,羞得满脸绯红,扭头就想往回走。高司令员一见这情景,马上风趣地和他们打招呼:"快进来吧。不然我们就鼓掌喽!"首长和干部的关怀,使炊事员同志深受感动。

一篇平常小事的报道,却反映出一个大主题。这正是事件通讯写作巧选角度的妙处。

3. 风貌通讯的写作

反映社会变化、风土人情的通讯是读者比较喜闻乐见的一种通讯体裁,新闻学上叫风貌通讯。它能抓住特色,反映新貌,开阔人们视野,增强读者知识,给人以美感。在早期通讯中,这类通讯一般是写作者在旅途中的所见所闻、记录其感受。随着时代与社会的发展变化,日新月异的国家和社会提供了不少写作题材,新闻性与时代性不断增强,逐渐成为通讯中一种深受读者喜爱的主要的通讯体裁。它还有其他许多名称,如见闻录、巡礼、掠影、纪行等等。

众多的表现形式,使得风貌通讯在表现题材上比其他通讯更加广泛多样。概括地说,它可以反映一个地区、一条战线、一个单位发展变化的新气象、新风貌;可以报道重要的工程、展览的情形;可以介绍旅游风光、民俗民情、名胜古迹等等。

它可以是见闻式的,也可以是概貌式的,可以是对比式的,也可以是记录式的。总之,风貌通讯有着它自身的写作特点与要求:

(1)强调一个"跑"字。跑,本来就是记者的功夫。但风貌通讯的写作要求记者跑的功夫比其他几类通讯的写作要多得多,可以说风貌通讯是跑出来的。

(2)围绕一个"变"字。风貌通讯的写作,从选取题材到布局结构,都必须紧紧围绕一个"变"字。包括叙述对象的变化,作者笔法的变化,要有机地结合起来,给读者以新的感觉。写作风貌通讯要切忌把对象写成平面式的介绍性说明书、导游词,而要向读者展示正在变化的立体图画。同时也要切忌面面俱到,要在众多的变化中有意识地选取具有新闻性的、有代表性的变化,以点带面,点面结合。

（3）融进一个"情"字。风貌通讯不管是写动还是写静,都离不了一个情字。无论是风土人情还是今昔变化,其中都有人的影子,因此写作时应该充满着人文关怀,充满着一种热情、一颗爱心。你要描写的表现对象首先要能打动你,才能去打动更多的人。情景交融是风貌通讯写作用得最多的一种表达手法,融情人景,借景抒情,往往能营造一种优美的意境。对弱者对过去寄予同情,对现在对强者表达热情,对未来对希望满怀深情,构筑一幅情的天空、情的画卷。

（4）兼顾一个"识"字。写作风土人情、风貌变迁的风貌通讯,本身就是一种知识性很强的工作。读者喜爱风貌通讯,也是因为作品里有他们感兴趣的知识,通过阅读这些通讯,能够代替事事亲历,处处亲临,而做到不出门也能见多识广,满足他们的求知欲。因此,注重知识性,是写作风貌通讯时应该注意的。知识性与科学性、真实性是互为表里的,这要求作者要比较熟悉所描写的对象,否则会闹笑话。

4. 工作通讯的写作

直接地反映工作情况,以指导实际工作,这是新闻通讯的一大任务,也越来越受到人们关注。工作通讯因为它的指导性而具有较为重要的新闻价值。

它可以通过报道各种生动典型的事实,介绍各地区、各单位的施政经验和具体措施;可以批评或揭露实际工作存在的种种问题,提醒人们注意;可以探讨当前工作中出现的新情况、新问题,研究解决办法。

工作通讯的写作,有别于工作总结或者工作报告。首先,二者的读者对象不同,工作通讯作为一种新闻体裁,第一要务是要有新闻性,要有新闻价值。从事实的角度看,工作通讯可以从工作总结或者工作报告中发现新闻线索,但是不是随便什么总结、报告都能写成通讯的。所以,在写作时必须用新闻价值的尺度来考虑其可否能构成新闻。

鉴于此,工作通讯的写作要做到如下几点:

（1）题材要抓得准,有现实针对性。

衡量一篇工作通讯的好坏,首先要看它是否反映了当前实际工作比较突出的,具有普遍意义的问题。问题的现实性和针对性是工作通讯的生命力所在。

问题抓得准不准,取决于作者对当前现实了解的深浅程度。

（2）问题要抓得早,敢开第一腔。

工作通讯是用来指导工作和实践的,只有说出大家普遍关心的、想说而没有说出的话,提出大家没有注意到的问题或倾向,研究出大家迫切需要的分析结论,写作才有意义和价值。

事实上,许多问题当它真正形成一个问题的时候,往往就孕育着许多新的萌芽和推动事物前进的一些积极的因素。新闻记者如果能抓住这些萌芽,把问题及时提出来,他就能够站在新事物的前面,用新闻报道来推进工作,指导实际……穆青先生的这一番话对我们写作工作通讯是有实际指导意义的。

（3）问题要想得深,增强可读性。

同样的问题,可能你想到了,别人也想到了。在大家都想到一起时,如果你想得更深,你就超出了一般意义的写作了。写作工作通讯往往涉及一些单位或部门的具体业务,这就需要记者对这些业务有专门的研究,要钻进去,要多想几个为什么。

由于工作通讯的特殊性,题材的生动性不如其他通讯,写不好便成了专业读物,不能吸引方方面面的兴趣。因此,在叙述事实的过程中,要力求形象化,多用生动、形象的语言,多用老百姓的熟语,少用普通人看不懂的专业术语和行话。

【实例一】

祁连山北的旅行(节录四)

范长江

嘉峪关头

酒泉的朋友们留记者在酒泉住了半个月,尝尝塞上新年光景,亦是人生不可多机遇。

二月十日始由酒泉搭新绥汽车公司特开敦煌的汽车,出嘉峪关外一行。新绥汽车公司原担任绥远至哈密的公共交通,后来又扩充哈密至兰州一线,终因政治的牵制,兰哈线未能直达,只限于兰州酒泉间之来往,新绥公司虽为私人营业,实在西北交通上负有非常重大的任务。新疆与内地之交通,全赖此一公司苦力支持,惟就目前记者所沈悉之各方局势言之,该公司应早定大计,将交通总枢纽,移至西安或兰州,更有计划地发展西北交通,并彻底改善内部的组织,如此,始能有光明的前途,并可以一新全公司之耳目。

酒泉以西的地势,戈壁要比黄土地多些。戈壁上常生一种植物,冬季成白色,骆驼喜食之,俗名骆驼刺,唐人诗中所谓:"酒泉西望玉门道,千山万碛皆白草。"所谓白草,即指骆驼刺。

我们内地人看到酒泉,已经觉得是边远地方,而玉门关外的人看酒泉,则又已经是内地很舒服的地方了。班超在西域为刘家镇服诸国,一直老了还不让他回来,他在"求代还疏"中哀求皇帝说:"臣不敢望到酒泉郡,但愿生入玉门关。"玉门关在敦煌西北,尚东距酒泉一千余里,他只要活着进了玉门关,已十分满意,若到酒泉,那简直可说是意外的庆幸了。

酒泉至嘉峪关七十里,大道约十分之三为冰块所盖,行车最为危险,不过这一带行车,必须开车的有特殊经验,乘车的人有置死生于度外的决心,不然,总会让你感到恐惧与苦恼。车行四十分钟左右,道入广泛无边的戈壁。戈壁西面,在两山环抱中耸立起巍峨的城楼,矮矮的长城有如一条长蛇似的,从遥远的北面山梁,蜿蜒穿过城楼,又向南面的山梁爬去。同行的指示记者,那城楼处就是嘉峪关了。

嘉峪关为明代长城最西的起点。中国长城只有秦隋明三代的工程为最大,但三代之中,又以明长城为最长,而防边设备,亦最完备。秦长城起于甘肃临洮(洮河东岸),隋长城起于甘肃武威,只有明代长城起于嘉峪关。

嘉峪关有小城一座,历年兵祸,城内已全废颓,城外有居民约五六十家,街市房屋矮小破败,居民亦穷困无活气。"关口"在城西,关上有高楼一座,现楼盖已被大风吹去,令剩支柱几栋,还在为此古迹作勉强撑持,关门洞中,写满了古今中外游人过客各种各样的题诗,记者详细读过一遍,佳者不多,且十九为苦边怀乡之作,气势雄壮者,不得一视。记者因忆起林则徐过嘉峪关的诗来,林氏因反对英人贩卖鸦片毒害中国,毅然以武力与所谓"文明民族"的英人周旋,竟因"抗英"有罪,谪贬新疆,他路经嘉峪关,作了一首胸襟豪的七言诗,读之颇能使人精神焕发,诗:"严关百尺界天西,万里征人驻马蹄。飞阁遥连秦树直,缭垣斜压陇云低。天山岩峭摩肩立,瀚海苍茫入望迷。谁道崤函千古险,回看只见一丸泥!"在他的塞外杂诗中,还有两句,气势也好:"雄关楼堞倚云开,驻马边墙首重回"(边墙即长城)。他的诗比现在旅客流行的一首打油诗,所表现的情绪要高明得多了:"一出嘉峪关,两眼泪不干,往前看,戈壁滩,往后看,鬼门关",好像出了嘉峪关就是生离与别！不但俗人充满了保守家乡的思想,历代知识分子也多视离乡别井为畏途,唐戴叔伦的《边城曲》云:"人生莫作远行客,远行莫宿黄沙碛。"清谭吉璁的《战场》云:"祁连山下草,寂寞少人烟。魂魄千年后,犹思渡酒泉。"我不知道老守在家里干什么？

但是,我们看看成吉思汗时代蒙古民族的情绪,却看不出丝毫留恋家乡的意思来冬。成吉思汗左右之通中国文化者,只有契丹降人耶律楚材,他因原属契丹,而且已受相当中国文化之熏陶,然而他的诗的滋味就已经来得不一样,"葡萄亲酿酒,橄榄看开花。饱啖鸡舌肉,分餐马首瓜(即哈密瓜)。人生唯口腹,何碍过流沙"(征新疆时作)。又说,"优游形聊卒岁,更不望归征",他们只想找更美满生活,根本不想回家,无论沙漠怎样苦,他们也不怕。东汉马援所说的"男儿当以马革裹尸还葬耳,何能死于妇人女子手中耶！"成为后世佳话。记者以为"男儿"死了不必一定要有人"裹尸",更不必要"还葬",本着认为有意义的事情,百折不回地做下去,哪天死,哪天完,根本用不着管尸体将来怎样安排。丁文江先生在青年留学日本时候,改日本名诗抄给朋友说:"男儿壮志出乡关,学业不成誓不还。埋骨何须桑梓地,人间到处有青山。"这首诗上虽然功名气重些,但是比那种始终"不"愿"出门"的"秀才",又不可以同日而语了。

嘉峪关这一带地方,秦汉之际为乌孙国地,其西疏勒河流域为月氏,其东北,今内外蒙古地为强盛之匈奴。后月氏被匈奴赶至天山之西,乌孙亦被匈奴指使,追月而移国于伊犁河流域,汉武帝时代,为想联络乌孙,以夹攻匈奴,把江都王建的女儿昭君,起为公主,往嫁乌孙。乌孙王叫昆莫,年纪已大,而且语言不通,这样当然使这年轻而美丽的昭君,难于过活下去,她因此作了黄鹄歌一首,以表达自己的哀情,歌曰:"吾家嫁我兮天一方,远逝异国兮乌孙王,穹庐为室兮毡为墙,以肉为食兮酪为浆,居常思土兮心内伤,愿为黄鹄兮归故乡",我们读了这样悲痛哀恻的歌词,我们可以想象到,当时对各民族无办法,逼得用女人去联络各族的辛苦景象。

(选自《中国的西北角》,1936 年 6 月于包头)

【评析】

在范长江写西北通讯的过程中旁征博引、论古说今,充满了浓郁的人文气息和人文知识,且带有历史考证色彩。通过范长江这种历史人文主义的报道,读者不仅能获得大量的知识,而且在了解知识的同时提高了自身的文化修养,从而培养了读者的人文关怀意识。

【实例二】

奥斯威辛没有什么新闻

[美]埃·姆·罗森塔尔

奥斯威辛没有新东西可以报道。这里天气晴朗,树木青青,门前还有儿童在打闹、嬉戏。

本报波兰布热津卡讯——在布热津卡,不知怎么,最令人毛骨悚然的是,在这里,太阳和煦、明亮,一排排高大的白杨树长势喜人,在门前不远的草地上,还有儿童在嬉笑、打闹。

这真像是一场噩梦,一切都可怕地颠倒了。在布热津卡,本来不该有太阳照耀,不有光亮,不该有碧绿的草地,不该有孩子们的嬉笑。假若在布热津卡,从来就见不到阳光,青草枯萎凋残,那才合乎情理,因为这里是一个无法形容的恐怖地方。

但是,每天都有许多人从世界各地来到布热津卡,这里可能是世界上最可怕的旅游中心。人们怀着不同的目的来到这儿,有的是想看一看这里的情况是否像传说中所描绘的那样,有的是要提醒自己不要忘记这个悲剧,有的是想通过访问死难者受折磨的场所,来向他们致意。

布热津卡同南面更加著名的城市奥斯威辛只相隔几公里。奥斯威辛大约有12000居民,距华沙约171千米,坐落在莫拉维亚关卡东端的一片沼泽地上。

布热津卡和奥斯威辛共同构成了一座周密组织起来的大型杀人工厂的一部分,被纳粹称为奥斯威辛集中营。

从最后一批战俘脱光了衣服在狗和卫兵的驱赶下走进毒气室到现在,已经过去了14年,奥斯威辛的惨状被人们讲过许多次了。在集中营待过的一些人曾写过许多回忆录,回忆录中提到的事是一般正常的人难以想象的。集中营总监鲁道夫·弗朗茨·费迪南德·豪斯在被处死前曾写下一部回忆录,叙述了大规模杀人以及在活人身上做试验的情况。据波兰人说,有400万人死在这里。

这样,奥斯威辛就没有什么新闻好报道了。但是,有一种无形的压力迫使你提起笔来。这种压力来自无法抑制的某种感情。专程到奥斯威辛来,什么也不说,什么也不写,这对于这儿的受难者来说,实在是一种不友好、十分令人痛心的行为。

布热津卡和奥斯威辛如今已是十分宁静的地方,再也听不到刺耳的尖叫声。参观者默默地迈着步子,先是很快地望上一眼,接着,当他的脑海中浮现出牢房、毒气室、地牢和刑房时,脚步就逐渐放慢,简直是在地上拖着走。导游也不必多费唇舌,因为只要他用手一指,就一清二楚了。

对于每个参观者来说,都有某些他认为永远也不会忘记的特别恐怖之处。有的人在奥斯威辛感受最深的是重新修复的毒气室,据说这还是"小的"。而对另一些人留下深刻印象的是:在布热津卡,德国人撤退时破坏了的毒气室和焚尸炉的废墟上已长满了雏菊。

许多参观者目瞪口呆地盯着毒气室和焚尸炉,因为他们觉得这一切都不可思议。当他们看到玻璃窗后堆积得像小山似的头发,看到一堆堆婴孩的小鞋,看到一排排堆放着被窒息而死的人的尸体的砖房时,不禁毛骨悚然、不寒而栗。

一位参观者突然张开大口,差不多叫出声来。他看到好多木箱,一排排地放在女牢房里。每只木箱都有三层,宽6英尺,高3英尺。每只箱子晚上都要塞进5至10名女囚,她们就在里面过夜。导游很快地穿过牢房。那里没有别的东西。

有一座用砖砌成的建筑物,在这里,德国人曾在女囚身上作绝育试验。导游推了推门,门上锁了。记者实在感激,不必入内了,但马上臊红了脸。

一条长廊,一排排面孔从墙上死盯着你。成千上万张照片,囚徒的照片。他们都离开人世了。这些曾经站在照相机前的男人和女人都清楚死亡在等待着他们。

他们目光呆滞。但是,中间一排有一张照片却使记者回顾良久,思绪万千。一个年轻姑娘,大约只有22岁,丰满可爱,满头金发。她温柔地微笑着,好像想起了什么甜蜜美妙的事情。究竟是什么念头在这个姑娘的脑海中闪过呢? 她的形象在奥斯威辛挂满死难者照片的墙上留下的纪念又意味着什么呢?

记者被带进地下窒息室待了一会儿,喉咙就像被人扼住了一样。又有一个参观者了进来,她跟跄地退了出去,在胸前直画十字。在奥斯威辛,没有地方可以祈祷。

参观者恳求似地你望着我,我望着你,然后对导游讲道:"够了。"

奥斯威辛没有什么新东西可以报道。这里天气晴朗,树木青青,门前还有儿童在打闹、嬉戏。

【评析】

本文发表于 1958 年 8 月 31 日《纽约时报》上。美国普利策奖主席、新闻学教授霍恩伯格说,这是国际报道奖得主罗森塔尔"写得最好的作品"。当正义的枪弹最终战胜了疯狂与邪恶,人类历史上最黑暗的奥斯威辛集中营在 1945 年迎来了光明。1958 年,一位叫罗森塔尔的美国记者不远万里来到波兰,访问了和平时期的奥斯威辛,以这篇通讯摘得了美国新闻界最高奖项——普利策奖。

奥斯威辛是波兰南部一个只有 4 万多居民的小镇。第二次世界大战期间,德国法斯在这里设立了它最大的集中营,这个小镇因此闻名于世。当年纳粹奥斯威辛集中营管理局控制的地区面积达 40 平方公里,包括 3 个集中营:奥斯威辛主营、布热津卡营、娄莫诺维策营。

奥斯威辛是纳粹德国在第二次世界大战期间(1940 年 4 月)于波兰建立的最大集中营,曾关押多国的平民、战俘、政治犯,被称为最大的"杀人工厂"。每天都有许多人被运送到这里作为实验品或是屠杀(以犹太人居多),然后被投进焚尸炉焚毁,简直惨绝人寰。1947 年 7 月 2 日,波兰会议通过一项法案,将原址辟为殉难纪念馆,并在周围划定一个默哀区,以此纪念在灾难中不幸死去的无辜者。1979 年,奥斯威辛集中营被联合国教科文组织列为世界文化遗产名录。在文章的 4、5 两段介绍了这些信息。

《奥斯威辛没有什么新闻》突破新闻"零度写作"原则,着眼细节,以冷峻的视角,深沉地描述了今天的奥斯威辛集中营纪念馆。在恐怖与快乐、战争与和平、历史与现实的反差中,它召唤起人们关于灾难的记忆、关于生命的思考、关于人性的自省。它的发表充分地表现了一个新闻记者的使命感,更以迫人的力量震撼生者的心,成为新闻史不朽的名篇。

第五节 新闻评论

一、新闻评论的含义

新闻评论是对最近发生的新闻事件及其有关问题提出一定看法和意见的一种新闻文体。广义的新闻评论,是新闻言论的总称。新闻言论是报纸、广播、电视和时事政治性刊物传播的言论作品。

二、新闻评论的特点

(2)新闻评论与重在反映情况、报道事实的消息和通讯有明显的不同。评论重在发表意见,阐明观点。旨在揭示事物的本质,指明意义和发展趋势,通过对事物的分析判断,给人以指导。

（2）从文字表达方式看，评论以论理为主，以叙为辅，叙述是为了论理的需要。论理部分鲜明地表达了作者的立场。

（3）很强的时效性。新闻评论评的是当下最新的新闻动态和事件，一旦时过境迁，就不再有发表的价值。

（4）明显的针对性。评论要求抓住一个突出事件集中进行深刻剖析，不可在一篇评论中对多个事件泛泛而谈。

三、新闻评论的功能

（一）新闻评论的社会功能

1. 认识功能

包括认识事物本质，了解事物因果，预测失误趋势，提高认识能力。

2. 教育功能

包括弘扬社会正气，倡导社会规范，提高道德水准，促进社会文明。

3. 监督功能

包括监督权力机构，监督公权人士，监督利益团体，维护社会公正。

4. 协调功能

包括调节舆论温度，平衡社会心态，协调社会行为，避免传播误区。

（二）新闻评论的特殊作用

1. 引导作用

包括引导社会舆论，引导实际工作，引导社会生活，引导受众思想。

2. 解读作用

包括解释政策法规，解读新闻事件，分析社会现象，解除思想疑虑。

3. 表态作用

包括代表党或政府表态，代表媒介、公众、个人表态。

4. 深化作用

包括洞察事物本质，做出理性分析，把握普遍联系，指出变化规律。

四、新闻评论的种类

新闻评论的种类很多，分类方法也不一致。

（一）按评论的内容分

有政治评论、经济评论、文艺评论、时事评论等。

（二）按内容的重要程度分

有社论、评论员文章、短评、编者按、编后等。

（1）社论主要是就当下重大的、很具影响力或争议的社会事件进行全面论述。社论因其权威性会对现实工作和社会产生重大影响和直接指导。

（2）评论员文章讨论的问题较之社论来讲，一般都带有局部性质。如地区性、行业性的问题或经验成就的分析。

（3）短评主要就某一问题的某一个方面来分析，或分析具体观点、行为等。

(三)按内容性质分

可将评论分为提示性评论、立论性评论、驳论性评论、阐述性评论。

(1)提示性评论带有提醒的性质,即点出问题所在、事物的关键,让人们自己去思考。

(2)立论性评论是以倡导为宗旨的评论,也称倡导性评论。在这种评论中,倡导对象也就是评论对象。在新闻评论中,这种评论用途很广,占主导地位。

(3)驳论性评论是以批评、反驳为主的评论,它的写作目的主要是揭露、抨击社会上存在的错误思想和行为。

(4)阐述性评论是论述、阐明纲领、路线、方针、政策的评论。这种评论具有很强的指导性和推动作用。

五、新闻评论的写作

(一)新闻评论的写作要求

1. 富有理论性

一则评论如要上升到理论的高度,就必须脱离就事论事的圈子,去伪存真,运用马克思主义原理剖开现象深入本质,揭示事物的发展规律,提出深刻新颖的见解。这样才能让读者有耳目一新的感觉。

但是,富有理论性并不是指整篇地引用理论权威的观点,而是对理论的灵活运用,对具体问题的具体分析。空洞的说理也不能算是富有理论性,只有把理论和问题结合起来,得出正确的结论,揭示事件的本质,才算做有理论性的评论。

2. 感情充沛

好的新闻评论,要有情有理,晓之以理动之以情。天下为公的责任感和对祖国对社会的热爱更能感染读者,引起读者心中的共鸣,从而增加评论的说服力。

3. 适当的文学性

新闻评论虽然重在说理,但是如果面目呆板,长篇大论,会让读者觉得枯燥无味,有距离感,难以接受。适当运用文学笔法,增加文章的趣味性可读性,使抽象的理论变得生动形象易于被读者接受。

(二)新闻评论的写作要素

1. 论点

新闻评论的论点的基本要求是正确、突出、新颖、有针对性。没有论点的新闻评论,等于没有说明什么问题,论点模糊、不正确都会影响读者对问题的认识和理解。论点是评论者对所论述的问题的观点、立场和见解。是评论的灵魂和统帅。

2. 论据

论据是作者证明论点的根据,是新闻评论的基础或支柱。论点能否成立,取决于论据是否正确、是否充足、是否全面、是否真实。好的论据要有普遍意义,要有代表性。没有论据的论点就不能成立,也不能说服读者。

3. 论证

论证是运用论据证明论点的推理过程,也是论点和材料相统一的过程,是用材料论证论点的逻辑方法。不讲究论证方法,论点和论据之间缺乏必然的联系,论点和论据分家,会形成逻辑混乱,层次不清,论点同样得不到证明。

【实例一】

人民日报社论：悲痛中凝聚不屈的力量

当阳光再临大地，时针指向 2008 年 5 月 19 日 4 时 57 分 40 秒，天安门广场，鲜艳的五星红旗缓缓下降。

当笛声警报长鸣，13 亿中国人齐身肃立，低首默哀，历史定格在 2008 年 5 月 19 日 14 时 28 分。

这一刻，大江南北，长城内外，神州共悲；这一刻，山峦无语，江河呜咽，举国同哀！为四川汶川大地震中我们同胞失去的生命，为四川汶川大地震中我们同胞遭受的灾难……

这是中华人民共和国成立以来，第一次为严重自然灾害造成重大伤亡举行的全国性哀悼活动，也是第一次为自然灾害中罹难同胞降半旗志哀。

我们向遇难同胞致哀，向那些在黑暗中寂灭的生命致哀！截至 5 月 19 日 12 时，汶川大地震已造成 33407 人遇难，而这冰冷的数字还在无情地增长。他们是父亲、母亲、儿女、兄妹，是我们血脉相连的骨肉同胞，是共和国无法割舍的挚爱。这份痛楚，将由 13 亿中国人共同承受；这份哀伤，将由中华民族一起分担。

我们向遇难同胞致哀，向那些与死神不屈抗争的生命致敬！汶川大地震，是对脆弱生命的无情摧残，也是对生命意志的永恒见证。残垣断壁之下，多少生命依靠顽强的信念苦苦支撑，不管是否创造了生命奇迹，但他们都与死神搏斗过，与命运抗争过。

我们向遇难同胞致哀，向那种生死瞬间的人间大爱致礼！山崩地裂，造成了狰狞恐怖的自然断裂，却也呈现了可歌可泣的挚爱真情。在灾难来临的瞬间，多少人将生的希望让给别人；在生与死的边缘，多少人将死的选择留给自己。让我们记住他们的爱，记住这些普通生命绽放出的温暖光辉，记住中华民族优秀儿女的精神疆界。

人民高于一切，生命高于一切。一个文明进步的现代社会，一个以人为本的社会主义国家，一个全心全意为人民服务的执政党，必定把人的生命置于最高的价值地位。因为每一个公民都是国家的主人，失去任何一个生命，都是国家的损失，都是民族的哀伤。尊重生命，铭记苦难，将使一个国家在挫折中奋起，会让一个民族在磨难中前行。

7 天 7 夜，在以胡锦涛同志为总书记的党中央的坚强领导下，气壮山河的生死营救，感天动地的举国驰援，爱心涌动的无私奉献，激发了中国人民和衷共济、万众一心的民族精神，再现了我们民族在艰难困苦面前不屈不挠、团结奋斗的光荣传统。历史会证明，地震能摧毁一些东西，但它必将以另一种形式重塑。世界将看到："一个能够出动十多万救援人员的国家，一个企业和私人捐款达到上百亿的国家，一个因争相献血、自愿抢救伤员而造成交通堵塞的国家，永远不会被打垮！"

救援还在继续，挑战仍在眼前。愿全民哀悼凝聚起抗震救灾、重建家园的顽强信念，用我们的不屈斗志和实际行动激励国人，告慰逝者。

"任何困难都难不倒英雄的中国人民。"

【评析】

社论是报刊上发表的代表编辑部意见的带有指导性的新闻评论。它是新闻评论中等级最高的一种形式，是报刊的主要言论，通常刊登在报刊最显著的地方。社论具有鲜明的政治性和现实性，社论对现实的运动和斗争，有极大的组织和推动作用。

【实例二】

圣诞老人真的存在吗？
——回答孩子提出的问题
《纽约太阳报》社论

纽约太阳报社，最近收到了下面这样一封来信，立即用社论的方式给以回答。发出这封信的人，向我们提出了这么重要的问题，是对我们的信赖，我们全体记者感到非常高兴。

记者先生：我八岁。我的朋友里边，有的小孩说"圣诞老人是没有的"。我问爸爸，爸爸说："去问问太阳报看，报社说有，那就真的有了。"因此，拜托了，请告诉我，圣诞老人真的有吗？

帕吉尼娅·欧汉劳恩，纽约市西 95 街 115 号。

帕吉尼娅，让我们来回答你的问题。

你的朋友说没有圣诞老人，那是错的。在那个孩子的心中，肯定是形成了现时流行的什么都怀疑的习性。什么都怀疑的人，是心地狭窄的人。因为心地狭窄，不懂的东西就很多。虽然那样，还断定自己不懂的事情都是谎话。

不过，人的心这个东西，大人也好，小孩也好，本来是非常小的啊。在我们居住的这个无限广阔的宇宙里，我们人的智慧，就像一条小虫那样，是的，就像蚂蚁一样小。

是的，帕吉尼娅，圣诞老人是有的，这绝不是谎话……在这个世界上，如同有爱、有同情心、有诚实一样，圣诞老人也确确实实是有的。你大概也懂得吧，正是充满这个世界的爱、诚实，才使得你的生活变得美好了，快乐了。假如没有了圣诞老人，这个世界该是多么黑暗，多么寂寞！就像没有你这样可爱的孩子，世界不可想象一样，没有圣诞老人的世界，也是不可想象的。

没有圣诞老人，减轻我们痛苦的孩子般的信赖、诗、爱情故事，也许全都没有了。我们人类能体味得到的喜悦，大概只剩下眼睛能看到的、手能摸到的、身体能感觉到的东西了。并且，儿童时代充满世界的光明，说不定也会全都消失了。

怎么说没有圣诞老人呢？

不相信有圣诞老人，和不相信有妖精是一样的。

试试看，圣诞节前夜，让爸爸给你雇一个侦探，让他监视一下全纽约的烟囱怎么样？也许能抓住圣诞老人噢！

但是，即使看不到从烟囱里出来的圣诞老人的身影，那能证明什么呢？因为，这个世界上最确实的东西，是孩子的眼睛、大人的眼睛都看不见的东西。帕吉尼娅，你看到过妖精在草地上跳舞吗？肯定没有吧。虽然如此，也不能说妖精是胡编的瞎话。这个世界上某些看不见的东西，不能看到的东西，绝不是人们在头脑中创造出来的、想象出来的。

只有信赖、想象力、诗、爱、爱情，才能在某一个时刻，把它拉开，看到大幕后面的、无法形容的、美好的、闪闪发光的东西。那样美好、闪光的东西，难道是人们编造的瞎话吗？

不，帕吉尼娅，那么确实，那么永恒的东西，就存在于这个世界之上。

说没有圣诞老人？

哪儿的话！让我们高兴的是，圣诞老人的确存在。不止如此，他大概永远不会死亡。一千年以后，一百万年以后，圣诞老人也会同现在一样，让孩子们的心高兴起来。

（1897 年 9 月 21 日《纽约太阳报》社论；刘明华译，译文载《中国记者》1995 年第 2 期）

第六节 广播稿与解说词

一、广播概述

广播与报纸都是以传播新闻信息为己任的,以报道事实、评价事实为主的大众传播工具。报纸属于印刷新闻媒介,使用的主要符号是文字,广播则是以电传输为主要手段,以听觉符号或视觉符号与听觉符号相结合的电子新闻媒介。广播包括以有声语言节目形式出现的语言广播(亦称声音广播,简称广播)和以活动图像节目形式出现的电视广播(简称电视)。

广播具有以下几个特点:

(一)报道迅速,先声夺人。

《第二次世界大战史》记载:1940年4月初,英国、法国和德国都在对中立国挪威、丹麦等国施加影响。英法海军进入挪威水域设置雷区,以阻止德国商船出入。4月9日,正当英国报纸登载了这条消息,并且"对此先发制人的行动发表贺词,加以评论"时,那天早晨的无线电广播却使这条新闻变成了旧闻:德军正在挪威沿海一系列地点登陆,而且还开进了丹麦。

如果说,对于报纸来说,新闻的时效概念是新近、昨天,那么对于广播来说,新闻时间则是今天、刚刚、现在、×点×分的概念了。一张报纸从采写、编辑到排印再发行到读者手里,所需时间至少也要用小时计,而广播则大大地缩短了这个时间。同一事件在一天之内的变化进展,日报只能等到第二天发表,而广播则可以随时报告给听众或观众。重要新闻还可以随时中断任何节目及时插播。广播还可以用现场直播或实况转播的方法把远方正发生的重要事态变动报告给受众。

(二)生动传真,感染力强。

报纸传播主要依靠文字符号(兼有照片或图片),文字符号作用于人的视觉器官,它要经过联想才能获得事物的形象。广播则依靠声音符号传播,声音符号作用于人的听觉器官,可以直接理解传播的内容。电视传播则是多种信息符号的传播,语言、音响、活动图像、照片、文字和色彩等等综合运用,作用于人的听觉和视觉器官。多符号、双通道使信息传播更加直观、生动。

在广播中,语言特别是语音中的声调、轻重音、长短音和语调都与语义的表达密切相关,可以通过语音的变化体现不同的意思,有利于把内容表达得更明白、深刻。在电视中,更是如此,比如要说明一个贫困地区的情况,一卷电视纪录片可以胜过千万字。同时,电视的现场感可使观众不自觉地介入事件变动之中,产生一种参与感。

(三)渗透力强,受众面广。

广播是一种远程传输,它与人造地球卫星结合,其电波可以笼罩全球。文盲、半文盲难以读报,但双目失明的人可听广播,两耳失聪的人可看电视。

随着科学技术的发展和人们生活的水平的提高,接收工具的普及,接收工具的日益先进,接收广播信息也越来越便利。人们一边听广播,一边工作,可以做到一心二用。

（四）按顺序广播，转瞬即逝。

报纸是个面，广播是条线。报纸版面是相对固定的，但广播则是顺时依次传播，可以随时收听收看，一瞬即至，转瞬即逝。这是广播的弱点。因此，广播的选择性和保留性都不及报纸。报纸可以随时看，但广播却必须按时看或听，因此，在广播和电视面前，受众有一种受限制、缺乏选择的自由，处于被动地位。报纸上的新闻，一时没看清、没看懂或没记住，可以停下来反复读，可以留作资料。但听广播、看电视则不行，一时没看清、没看懂或没记住，只好作罢。特别是遇到同音或谐音词，容易引起误解。

为解决广播的这些弱点，一般多采取延长播出时间、重播，增加预告；精写广播稿和解说词，扬长避短。

二、广播稿的写作

广播稿作为一种新闻，它的写作有着新闻写作的共同特点和规律。但作为一种依靠语言或声音传播的文体，它有其不同于报纸新闻的写作特点和规律。

写作广播稿，首要的是掌握和运用语言。

（一）广播语言的特点

广播使用的是口头语言，以有声语言来传播信息，是说给听众听的；电视使用的也是以口头语言为主，兼顾字幕，主要是说给观众听的。因此，说是广播语言特点的一个制约因素。

口头语言分为对话语言和独白语言两种。广播采访、广播对话、部分主持人节目都使用对话语言。这种语言具有明显的双向性、有问有答，相互衔接。这种语言在语法结构和逻辑系统方面都不太完整和严谨，很多时候要靠对话者的意会。电视广播中，还要靠身体语言如神态、表情、姿势和动作等来补充。较长时间独自一个人的说话使用的语言称独白语言。播讲新闻、演讲报告使用的语言就是独白语言。这种语言在语法和逻辑要求上较为严谨。

无论哪种语言都是说给人听的，不是写给人看的。因此，广播稿的写作活动实际上是记录口头语言的活动，写出来的广播稿不是给人看的，而是给人说的。应把广播稿看作是放在嘴上去说的讲话稿，写出来的东西必须像是从你嘴里说出来的。

广播语言是给人听的，听是广播语言特点的又一个制约因素。

听得见而听不懂的语言，是不符合广播要求的，不能算作名副其实的广播语言。因为广播语言传播到人的耳朵，接收声音的人具有很大的随意性，广播的话容易滑过去。因此，广播语言不仅必须做到上口，还应该做到入耳，就是说起来流畅，听起来顺畅。

广播是经过加工提炼的、合乎规范的标准语。语言的规范化要求写广播稿的语音、语法、词汇、文字等方面遵循统一的标准。要说标准语，讲普通话，少用方言。广播语言是来源于生活的规范的标准语，既要在读音、用词、造句上符合口语习惯，又要像书面语那样注意语法修辞和行文结构。书面上美好的文字，不一定在口语中也是美好的。老舍先生写作剧本的经验之一便是读着声写，试试嘴里怎么说就怎么写，从现成话里掏东西。他还说，语言的有力无力，决定于思想是否精辟，感情是否深厚，字句安排是否得当，并不专靠一些土话给打气撑腰。语法解决怎样把话说对的问题，修辞解决怎样把话说好的问题，只有二者有机结合起来，才能写好广播稿。

（二）广播稿的写作

广播稿的写作关键就是运用语言，实际上等于"写语言"。因此，必须注意以下几点：

1. 通俗易懂

广播的受众或服务对象是广泛的,在年龄、文化上是多层次的,最基本的一点是要做到通俗易懂。

上口、入耳,通俗易懂,才让人感到亲切,易于接受。"所谓亲切",老舍说,"就是普通的话,大家都这么说,我也这么说,越亲切,越有劲。"

用明白易懂的语言深入浅出地报道新闻事实、评价新闻事实,是广播新闻稿的写作要求。在广播稿里忌用空洞的说教,艰深的术语,而应用群众的经验来解释说明问题,用简单的比喻来解释艰深复杂的事情。且看毛泽东关于无神论的一段话:

信八字望走好运,信风水望坟山贯气。今年几个月光景,土豪劣绅贪官污吏一齐倒台了。难道这几个月以前土豪劣绅贪官污吏还大家走好运——大家坟山都贯气,这几个月忽然大家走坏运——坟山也一齐不贯气了么?……巧得很!乡下穷光蛋八字忽然都好了!坟山也忽然贯气了!神明么?那是很可敬的。但是不要农民会,只要关圣帝君、观音大士,能够打倒土豪劣绅么,那些帝君、大士们也可怜,敬了几百年,一个土豪劣绅不曾替你们打倒!现在你们想减租,我请问你们有什么法子,信神呀,还是信农民会?(《毛泽东选集》第1卷)

寥寥数语,把深奥的道理讲得明明白白,把农民说得都笑起来。这就是通俗易懂的好处。

通俗易懂不是简单化,更不是浅薄。只有在纷繁复杂的事物中,抓住主要的事物及其本质,深入分析,提高到理论高度来认识,以理论为指导,深入浅出地把事情说明白才称得上通俗化。请看科学家高士其给孩子们讲白血球的作用:

白血球好像国家里的军队和警察,是专政工具。在一般健康情况下,白血球保持一定数量。白血球如果多了,说明国家不稳定,有敌人入侵或内部发生动乱,于是军队就出来抵抗,警察出来镇压。人身上长包发炎化脓,这脓就是在跟敌人(细菌)作战牺牲的白血球。

只有对一件事有了深刻的认识,对一个道理有了透彻的理解,才能做到这样运用贴切的比喻、恰当的事例来把事情叙述得准确生动,它往往体现出作者的知识水平、认识水平和思想深度。

通俗易懂也不是庸俗化,不是粗俗。广播新闻稿是为了启发人们更好地理解某一事物、某一问题,态度是严谨的。不能对那些不健康的心理、情趣迎合、讨好,不是耸人听闻,哗众取宠。

通俗化不是高高在上,把听众看成什么都不懂的低能儿,而是要和受众平等相待,尊重他们,和他们做面对面的交谈。要真诚坦率,想怎么说,就怎么写,不能矫揉造作,耍嘴皮子。

不要把口语文言化,少用书面语言中的单音词,多用口头语言中惯用的双音词。咬文嚼字会使说的人别扭,也会使听的人别扭。少用书面语中的关联词,多用口头语言中的语气词。比如既然你一定要去,那么我也不强留了。这样一句话中,关联词语完全是多余的,在口语里,去掉它更自然些。要用正常句式,尽量避免非正常句式如倒装句。同时要注意场合,描写什么景物或场景,要选用那些适合广播的词。如:梅标清骨,兰挺幽芳,茶呈雅韵,李谢浓妆,杏娇疏雨,菊傲严霜……用这样的语言美则美矣,可是既不形象贴切,也不适合口语广播,梅怎么标?兰怎么挺?茶呈什么韵?李谢什么妆?杏如何个娇法?菊如何个傲法?不仅普通人不知道,就连作者本人恐怕也不知道。所以这样的话,说了等于白说。

2. 具体形象

处理广播语言,除了通俗易懂之外,还应做到具体形象。一些公式化概念化的语言也能上口顺耳,听就懂,却味同嚼蜡,毫无意义,甚至引起人们的厌烦情绪。比如在××的正确领导下,在××精神的鼓舞下,在××领导的亲切关怀下,在方方面面群众的支持下,在本人的努力下……这样抽象的套话,能够说明什么问题呢?

新闻报道直接反映的是丰富多彩的现实生活和社会状况,应该写出生活和社会的丰富多彩。所以新闻报道应该是视觉新闻,使人一看就不容易忘记。作为一听而过的广播新闻,更应该具体形象,让听众通过联想产生真实形象的视觉感。因此,广播新闻稿有着和报刊新闻明显的区别点,就在于要用具体形象的描写来取代抽象的概念,用生动典型的事实来取代空洞的议论和抽象的评述。尽量回避那些干巴巴的数字,深奥的专业术语,非用不可时,要用具体形象的语言对它作一番解释。为了便于理解和记忆,广播新闻中对数字的运用也要讲究技巧。比如,说一根玻璃丝的拉力可以承受 20 公斤的重量,就最好改写成:一根细细的玻璃丝可以吊起两辆自行车。说现在全国每年累计出生 5600 万人,就不妨再转换成"相当于广东全省人口的总和"。

3. 短小精悍

短些,再短些! 列宁这样提倡写短文章。作为传播信息的广播新闻稿,更要尽量精短,这样既简明扼要地传达信息,便于受众接受;又可以在有限的时间内传播更多的信息。在广播电视中,时间是以秒来计算的,如果用来打广告,则每秒钟要用万元为单位收费。因此,我们主张广播新闻稿只写几个最,即最新、最重要、最动人、最富有特色、最为人们所关心的、最能够说明问题的事实。前不久,有民意调查表明,中央电视台的节目收视率排行第一的就是天气预报,为什么? 因为天气预报是老百姓最关心的,一条天气消息只有几十个字:据××气象台预测,"十一"长假期间天气好转,气温在 18 至 20 度之间,晴朗无雨,市民可以放心出游。这样的新闻当然受人欢迎。

短的就是精华,精华需要细心提炼。因此,在写作时需要讲究。例如在书面语言中,长句是经常出现的,有时尽管有神韵,但长句往往是复杂难懂的句子,不便于说也不便于听。因此,把长句化短,化繁为简,是广播新闻稿的要求。在中心句的附近尽量少用附加句,以免分散听众的注意力。

4. 恰当运用标点符号

标点符号在广播新闻稿中占有特殊地位。它是用来标明句读、语气和专有名词的书写符号。朗诵学派认为,标点的作用就在于标明朗读时应停顿之处。在播发广播新闻时,标点符号是不会说出来的,然而,并不意味着标点符号就可以乱来。除了要注意标点的规范准确之外,还要适于广播。不同的标点表达的是不同的意思,比如广播新闻中用的是? 号,播出时就要用问号的语气。

这里就几个易错的标点扼要说明一下:

顿号。顿号表示句中并列词(组)之间的停顿。但并列之间有时容易引起误会。怎么办,可以把顿号改写成和、或。

引号。引号在文中可以表示多种意思。有时表特定的称谓,有时表引用别人的话,有时表需要指出的内容,有时还表示讽刺或否定。标明在报刊上的标点符号读起来清清楚楚,但放在广播里,文中的引号就不好表达了。一般意义上的引号还好解决,播出时注意一下语言表达即可,但当遇到表示讽刺或否定的引号时,最好在此前加上所谓二字。

括号。有时文中有注释,需要用括号括起来。但在广播稿中最好不用括号,把括号内的注释改写成正文。如白求恩是加拿大共产党(1943年8月改为加拿大劳工进步党)党员,这时就要改成白求恩是加拿大共产党党员,加拿大共产党在1943年8月改为加拿大劳工进步党。

破折号。破折号有时在广播中易表达,比如表转折:很白很亮的一堆洋钱!而且是他的——现在不见了!而在表示同位解释说明、总结概括时,却不容易表达了。如他们是杀害刘宜良——江南的凶手。刘宜良即江南,同位关系,广播时却容易理解成两个人,所以要把破折号去掉,改为刘宜良也就是江南。

书名号。对于大家熟悉的书名、作品名、文章题目,在广播稿里好办,照着念就行。如《毛泽东选集》。而对于一些不为人所熟悉的,则要改变方式了。如下面播送×××的《偏见在发臭——斥詹姆斯·肯尼森》,就容易引起误解,而要写成下面播送一篇文章,题目是:《偏见在发臭——斥詹姆斯·肯尼森》,作者×××。

总之,在广播新闻稿中,一定要慎用标点符号。

三、解说词的写作

凡是纪实性的电视片和广播音响(录音)报道,无论什么体裁,都离不开解说词。电视新闻稿既可以是广播稿,也可以是新闻解说。但二者是有区别的,广播稿是没有活动图像、无音响的专供口播新闻用的文字稿。

而广播音响报道的主要构成要素是实况音响,报道者的描述、叙说,即解说。电视广播新闻也有两种,一种是口播新闻,即广播稿;一种是带有现场实况图像和同期声的电视片,它的构成要素包括:图像(活动图像、照片、图表、文字、资料、实物等),同期声(除记者现场报道以外的实况音响、语言,解说)。解说就是报道者的描述和叙说,包括画面内出现的记者报道(同期声)及在画面外的报道(画外音)。

例如:

画　面	解说词
一群不同肤色、发色的姑娘和几位男子下车	参加1984年北京国际女子篮球邀请赛的日本、朝鲜、波兰、澳大利亚的运动员们今天到颐和园参观游览
他们进园门,穿长廊,进石舫	她们兴致勃勃地游览了长廊、谐趣园、佛香阁、石舫等名胜
一个高个姑娘在石舫	在石舫,一位工作人员说,她不能确定我国选手陈月芳是否来过这儿。如果她没有来过,那么这位身高2米05的澳大利亚选手苏·盖尔就是有史以来到过石舫的最高的姑娘
一外国男子	有记者问已经两战两胜的澳大利亚教练:"颐和园的风景怎么样?"他说:"景致很美,但我想得更多的是明天的比赛。"
外国姑娘在唱歌	波兰队今天情绪十分饱满,他们纷纷穿上中国皇帝的龙袍照相
一男子和几位姑娘穿上宫廷服装照相	不过,看来他们不了解中国皇帝在公开场合是不怎么和女人手拉手的。比赛明天继续进行

如果没有右边的解说词,人们就会看不懂这些人是在干什么。可以说,解说词在电视新闻中是不可缺少的组成部分。

新闻解说词在广播电视报道中的作用,可归结为以下几点:

(1)解释音响或画面;

(2)交代新闻发生的时间、地点、人物、原因、背景等;

(3)对音响或画面作必要的补叙和衔接;

(4)揭示内涵,深化主题。

(一)解说词的写作

解说词是用来解释音响或画面所表现的新闻事实的,因此,它的写作与声、画是相互配合的。它不能离开音响或画面而单独成篇。

写作解说词,既可以采用记叙体,也可以用论说体或散文体等多种手法。具体说来,要做到以下几个方面:

(1)疏密有致,简洁凝练。

尽量使音响或画面与解说相互补充,互为引线。有时候,应以音响或画面为主,解说画龙点睛地展示它的抽象的意义;有时候应以解说为主,音响或画面作为富有特色的形象展现。有时候,音响或画面重复出现,而解说却不同;有时候,音响或画面可不用解说,此时无声胜有声。

从写作解说词的角度说,要防止解说喧宾夺主,喋喋不休,干扰听众的思考,要点到为止,掌握分寸。也就是该说的时候说,不该说的时候不说,解说要恰到好处。

(2)真诚热情,新颖别致。

真诚的情感,纯朴的语言,往往能引起人们的思想共鸣。解说词的写作,尤其要做到这一点。解说事物的时候,要对事物有深入的了解,把握住事物的本质特征,用确切的、新颖的语言来描述它。

(3)含蓄风趣,富有哲理。

解说就是要把别人不懂的事情解释清楚。新闻解说词是一种新闻体裁,是要用事实说话的。而且要说得有味道,有深度。情趣令人愉悦,理趣发人深思,二者的结合才是完美的解说。

例:瓶塞大王

画　　　面	解说词
主持人在九曲桥豫园商场外景	各位观众,我们现在在豫园商场,就是老城隍庙。豫园商场有 124 家商店,每天接待来往顾客超过 10 万人
瓶塞商店	这是一家专门卖瓶塞和瓶盖的商店。在拥有商店如林的上海,日用瓶塞商店确实很小
店堂营业	它的店堂面积只有 40 平方米,职工 18 人,一般每天做上千笔生意。元旦这一天,商店做了 2503 笔生意,每笔生意平均九分八厘钱,一天忙下来,全店销售总金额才 246 元,比大商店卖一架普通电视机的钱还少

（续表）

画　面	解说词
各种瓶塞	别看它店小，名气却很大。它是全国唯一的一家瓶塞瓶盖专业商店，经营商品 300 多种，从质地说就有 15 种，有软木、轻木、人造木的，也有橡皮、塑料的，还有不锈钢的……最小的瓶塞直径 6 毫米，一次可以买 5 个，最大的直径是 178 毫米。从工厂企业，农村社队到科研国防以及家庭日用所需要的瓶塞瓶盖，在这里基本上都能配到
全国地图	全国十七省市与这家商店有业务联系，人们因此把这家小店叫做"瓶塞大王"
小朋友换水壶盖	这家小店美名远扬的主要原因，是它那种乐于做小生意，几十年如一日全心全意为顾客服务的精神……有个小朋友的小壶盖破了，跑了许多店也配不到。日用瓶塞商店从这件事联想到，许多人春夏秋三季外出都喜欢带一只水壶，盖子破损的情况一定不少，于是他们到浙江花 200 元采购了一批水壶盖，满足了上海市场的需要
主持人在店堂	各位观众，瓶塞商店全心全意为顾客做好小生意的精神，值得许多盛名在外的大商店学习。现在许多大厂、大店架子很大，风格很低。他们不愿意生产小商品，不愿意经营销售小商品。有的群众反映，往往有一双优质皮鞋，却配不到一副鞋带；一件高级大衣却配不到一个合适的纽扣……最后，这些高档商品只好锁在柜子里……

第七节　讲话稿与演讲词

一、演讲与演讲稿

演讲稿是演讲者为在某种特定场合口头发表讲话而准备的书面文稿。广义的演讲稿，包括演说、致辞、会议报告、开幕词、闭幕词、欢迎词和答谢词等。狭义的演讲稿是指围绕特定主题而召开的演讲会上发表演讲用的文稿。

狭义的演讲稿又可分为：政治性演说稿如竞选演讲稿、就职演讲谢、述职演讲稿、动员演讲稿等；学术性演讲稿；职业性演讲稿如律师、教师、职业演说家所写的演讲稿等。

要掌握演讲稿的写作，首先要了解演讲的特点。

所谓演讲，是就某个问题对听众说明事理、发表见解的一种口语形式。它融思想性、科学性、知识性和艺术性于一体，既需要生活和知识的积累，也需要语言表达技巧的研究。它是一种独白性的说话方式，对象是听众，并且是面对面的，要靠脸、眼、手、身体来演。因此，它是一门言语、声音、目光、动作和姿态综合运用的说话艺术。

刘勰说过："一人之辩重于九鼎之宝，三寸之舌强于百万之师。"高超的语言表达能力，其作用和意义是巨大的。这种能力包括：演讲能力、论辩能力和交谈能力。

演讲从形式上来说，有三种：命题演讲、论辩演讲和即兴演讲。不论是哪一种，演讲者都

必须事先了解并处理好演讲者与听众的以下三大关系:

一是演讲主客体的社会关系。一方面,演讲者是演讲的主体,其演讲思维和语言表达、演讲内容是由演讲者本人决定的;另一方面,听众也是主体,演讲的效果和影响受听众制约。演讲者是为广大听众服务的,这是必须强调的一点。演讲者是演讲矛盾的主要方面。演讲者必须自觉不自觉地承担起义不容辞的社会责任,首先要求他具有良好的演讲品格,即热情积极、真诚坦白、坚定自信。

二是演讲市场中的主动适应关系。主动适应是指演讲者必须适应广大听众的需要,演讲有没有市场,听众欢迎不欢迎,很大程度上取决于听众的需要度,而不是要听众来适应演讲者。听众的需要,最主要的是演讲的思想内容,其次是演讲的艺术。听众的需要,制约着演讲的社会效果与社会影响,演讲不是灌输,而要引导听众接受。值得注意的是,听众的需要也不是一成不变的,而是不断发展变化的。因此,高明的演讲者既要在演讲前了解听众的需要、适应其差异,同时又要通过自己的演讲来引导听众的需要向演讲主题和目的转变。

演讲内容比听众的期待视野要低,那么听众就会觉得没有什么收获与提高,没有意义、索然无味。要把听众看成是一群有生命有思想的个体,他们在接受理解过程中,也不是简单的被动接受,他们随时在调控、补充甚至改造演讲的内容,这就是一种再创造。听众在接受演讲的思想内容时,还受对演讲者的演讲品格、演讲的思想内容、演讲的意义与价值进行心理评价,这是一种再评价,是在演讲者的自我评价上的一种社会评价。再创造与再评价相结合,充分体现了演讲者与听众的共同创造关系。

三是演讲者与听众的共同创造关系。一个巴掌拍不响,演讲是两方面的事,缺一不可。接受美学有一条重要的原则叫视野融合,非常适合演讲的这种关系。所谓视野融合,是指只有当听众的期待视野与演讲的思想内容相互融合时,听众才能接受并理解。听众的期待视野即需要是多变的、多样化的,因人而异,因时而异。因此,演讲者在演讲过程中,必须考虑听众的心理、听众的接受能力,在调控其演讲内容时应该略高于听众的期待视野。如果演讲的思想内容大大高于听众的思想水平,听众会难以理解而接受不了。

二、演讲的过程

演讲是一门艺术,是一个系统工程。俗话说:"三年胳膊五年腿,十年练成一张嘴。"这充分说明了演讲的难度。

演讲的过程分为三个阶段:

提出阶段:它包括提出演讲,弄清演讲要求,明确演讲目的,确立演讲主题。

准备阶段:包括材料搜集,心理准备,演讲稿的写作,上台前的讲练。

实施阶段:演讲的表达,技巧的运用,控场与应变。

下面扼要说明。演讲的第一步是明确演讲的目的,同时开始收集材料,也就是如何选取演讲角度。材料是关键,没有材料,就等于没有血肉。直接材料、间接材料和演讲者的创见都可作为演讲稿的材料。演讲者材料的积累只有通过自己的努力,了解社会,把握人生;刻苦读书,丰富知识;勤奋思索,善于发现,才能做到有备无患。演讲的第二步是了解听众,熟悉环境。美国著名演说家康威尔的《钻石土地》先后在全球各地演讲了 6000 多场,每一场的内容都有变化,这就是根据听众的需要在不断调整演讲内容。对听众的了解包括对听众自然状况的了解：如听众的年龄、性别、职业、社会地位、宗教信仰等。对听众目前需要的了解；如听众目前的要求、希望、困惑、苦恼以及他们所关心的热点问题。对听众心理的了解。对环境的熟悉包括熟悉演讲场地；对场地周围环境的熟悉。这一些都可以通过多种途径来解决。比如通过邀请单位的领导来了解和熟悉，通过调查或个别交谈来了解和熟悉；通过社会舆论来了解和熟悉。演讲的第三步是理清思路，拟定演讲提纲。拟定提纲的方法是多种多样的，可以从纲目关系上拟定，可以从因果关系上拟定，也可以从正反关系上拟定，要求层次清楚，简洁一致，界限分明。第四步是起草演讲稿，反复推敲。起草演讲稿是养成演讲思维模式的关键；是通向演讲最高境界的阶梯；是达到演讲目的的保证。下面将详细讲述。演讲的第五步是认真训练，灵活用稿。有人说：完美的爱驱逐恐惧，完美的准备亦如是。还有人说：没有准备就站到听众面前，就好像没有穿衣服一样。因此，演讲前的种种准备十分重要，在上台演讲前能够多从语言上、态势上、感情上训练，将会减少演讲中出现的差错，减少心理紧张。上台演讲时，要注意灵活用稿，必须强调：上台必须有稿；持稿不是读稿；稿在似用非用之间。也就是说，演讲时没有演讲稿是不行的，全照它也不行，要注意临场发挥、创造。

三、演讲稿的写作

（一）演讲稿的结构

一般说来，演讲稿由标题、正文和结尾三大部分组成。其中正文部分又可分为开头、主体和结尾三部分。

标题的写作是为了揭示演讲的目的和意义，点明演讲的中心主旨。或者是提出问题，引起听众注意。标题的写作灵活多样，如美国著名政治家和演说家亨利1775年在议会上作的反对同英国殖民者妥协让步的演说《不自由，毋宁死》；美国总统华盛顿在退休时作的《告别演说》；鲁迅先生的《在左翼作家联盟成立大会上的讲话》；巴金在东京第四十七届国际笔会代表大会上的演说《核时代的文学——我们为什么写作?》等等。

开头，在演说中又称开场白。其风格以自然为贵。开场白的字句最好短小，词语须温和。不能如描述那样华美，不能如论辩那样流利，也不能如结尾那样热情。良好的开头，应具有简单、平易和明确的特点。目的在于与听众建立起情感交流，获得听众的好感和信赖。不要投机取巧，故作惊人之语。不要自我吹嘘、炫耀，也不要过于自谦，流于虚伪。开场白的方式可以是开门见山，提出观点；提出问题，点明宗旨；说明背景，指出原委；讲个故事，引出论点；确立敌论，树立靶子；提出现象，以待结论。

主体的写作是演讲的核心。演讲稿是一种讲究逻辑非常严密的论说文，因此，其结构是否分明，层次是否清楚，逻辑是否严谨至关重要。演讲稿主体的结构有三种：

并列式结构。这种结构以演讲中心论点为核心，呈放射状四面展开论证。初学者比较适合采用。

递进式结构。这种结构是围绕中心论证，步步深入，层层推进，如同剥笋。

并列递进式结构。这种结构是融合上面两种结构的优势，或者在并列中递进，或者在递进中并列。

演讲主体的写作要注意采用各种技巧，来增强感染力和说服力。比如精确运用数字，可以增强演讲的信服力；多用俗语和民间语言，可以增强文章的趣味性。同时也要注意选材时不要两个黄鹂鸣翠柳——各唱各的调;围绕中心论证时不要一行白鹭上青天——离题万里不着边际。

结尾。结尾的写作在演讲稿中同样十分重要。"编筐做篓,全在收口。"演讲快要结束时,来个结尾告诉听众"我的演讲结束了",是演讲不可缺少的一环。结尾方式可以是衷心肯定,热情赞扬;发出号召,鼓舞人心;前后呼应,首尾圆合;提出问题,诱人思考;巧妙援引诗文作结等等。

(二)演讲稿的语言和节奏

演讲稿的语言是一种说写相兼的语言形态。也就是说,演讲稿的语言是融口语和书面语于一炉的。它既要求做到口语化:句式短小,便于口头表达;通俗明白,便于听众接受;动作性强,便于配合演讲的各种手势身态。同时它又具有书面语的特征:在短小的句式中夹有其他句式,体现一种文采。如果通篇全是短句,演讲起来恐怕十分吃力,也缺少变化,听众听起来也会觉得十分滑稽。在通俗化的语言中加入一种典雅蕴藉的书面语,体现出演讲的一种艺术性,便于听众慢慢玩味。

演讲稿最终要化成口头语言的形态,它是靠声音来传播信息的。因此,演讲稿的写作讲究一种节奏感。没有节奏,就没有世界,没有宇宙,没有生命,没有美。演讲稿要体现出一种美,就应该重视节奏。

起伏是节奏的一种形态。演讲应该有开端,有发展,有高潮。高潮是节奏的一种特殊形态。演讲稿在写作过程中就应该预设节奏。它包括结构上的疏与密、起与伏、张与弛、断与续;情感上的浓与淡、急与慢、藏与露、正与反;语速上的快与慢,行与止;声调上的抑与扬、顿与挫、平与仄;句式上的长与短、聚与散;文势上的动与静、间与歇、正与奇。

【实例】

在美国度圣诞节的即席演讲

丘吉尔

各位为自由而奋斗的劳动者和将士:

我的朋友,伟大而卓越的罗斯福总统,刚才已经发表过圣诞节前夕的演说,已经向全美国的家庭致友爱的献词。我现在能追随讲几句话,内心感觉无限的荣幸。

我今天虽然远离家庭和祖国,在这里过节,但我一点也没有异乡的感觉。我不知道,这是由于本人的母系血统和你们相同,抑或是由于本人多年来在此所得的友谊,抑或是由于这两个文字相同,信仰相同,理想相同的国家,在共同奋斗中所产生出来的同志感觉,抑或是由于上述上种关系的综合。总之我在美国的政治中心地——华盛顿过节,完全不感到自己是一个异乡之客。我和各位之间,本来就有手足之情,再加上各位欢迎的盛意,我觉得很应该和各位共坐炉边,同享这圣诞之乐。

但今年的圣诞前夕,却是一个奇异的圣诞前夕。因为整个世界都卷入一场生生死死的搏斗中,正在使用科学所能设计的恐怖武器来互相屠杀。假若我们不是深信自己对于别国领土和财富没有贪图的恶念,没有攫取物资的野心,没有卑鄙的念头,那么我们在今年的圣诞节中,一定很难过。

战争的狂潮虽然在各地奔腾,使我们心悚肉跳,但在今天,每一个家庭都在宁静的肃穆的空气里过节。今天晚上,我们可以暂时把恐惧的忧虑的心情抛开、忘记,而为那些可爱的孩子们布置一个快乐的夜会。全世界说英语的家庭,今晚都应该变成光明的和平的小天地,使孩子们享受这个良宵,使他们因为得到父母的礼物而高兴,同时使我们自己也能享受这种无牵无挂的乐趣,然后我们担起明年艰苦的任务,以各种的代价,使我们的孩子所应继承的产业,不致被人剥夺;使他们在文明世界中所应有的自由生活,不致被人破坏。因此,在上帝庇佑之下,我谨祝各位圣诞快乐。

四、讲话稿的写作

讲话稿也称发言稿。是广义的演讲稿的一种,是讲话者在讲话前精心设计的书面文稿,是各级领导干部、专家学者、知名人士、代表人物在会议上就某个方面的问题向与会者发表自己的看法,阐明自己的观点主张的一种文体。

演讲稿的写作特点和一般规律同样适合于讲话稿的写作。但在讲话者和写作结构上讲话稿有着自己的特点。

一般来说,不管是领导讲话还是专家或代表人物、知名人士的讲话都具有三个特点:

一是权威性。讲话历来是政治家和各级领导宣传政见、安排部署工作的有效形式。领导讲话不同于一般的演讲和发言,目的是贯彻上级的指示精神,实施本级的决定,对分管的工作提出指导性意见。因此,领导讲话具有一定的权威性和有效性。领导职务的不同,讲话的权威效果也不同。二是思想性。领导讲话一定要有理论色彩,要能以马列主义的理论为指针,阐述所进行的工作的意义,以动员群众投身于改革开放和经济建设之中。讲话就是要用自己的语言去思考,去总结,通过自己的思考和理解去分析问题,去说服人。这样才能打动听众,让人接受,共同与你去实行。三是鼓动性。统治者为达到某种政治目的,要通过讲话起到激励、鼓动的作用。讲话稿,要注意鼓动、激励作用,针对形势、问题或某种思想动态展开富有启发性的议论,才能取得成效。

讲话稿的结构在标题上可以采取不同于演讲稿的形式。

(1)双标题形式。如《坚持发扬艰苦奋斗的优良作风 努力实现全面建设小康社会的宏伟目标——胡锦涛在西柏坡学习考察时的讲话》。

(2)文件式标题。由讲话人、会议名称和文种组成。如《×××在××××上的讲话》。

讲话稿的开头应有称谓,相当于公文里的主送机关。如"各位代表、同志们",在正文的开场白中,应先表明对会议的态度,说明讲话的主旨。在结尾部分可提出希望与要求。

【例文】

胡锦涛在祝贺神舟五号载人航天飞船发射成功后的讲话

同志们,举国上下期盼已久的神舟五号飞船的发射已经取得成功,我国自行研制的飞船载着我们自己培养的航天员顺利进入太空。这标志着我国首次载人航天飞行初战告捷,也标志着中国人民在攀登世界科技高峰的征程上又迈出了具有重大历史意义的一步。

在这一激动人心的历史时刻,我们感到十分高兴和自豪。在这里,我谨代表党中央国务院、中央军委,代表江泽民主席,向为我国载人航天事业作出了突出贡献的广大科技工作者,向所有参加载人航天工程研制、建设和试验的同志们表示热烈的祝贺,并致以崇高的敬意。

实施载人航天工程是以江泽民同志为核心的党的第三代中央领导集体作出的重大战略

决策。许多年来,在党中央、国务院、中央军委的领导下,经过广大科技人员和解放军指战员的不懈奋斗,我国载人航天事业取得了举世瞩目的成就,谱写了中华民族自强不息的壮丽诗篇。这不仅是参与载人航天事业的全体同志的荣耀,更是我们伟大祖国的荣耀。同志们为祖国、为人民、为民族建立的卓越功勋,党和人民永远不会忘记!

希望同志们发扬不怕疲劳、连续作战的作风,确保飞船安全运行,顺利回收。祝我国首次载人航天飞行圆满成功!

有人认为讲话稿很好写,其实不然,起草领导讲话要处理好三个关系。

权威性与平易性的关系。一篇好的讲话稿,总是权威性与平易性相结合的产物。领导讲话无疑要具有权威性,这种权威,与讲话人的身份、地位、所代表的方面相符合,立场坚定,原则性强,严肃、认真、鲜明、有力地展示自己的观点,起到应有的强调、号召作用。这种权威,确实是一种原则的把握。但如果一个领导者在讲话中,处处炫耀自己的身份、地位,措辞生硬,居高临下发号施令,危言耸听地阐明自己的思想、观点,就会拉远与听众的距离,阻碍双方情感上的交流,就得不到思想上的共鸣,起不到应有的影响、教育和引导作用。领导讲话的坦率、诚挚,能很快沟通,大大缩短与听众之间的距离,在自然而亲切的气氛中传达自己的思想。起草领导讲话稿,不仅要言之成理,还要善于把"理"说白说透,将各种事理渗透到亲切、自然的语言诱导中,便于领导权威的自然贯彻,消除逆反心理,起到讲话应有的权威效果。

二是庄重与幽默的关系。领导讲话无疑要庄重,不能拉家常式的漫谈、闲扯,要严肃、认真、准确地传达上级的指示精神,阐明自己的思想。这是领导讲话所必须把握的原则。这个原则要求一个领导者不论是在何种社会环境中,运用什么样的语言,都不能超越一定的原则限度,去阐述、说明、表现领导者的思想意识。领导者既不能无原则地去评价某些事、某些人,也不能无原则地按照自己的思想意识,一味地表现自己,或以我为中心。起草领导讲话稿一定要坚持这个原则,行文沉稳、扎实、郑重,以使领导讲话严肃、认真、原则性强,达到预期目的。但如果在讲稿中一味照本宣科或讲些大话、套话,开始说一通形势如何如何,结尾原则性地提提要求,没有一点灵活性,也打动不了听众的。讲话作为一种鼓动、号召的手段,还必须讲求一些现场效应,努力与听众产生共鸣,才能起到应有的作用。灵活性是原则性运用过程中一种必要的补充,以基本原则为指导,对具体问题进行具体分析和灵活处理。幽默性是灵活性的绝妙体现。在讲话中适当增强语言的幽默性,不但会提高语言的艺术魅力,而且也会为领导者的风度增添异彩。当然讲话中使用幽默的方式、方法是多种多样的,需要灵活运用,以使领导讲话丰富多彩,独具魅力。

三是深入与浅出的关系。领导讲话总是要通过阐明一定的道理来说服人、教育人,以理服人可以说是讲话所必须遵循的一条原则,但是如果仅仅以此为根据,通篇都是名词、定义、概论,一味进行简单的满堂灌,会使人觉得深奥难懂。起草领导讲话稿,只有将说理性与通俗性结合起来,才能使所要阐明的道理生动、明了,听众易于接受,从而起到讲话应有的效果。能够把高深的道理讲得明白流畅、简单透彻,首先需要宽广的知识面和具有灵活运用语言的功力。撰写讲话稿要想事理严明而又深入浅出、明白通畅,撰稿人必须要具备一定的知识素养,平时注意积累各学科的知识,并在实践中注意培养自己的悟性与灵感。其次,掌握语言的技巧也是一个重要的方面。讲话语言的技巧是多种多样的,如数字串连法、借题发挥法、引经据典法、用数字说明法,掌握语言表达的技巧,并能在起草中灵活应用,会使领导讲话有理有据,生动有趣,具有较强的吸引力。

五、开幕词与闭幕词

（一）开幕词

开幕词是党政机关、企事业单位和社会团体召开的会议或节日庆典开幕时,由会议或节日庆典主持人或主要领导人向与会者发表的讲话、演说。它一般都是带有提示性、方向性和指导性的讲话。

开幕词的任务主要有三:

(1)郑重宣布会议或节日庆典开幕,造成会议的隆重气氛;

(2)阐明会议或节日庆典的宗旨,指出会议或节日庆典的指导思想、中心任务,阐明会议或节日庆典的目的、要求和意义;

(3)说明会议或节日庆典的议程和注意事项。

开幕词的结构一般由首部、正文和结束语组成。

首部则包括标题、时间和称谓。

标题:标题一般由会议或节日庆典全称后加上文种开幕词组成。如《中国共产党第十六次全国代表大会开幕词》;有的标题也采用复式标题,如《做莎士比亚的知音——中国莎士比亚研究会开幕词》。

时间:在标题下方,一般注明会议或节日庆典开幕的年月日。

称谓:称谓是指参加会议或节日庆典的对象的称呼。根据具体情况而定,如一般的称谓:同志们、女士们、先生们、各位领导、各位来宾等。如果会议或节日庆典比较隆重、正式,有特殊的贵宾或主人在座,则需要点明。

正文部分则可分开头、主体和结尾。

开头:开门见山地宣布会议或节日庆典开幕。简要介绍会议或节日庆典的有关情况如规模、与会人员的身份;对会议或节日庆典的召开表示祝贺,对参加会议或节日庆典的人员表示感谢或慰问、致敬等等。

主体:主体是开幕词的核心部分。简要说明会议或节日庆典的中心议题,交代会议或节日庆典召开的原因或背景,分析当前的形势,总结以往的工作,指明会议或节日庆典的目的和意义;重点在阐明会议或节日庆典的指导思想、主要议题和议程,提出会议或节日庆典的任务,说明会议或节日庆典的日程、时间安排。

结尾:一般在结尾提出会议或节日庆典的要求或希望,视具体情况而定。

结束语:

通常以呼告称谓起兴,简单有力地表达对会议或节日庆典的态度,一般以"预祝大会或节日庆典圆满成功"结束。

【例文】

作莎士比亚的知音

——莎士比亚研究会开幕词

曹　禺

"凡是闪光的,不都是黄金。"

这句话千真万确。反过来,是黄金,它就会发出光亮。知识是黄金,然而它的光亮一般人常常看不见。独具慧眼的伟人,在昏昏不明处,却看穿知识的根苗;知识,如暗夜的萤虫,飞闪射出萤光,向他招手;他追寻星星光明,扑上前去,豁出整个生命,一点一滴地探索、思考、实践、积累,终于献给人类以智慧与文化。

数千年来,我们的祖先就是这样用超人的精力,不断发现、创始人的各种知识与文化,建立一个赋有悠久、深远文化历史的古国。子孙承袭,发展他们的宝贵遗产,丰富了生活。

从来知识不能故步自封的,它要发展,它要更新,它要交流。历史记载了,我们输出我们的文化,但也不断"输入"各国异域的文化。大家共同享受人类创造的溢满甘汁的文化与精神的果实。

莎士比亚就是一颗硕大无朋的、无比甘甜的果实。不,他是一棵果实累累的大树。莎士比亚是数千年人类进程中的巨人之一。我们热爱他,尊敬他,研究他,演出他的剧本。中国无数的人们为他的舞台上的伟大成就和他神妙的诗句,拍手叫绝。我们被他吸引着,紧紧地吸引着。

仿佛他是宇宙中的一颗星球,在大空中永久地运行。我们仰望他,探求他,用哲学的、艺术的、文学的和科学的能力来了解他,解释他。到今天,似乎还没有把他完全弄清楚。

现在,世界各国研究莎士比亚的书籍,可说是"汗牛充栋"了。用今天的话说,研究莎翁的著作,排起队来,一本接着一本,究竟会围绕地球几周呢? 简直算不清。

中国的学者研究莎士比亚的著作排起来,占多少路程,我们无需估量了。我们"输入"莎士比亚很晚,仅在二十世纪初。但中国学者付出的功力不小,他们的论文做出了赋有中国特色的贡献。他们自小受中国数千年文化的陶冶,他们以东方的目光注视,凝望着这位生在四百年前,远在几万里外的英国斯特拉福镇上的巨人。他们是他的深情的赞美者,诚挚的解释者,和今天的中国一样,不哗众取宠,却实事求是。

这些位中国的莎士比亚学者,出版了他们的心得《莎士比亚研究》。今天,他们又在上海会聚一堂,召开首次"中国莎士比亚研究会。"这是一个请学者与演出者们聚在一起的热烈的讨论会,也是国外的莎士比亚学者共同参加的交流会,它将影响今后中国的莎士比亚的研究与演出,这是前无古人的盛会。

我们欢迎你们,你们是来自遥远地方的朋友。我们有一个共同的目的,使全世界的人,更多、更广泛、更深刻地理解莎士比亚,继续开拓我们这个世界的文明和对于"人"的认识,推进今天的文化与和平事业。而文化与和平是分不开的兄弟。

天才从来是受文化传统和历史影响最多的人。他和人民生活在一起,他从民间传统中获取了最丰美的灵感。天才又是独创天地的人,在荒谬与庸俗的世界中,思想最解放的人。天才代表他们的时代,是时代巨人,因而便成为真正的历史的巨人。

莎士比亚逝世之后,世上又出现许多文化的巨匠、大师。如果我把莎士比亚当作文艺高峰的代同,那么每个国家都有自己的莎士比亚。自己的莎士比亚,比那位生在英国埃文河畔的大师,对本国的人民与民族要更亲切,更受到喜爱。但民族的深情无损于属于全世界的莎士比亚的伟大。我们赞美莎士比亚,同时也敬爱本国的巨匠。不同时代、不同国家的文艺大师,都对人类有不可磨灭的贡献,我们不需要,也不可能把他们的丰功伟绩比个高低。

中国有一位关汉卿,他大约活动在 1210 年至 1300 年,恰在元朝忽必烈的统治时代。他揭露了封建社会的黑暗与残酷,他对妇女赋予无穷的同情。他一生写了六十五种杂剧,他是中国辉煌的杂剧的奠基者。他的结构精心锤炼,精练中力求丰富。他的语言来自民间，自然，真切，质朴。他是现实主义者，又是笔下生风、神思奇绝的崇高的浪漫主义者。他是我们最敬爱的伟大剧作家，是世界上的文化名人。然而，实在可惜，他没有莎士比亚那样的幸运。与莎士比亚同台演戏的朋友，海明思（Hemings）和康代尔（Condell），为莎士比亚的全部剧本，印出第一个对开本，而不幸的关汉卿却只留下十八本戏曲，其中还有残缺不全的部分。

多少年来，我们用最高级的形容词来表达我们对巨人的崇敬。这些词汇用在莎士比亚和其他巨人的身上都是有理由的，是恰当的。但我们从来不应顶礼膜拜，盲目地赞颂。那会使我们变成崇拜偶像的妄人，丧失了认识天才之所以为天才的智慧之处。一个人，纵然是天才的巨人，他需要的也只是知音，而不是膜拜者。

我们尊重一切对莎士比亚有研究的学者与演出者，学者与演出者相互见面交谈，会对莎士比亚有更多角度的认识，有利于更广泛地，更深透地宣扬、普及莎士比亚——这位戏剧艺术的巨人。

戏剧的世界是多么广阔、辽远而悠久啊！可交流的知识与文化，尤其是对于"人"的认识，表现得多么美丽，多么翔实，又多么透彻啊！如果从古希腊到现在，把这几千年的戏剧大师们从坟墓中唤醒，请这些对"人"有深沉见解的人们，无论是哪个国家、哪个民族的戏剧大家，请到中国的上海，饮几盅龙井，喝几杯茅台，让他们互相认识中外古今的同行，谈谈梦一般的思想，诗一般的感情，把心中还没有说尽的话对面讲讲，沟通沟通，那会是多么伟大而又不可想象的盛会啊！

确实，这比《仲夏夜之梦》更神妙，但也更离奇，更荒诞。我们只好回到地上，回到今天。到会的学者是博学的君子，有名的专家，你们用美丽的文字写出的富有内容的论文在这里宣读，听者将会像饮着醇酒一般，把你们各具风格的研究的果实，吸收进去。

而我却在这儿唠唠叨叨，说出的话，不过是 Hamlet 所说的"words，words，words"。

只有一句，决不是废话。

我们热烈地祝贺第一次中国莎士比亚研究会现在开幕！

（二）闭幕词

闭幕词是与开幕词相对应的一种文体。它用于宣告会议或节日庆典圆满成功并结束。带有总结性、评价性或号召性。它们的基本结构和写作要求基本相同。

所不同的是，闭幕词在内容上侧重于：

（1）说明会议或节日庆典圆满成功的基本情况；

（2）总结会议或节日庆典各项议程的结果，对会议或节日庆典所取得的成绩及其所产生的作用、影响作出简要评价；提出贯彻执行会议精神或决议的要求；

（3）向与会人员提出希望和祝愿。最后宣布会议或节日庆典胜利闭幕。

其中，要注意的是，不管是哪一类型的会议或节日庆典，会议通过的主要事项和基本精神，会议或节日庆典的重要性和深远意义，向与会人员提出贯彻会议精神的基本要求这三项内容是必不可少的，而且次序也基本不变。相对应的是闭幕词的结束语一般用现在，我宣布，××××会议或节日庆典胜利闭幕！

如果说一次会议或节日庆典就是一篇文章的话，那么开幕词和闭幕词就好比一篇文章的开头和结尾，中间会议或节日庆典的具体进程就好比文章的主体。开幕词和闭幕词正好前后呼应。

无论是开幕词还是闭幕词的写作都要求做到：

（1）简明性。开幕词要简洁明了、短小精悍，最忌长篇累牍，言不及义，多使用祈使表示祝贺和希望；

（2）口语化。它的语言应该通俗、明快、上口。

【例文】

莎士比亚属于我们
——首届中国莎士比亚戏剧节闭幕词

首届中国莎士比亚戏剧节就要闭幕了。

经过十四天，在北京、上海，同时举行了二十五台莎士比亚戏剧的演出，得到国内外巨大的反响。我们祖国的学者、戏剧工作者，以他们出色的成就，向莎士比亚表示了他们的尊敬与赞美。

这一天，四月二十二日，全世界都举行各种各样对莎士比亚的纪念活动。我想，莎士比亚如果能知道十亿人口的中国，有五千年文化历史的中国，又是正在奋发图强的当今的中国，以这样盛大的热情与规模在纪念他，他会怎样的激动啊！因为他，莎士比亚，是热爱生活的巨人，他也是赞美人类的一切进步与发展的巨人。他是开拓者，是爱国者，是深知人性与人的哲学的伟大诗人。一句话，他是永生的，因为他属于要和平、要安定、要幸福、要光明的未来的人民，他属于我们。

我们是以各种各样不同的形式来演出莎士比亚剧作的。有话剧，有京剧，有昆曲，有越剧，有黄梅戏，有广大中国人民所喜爱的其他地方戏曲，有少数民族的演出，有许多学生剧目的演出，甚至有按莎士比亚原本用英语的演出，还有按中国的历史与环境，把莎剧改编成更为中国观众理解的改编本的演出。所有这些劳动、创造，都在舞台上发出他们独特的光彩，在莎士比亚与中国人民之间架起一座座美丽的桥。

应该说，世界各国演出莎士比亚戏剧，都有个服不服水土的问题。这次我们戏剧节上演出的众多台莎士比亚剧作，都经过学者和演出者共同研究，互相启发，通力协作，努力找出一条最能表达莎士比亚的原意，又能为中国观众理解的道路。当然，高明的批评者们可能还有各种不同的意见。仁者见仁，智者见智，这是世界的通例，是应该欢迎的。

尽管莎士比亚的博大精深使许多人在口头上不得不赞美，但是，三四百年来，莎士比亚戏剧的演出史上，他的剧本屡遭篡改、歪曲，受到各个时代的狭隘的精神的限制，受到统治者的禁止。他们颠倒黑白，把莎士比亚看作是异端邪说，不足为训。一些聪明人把《哈姆雷特》、《李尔王》、《罗密欧与朱丽叶》都改成为大团圆的喜剧；为了要体现三一律，竟让奥瑟罗在一天的时间里向苔丝德蒙娜求婚、结婚并杀了她。莎士比亚成了一些无知者的装饰品。但是，时代淘汰了这些损害莎士比亚的庸人。有眼光、有远见的莎士比亚的真知者，历史上大导演、大演员、大翻译家们，不愿与这些鄙俗的轻薄人们同流合污。莎士比亚光辉四射的真正面目在全世界的舞台上显现出来。我想，我们今天举办莎士比亚戏剧节正是把这位伟大剧作家的本质的真实，他的思想与感情，更多地传达给中国人民。这是可贵的，也是成功的。

我们不需要过分谦虚，过分的谦虚并不能算是美德。我们的莎士比亚演出历史并不长久。我们以今天这一点成就，获得了中国广大观众的赞赏，这要归功于广大优秀的戏剧工作者和学者,归功于他们严肃的工作和创造。

值得提出,我们的莎士比亚学者,一生受了中国哲学、美学、文学、诗歌、戏剧的影响,同时又是探求并且理解西方文化的寻宝者。在莎士比亚戏剧节中,他们发表了有影响的关于莎士比亚的论文。

他们为更多的人搭起了梯子,使人们攀登能欣赏、能研究莎士比亚艺术的更高境界。

从二十世纪初,最早介绍莎士比亚的前人看,我们是后继者;但是从未来的并且越来越多的热爱与研究莎士比亚的人们看来,我们则是开拓者,是对他们有影响的人。因此,我们要实事求是,要总结我们演出的优点、缺点甚至失误。老实说,真把莎士比亚剧作演得尽善尽美,即使在西方有长久莎士比亚演出传统的国家,也是很不容易的。所以,我们的演出尤其需要国内、外的专家们的认真的批评、评论,使我们能不断地进步。因为莎士比亚是说不尽的,我们的演出也是没有完结的。

有两个现象值得注意。在这次戏剧节里,中国的地方戏曲已经上演莎士比亚的剧目了。中国的地方戏曲有三百多种。如果这三百多个剧种或多或少地都能演出莎士比亚,那对于在中国普及莎士比亚,引导人们去认识、去欣赏莎士比亚,将是十分有益的。同时,这样做会提高戏曲演员的文化修养,扩大戏曲工作者的视野。

中国的戏曲充满无穷的、完美的诗意、思想与感情,它应该是与莎士比亚能够相通的。

另外,在戏剧节上,大学、学院的学生剧团也演出了莎士比亚的剧作。

我们对大学生的演出给予了多方面的鼓励与帮助。通过这样的实践,大学生们从此对莎士比亚怀有感情,在他们的世界里展开一片新的境界,这是多么可喜的事情。希望这一次莎士比亚戏剧节能推动学生们对戏剧的热情,我相信莎士比亚的魅力有这种神奇的力量。青年的视野将更加广阔,心怀将更加丰富。让屈原、李白、杜甫、关汉卿、汤显祖与莎士比亚都成为他们热爱的朋友、他们心灵的导师。

四月二十三日莎士比亚诞生了。同样,又是四月二十三日,莎士比亚离开了人世。"生"与"死"这是莎士比亚说了又说的话题,是他心中想了又想的道理。他的哈姆雷特说过这样意思的话:是忍受残暴的命运的折磨与痛苦而活下去,还是一剑把自己刺死,因而反抗了这说不完的苦难的一生?究竟哪一种行为更高贵?死了,睡着了,一切都完了,那就太好了。但是说不定死了还会做梦,还会和生前一样的痛苦,那就不能不有所顾虑了。

可怕的,是死后的那种不可知的神秘!可怕的是,死了以后,从来没有一个人从那神秘之国回来!

我想到一段中国的小故事,一个大官在冬天的房檐下晒太阳,忽然感到一阵不舒服,害怕起来,他说:"我想我怕是快死了,遗憾的是,不知道死后的境地是好,还是坏?"他门下的客人都瞪了眼,不知该说什么。一个人站起来答道:"那一定挺好!"大官连忙问:"你怎么知道的?"那位客人恭恭敬敬地说:"如果死后的境地不好,很苦、很坏,那死了的人早就都逃回来了。"

这当然只是一个笑话,与莎士比亚对于生、死的感想是不能相比的。然而这说明,莎士比亚的思想也正是人类的思索,而莎士比亚戏剧的永存,也正是因为如此。是的,生与死,对于莎士比亚来说,已经不是问题了。他给予我们的答案是,他作为人的生命逝去了,但是他的思想与艺术的生命是永生的;我们永远听得见他的声音,他的语言,他的思想的翅膀在我们头上翱翔,他的激情的火焰在我们心里燃烧。

仿佛该闭幕了。

我们的狂欢已经终止了。我的这一些演员们,我告诉过你,原来不过是一些精灵。他们都已经化成淡烟而消散了。

亲爱的朋友们、演员们,参加中国莎士比亚戏剧节的所有的人们,我们真的化成淡烟消散了么?

不,不是这样。我们的演出,我们的努力与工作不会消失。我想,它就像长河流水一样,细细地滋润人们的心田,在中国的土壤上生出碧绿与芬芳。我们中华民族有看了不起的文化,有了不起的艺术与戏剧,我们不光要引进,我们还要把我们的种子撒向世界。

悠久的文明是我们的骄傲,我们的中国对世界文化的贡献将更加巨大。使全世界了解中国,这不只是中国人的责任,也是世界各国有识之士对本国人民应当担负起来的责任。这是中国莎士比亚戏剧节给予我们的重大联想与信念。

今天的会上,我们感到十分荣幸的,是英国文化大臣理查·卢斯先生从莎士比亚的故乡来到中国,参加这个盛会。我想在此地告诉阁下的,是英国派出的大使没有谁比莎士比亚更能干,更有力量与魅力。全世界没有一个国家没有莎士比亚的译本,没有他摄人心魄的演出。他是世界的阳光,永远照耀人的进步。

让我再一次欢迎各位到会的朋友和客人,同时欢迎你们再一次来参加我们的盛会。谢谢。(原载《戏剧报》1986 年第 6 期)

第八节　网络新闻

一、概述

人类迎来了传播史上的第五次革命,即数字化电子传播革命。而数字化电子传播革命影响面最广、影响力最深远的,就是方兴未艾的网络传播。

互联网自 1990 年代初由美国扩展到全球以来,以锐不可当之势迅猛发展。现在,在互联网上有多达 8 亿以上的网页,其中商业网页占 83%;其次是教育科技网页,占 6%;个人网页占 2.3%;色情成人网页占 1.5%;其余社区、政府、宗教及特殊兴趣等网页总共约占 4.4%。全世界上网人数几乎已达到 2 亿,仅美国即达 8000 万。还在以每月平均 10% ~ 15% 的速度在递增。如果以 5000 万受众作为传媒发展的一个台阶的话,上这个台阶,无线广播用了 38 年,电视用了 13 年,而互联网只用了 4 年。全世界上网的报纸已达 2500 多种。互联网已成为继报纸、广播、电视三大传统新闻媒体之后的第四媒体。

一个重要原因是因为网络传播具有传统媒体所不具有的独特优势。主要是:

跨越时间。在网络上可以做到实时传播、瞬时传播和及时传播。所谓实时传播,就是当时发生的新闻事件、信息,可以当时传播,没有任何延迟;所谓瞬时传播,就是当时发生的新闻事件、信息,可以在一瞬间传遍所有希望传播的对象;所谓及时传播,就是可以随时对新闻事件和信息进行动态的更新,使外界可以随时保持对事态的了解。

跨越媒体。互联网不像报纸、广播、电视等传统媒介那样相互之间界限分明,它跨越了媒介之间的界限,集多种媒介的优势于一身,以超媒体、超文本的方式组织新闻和其他各种信息。它既可以分别用文字、声音、图片、影像等各种形式，也可以综合运用以上各种形式来传递新闻和其他各种信息。

跨越空间。互联网上的空间是一个无穷无尽的电脑空间、一个虚拟空间，因此它在传递新闻和其他各种信息的容量上是可以不受限制的。《人民日报》网络版每天上网的信息约 18 兆，相当于 900 万个汉字，若以《人民日报》印刷版每版 1 万汉字计算，则网络版相当于每天出版 900 个版，这在印刷版上是根本不可能做到的，即使做到了读者也承受不了。

跨越文本。互联网将语言、声音、文字、图片、动画和影像等各种传播手段融为一体，使得新闻和其他各种信息的传播更具形象性、直观性、生动性；互联网上的超文本结构使得受众在浏览信息时，突破了传统的线性阅读方式，可以方便地在信息之间跳转和链接，更加符合人们思维的意识流和实际生活的立体化。

跨越向度。由于版面、时间和技术等方面的限制，传统媒介的信息传播基本上是单向的，只能是报纸、广播、电视向受众的单向传播，缺乏媒介与受众之间及时、直接的相互交流。在互联网上，受众与媒介之间、受众与受众之间，都可以进行及时的、直接的交流。这种相互交流可以通过文字，也可以通过声音甚至面对面的视频影像进行。互联网的这种高度互动性将成为媒介和受众之间、政府和群众之间和网络用户之间相互沟通的重要工具。

同时，网络也带来了受众的重大变化。每一个网络用户都将像新闻工作者一样，可以获得新闻信息的第一手材料，从而对新闻事件作出自己的报道、解释与评论。过去，由于时间、空间、人力和传播手段等限制，普通受众很难获得新闻事件的第一手材料；即使普通受众偶尔难得地获得了新闻事件现场的第一手材料，媒介对此是照发不误、还是部分摘发或根本不发，完全取决于媒介。人们基本上只能指望媒介工作者代表社会公众去收集新闻事件的第一手材料，去报道新闻事件。至于媒介工作者在收集到第一手甚或第二手、第三手材料后，如何取舍、如何分析、如何加工进而如何报道新闻事件，则完全取决于媒介工作者的职业水准、道德良心和价值观念了。

网络传播将使得受众可以同新闻工作者一样容易地、直接地获得新闻事件的第一手材料，即可以通过网络或是直接获得目击者对新闻事件的现场录像、录音、摄影等原始记录材料，或是获得对新闻事件当事人有关意见、态度的直接采访。受众作为突发性新闻事件报道者的可能性将大大增加。而网络传播和数字式摄像机、相机等新媒介的普及，将使得在突发新闻事件现场的任何个人都有可能抢拍、抓拍到现场新闻并立即通过网络发布到全世界。对于突发性新闻事件的报道再也不是大众传媒的专利了。

1999 年 4 月 15 日，一架韩国航空公司的麦道货机于 16 时 04 分从上海虹桥机场起飞升空后仅一分钟，便坠落在上海闵行区的一处建筑工地上。17 时 57 分，一位目击这一事件的上海网络用户，首先将这一新闻事件作为《飞机坠落！》的帖子贴到了北京著名的新浪网的谈天说地论坛中。18 时 11 分，新浪网以快讯形式在国内新闻栏目中报道：一架飞机今天 16 时在上海附近失事。

目前，人们正在探讨和阐述如何利用网络、多媒体寻找采访线索，如何利用网络资源、数据库收集和核查数据，如何利用电子邮件、新闻组、语音信箱、可视化交互设备等进行远距离全球实时采访等。

二、什么是网络新闻

什么是网络新闻呢？目前，有以下几种基本的看法：

网络新闻是指通过因特网发布、传播的新闻，其途径可以是万维网（www）网站、新闻组（Usenet News），邮件列表（Mailing List）、公告板（BBS）、网络寻呼（ICQ）等手段的单一使用或复合使用，其发布者（指首发）、转发者可以是任何机构也可以是任何个人。（闵大洪：《网络新闻之我见》）

网络新闻是在互联网上传播的新近发生的、为受众所关注的信息。（钟瑛：《论网络新闻的伦理与法制建设》）

网络新闻是指传受基于 Internet 的新闻信息——具体说来，它是任何传送者通过 Internet 发布或再发布，而任何接受者通过 Internet 视听、下载、交互或传播的新闻信息。（杜骏飞：《网络新闻学》）

这里，我更倾向于王喆的观点：网络新闻是以因特网为传播手段，综合文字、声音、图像等多媒体元素为传播符号，对新近或正在发生、发现的事实的报道。其一个突出特点是内容的滚动性、传播的超时空性。（《呼唤网络记者》，《新闻世界》2002 年第 2 期）

网络新闻与传统意义上的新闻在本质上没有什么太大的差别。新闻写作是新闻记者将采访得来的新闻素材加工成新闻成品的过程。这一点上，网络新闻的写作与传统的新闻写作是一样的。但网络新闻又不同于传统意义上的新闻，它赋予了新闻以新的特点、新的规律和新的内涵。因此，把握网络新闻的独特规律是写作网络新闻的关键。

三、网络新闻的写作

（一）网络新闻的体裁

传统新闻体裁的分类包括：消息、通讯、特写、评论等。这些体裁样式，仍然可以沿用到网络新闻中。

（二）网络新闻对传统新闻写作模式的继承

传统新闻媒介在长期的实践中，形成了一套特定的、行之有效的新闻写作模式。特别是消息，更是有着自己的固定的结构样式。这些模式，在很大程度上可以为网络新闻继承。

一般来说，一条消息主要由标题、导语和主体部分组成。

1. 标题

上网看新闻，更要先看标题。一家网站上的新闻林林总总，多的有数千条，最少也有几百条。网民们上网看新闻，往往先是浏览一下新闻标题。通过扫描标题，网民们便能选择他们感兴趣或需要阅读的内容。

新闻标题在互联网上的重要性，远大于在传统媒体上的作用。如果标题没有吸引力，其他工作做得再好，也有可能吸引不到网友的点击；反之，整篇新闻就会从新闻标题的丛林中跳出。

网络新闻的标题制作，同样要遵循新闻标题制作的一般原则，即用最简洁的文字将新闻中最有价值、最生动的内容提示给读者，吸引网友的眼球。尤其是互联网上的新闻标题由于地位的限制，一般只能做一行题，没有传统媒体的三件套，缺少引题和副题，要准确地把新闻事实表达出来，自然有它的难处。标题字少，且是单句型题，做得不好，易流于空泛。

那么，一行题是否就难以概括丰富的内容呢？当然不是。

美国哥伦比亚号航天飞机坠毁后,7位宇航员罹难。各网站都发表了大量报道,标题都很简要。如:《美教授9年前敲响警钟　航天飞机悲剧被不幸言中》、《美国宇航局紧急寻找哥伦比亚航天飞机下落》、《哥伦比亚号解体燃烧　7名宇航员全部遇难》、《以色列宇航员拉蒙的遗体下周将在故土安葬》、《印度沉痛哀悼在哥伦比亚号失事中遇难的杰乔娜》、《哥伦比亚号两度死里逃生　返航问题早就引起关注》、《以色列报纸称发现哥伦比亚号左翼上有两条裂纹》、《有人居然发美国空难财　网上高价出售飞机残片》、《哥伦比亚号事件为何有42%美国人不悲痛?》这些标题成了传递新闻信息的窗口,如果无暇阅读消息全文,读一读这些标题,也大体可以了解哥伦比亚号航天飞机事件的来龙去脉和事态的最新发展。

2. 导语

导语是新闻的开头,乃一篇之警策。我们在前面已经讲过。

在网络新闻中,由于网页结构的因素,有些新闻往往是在页面中先出现标题和导语,在下一层次的页面中才出现完整内容,因此,导语的作用就显得尤为重要。但是,我们同时也要防止另一种倾向,即片面夸大导语的作用,不顾新闻事实,将导语写得天花乱坠,让人看了新闻主体后有着一种上当受骗的感觉。把导语写得准确,应该比把它写得引人入胜更为重要。否则,读者可能上过一两次当后,便失去对网站的信任与兴趣。

3. 主体

主体是新闻的主干部分,也是新闻的展开部分。主体部分的常见结构形式有下列几种:

倒金字塔式:倒金字塔结构对于网络新闻来说更加重要,因为在网络上人们一次只能浏览一个屏幕大小的页面,也许就包括两三个段落,如果第一屏的信息显得没有价值,那么,人们就不会有兴趣拖动鼠标接着往下看。所以更应该采用倒金字塔式。

金字塔式:金字塔式适合于网络上那种集纳式新闻,以便于读者对重要新闻的全过程或来龙去脉进行全方面了解。尤其是那些内容复杂但线条单一的新闻,可以时间为组织材料的线索。在网络新闻中,这也是一种常见的写作方式。因为,很多新闻事件是动态的,是在不断变化发展的,不能等到事件的全貌都出现后才动手。因此,很多新闻是根据事件进展不断加入新内容。从总体上看,即是按时间顺序组织材料。

按逻辑顺序组织材料:网络上有一种新的组织新闻的模式,即"相关链接"、"超链接"。这种方式便是按逻辑来组织的,有利于反映出事物的内在发展规律,提示事物的本质特点与意义。可以说,这种逻辑关系是一条红线。这条红线可以是:因果关系、递进关系、主从关系、并列关系、对比关系、点面关系等,总之是利用新闻内容之间存在的各种关系将材料有机地结合起来。

(三)网络新闻的新形式

由于网络的特点,网络的新闻表现形式也不完全等同于报纸或广播电视的传统表现形式。

1. 超文本结构的写作

网络新闻的写作形式,首先建立在超文本这一WWW的核心技术思想之上。在传统的媒体中,文本或节目都是以线性的结构传达的。超链接打破了传统新闻文本的线性结构,它带来的影响至少表现在以下两方面:

(1)利用超链接,可以对一些重要的人物、事件、背景或概念进行扩展。既可以用注释的方式出现,也可以直接链接到相关网页。这有助于读者更直接接触新闻深层背景,获得丰富的相关信息,对于发挥读者的能动作用、扩展报道面、加强报道深度等方面有着重要意义。

　　(2)利用超链接,可以改变传统的写作模式。传统的文本写作总是在单一层面上完成,所有信息与材料都是一次接触到。尽管传统新闻写作方式中有"倒金字塔"的结构模式,以便于读者的阅读,但事实上的确有很多读者没有从头到尾阅读完这些信息,即对他们来说,有一部分信息是属于冗余信息。而超文本的利用,在一定意义上可以改变这种状况。在进行写作时,我们可以采用将材料分层的做法,把最关键的信息作为第一层次写作,而相关详细信息作为第二或第三层次提供。即用一个骨架的方式描述对象,而有关的细节,分别用超链接给出,读者可以根据自己的需要决定进入哪一个方面细节的阅读。

【例文】

法航协和式客机坠毁

　　当地时间7月25日下午4点45分(北京时间7月25日晚上10点45分),法国航空公司一架协和式客机在巴黎戴高乐机场起飞后不久即坠毁。机上100名乘客和9名机组人员全部遇难。飞机坠毁时还造成地面4人死亡。>>详情请进

　　在这起震惊世界的大空难中,居然还有了一位幸存者——21岁的英国女大学生爱丽丝,她的死里逃生只能用奇迹两个字来形容。>>详情请进

　　着火的协和客机、惊愕的目击者、悲痛的遇难者家属……组图:全程目击法航协和客机坠毁(1)(2),为您真实重现法航空难历史性的一刻。

　　这是2000年7月28日新浪网上的一条新闻。上面我们看到的只是新闻的第一个层次,即新闻的梗概。而详情则通过链接展开。

　　以上例子是中国网站在新闻报道中采用分层写法的一个较早的例子。它的运用是成功的。由于这是一个对突发事件的报道,报道对象本身十分复杂,角度很多,材料也十分丰富。如果不加区分把所有材料都堆在一篇报道里,显然是不现实的。相反,如果不用梗概的方式加以组织,也会使读者找不到一条清晰的阅读线索。目前这样的处理,则较好地解决了这个问题。

　　2. 动态写作

　　传统的消息的写作是一次完成的。而网络新闻由于时效性的需要,往往把写作过程变成了一个开放的动态过程。它通过记录每一个重要时间点的信息,以最快的速度将信息传达给网民。这种动态写作方式发展到极致时,便出现了文字直播的方式。

　　在2000年悉尼奥运会期间,文字直播得到了充分的运用。尽管它没有视频信息那样传神,但它最大限度地满足了网民对于变化着的紧张激烈的比赛的基本信息的需要。

【例文】

2000年悉尼奥运会上,中国的龚智超与丹麦的马尔廷争奇冠军的比赛的文字直播

比赛开始

龚智超擅长吊球

马尔廷斜线吊线成功,1∶0

龚智超夺回发球权

龚智超回球没有过网,换发球

龚智超愈战愈勇,把比分进一步扩大,现在比分是7：3

马尔廷判断失误,龚智超又得一分,8：3

龚智超突然打马尔廷身后空档,得分,9：3

马尔廷回球没有过网,10：3

龚智超发远球,又得一分,11：3

这样,龚智超得了金牌!

应该说,这样的文字直播显然还只是直播的初级阶段,它更多地在于交代最主要的信息。满足人们的基本需求。但是,未来的"文字直播"的写作,还会更多地在文字的生动性上下工夫。此外,随着多媒体技术的成熟,文字的直播也可能彻底被视频直播所取代。

网络新闻表现形式中的另一个特点是多媒体化。目前,很多新闻网站都开始利用多媒体新闻手段。

多媒体化的新闻表现形式可以是:在同一报道中,将文字、声音与视频等多种媒体手段有机结合在一起,以文字信息提供报道的线索和主要新闻要素,提供事件、人物与历史、地理等背景,音频和视频信息用于表现现场,未来甚至可以使用虚拟现实等技术手段,让人身临其境。这几种媒体手段的结合方式,可能类似于电子游戏,而不是机械地进行分割。同时,利用交互手段,读者可以参与讨论。

（四）网络新闻的写作要求

人们阅读网络新闻,一般是通过电脑屏幕,与阅读报纸相比,要费力得多,并且这种阅读可能还要受到时间因素的限制。因此,注意网络新闻的易读性,是写作中的一个重要课题。下列原则是应该注意的:

1. 文章宜短

一则新闻应以不超过两个屏幕的大小为宜。长的新闻,可以用超链接等方式化整为零。如果不能避免长文章,可用小标题的方式,将长新闻分成小块,小标题既可提示本段主要内容,又可起到一个缓冲的作用。

2. 段落宜短

不仅整体新闻应该简短,每个段落也应该要简洁。可能的情况下,多分段。

3. 句子宜短

一句话,最好控制在一定长度之内。弗雷奇曾建议美联社的记者每个句子不要超过19个字,而美国的《时代》与《读者文摘》的句子长度不超过17字。对中文来说,也许控制在20字以内是合适的。

4. 文字应该朴实

网络新闻的主要目的,是给人提供信息。因此文字应该以朴实为主。过于花哨的文字易让人反感。另外,文字上应该避免艰深晦涩的词。因为人们没有时间仔细琢磨这些词,这有可能影响他们对信息的理解。

除了以上原则外,网络新闻还可借鉴报纸新闻的做法,将新闻要点用提示的方式,放在文章开头。这样,读者可以最快地获得关键信息,同时也可抓住主要阅读线索。

四、网络新闻评论的写作

互联网与传统媒体相比最大的特点之一,当属互联网的交互性。基于互联网互动性之上的网络评论,已经是当前各大新闻网站的关注点和生长点。新华网的《发展论坛》和《焦点网谈》、人民网的《强国论坛》和《人民时评》、千龙网的《京华论坛》和《千龙评论》等在新闻媒体中已具有很大的影响力。

网络新闻评论较之传统媒体评论,无论其蕴含的内容、表现的形式,抑或承载的功能、社会的作用都有很大的区别。充分认识网络评论的特点,对于发挥新闻评论积极的社会作用大有裨益。

网络新闻评论分为专家评论、编辑评论和网民评论,无疑最具互联网特征的首推网民的交互性评论。网络新闻评论体现了网民的基本需求:一是交流性,互联网提供了一个网民交流的公共场所,大量意见和观点通过网络媒介汇集、交换和传播。二是参与性,网民通过网络传媒发表自己的观点,实现作为一个社会成员的权利和义务。网络新闻评论处于新闻评论和互联网的交汇点,它在传统媒体评论内容和形态上异化出自己的特点。

网络评论的开放性。1999 年 5 月 8 日,美国军机轰炸了中国驻南联盟大使馆,突如其来的灾难引起了中国人民的强烈反应。人民网在 5 月 9 日开设了"强烈抗议北约暴行 BBS 论坛",网友们群情激昂,畅说自己的意见和看法,网友一共上传了 9 万余条帖子,在国内外产生极大的舆论影响。

网络评论的参与性。互联网强大的实时交互功能,使网民不再像对待电视电台报刊一样只是被动地观看、收听、阅读,而是可以积极而及时地参与讨论。每一个网络人都是信息的获取者,也是评论的提供者。网民可以把自己知道的信息或发表的意见传播给别人,或者针对别人的信息来发表自己的见解。

网络评论的随意性。网络评论中还有一种特殊而又很常见的现象,那就是口水帖。严格意义来说,口水帖并不是网络评论。但是由于许多口水帖掺和在网络评论中,就出现了让不少人觉得无聊而又无奈的衍生物。生活在社会中,很多人会需要一个心理宣泄的地方,而虚拟世界提供了这种现实需求。

内容不确定性。由于网民评论的爆发性、自发性、透明性,而带来网络新闻评论的不确定性,从而造成网络评论可控性较弱,论帖管理具有一定的难度。

思考与练习

一、试评析下面一篇美国总统布什的就职演说

尊敬的芮恩奎斯特大法官,卡特总统,布什总统,克林顿总统,尊敬的来宾们,我的同胞们。

这次权利的和平过渡在历史上是罕见的,但在美国是平常的。我们以朴素的宣誓庄严地维护了古老的传统,同时开始了新的历程。首先,我要感谢克林顿总统为这个国家作出的贡献,也感谢副总统戈尔在竞选过程中的热情与风度。

站在这里,我很荣幸,也有点受宠若惊。在我之前,许多美国领导人从这里起步;在我之后,也会有许多领导人从这里继续前进。

在美国悠久的历史中,我们每个人都有自己的位置;我们还在继续推动着历史前进,但是我们不可能看到它的尽头。这是一部新世界的发展史,是一部后浪推前浪的历史。这是一部美国由奴隶制社会发展成为崇尚自由的社会的历史。这是一个强国保护而不是占有世界的历史,是捍卫而不是征服世界的历史。这就是美国史。它不是一部十全十美的民族发展史,但它是一部在伟大和永恒理想指导下几代人团结奋斗的历史。

这些理想中最伟大的是正在慢慢实现的美国的承诺,这就是:每个人都有自身的价值,每个人都有成功的机会,每个人天生都会有所作为的。美国人民肩负着一种使命,那就是要竭力将这个诺言变成生活中和法律上的现实。虽然我们的国家过去在追求实现这个承诺的途中停滞不前甚至倒退,但我们仍将坚定不移地完成这一使命。

在上个世纪的大部分时间里,美国自由民主的信念犹如汹涌大海中的岩石。现在它更像风中的种子,把自由带给每个民族。在我们的国家,民主不仅仅是一种信念,而是全人类的希望。民主,我们不会独占,而会竭力让大家分享。民主,我们将铭记于心并且不断传播。225年过去了,我们仍有很长的路要走。

有很多公民取得了成功,但也有人开始怀疑,怀疑我们自己的国家所许下的诺言,甚至怀疑它的公正。失败的教育,潜在的偏见和出身的环境限制了一些美国人的雄心。有时,我们的分歧是如此之深,似乎我们虽身处同一个大陆,但不属于同一个国家。我们不能接受这种分歧,也无法容许它的存在。我们的团结和统一,是每一代领导人和每一个公民的严肃使命。在此,我郑重宣誓:我将竭力建设一个公正、充满机会的统一国家。我知道这是我们的目标,因为上帝按自己的身形创造了我们,上帝高于一切的力量将引导我们前进。

对这些将我们团结起来并指引我们向前的原则,我们充满信心。血缘、出身或地域从未将美国联合起来。只有理想,才能使我们心系一处,超越自己,放弃个人利益,并逐步领会何谓公民。每个孩子都必须学习这些原则。每个公民都必须坚持这些原则。每个移民,只有接受这些原则,才能使我们的国家不丧失而更具美国特色。

今天,我们在这里重申一个新的信念,即通过发扬谦恭、勇气、同情心和个性的精神来实现我们国家的理想。美国在它最鼎盛时也没忘记遵循谦逊有礼的原则。一个文明的社会需要我们每个人品质优良,尊重他人,为人公平和宽宏大量。

有人认为我们的政治制度是如此的微不足道,因为在和平年代,我们所争论的话题都是无关紧要的。但是,对我们美国来说,我们所讨论的问题从来都不是什么小事。如果我们不领导和平事业,那么和平将无人来领导;如果我们不引导我们的孩子们真心地热爱知识、发挥个性,他们的天分将得不到发挥,理想将难以实现。如果我们不采取适当措施,任凭经济衰退,最大的受害者将是平民百姓。

我们应该时刻听取时代的呼唤。谦逊有礼不是战术也不是感情用事。这是我们最坚定的选择——在批评声中赢得信任;在混乱中寻求统一。如果遵循这样的承诺,我们将会享有共同的成就。

美国有强大的国力作后盾,将会勇往直前。

在大萧条和战争时期,我们的人民在困难面前表现得无比英勇,克服我们共同的困难,体现了我们共同的优秀品质。现在,我们正面临着选择,如果我们作出正确的选择,祖辈一定会激励我们;如果我们的选择是错误的,祖辈会谴责我们的。上帝正眷顾着这个国家,我们必须显示出我们的勇气,敢于面对问题,而不是将它们遗留给我们的后代。

我们要共同努力,健全美国的学校教育,不能让无知和冷漠吞噬更多的年轻生命。我们要改革社会医疗和保险制度,在力所能及的范围内拯救我们的孩子。我们要减低税收,恢复经济,酬劳辛勤工作的美国人民。我们要防患于未然,懈怠会带来麻烦。我们还要阻止武器泛滥,使新的世纪摆脱恐怖的威胁。

正处在鼎盛时期的美国也不缺乏同情心。

当我们静心思考,我们就会明了根深蒂固的贫穷根本不值得我国作出承诺。无论我们如何看待贫穷的原因,我们都必须承认,孩子敢于冒险不等于在犯错误。放纵与滥用都为上帝所不容。这些都是缺乏爱的结果。监狱数量的增长虽然看起来是有必要的,但并不能代替我们心中的希望——人人遵纪守法。

哪里有痛苦,我们的义务就在哪里。对我们来说,需要帮助的美国人不是陌生人,而是我们的公民;不是负担,而是急需救助的对象。当有人陷入绝望时,我们大家都会因此变得渺小。

我们国家的许多人都不知道贫穷的痛苦。但我们可以听到那些感触颇深的人们的倾诉。我发誓我们的国家要达到一种境界:当我们看见受伤的行人倒在远行的路上,我们决不会袖手旁观。正处于鼎盛期的美国重视并期待每个人担负起自己的责任。

鼓励人们勇于承担责任不是让人们充当替罪羊,而是对人的良知的呼唤。虽然承担责任意味着牺牲个人利益,但是你能从中体会到一种更加深刻的成就感。

我们实现人生的完整不单是通过摆在我们面前的选择,而且是通过我们的实践来实现。我们知道,通过对整个社会和我们的孩子们尽我们的义务,我们将得到最终自由。

我们的公共利益依赖于我们独立的个性;依赖于我们的公民义务,家庭纽带和基本的公正;依赖于我们无数的、默默无闻的体面行动,正是它们指引我们走向自由。

在生活中,有时我们被召唤着去做一些惊天动地的事情。但是,正如我们时代的一位圣人所言,每一天我们都被召唤带着挚爱去做一些小事情。一个民主制度最重要的任务是由大家每一个人来完成的。我为人处事的原则包括:坚信自己而不强加于人,为公众的利益勇往直前,追求正义而不乏同情心,勇担责任而决不推卸。我要通过这一切,用我们历史上传统价值观来哺育我们的时代。

(同胞们),你们所做的一切和政府的工作同样重要。我希望你们不要仅仅追求个人享受而忽略公众的利益;要捍卫既定的改革措施,使其不会轻易被攻击;要从身边小事做起,为我们的国家效力。我希望你们成为真正的公民,而不是旁观者,更不是臣民。你们应成为有责任心的公民,共同来建设一个互帮互助的社会和有特色的国家。

美国人民慷慨、强大、体面,这并非因为我们信任我们自己,而是因为我们拥有超越我们自己的信念。一旦这种公民精神丧失了,无论何种政府计划都无法弥补它。一旦这种精神出现了,无论任何错误都无法抗衡它。

在《独立宣言》签署之后,弗吉尼亚州的政治家约翰·佩齐曾给托马斯·杰弗逊写信说:我们知道,身手敏捷不一定就能赢得比赛,力量强大不一定就能赢得战争。难道这一切不都是上帝安排的吗?

杰弗逊就任总统的那个年代离我们已经很远了。时光飞逝,美国发生了翻天覆地的变化。但是有一点他肯定能够预知,即我们这个时代的主题仍然是:我们国家无畏向前的恢宏故事和它追求尊严的纯朴梦想。

　　我们不是这个故事的作者,是杰弗逊本人的伟大理想穿越时空,并通过我们每天的努力在变为现实。我们在通过大家的努力在履行着各自的职责。

　　带着永不疲惫、永不气馁、永不完竭的信念,今天我们重树这样的目标:使我们的国家变得更加公正、更加慷慨,去验证我们每个人和所有人生命的尊严。

　　这项工作必须继续下去。这个故事必须延续下去。上帝会驾驭我们航行的。

　　愿上帝保佑大家! 愿上帝保佑美国!

二、试着为新浪网写作几条网络新闻。

三、尝试为当地日报的头版头条新闻写作一篇评论,字数不超过 500 字。

第八章　学术论文写作

第一节　概　述

一、学术论文的概念

学术论文是在科学研究的基础上,以议论文体的形式对自然现象和社会现象的本质及其规律所作的系统的、专门的书面表述;是对哲学、社会科学、自然科学和专业技术领域里的学术问题进行专题研究以后所写成的理论性文章,简称论文。凡是运用概念、判断、推理证明和反驳等逻辑思维手段来分析和阐明科学的原理和科学技术研究中的各种问题、成果的文章,均属于学术论文的范畴。

学术论文是建立在科学分析基础之上的,所以又称为科学论文;它是需要经过充分研究才能写成的,所以又称为研究论文。学术论文是对科学领域中有学术价值和现实意义的问题进行探讨的书面成果,一般有自己的中心议题,有自己论证的角度、论证系统和研究成果。

一般的读书笔记、心得感想、文章摘录、资料汇编,甚至一般的书评简介和综述都不能称之为学术论文。

学术论文的应用相当广泛,随着现代科学技术的迅猛发展,全民族文化水平的不断提高,学术论文这种文体与人们的关系愈来愈密切。据统计,目前全世界每年发表的学术论文大约有600万篇。学术论文的写作既是科学研究的一个环节,又是培养独立工作能力和开发智力的综合训练途径。通过这一文体的写作训练,可以帮助人们学会运用已掌握的全部知识去集中地解决一个课题,从而逐步掌握研究课题的系统方法,使创造力和表达力得到充分的发挥;可以帮助年青学生(学者)提高思维效率,深化与开拓创造性思维,从而早出人才,快出人才。撰写学术论文是科学研究工作的最后阶段,通过论文的形式将研究成果向社会发表,使之为社会所公认,并用于推动与指导人们的实践,从而使科学成果迅速地转化为生产力,达到为人类造福的目的;学术论文的发表和存贮,丰富了人类的知识宝库,是重要的科学技术信息来源,对于推动现代化建设,促进国际间的科学技术交流和文化交流都具有重要作用;学术论文的学术价值和社会效果,也是衡量作者业务水平高下的一个重要标准,因此,学术论文常用来作为考核业务、评定职称、授予学位的重要依据之一。

二、学术论文的种类

根据不同的标准,可以把学术论文分为不同的种类。如:

(一)按研究的对象分,有哲学、社会科学学术论文和自然科学学术论文,具体又可分为哲学论文、政治论文、经济论文、文学艺术论文、科技论文、军事论文等。

（二）按研究途径和方法分，有揭示性论文、综合性论文和阐述性论文。

（三）按研究手段和研究方式分，有实验（实践）型论文和理论型论文。

（四）按写作者的身份和写作的直接目的与要求分，有纯学术论文、科研报告、学年论文、毕业论文、学位论文等几类。

学术论文主要是指各学科领域中从事科学研究的人员写的纯学术论文、科研报告，也包括高等院校和研究机构中大学生、研究生所写的学年论文、毕业论文、学位论文等。

1. 纯学术论文

各学科领域中专业或业余的研究人员为介绍自己的科研成果，提交给科研部门或发表在备专业性报刊杂志上的学术论文。这类论文是大量的，专业性很强，理论色彩很浓。纯学术论文的数量多少和质量高低，是衡量一个人、一个科研单位、一个国家以至一个时代的科学水平的重要标志。它反映各学科领域的学术水平和发展动向，是科学事业发展的重要标志。

学术论文一般在学术刊物上发表，或在学术会议上交流。它是广大科研工作者研究成果的体现，也是考核业务、评定职称的必要依据。学术论文的主要读者对象是同行的专业工作者，所以论文不必叙述公知公用的结果和一般研究过程，而应该着重介绍自己创新的研究成果。由于学术论文要提供会议交流和报刊发表，故篇幅不宜过长，一般以 5000～8000 字为宜。

2. 科研报告

是科研工作者为了向上级或别人报告自己研究工作的经过和进展情况，为了提供永久性的研究工作档案资料而撰写的书面材料。科研报告一般写得详尽些；纯学术论文则写得比较简洁。科研报告一般是对上、对内的，有的具有很大的机密性，只有一些没有必要保密的，才用来公开发表；纯学术论文则一般是用来公开发表的，只有个别特殊情况需要保密的，才在一定的时间内以一定的方式在内部交流和使用。科研报告可以写成功的创造性的研究成果，也可以写失败的经验教训；纯学术论文则侧重前者，而不写或少写后者。

3. 学年论文

学年论文是高等院校学生的一种独立作业。目的在于在教师指导下使学生初步学会科学研究的方法，培养科学研究的能力，为撰写毕业论文打好基础。目前，我国有些高等学校的文科专业，已经将学年论文的写作列入教学计划，要求学生在大学三年级时完成。

4. 毕业论文

毕业论文是高等学校应届毕业生的总结性的独立作业。它是对学生所学知识和运用知识解决实际问题的能力的综合检验。学生在教师的指导下进行论文撰写的各个环节，受到科学研究规范的基本训练，从而具备初步的科研能力。这种论文通过指导教师审查及答辩即为学士论文。

5. 学位论文

学位论文是学位申请者为了取得学位而撰写的论文。学位分为三级：学士、硕士、博士，故学位论文也相应地分为学士论文、硕士论文、博士论文。学位论文是考核申请者能否被授予学位的重要依据。学位论文，特别是博士学位论文具有一定的学术价值，但主要作用还是为授予学位提供依据。

（1）学士论文

根据《中华人民共和国学位条例》及其《暂行实施办法》,高等学校本科毕业生撰写的论文,达到下列要求,便可授予学士学位:

① 较好地掌握本学科的基础理论、专门知识和基本技能;

③ 有从事科研工作或担负专门技术工作的初步能力。

（2）硕士论文

国家学位条例规定,高等学校和科研机构的研究生,或具有研究生毕业同等学力的人员,通过硕士学位课程的考试和论文答辩,成绩合格,达到下列学术水平者,授予硕士学位:

① 在本学科上掌握坚实的基础理论和系统的专门知识;

② 有从事科研工作或独立担负专门技术工作的能力。

（3）博士论文

国家学位条例规定,申请博士学位者,应通过博士学位课程的考试和论文答辩,成绩合格,达到下列学术水平者,授予博士学位:

① 在本学科上掌握坚实宽广的基础理论和系统、深入的专门知识;

② 具有独立从事科学研究工作的能力;

③ 在科学或专门技术上做出创造性成果。

上述三种学位论文对学术水平的要求各不相同,由浅入深,由低到高。学士论文要求能够较好地运用在校期间学习的基础知识和技能,去解决不太复杂的课题;硕士论文要求能够充分地反映独立从事研究工作的能力,对研究的课题要有新的见解,在理论上和实际上对社会主义建设具有一定的意义;博士论文则要求反映作者在某一学科领域内有渊博的知识和熟练的科研能力,并作出创造性成果,对该学科水平的提高有新的突破。博士论文也是完整、系统的科学著作和重要的科技文献。

由于三种学位论文内容深度、广度不一,故篇幅也不一样,一般说,学士论文在1万字左右,硕士论文在4万~5万字之间,博士论文在5万字以上。

三、学术论文的基本特征

学术论文和一般议论文不同。学术论文反映的只是人们对科学领域中某一问题进行探究的成果,它的任务在于站在一定的理论高度,剖析客观事物的前因后果,现状历史,提出观点,指导实践;一般议论文涉及的范围则要广泛得多,它不受学科和时间、空间的限制,可以精骛八极,心游万仞,可以"收百世之阙文,采千载之遗音"（陆机《文赋》）,只要能有利于阐明自己的观点,表达对某一事物、某一问题的看法和意见就行,它的任务主要在于摆事实,讲道理,辨是非,提高人们的认识,指导人们的行动。学术论文不是一般的研究情况的说明,一般过程的记述,一般的人所共知的真理的重复,而是创造性、系统性研究成果的科学描述和理论阐述。它必须有周密的准备,在研究过程中要有新的发现、新的发明、新的创造,一般写作过程比较长。一般的议论文则没有如此苛刻的要求,只要观点正确,思想深刻,见解新颖,再加上论据充分,论证得当,就可以称得上是一篇好的议论文章了。

作为理论性文章,和一般的议论文比较,学术论文更讲求科学性、理论性和创造性。

（一）科学性

科学性是学术论文的灵魂。科学是老老实实的学问,来不得半点虚假。学术论文必须具备科学性,是由科学研究的目的所决定的,无论是哲学、社会科学研究还是自然科学研究,目的在于揭示研究对象的本质及其发展的客观规律,探求真理,从而用以指导人们认识客观世界,改造客观世界。所以,学术论文不允许主观臆造,不允许用个人好恶来判断是非,更不允许根据假想去妄下断语,否则就丧失了存在的基础,就毫无价值可言。

学术论文的科学性表现在立论上,要求研究者不带个人偏见,不凭主观想象,不做随意推断,从客观存在的事实出发,尊重客观实际,对研究对象作周密的观察、调查、实验,尽可能地占有资料,在此基础上通过实事求是、缜密的分析和研究,从中引出合乎实际的结论。

学术论文的科学性表现在论据上,要求作者花大力气,下苦工夫,尽可能多地掌握第一手资料,做到根据充分可靠,确凿有力。论文中所引用的各种论据资料,包括公式、定理、数据、数字、图表、符号、历史资料、经典言论和科学实验的过程、结果,都要求准确无误,确凿可靠。

学术论文的科学性,表现在论证上,要求作者经过周密的思考,严格遵守逻辑规则,论述问题周密严谨,无懈可击。

而一般的议论文,可以是仅就某一具体事件衡量得失,或者是就某一事件生发开去,可以比较自由地展开议论,枝枝节节地发表一些零碎感想,同时,立论上可以有作者明显的倾向性,论据也不及学术论文充分,确凿有力。

科学性和客观性是密切相连的。学术论文在分析事物事理时,一般不带主观的感情色彩,而用冷静的、客观的、公正的态度对待一切人和事,对待一切研究成果。科学性和思想性相一致,没有科学性,不可能有正确思想。反过来,正确的思想则给论文的科学性以影响和保证。

一篇好的学术论文总是尊重客观事实,经得起社会实践或科学实验的检验,具有客观的态度,正确的思想,严密的方法。以《现代医学发展的主要特点》(《新华文摘》1984 年第 5 期)为例,这篇学术论文根据国内外大量的医学资料,从中归纳出现代医学发展的四个特点:一是精细分科与多科综合、向微观发展与向宏观发展两个矛盾的统一;二是医学科学发展速度迅猛;三是新技术的运用占有重要地位;四是医学科学研究的社会化程度显著提高。这四个特点就是四条带有规律性的理论概括,符合医学发展的状况,具有明显的科学性。

(二)理论性

理论性是确立学术论文学术地位的重要条件,是学术论文成熟的表现。所谓理论性,是指学术论文对实践和实验所提供的情况和事实,从理论高度进行分析,形成一定的科学见解,包括提出一些有科学价值的问题,并且,对提出的科学见解和问题用事实和理论进行符合逻辑的论证,从而使学术论文所表达的发现或发明不只具有应用价值,还具有理论价值,用以显示其学术水平。

理论性或称之为学术性。学术论文不同于一般心得体会之类的文章,可以只谈些感受与想法。它要求运用科学的原理和方法,对科学领域中的新问题进行理论性的概括和说明,严密的论证和分析。学术论文的论述,离不开实践和实验所提供的情况和事实,离不开对实践和实验过程中某些现象的描绘和叙述,但它绝不是就事论事,把研究仅仅停留在过程的叙述、细节的描绘上面,而是要通过这些具体的事实与过程的叙述,由此及彼,由表及里地深入到事物的内部,发现事物的本质和规律,由个别推导出一般,由感性的认识上升到理论的认识,对客观事物作出科学的理论的说明。

学术论文一般都具有一定的理论色彩,甚至组成一个比较严密而完整的理论系统。一篇学术论文总要运用大量的材料或具体的事例,但这些材料或事例在论文中不是一种简单的组合,而是富有逻辑关系的排列,对所征引的事实,都是经过分析和综合后,再给予理论表述,形成正确结论,使论文具有一定的论证性和说服力。如《中国文明的起源》,这篇论文以考古发掘的大量文物作证,以都市、文字和青铜器的出现为文明的标志,论证了中国文明起源于夏朝的偃师二里头文化,比商代殷墟文化更早些。作者的这个结论是根据大量出土文物,经过分析研究后得出的,是把感性认识上升到理性认识的结果,是对中国文明起源的科学判断,内容具有科学性,表述具有理论性。

(三)创造性

创造性是衡量学术论文价值的重要依据。科学研究是人们对未知世界的认识、探索和创造,其本质在于创造,没有创造,就不会有科学事业的进步和发展,正如《自然科学史》一书的作者斯蒂芬·梅森所说的那样:科学总要发展,并有新的发现……科学方法主要是发现新现象、制定新理论的一种手段……旧的科学理论必然会不断地为新理论推翻。作为科学研究成果的文字体现的学术论文,它的任务就是交流学术上的新成就,发表新理论.新设想,探索新方法、新定理。如果科学家和广大科技人员只能继承,不能创造,那么,人类社会的文明和历史就不会有所发展,有所前进了。创造性这一点,也是学术论文与一般议论文最关键的区别。一般议论文是运用已有知识去评判某一事物,而论文必须是对已有知识的创新。

科研工作者要对研究的对象经过周密的观察、调查、分析研究,从中发现别人没有发现过或没有涉及过的问题;或者是在综合别人认识的基础上提出自己的见解。一篇学术论文不论是解答现存的某个问题,还是综合前人或他人的研究成果,都要力求有所发现、有所发明、有所创造、有所前进,才能超越前人、超越历史。勇于开拓新领域,探索新课题,提出新见解,是学术论文富有创造性的表现,也是其价值之所在。学术论文的创造性具体表现为:在实践上,采用的材料、工艺、方法是先进的,效果良好;在理论上,提出了新的观点,达到一定的深度和广度。不过,评价一篇论文是否具有创造性,还要与国内外相同的课题作比较,才能鉴别。当然,在学术问题上发现和论证别人不曾涉及的问题,纠正或补充别人已有的结论,不是轻易可以做到的;即便能在学术领域里说出一句前人没有说过的而又十分正确的话来,也是十分不简单的,只有经过辛勤的劳动和刻苦的探求才可能实现。有创见的学术论文往往能引起很好的社会反响。

第二节　学术论文的选题

学术论文在写作方面有着理论写作的一般要求,但由于它具有独特性,撰写时首要的就是要选好论题。确定一篇学术论文的主攻方向,即明确要解决的主要问题,称之为选题。

在写作程序上,选好并确定论题是一项首要的工作,是至关重要的一环。从最直接的意义上说,选题是一项具体的科学研究活动开始的标志,它为整个活动确立了明确的目标。科学研究是一项目的性极强的活动,漫无目的的研究是不会有什么结果的。从提出问题到解决问题,是一个合乎逻辑的过程。有了问题,才谈得上问题的解决,对问题认识得越清楚,对问题的解决也就越容易。

一、课题的基本类型

从总体上说,学术研究有两大类,一类是开创性研究,一类是发展性研究。所谓开创性研究,就是对别人没有研究过的问题进行的研究;所谓发展性研究,就是在已有研究成果的基础上,对别人曾研究过的问题作进一步的研究。与此相对应,学术论文的研究课题也就分为两大类:

(一)开创性研究的课题

开创性研究的课题,也就是别人没有研究过的问题。在每个学科领域中,都有一些早已存在,但却长期被人们所忽视,或者由于条件的制约,一直无法进行研究的问题;也有一些在社会和人类认识的发展中,不断产生出来的新问题。解决这些问题的研究就是开创性研究,这些问题就是开创性研究的课题。

科学研究是推动社会前进的强大杠杆,唯有创造才有意义。要想在选题中实现创新,我们必须充分了解学术界在这一方面已经下过的工夫和所取得的成就,特别要注意当前争论最多的问题。知己知彼,才能根据自己独立的见解寻找到自己前进的位置和获得开拓的机会。同时也必须对研究对象详加剖析,仔细钻研,反复实验,从中发现别人未曾涉及或涉及不深的领域,以此作为自己的开拓空间。进行开创性研究,一般没有太多的资料可以利用,也没有现成的方法可作借鉴,难度大,困难多,要求研究者具有较高的研究水平和较好的意志品质。如马克思研究资本主义,爱因斯坦研究相对论,李四光研究地质力学,查德研究模糊数学,是以对未知领域的探求实现了自己的开拓目标。

(二)发展性研究课题

发展性研究课题,是需要进一步研究的问题。有些问题,虽然曾有人对之作过研究,但随着时间的推移,客观情况有了变化,或者研究条件有了改善,已有的研究成果或显陈旧落后,或暴露出种种不妥之处,因而有了重新对之加以研究的必要,这样的问题也可以被作为科学研究的课题。

发展性研究的形式有很多种,常见有下面几种:

1. 深化、补充已有的观点

这是指在已有的研究的基础上,进行更加广泛、深入的研究,以使已有的研究成果得到丰富和发展,使已有的理论观点得到深化和补充。选题的新颖独创,不仅是指在所研究的题目范围内,前人没有接触过;也指前人虽有接触而语焉未尽,在此基础上进一步加以研究,提出新的看法,更上一层楼;还指从前人的科研思想和科研方法方面获得有益的启迪。牛顿曾经说过:"假如我能比别人瞭望得略为远一些,那是因为我站在巨人的肩膀上。"比前人站得高一些,才能比别人看得远一些。只有善于向前人学习,系统地研究前人的成果,才有可能在前人成就的基础上再前进一步。总之,不管是对未知领域的探求还是对已知领域的充实,必须建立在对客观事物的独到的见解上。毛泽东根据马列主义的基本原理写出了《中国社会各阶级的分析》,就是以对已知领域的充实实现了自己的开拓。这样的选题,也是真正具有价值的。

2. 批驳、修正已有的观点

研究同一个课题,得出不尽相同甚至截然相反的结论,在学术研究中是常有的现象。批

驳、修正已有的观点,主要有两种情况:

一种情况是就一个正在讨论,尚有争议的问题,提出自己的看法。认识条件、认识方法和认识水平的差异,都会导致认识成果的不同。在对同一课题的研究中,不同的认识成果并存,就产生了学术争论。比如,中国语言学界曾有过几次重要的语法问题大讨论,1955、1956年关于主语和宾语问题的讨论,就是其中规模较大的一次讨论。讨论围绕着汉语的主语和宾语的划分标准这一问题展开,形成了主张意义标准和主张形式标准这样两种对立的观点。应当说,学术争论是非常便于澄清问题、深化认识的,因而是非常有利于学术理论的发展的。

另一种情况是修正或推翻通说定论。所谓的通说定论,是指在一定的时期内已为人们所接受、所认同的理论学说。如果发现这样的理论学说有错误、有偏颇,要大胆地予以纠正。纠正"通说定论"的学术论文通常具有较高的学术价值,往往会对一系列学术问题的探讨产生影响,容易带来学术研究的突破,也比较容易产生社会反响。

3. 赋予已有理论以新的社会意义

有些问题早已有了众所周知的结论,仅从科学发展的角度来看,已失去了重新研究的意义,但从社会需要的角度来看,确有一些问题有重新提出并加以研究的必要。结合社会发展实际,挖掘原有理论的现实意义,能够调整人们的认识,并且能为国家的政治生活、经济生活的发展,提供必要的理论基础和学术借鉴,也有助于增强科学研究的现实意义,有助于充分发挥理论的实际效用。

二、选题的原则

为做到选题得当,课题的弃取必须有一个标准和根据。选题的原则,就是衡量课题、决定弃取的标准和根据。课题有意义,作者有能力,是写出高质量的论文的两个决定性因素。选择课题,主要就应当考虑这两个方面的因素。

(一)应从客观要求方面充分考虑必要性,选择具有现实意义的课题。

"社会一旦有技术的需要,则这种需要就会比十所大学更能把科学推向前进。"(恩格斯:《致瓦·博尔吉乌斯》)这就是说,选题必须根据社会的物质文明与精神文明建设的实际需要去进行,才能真正取得效果。我们要用理论来对待、分析、解决现实生活中的问题,即坚持四项基本原则和改革开放方面迫切需要解决的问题。如誉为杂交水稻之父的袁隆平之所以选择杂交水稻作为自己的研究对象,就是为了解决当代生活中一个突出的问题:人口的增多与土地有限的尖锐矛盾。由于选题很现实,他的科研成果很快在世界范围内推广,他因而获得了联合国授予的荣誉。经济学家尹世杰根据发展商品经济的现实需要,确定了消费经济的理论研究的课题。他所主编的学术著作《社会主义消费经济学》在经济领域内推动了改革与开放的深化,他因此获得了我国经济学家的特殊荣誉:孙冶方奖金。

选具有现实意义的题目,要注意三方面的问题。

1. 要选择那些与党和国家或与国计民生有关的重大问题

这样的问题关系国家发展方向、速度,因而有普遍的社会意义。如2003年中国社会科学院哲学研究所确立发展先进文化与文化体制改革研究的课题,致力于文化体制改革研究,探讨切实可行的改革方案,为中央有关部门的决策提供参考;确立"三个代表"重要思想与全面建设小康社会研究的课题,将"三个代表"重要思想与全面建设小康社会有机联系起来进行研究,重点探讨全面建设小康社会的指导思想、科学认识,以及全面建设小康社会的政治、经济、文化实践等问题,其他如社会伦理与社会发展、当代社会形态研究等课题,应多注重现实性。

2. 要选择群众关心的问题

这类问题虽不是全局性的,却是人们关心的,或期待解决或有疑虑,需要进行理论探讨和解答的。这类课题的意义尚未被认识,作者须从理论的高度加以分析,预见其生命力,如农民富裕之后进行智力投资,农田承包后联营等;或预测到危害、恶果,如盖房、烧砖、修坟以及乱划开发区挤占破坏耕地、小城市搞高楼林立、竞相压价出口与重复引进等。

3. 要选择虽具体但又未引起社会重视,然而代表一定倾向的问题

这类课题是群众议论纷纵反映强烈的,对此应做出理论分析,引导正确对待,诸如按劳分配为主,既要克服平均主义又要防止分配不公等;或在理论上分析错误倾向的危害、根源,提出解决办法的。

课题有意义,是使论文有价值的一个前提。学术性是学术论文之本,而课题具有学术性,又是使学术论文具有学术性的基础。因此,选择学术论文的题目,还必须充分考虑问题的学术意义,要选择具有学术研究价值的课题。

怎样才能选取具有学术意义的课题呢? 一是要了解本学科、本专业的研究动态,在学术研究的前沿阵地选题。科学发展的过程,是一个知识长期积累的过程。在已有的研究成果的基础上,选择前沿性的问题加以研究,容易达到新的高度,会为学科的发展作出贡献;二是要了解本学科、本专业的研究历史,着力解决比较重要的基本理论问题。有些问题的研究,从表面看来现实意义不大,但从整个学科、专业发展的角度来看,却是至关紧要的,因为它会对其他问题的解决,以至对学科体系的完整化产生影响。选择这样的课题进行研究,有着重要的学术意义。

要找到一个有意义的课题,首先就必须做好课题的调查工作。调查的内容主要包括:

(1)调查课题研究的历史

通过调查,着重了解前人是否对此问题作过研究,作过哪些研究,研究的程度如何,已经取得了哪些成果,还存在着哪些问题。只有完全了解清楚这些问题,才能确定自己是否可对这个问题进行研究。学术研究是一项创造性行动,探索未知是学术研究的任务,而探索未知的前提是了解已知,只有了解了已知,才知道哪些问题仍属未知状态,才能掌握还有哪些问题未被解决。李政道博士曾说过,对于选择研究课题之前的调查研究工作来说,了解人家做了什么并不是重要的,最重要的是了解人家不曾做什么。

比如在大学生的毕业论文写作中,我们经常发现,有的同学找到了一个自己非常感兴趣,同时似乎也很有意义的问题,并为此做了一些准备工作,但实际上这个问题早已得到彻底解决,甚至已成为一个常识性问题,已无继续探讨的余地,因而不宜再作毕业论文的题目。学术研究最忌简单重复,如果在确定题目之前能对课题研究的历史非常熟悉,那么就可以避免简单重复的情况出现。

(2)调查课题研究的现状

通过调查,着重了解目前是否有人对自己所要研究的问题进行研究,研究的进度、研究的角度及研究的方法如何,以便找到研究的突破口。如果说调查研究的历史是一种纵向的了解,那么调查研究的现状则是一种横向的比较。通过这种比较,可以做到知己知彼,可以了解自己的研究与他人有无不同或者有何不同,自己的研究是否会有超越他人的地方。

（3）调查相关研究的状况

有时，解决一个问题，不仅需要利用某一方面的知识、某一领域的成果，综合运用各种知识、合理利用不同领域的研究成果，往往更有利于创造性地解决问题。为提高论文的质量，可以有意识地了解一下相关领域的研究状况，看看哪些成果可供借鉴，特别是哪些研究方法可以引入和使用。

学术研究的方法是相通的，其他专业领域的研究方法的借鉴和使用，很可能使本专业的学术研究产生突破，很可能使自己的研究呈现出一种全新的面貌。譬如，语言学领域的结构主义、功能主义的研究方法都曾对文学研究产生过重要影响，现代语言学的一些研究方法也曾被成功地运用于汉语研究中，并取得了一些很有价值的研究成果，汉语语法部分的很多说法（如自指与转指等）就是现代语言学研究成果的运用。

上面所谈的是课题调查的内容，下面再简单介绍一下课题调查的途径。简单地说，进行课题调查的途径主要有两条：一是查阅文献资料。科研成果保存与传播的形式多种多样，而文献是保存与传播科学研究成果的主要载体，通过文献资料的查阅，最容易全面了解课题研究的状况。二是访问专家学者。对于学术论文的作者来说，了解课题研究情况，可以多同同行专家学者沟通，多听他们的意见。专家学者对所涉及的专业领域比较熟悉，对已有的研究状况有较全面的把握，而且有一定的研究经验，能就研究人员的选题提出意见和建议。

课题有意义，只能说课题研究的进行是必要的，而究竟能否写出一篇高水平的论文，还要看作者能否完成课题研究。对学术见解的产生及其价值起制约作用的因素很多，比如作者的能力、兴趣以及能否获取必要的足够的资料，是否有充裕的时间，等等。

（二）应从主观条件方面充分考虑可能性，选择有能力完成的课题。

（1）要有浓厚的兴趣。兴趣，在科学研究中是促使人们积极追求、潜心探索的一种爱好、欲望。有了这种兴趣，就会促使研究者自觉地去进一步了解研究对象，处处留神收集相关的材料。

（2）兴趣就像磁铁一样时时吸引研究者的注意力，研究的课题无时无刻不在研究者脑海中萦绕，随时都可能产生灵感的火花，像阿基米德在洗澡时突然得到启悟发现了浮力原理那样。有兴趣的课题，往往是已经有了相当了解的课题。当然，有时是对它了解，产生直接兴趣，有时是由于接受某种任务引起间接兴趣。不管哪一种情况，兴趣都是重要的。如果对研究的课题始终没有兴趣，就无法进入研究的境界中，难以取得成功。但是，兴趣也是可以培养的。有时上级或导师给的题目，我们不见得很有兴趣，但只要认真对待，也会逐渐产生出浓厚的兴趣来。这种情况也是常有的。

（3）要能发挥业务专长。科学研究是知识性劳动，知识结构是构成科学研究能力系统的基础，研究者的智能活动的差异是使科学研究带有明显的个性特征的原因之一，学术课题的研究，带有强烈的专门化色彩。在科学研究领域中，每个研究者都会有自己的专攻范围，从而形成自己的业务专长。例如，从广义说，学中国语言文学的，中国语文学就是专长，经济或法律就不是专长。从狭义说，在中国语言文学系，一向搞写作理论研究的，写作理论就是专长，其他如古代汉语、古典文学等，就可能不是专长。选择课题就要选己之所长，避己之所短，从自己的研究能力出发，考虑知识结构是否优化，各种知识的构成比是否合理，选取能发挥出业务专长的题目。只有这样，研究工作才能很好地展开，才能取得成果。

（4）选题要难易适中，选取的题目既要能尽可能地发扬出自身的优势，又要充分估计到自身的能力,量力而行。科学领域有如汪洋大海,我们只能穷尽一瓢之饮。这就要求我们从自己的实际出发,将选题定在自己力所能及的范围内,切忌好高骛远、贪大求全。与其大题小做,不如小题大做。有人追求大题目,由于学力不足,无法深入,结果适得其反。大而空不如小而实。如果抓住一个重要的小题,学科中关键的问题,能够深入其本质,抓住要害,从各方面把它说深、说透……那论文就很有分量。(王力、朱光潜等编:《怎样写学术论文》,北京大学出版社 1981 年版,第 21 页)

(5)如果课题超出了自身的驾驭范围,操作过程中就会缺乏相应的处理能力,捉襟见肘,甚至半途而废;如果研究能力、专业知识、材料收集等方面有较好的优势,选择的题目太容易,驾驭起来绰绰有余,这样也不能最大限度地发挥业务专长,影响自己在学术上可能做出较大贡献。

(6)我们应该看到,课题的难易大小也是变化着的。有些课题,看上去很小,但研究的人多了,要想创新就不容易。像阿 Q 形象,前人已有许多研究,再研究难度就大了;而有些课题,看上去很大,但研究者不多,研究起来就相对来说容易创新。另外,有些课题虽然既大又难,我们也可以采取化整为零的办法,分批各个击破,先出阶段性成果。

(7)要具备占有资料和实验手段的条件。图书资料和实验是进行科学研究的基础。如果资料缺少或实验条件不具备,就无法写出有分量的论文,如同巧妇难为无米之炊。由于人们所处的环境不同,占有资料的数量和质量就不同。如果身边有藏书丰富的图书馆,资料搜寻起来就十分方便。有些图书馆资料不齐全,无法让研究者详尽地占有材料,研究工作就难以下手。有些课题的研究还需要借助仪器设备等实验手段获取资料,如果这些手段不齐备、不可靠,研究工作同样无从下手。所以,在选取课题时,不能不受到这方面的制约。

高等院校的学生初写学术论文,由于研究能力、写作时间等的不足,题目不宜选得过大、过难。最好是从选取自己在平日的学习中有所得的某一方面入手。集中优势兵力,打歼灭战,这点对于刚刚学习学术论文写作的人来说,就显得更加重要。如果是准备报考研究生继续深造的,最好是在自己所报考的方向范围内去选取题目,以便今后对这个课题的扩充深入研究。同时,在选题时应尽可能地征求导师的指导,了解哪些是值得探讨的、具有科学价值的题目。如果是写辨正某种意见的文章,也要通过导师了解所辨正的对象是否有重要性、代表性,尽量不要在一些无关紧要的枝节上纠缠不休。

总之,选择客观上有意义的课题去研究的选题原则,决定了写作论文的客观必要性;选择主观上有见解的课题去研究的选题原则,决定了完成论文的现实可能性。只有同时符合这两条原则的课题,才是可选的课题。

第三节　学术论文的基本结构

随着科学技术的飞速发展,学术论文的大量出现,人们越来越要求论文的作者以最明确、最容易理解的形式来表达他们的研究过程和研究成果,于是就逐步形成了学术论文比较固定的格式,或称之为学术论文的基本结构。它是长期以来在从论文中抽取出来的共同的东西的基础上逐步形成的,是人们总结出来的论文结构的规律。

学术论文的基本结构包括以下几个部分：标题、作者及工作单位、摘要和关键词、绪论、本论、结论、致谢、参考文献和注释、附录等。

一、标题

标题又称题目。它是论文的眼睛，是论文内容高度的概括。它用简约的文字告诉读者自己所要阐述的问题，使人一目了然。这就要求论文的标题既能提挈全文，标明特点；又能引人注目，便于记忆。标题用词要确切、简约、醒目。标题不可过于概括，以免流于空泛和一般化；又不宜过于烦琐，使人得不到一个明确的印象。中文题名一般不超过20个汉字，必要时可加副题名。题名中应避免使用非公知公用的缩略语、字符、代号以及结构式和公式。

拟定标题时要求做到：在标题中要将研究课题的内容、目的以及各要素之间的关系准确、完整地表达出来，并且符合文献工作分类、检索的有关规定。如有这样一组标题：

（1）年龄与儿童发育的关系；

（2）儿童的年龄与发育的关系；

（3）儿童发育与年龄的关系。

在这组标题中都有儿童、年龄、发育这三个主要词汇。虽然这三个标题在不同程度上都反映了论文的内容，但由于这三个主要词汇在各个标题中所处的位置不同，故表达的意思也就有差别。这项科研的样本是儿童，观察的是发育情况，研究的是发育与年龄的关系。很清楚，研究的重点在于儿童发育的情况，而不是年龄，并且在医学文献索引中，儿童发育已被专门列为分类标题。因此，把论文标题写成（1）和（2）都不够确切，不如（3）既能反映论文内容又符合文献工作的要求。为了突出论文的中心内容和适合文献分类的需要，我们在拟题时，应把关键词放在显著的位置，并尽可能根据《汉语主题词表》来选择、检索适用的标题词语。

二、作者及工作单位

发表论文必须签署作者的姓名，这既是作者对自己研究工作负责的体现，也是科技工作者辛勤劳动的记录。因此，署名是个严肃的问题，要认真对待。

在论文上署名的作者，应该是那些选定科研课题和制订研究方案、直接参加全部或主要研究工作，作出主要贡献，能对全部内容负责的人。

个人研究成果，由个人署名，一般用真实姓名，以示文责自负。国外期刊还要求作者把他的最高学位写出，以示尊重。集体研究成果，则按实际贡献大小列出人名。至于那些参加部分工作的合作者、负责某一项目测试的技术人员，均不列入，可以作为参加工作人员一一列入题名页，或列入致谢部分。

作者工作单位宜直接排印在作者姓名之下。如注于地脚或文末，应以"作者单位"或[作者单位]作为标识。英文文章和英文摘要中的作者工作单位还应在省市名及邮编之后加列国名，其间以逗号分隔。

多位作者的署名之间应以逗号隔开，不同工作单位的作者，应在姓名右上角加注不同的阿拉伯数字序号，并在其工作单位名称之前加上与作者姓名序号相同的数字，以便于建立作者与其工作单位之间的关系；各工作单位之间连排时以分号隔开。

三、摘要和关键词

(一)摘要

又称提要、概要,是用简短的文字对学术论文的内容不加注释和评论的简短陈述。一般来说,论文前面都要有摘要,为了国际交流,还应有外文(多用英文)摘要。摘要是论文内容基本思想的缩影。摘要的目的,一是为了便于科技情报工作者或资料工作者做文摘或索引,二是为了方便读者概略地了解论文的内容。摘要是论文的重要组成部分。

摘要的内容一般应包括:

(1)本课题研究的范围、目的以及在该学科中所占的地位;

(2)研究的主要内容;

(3)主要成果及其社会、经济价值;

(4)一般性结论。

撰写摘要应做到:

(1)把论文的主要内容概括出来,不举例证,不讲述过程,文字精练、明白,一般不作评价,以第三人称编写。

(2)重点突出。一定要把论文中的新发现、新成果和最具有特色的东西突现出来,这正是论文的精华之体现。

(3)应具有独立性和自含性,即不阅读报告、论文的全文,就能获得必要的信息。摘要中有数据、有结论,是一篇完整的短文,可以独立使用,可以引用,可以用于工艺推广。摘要的内容应包含与学术论文同等量的主要信息,供读者确定有无必要阅读全文,也供文摘等二次文献采用。摘要一般应说明研究工作目的、实验方法、结果和最终结论等,而重点是结果和结论。

(4)除了实在无变通办法可用以外,摘要中不用图、表、化学结构式、非公知公用的符号和术语。

(5)中文摘要一般不宜超过 300 字;外文摘要不宜超过 250 个实词。如遇特殊需要,字数可以略多。

(二)关键词

近年来,为了便于制作索引和电子计算机检索的需要,论文在摘要部分之后,还要提供本篇论文的关键词(又称主题词)。关键词就是在论文中起关键作用的、最能说明问题的、代表论文内容特征的或最有意义的词。一般从《汉语主题词表》中选取,每篇论文选取 3~8 个关键词为宜,多个关键词之间应以分号分隔,有英文摘要者应同时给出英文关键词。

四、绪论

绪论又称引论、序论、引言、导言、序言、前言等等。是论文正文的开头部分。任何一篇论文都有绪论部分,用它来说明论文的观点、目的和总纲,引导读者明确地了解科研成果的意义,论文展开的计划等。绪论的内容至少应包括以下内容:

(1)提出论文的观点,说明为什么要研究这个问题。这个问题的性质,范围及其重要性。

(2)课题研究的历史和现状,前人在这个问题上所做的工作、所取得的成果和存在的不足。

（3）本文打算进一步探讨的问题和将要采取的论述方法等。

有些内容只需扼要地提一下，因正文中要做具体论述。

结论是全文的开头部分，居高临下、指引方向、领起全文。提出问题是绪论的核心部分，务须鲜明确切，具体扼要，具有较强的概括力。例如贺振雄的《模糊数学及其应用》第一章第一节谈精确数学与模糊数学就是这样开头的：

"提起数学来，人们自然就会联想到精确二字，但本文却讲的是模糊数学，那么什么是模糊呢？它又是怎样和数学联系起来的呢？"（贺振雄编，《模糊数学及其应用》，天津科技出版社 1983 年版，第 1 页）

社会科学论文更是如此。且看列宁的学术名作《泰罗制是用机器奴役人的制度》的开头：

"资本主义不可能有一分钟停止不动。它必须不断地前进。在像我国所经历过的那种危机时期特别尖锐起来的竞争，促进了降低生产费用的种种新发明，而资本的统治则把所有这些新发明变成进一步压榨工人的工具。泰罗制就是这种发明之一。"（转引自中山大学中文系编《写作基础知识》续编，第 142 页）

五、本论

这是学术论文的主体部分。一篇论文的创造性信息，主要是通过这一部分表达出来的。它反映了一篇论文所达到的学术水平。学术论文观点的阐述，论据的组织，论证的展开都是靠这一部分来完成的。对本论总的要求是观点明确、集中，论据确凿可靠，论证严密，具有强大的逻辑力量。

本论论证的方式有三种。一种是递进型，按自然顺序的方式论述，即按研究工作的进程、认识问题的先后逐一叙述和论证。提出一个总论点之后，步步深入，层层展开论述，分论点由一点到另一点，循着一条逻辑线直线移动。这种方式的优点是自然流畅，容易展开，层次非常清楚，符合人们认识事物的程序。一种是并列型，按逻辑顺序论述，即按事物的性质、内在联系，把问题分成若干个小的观点、若干个方面来论证。把从属于总论点的几个下属层次的分论点并列起来，一个个分别加以论述，最后得出总论点。本论的安排，还可以采用以上二者相结合的混合型，即指递进型中包含着并列分论，并列型中包含着直线推论。

不论采取哪一种论述结构方式，都要做到观点与材料的和谐统一。

学术论文本论部分的结构基本上都是如上三种之一。但具体对于自然科学学术论文来说，本论部分大都是用来介绍实验方法、论证方式，说明结果和提出讨论。

（一）介绍实验方法和论证方式

若是撰写实验性研究论文，要具体交代用什么材料、方法取得结果，目的在于证明实验结果的科学性和结论的正确性，并使同行能够按照作者提供的条件重复实验，核对结果。关于材料，要求择要介绍实验用的原料、样品、试剂等，凡是标准产品，只需列出规格和型号；若属非标准产品，还应说明化学成分、物理性能和制备方法。关于方法，主要介绍实验的设备、仪器和操作过程。凡属通用设备、仪器，只要注明型号、规格；若是自制设备，需作简要说明，并附有构造图或线路图，在叙述实验过程中，要注意选取最能体现本课题特点的、代表性的材料、设备、观察和操作进行介绍。切忌把实验过程一一罗列，写成实验报告。叙述方法，一般按照实验进行的先后顺序来写,亦可按照作者的认识过程,从感性认识和理性认识的逻辑顺序来安排。

撰写理论性研究论文,在这里应阐明立论的前提、依据的实验材料以及提出的假设或模型,并择要介绍论证的过程。

（二）说明结果和提出讨论

在这部分要列出实验所得出的数据和观察到的现象,或者理论研究的结果,然后进行讨论、分析,提出自己的新见解、新发现。这部分是论文的核心,问题的讨论由此引出,结论由此产生,故要认真对待。写作中要求做到:

（1）不要把原始数据和盘托出,而要运用统计学的方法对数据加以整理,从中选出最能反映事物本质的数据来。

（2）应借助图表和照片,形象地表达实验结果。图表和照片要精心制作,具有科学性和典型性。一般说,曲线图更能生动地显示出事物的变化规律,并易于对不同事物作比较,故可用图说明的就不用表。为了节省篇幅,采用图表、照片的数量不宜过多。

（3）讨论时,要对实验数据、现象等进行理论上的分析,可从下面几方面进行:其一,本实验理论上的解释,符合什么原理;其二,将本实验的结果与前人的研究进行比较,指出异同之处,分析原因;其三,指出实验中存在的问题以及今后研究方向的设想等;其四,若在实验中观察到预期以外的现象,可作假定说明。

这部分篇幅较长,为了使眉目清楚,层次分明,可分项撰写,前面冠以序号。

六、结论

论文的结尾部分。是对整个论文研究成果的总判断、总评价,是研究结果必然的逻辑发展,是整篇论文的归宿,在全篇论文中起画龙点睛的作用。

结论要对绪论中提出的并在本论中经过分析论证的问题作出正确的结论。这一部分要写得简明扼要,突出阐明课题研究中的新发现、新创造、新见解。如果课题研究中还有一些问题没有解决,需要继续探讨,作者也可以在结论部分加以说明,提出一些初步看法,提出可能解决的途径等。

概括起来讲,结尾通常完成下述任务:

（1）总结全篇,得出结论,使人看后,对作者的论点有全面清楚的了解。如列宁《资本主义和人民的消费》的结尾:

"生产的增长和商业的繁荣带给富人的是利润,带给工农的却是人造奶油和奶渣,这就是自由主义的以及官方的学者们所竭力掩盖的资本主义的真相。"（见《列宁全集》第18卷,人民出版社1959年版,第217页）

（2）继续开掘,深化课题。如李四光的《地质力学概论》的结尾不仅对论点进行高度概括,而且能加以深化,将它提到哲学的高度去认识,给人以深刻启示:

"根据上述的看法,我们可以说,地壳的构造运动,是控制地球自转的自动机制,就是说,地自转加快,就包含着使它变慢的作用,这是对立的统一,是和许多自然现象所显示的一般规律相符合的。"

（3）提出问题,指示门径。如列宁《文明的野蛮》的结尾:

"资本主义制度下的文明,自由和富裕,常常令人想起饱食终日的富人,他们在活活地腐烂下去,而又不让年青的东西生存。但是,年青的东西不顾一切地生长,并且一定会占上风。"(《列宁全集》第19卷,人民出版社1959年版,第389页)

七、致谢

一项科研成果总是在各方面人士帮助下取得的。为了对给予论文指导和帮助的人表示谢意,常常在正文结束后,专门列出一项致谢。也有的在题目后面加注,注脚放在第一页下面,写上感谢的话。感谢的对象应该是对论文确实作过贡献的,文字要简短,用词要恰当。

八、参考文献和注释、附录

(一)参考文献

在论文最后,作者都要把在写作该篇论文时,参阅和应用的一些文献中的观点、资料、研究成果等,依次标上序码,一一列出文献的名称和出处,目的在于表明作者的科学态度和对前人劳动成果的尊重,并方便读者对本课题有全面、历史的了解,去作进一步的研究。所列参考文献应是作者阅读并引用的;待发表和未公开发表的文献,不宜引用;反复引用同一文献的,以同一序号标明即可。

参考文献的序号用数字加方括号表示,如[1][2]……以与正文中的指示序号格式一致,每一参考文献条目的最后均以"."结束。各类参考文献条目的编排格式及示例如下:

1. 专著、论文集、学位论文、报告

[序号]主要责任者. 文献题名[文献类型标识]. 出版地:出版者,出版年. 起止页码. 如:

[1]刘国钧,陈绍业,王凤翥. 图书馆目录[M]. 北京:高等教育出版社,1957. 15-18.

[2]辛希孟. 信息技术与信息服务国际研讨会论文集:A集[c]. 北京:中国社会科学出版社,1994.

[3]张筑生. 微分半动力系统的不变集[D]. 北京:北京大学数学系数学研究所,1983.

[4]冯西桥. 核反应堆压力管道与压力容器的LBB分析[R]. 北京:清华大学核能技术设计研究院,1997.

2. 期刊文章

[序号]主要责任者. 文献题名[J]. 刊名,年,卷(期):起止页码. 如:

[5]何龄修. 读顾城《南明史》[J]. 中国史研究,1998,(3):167-173.

[6]金显贺,王昌长,王忠东,等. 一种用于在线检测局部放电的数字滤波技术[J]. 清华大学学报(自然科学版),1993,33(4):62-67.

3. 论文集中的析出文献

[序号]析出文献主要责任者. 析出文献题名[A]. 原文献主要责任者. 原文献题名[C]. 出版地:出版者,出版年,析出文献起止页码. 如:[7]钟文发. 非线性规划在可燃毒物配置中的应用[A]. 赵玮. 运筹学的理论与应用——中国运筹学会第五届大会论文集[c]. 西安:西安电子科技大学出版社,1996. 468-471.

4. 报纸文章

[序号]主要责任者. 文献题名[N]. 报纸名,出版日期(版次). 如:

[8]谢希德. 创造学习的新思路[N]. 人民日报,1998-12-25(10).

5. 国际、国家标准

[序号] 标准编号,标准名称[s]. 如:

[9] GB/T16159—1996,汉语拼音正词法基本规则[s].

6. 专利

[序号] 专利所有者. 专利题名[P]. 专利国别:专利号,出版日期. 如:

[10] 姜锡洲. 一种温热外敷药制备方案[P]. 中国专利:881056U73,1989-U7-26.

7. 电子文献

[序号] 主要责任者. 电子文献题名[电子文献及载体类型标识]. 电子文献的出处或可获得地址,发表或更新日期. 如:

[11] 王明亮. 关于中国学术期刊标准化数据库系统工程的进展[DB/OL]. http://www. cajcd. edu. cn/puh/wml. txt/980810-2. html,1998-08-16/1998-10-04.

[12] 万锦坤. 中国大学学报论文文摘(1983—1993). 英文版[DB/CD]. 北京:中国大百科全书出版社,1996.

8. 各种未定义类型的文献

[序号] 主要责任者. 文献题名[z]. 出版地:出版者,出版年.

(二)注释

对论文中某一特定内容的进一步解释或补充说明,一般以注释的方式标明,排印在该页地脚或集中列于文末参考文献之后,用数字加圆圈标注(如①②……)。注释不同于参考文献,参考文献是作者写作论文时所参考的文献书目,集中列于文末,序号用方括号标注。

(三)附录

另外,凡在文中不便于列入而又与论文论述的问题有密切关系的资料、图纸,包括实验中的原始数据、调查中的原始记录、重要的文献资料等,都可以以附录的形式附在论文最后,以便于读者一并研阅。其顺序可以依它在论文中出现的顺序先后而定。

上面列出的八项,是一般学术论文的基本格式,但不是一成不变的。论文采用什么格式,主要依据内容和表达的需要。适用写作反映大的研究课题和长篇的学术论文。至于篇幅短的学术论文,则可以根据具体情况适当地减少或合并一些项目。比如,可以不写摘要,绪论不单列一段,参考文献、附录可以省去等。特定的学科也都有自己惯用的格式,但就大多数学术论文而言,绪论与本论、结论三者是必不可少的,至于绪论与本论、结论之间的关系,应该是绪论导出本论;本论必须紧扣绪论,围绕绪论所提出的问题,从理论与实践两个方面深入展开分析;结论则是分析论证的结束,它的出现使论文写作水到渠成。

第四节　学术论文的写作

确定了自己有体会,有基础,又有重要现实意义的课题之后,就要对此课题作尽可能详尽周密的调查研究。课题并不等于是论点,更不等于材料。论文的论点和材料都只能从调查研究中来。

一、材料的搜集

俗话说:巧妇难为无米之炊! 搜集材料是学术研究的基础,没有材料就无从着手研究。

研究又是学术论文的写作基础,只有通过对材料的深入研究,提出自己的观点,并能有充分、可靠的材料证明它是正确的,才能提笔写论文。

调查研究应从搜集材料开始。这些材料包括两方面的内容:

第一性材料:自己的观察记录和实验记录。科学实验是人们为了暴露事物内部矛盾,揭示事物本质及其规律而进行的变革研究对象的一种操作活动。由于实验是在受控制的条件下进行的,将尽量排除外界的影响,因此人们有可能对研究对象作细致、周密的观察,从而找出事物内部的联系。恩格斯十分重视实验在科研中的作用,他说:"在古希腊人那里是天才的直觉的东西,在我们这里是严格科学的以实验为依据的研究的结果,因而也就具有确定得多和明白得多的形式。"(恩格斯:《自然辩证法》,《马克思恩格斯选集》第三卷,人民出版社1972年版,第454页)强调必然性的证明要放到实验中去。实验性研究成果是从实验中诞生的。我们要取得实验的第一手材料,就要进行科学观察。在观察中,要及时、准确地把观察到的现象、数据、结果记载下来。科学实验必须借助实验材料、仪器、设备才能进行。不同的材料、设备,可能产生不同的结果。因此,这些科学实验使用的器材,同样属于搜集的论文材料。

第二性材料:科学文献及其他有关自然现象与社会现象的材料记载。文献资料是人类从事生产斗争和科学实验的总结。科学研究总是在前人研究的基础上进行的,有着继承性和连续性。我们要了解本课题研究的历史和现状,掌握动向,吸取经验教训,开拓思路,进行比较,作出判断等等,都要参考文献资料,从中得到借鉴、印证、补充和依据。时不分古今,地不分中外,类不分点面,只要与课题相关,务必竭泽而渔,网罗务尽。马克思撰写《资本论》,遍读了当时西方各国有关经济的资料。列宁写《唯物主义和经验批判主义》,也阅读了当时西方几百种关于哲学、物理学的著作和论文。达尔文为了撰写《物种起源》,他所做的观察记录材料本以箱作计算单位。竺可桢为了研究大自然的语言,从20世纪20年代起就开始搜集各种物候资料,每天记载气象,数十年中从未间断;1963年完成了科学巨制《物候学》,为科学种田提供了理论根据。集材有如蜜蜂酿蜜,必先采撷百花。只有"笼天地于形内,才能挫万物于笔端。"(陆机《文赋》)

材料是多种多样的,获取材料的途径也很广,概括起来,主要有三个方面:

(1)利用图书馆搜集材料。图书馆是知识财富的宝库,是获取材料的重要基地。利用图书馆搜集材料,必须熟悉资料的检索。每个图书馆都有藏书目录,是按一定的分类法编制而成的。熟悉了目录的分类,查找起来就十分方便。图书馆还有书目、索引汇编等工具书可利用。书目是为了专科或专题研究,把一批相关的图书,按照一定的次序编辑而成的图书目录。索引是比书目更为细致地把图书报刊中的项目或内容摘记下来,按一定顺序排列,便于检索散见于书刊中的资料的工具书。通过书目和索引提供的资料线索,便可以更为有效地去查阅所需的材料。此外,还可以从一些相关的年鉴、手册、文摘等其他工具书中获得材料或材料线索。

(2)通过调查访问获取材料。有些领域的许多课题,仅仅靠从图书馆得到的材料进行研究是不够的,还必须经过实地调查访问,获取最真实可靠、最生动丰富的第一手材料。做好实地调查,搜集必要的材料,首先应明确调查的目的,通过调查了解期望得到什么材料。如果要调查的问题比较多,最好是事先充分考虑,拟出提纲,便于调查有计划地进行。然后是确定被调查的对象。在确定对象时,一定要慎重对待。要对被调查对象从权威性、代表性、典型性、可靠性等方面加以考虑。确定对象,还应与调查的方法结合起来考虑。调查的方法有两类,一是普遍调查,即在一定的调查总体范围里对所有的对象进行调查;一是非普遍调查,它包括重点调查、典型调查、抽样调查等等。采用后一类调查方法:尤其应注意选准调查对象,以保证通过部分调查了解整体的可靠性。

(3)由观察和实验获得材料。观察和实验常常结合在一起进行,二者都是搜集科学材料和数据、获得感性认识的基本途径,也是形成和检验科学理论的实践基础。在科学研究中,特别是在自然科学研究中,观察和实验占有重要的地位,并常常起着决定性作用。同调查访问一样,观察和实验也应事先做好充分的准备,明确目的。观察或实验中,应密切注意现象的变化,随时做好记录,积累数据与材料。观察与实验往往要借助科学仪器,故还要求研究者了解仪器设备的性能,熟悉操作过程。

二、材料的分析

收集好的材料,还要用有一定的理论知识去加以分析。这要求作者认真钻研有关理论,提高理论水平。理论的准备是科学研究的基础。理论的掌握,要注意广度与深度的结合。有人举例说,为了评论一个作品的艺术技巧,需要懂形象思维理论,又要懂心理学、文学史,还要全面了解这个作家的所有作品、时代背景,生活中的政治、经济、社会等各方面的情况,等等。这是说的对理论知识掌握的广度。另一方面,只要始终以课题研究为中心,重点深入钻研最为相关的理论知识,不必对中心外围的全部理论问题都作全面深入研究,更不能因为对外围理论的研究而丢了自己研究的主体,喧宾夺主。概言之,要有外围,问题才能有较广的研究视野,但外围又必须为中心服务。

材料的分析,最终要形成论文中要表达的论点和选定写到论文中去的材料。

论点,是在论题范围内和明确的写作目标下,对搜集的材料进行分析、研究、思考所形成的观点、看法、主张。一篇论文的论点是一系列看法和主张,并构成一个论点体系。确定论文的论点时必须要确定总论点和几个分论点。对论文论点的要求是:一是总论点本身要正确(符合党的方针、路线、政策;符合实际,符合科学)、深刻(深刻到前人所未挖掘到的程度)、新鲜(解决新问题,提出新见解)、明确而又集中。二是确立的分论点能从不同的侧面、不同的方面证明总论点的正确。三是要确定好总论点与分论点之间的关系。总论点是纲领,是中心,它统率分论点;分论点围绕、支撑或从属于总论点。它们之间是总与分的逻辑关系。

选取材料,要根据论点的需要来确定。从搜集到的大量材料中筛选出最能证实观点正确的材料,这是立论的依据。立论的根据所要求的材料不必多,但必须是充分的,足够说明问题的。运用材料证实观点的过程即论证过程。论证过程中,要熟练地运用各种论证方法,尤其是要做到观点与材料的有机统一。在这个过程中应重点解决两方面的问题:一是要妥善安排材料的归属、使用。在搜集、鉴别、筛选材料的基础上,以论据必须服务于论点的原则对材料进行取舍,留下适当的但又足以支撑论点的材料,并且把它放到确切的地方去证明论点。即,要注意材料归属哪个分论点,放在哪一个部分,事实材料与理论材料如何搭配等。二是要考虑采用何种论证方式进行论证。论证的实质是找出并剖析论点和论据之间的内在联系。揭示根据论据与论点之间关系进行论证的形式,是各种推理从论据推出论点。根据需要,可采用归纳推理、演绎推理,或将归纳与演绎、分析与综合配合起来使用。在论文的方法方面,要以立论为主,兼用驳论,也可以以驳论为主。如何使用,要根据文章的需要而定。

对材料的收集、整理、分析等,可以参用李景隆所说的 KJ 法("创造工艺"方法)。具体方法是:先准备下列必要的用品:①铅笔、钢笔;②红、蓝等色铅笔;③曲别针;④橡皮;⑤卡片;⑥图解用的对开大白纸。此外,还必须有能摊开卡片的场所(大的桌子,或者是床)。这种方法,大致可以划分为以下四个步骤:①写卡片;②对卡片进行分类、编成卡片群;③排列卡片群,以图解来安排文章的结构;④文章化。

这种方法进行的过程是:

第一,收集材料。

第二,把收集的材料(包括:经过作者发散思维想出来的材料,文献资料,以及从调查、观察、实验中得到的材料)制成卡片。每张卡片写一项,这样就便于材料的分类、综合、比较、追加和剔除。每张卡片都要加上简明扼要、能一目了然的标题。若将这些卡片加上序码则更为方便。

第三,把这些卡片像扑克牌那样摆到桌子或床上。

第四,边读,边思考,把内容相关的卡片调到一起。这时要注意,常常会思考出新的问题来,应该立刻写成卡片放到里边去。

第五,这样便会得到若干个卡片群。对这些卡片群要依次细读,琢磨为什么会把它们放到一起,说明了一个什么问题。把思考的结果简要概括地写出一张卡片,放在每群卡片的最上边。为了表明各群卡片内容是不相同的,要用不同颜色的铅笔分别标出符号,然后,把每个卡片群用曲别针别好。

第六,上面编成的是小型的卡片群,下一步要编中型的卡片群。编中型的卡片群与上述编小型的卡片群的方法一样,也要写出一张新的卡片,概括出这一群卡片的要点,放在最上边。也要用颜色铅笔标出共同的符号,以与其他卡片群相区别。

第七,以相同的方法,对中型卡片群进行编组,最后编出大型卡片群。

第八,这样就逐步地把卡片小、中、大地集团化。在这个卡片群的编制过程中,要注意:卡片群想做得好,就不能把另一群中的任何一张卡片随意抽出来插入到这一群里。每个卡片群无论大小,都是紧紧绕着一个中心、一个观点组成的。还要注意:编卡片群,必须这么由小到大来编。有些人卡片分类往往先做大的划分,把大类分出之后再分小类。这样由大到小的分类方法不好,因为这么做,是从头脑中已经形成的固定分类标准出发的。如果循着旧的观点分类,就不可能产生创见。卡片群只有从原始材料出发,不抱任何成见,不带任何框框,由小到大地编制才可能产生出新意。

第九,开始排列大卡片群,以图解的形式来安排文章的结构。先把每个大卡片群中的第一张观点卡片抽出来摆在桌子上进行空间排列,看这些大的观点卡片之间有何意义上的联系,怎样排列能富有逻辑效果,能更鲜明、有力地表达出论文的论点。考虑好后,画到大白纸上。

第十,再这样排列中、小集团的卡片群。卡片的分类是由小的到大的,是由编出小型的卡片群开始,然后再汇集编成中型的,到大型的卡片群。而以图解来安排文章的结构,与此刚好相反,要先从大型的卡片群开始,也就是先把文章结构上的几个大的部分先安排出来。然后再考虑每个大的部分中几个观点的安排,这就是中型卡片群的排列。最后是小型的卡片群的排列,把一张张卡片排列好,这样就有条理地集中说明了一个个小的观点。这些都要画在大白纸上,小型的卡片群可以只写出观点,一张张所使用的材料卡片可以用序码标明先后次序,在白纸的图解上加索引说明。

第十一,这些工作完成之后,要按图用嘴试着说一遍,如果通顺、流畅、言之成理,表达得清楚,那是好的图解。如果说得别扭,意思不清或者缺乏逻辑效果,那还需要进一步调整、修改。

第十二,有了满意的图解,就可以按图解的顺序开始写文章了。

这些基本上就是 KJ 法的主要内容。(李景隆《应用写作》)

三、提纲的拟定

当我们搜集了必要的材料并进行了一些整理与分析之后,不要忙于写初稿,还有一项重要的工作要做,那就是拟定论文提纲。一般来说,学术论文的篇幅较长,内容较庞杂,若事先不拟定提纲,考虑周密,写作中难免会出现重复、遗漏,以致混乱。编写提纲的好处在于可以帮助作者树立对论文的基本观念,如何谋篇布局,如何使用材料,做到胸有成竹。还可以帮助作者发现问题,对不足之处,及时进行修订、补充。再者,对全文篇幅的分配有大体的计划,就不至于有的段落畸轻畸重。对于初学者来说,通过编写提纲,可以训练自己的逻辑思维,使思路更加清晰,文章更有条理。学生请导师审阅提纲,还可以取得具体指导,提高论文的质量。

著名美学家朱光潜说:"大凡零星片断的知识,不但易忘,而且无用。每次所得的新知识必须与平日有的知识联络贯串。这就是说,必须围绕一个中心归聚到一个系统里去,才会生根,才会开花结果。"(朱光潜《谈读书》)他的这段话是专就组合的重要性而言的,但对我们如何拟写提纲,也不无启迪。

拟写提纲的过程,是对材料进行精鉴、严选、活用的由博返约的组合过程,也是在大脑里盖房的内孕思维过程。这个内孕过程,是以提纲的形式来实现的。拟写提纲是思维物化形态的第一步。

拟写提纲的过程,是材料的剪裁与组合并进行精心设计的过程。它的基本方法是将已搜集到的各种材料联系起来进行比较、分析、研究。去粗取精,弃伪存真,由此及彼,由表及里,组成一个能体现事物各部分之间的有机联系以达到对本质的认识的思维网络。这个思维网络的基础,是由论点、论据和论证过程组成的谨严细密的逻辑系统,它引导着读者按照它的逻辑程序一步一步向真理之官推进。

拟定提纲主要包括三项内容:

1. 论题(即中心论点)的提出;

2. 阐明论题的层次,即证明论题的各个分论点;

3. 论据,即证明各个分论点的材料。

每个项目的写法可选用条款式或短文式。

(1)条款式是将文章的纲目以简要的语言,用标题的形式概括出来。配上分级序码,组成一个条理分明、思路清晰的逻辑图表。这种写法的优点是:简明扼要,一目了然,便于思路的推敲与斟酌。如:

一、大项目(上位论点,大段论旨)

(一)中项目(下住论点,段旨)

1. 小项目(段中一个个材料)

(2)短文式是以表达完整意思的句子形式,把论文内容概括出来,优点是具体明确,不易遗忘。但费时较多,且不醒目。

拟定提纲的顺序是:

①先拟标题。或提示论点,或提示课题……要求:直接,具体,醒目。②以论点句写出论文基本论点。③选择论文构成的基本型,确定全篇逻辑构成的骨架。④写出层次与段落的先后顺序。⑤材料、卡片按构思的顺序标上序码备用。⑥全面检查,修改提纲。如江流撰写的《社会主义在实践中》是一篇论述科学社会主义问题的学术论文,全文分18个自然段,5000余字。提纲如下:

标题:社会主义在实践中
第1~2自然段提出论题:社会主义在实践中,并说明论述它的必要性
第3~17自然段纵横论证
3~7自然段简述社会主义的历史发展过程(纵的分析)
第一个时期:空想社会主义三个发展阶段
第二个时期:社会主义由空想变成科学
第三个时期:社会主义从理论进入实践
8~17自然段以列宁的话为纲,论述社会主义的实践经验(横的分析)
理论变为实践
理论由实践赋予活力
理论由实践来修正　理论由实践来检验
第18自然段归纳结论:辩证认识理论与实践的关系,在实践中继续认识社会主义

提纲写出来后,不要立即动手写作,必须对全部材料和提纲进行反复的选择比较和验证,看是否达到了最优化的标准。这一反复组合与最后决策的过程,就是作者的逻辑思维不断严密和最后成熟的过程。经过几次反复推移,作者才能登高望远,具备纵览全局的眼光和驾驭全篇的能力。这时才能动手写作。

四、论文的起草

根据提纲用文字写成篇章形式的初稿,就是起草。这是把理论研究成果变成文章的呈现性的一步,是学术研究及论文写作中的一项主体工程,需要全力以赴。起草的过程就是运用论据组织论证,归纳结论的过程。这个过程有时顺利,文思泉涌,一气呵成;有时曲折,思路堵塞,心烦意乱。不论写作者的心境和状况怎样不同,有一个总的原则是应该遵守的,那就是刘勰所说的:"义贵圆通,辞忌枝碎,必使心与理合,弥缝莫见其隙,辞共心密,敌人不知所乘,斯其要也。"(《文心雕龙·论说》)意思是说:论点要周密透彻,语句切忌支离破碎,论证一定要使主观思想符合客观事理,组织篇章结构要天衣无缝,无懈可击,论辩的语言要精细地表达自己的思想,使论敌没有空子可钻。

起草过程中要做到:

(一)按照提纲写,也要发挥创造性。既要按照提纲拟定的结构顺序展开,又要在起草过程中对原来的思路进一步检验、修订、发挥、升华,有新的创造和突破。

（二）选择适合自己的执笔顺序。为人们常用的执笔顺序有两种：一是自然顺序，按照提纲排列的顺序从绪论写起，接着写本论、结论；二是从本论入手，先写好本论、结论，再写绪论。后者的好处是：（1）因为本论部分是作者研究成果的反映，是作者整个研究过程中思考的问题，从这里入手比较容易起草；（2）写文章往往是开头难，可是写好了本论、结论，绪论自然也就容易写了。

起草时，较短的论文可以在充分准备的基础上一气呵成。对于长篇论文，可以先分成几部分，一部分一部分地写，写完一个部分修改这一部分，然后合成一篇；也可以写完全文的初稿以后，再通读修改、定稿。

在执笔写作的过程中，应注意运用以下的方法：（1）从已知的到未知的；（2）从亲近的到较疏远的；（3）从简单的到复杂的；（4）从预备知识到本题论旨；（5）从概说到分论；（6）从具体到抽象；（7）从读者容易赞成的到不大同意的；（8）从与读者有关的到关系不大的；（9）从读者兴趣浓厚的到兴趣淡薄的；（10）语言尽量写得简洁、精炼，避免烦冗、啰唆；（11）表和图的恰当运用有助于论文的变化，增强表达效果；（12）引文尽量要少，引时不可断章取义，要核对无误；引文的出处要加注，要注意分清参考文献与注释。

就学术论文的绪论、本论、结论三大基本构成部分而言：

绪论部分篇幅的分量在整篇论文中所占的比例要小，所以一定要写得简洁，一定要避免用很长的篇幅不厌其烦地介绍选定这一课题的思考经过和自己的心情感受。

本论是学术论文的主体部分，是展开论题、表达作者个人研究成果的部分。论点明确、阐述观点的材料充分有力，论证过程条理清晰、逻辑严密，这是写本论部分应该做到的。

本论的写作任务在于运用各种方法从不同角度对论点加以说明和论证，它要对文章的中心论点展开深入细致的分析，对所提出的论点运用有力的论据来加以阐述、论证，从而使人相信自己的论点。

结论是论文的归结。这一部分要对本论分析、论证的问题加以综合概括，引出基本论点，这是课题解决的答案。要求写得简明扼要，实事求是，以理服人。

结论与绪论、本论的关系应该是：绪论中所提出的问题，经过本论部分的充分分析论证，自然顺当地得出结论。学术论文最忌论证得并不充分而妄下结论。所提出的问题最终要有完满的解决，要首尾一贯，成为一个严谨的、完美的逻辑构成。有些课题由于难度较大，一篇学术论文研究所能取得的成果也只能达到一定程度，所以，可以在结论中表明这只是该课题研究的阶段性成果，有些问题还需要进一步探讨解决。

五、论文的修订

论文初稿写成以后，应该认真修改、反复推敲、精益求精，最后再誊正定稿。修改定稿有时仍需要查书核对，要字斟句酌、润色文字，检查标点符号，力求论文的完善，这是论文写作的进一步提高和完善的阶段，是一项不能省去的工作步骤。它包括两个方面：

（一）内容方面的修改

这是修改的主要方面。修改时，先要通读全文，着力审视论文的内容及自我感受的状况。要说服别人首先必须说服自己。要说服自己，必须集中检验以下几个方面：观点是否明确，观点的表述是否清楚、确切，事实是否稳妥可靠，论证是否合乎逻辑，结论是否符合客观实际。所有这些，均要逐个审查，如有不妥要认真修改，直至完善。

（二）形式方面的修改

要反复推敲文章布局是否合理,结构是否严谨,段落构成是否单一完整,段句衔接是否和谐紧凑,语言表达是否准确、简洁、生动,文面书写是否合乎规范。总之,表达形式方面的修改,要尽可能把不太容易懂的改成容易懂的,这就要在字斟句酌上下工夫,使大至篇章,小至字词和标点,都恰到好处,获得最大的表现效益。

学术论文不仅要描述和论证相当复杂的科学道理,而且要将科学道理广泛地转化为改造世界的物质力量。在行文中它既强调严谨细密,层次分明,又要求明白晓畅,易于理解。真理本来就是朴实的,表达真理的语言也应该是朴实的。这就是:准确、严密,精练、平实。

学术论文的语言必须正确、完全、深刻地表述对象的本质及客观规律,所以要求努力在语言的准确精细上下工夫,语言表达没有语意的疏漏和语意的互相矛盾,不使读者产生误解。但为了使论文阐述的观点、见解、主张能更好地为人接受,也必须增强语言的感染力,尽量生动活泼、明白晓畅,可以在语言表达中或适当借助形象化的描述,或恰当地运用幽默讽刺笔法,或适当地运用一些修辞手法等,但它们最终必须服务于一点,即把道理论述得更明白、更易为人接受。优秀论文的语言总是既有逻辑性,又不乏感染力,在强调逻辑性的前提下,努力加强语言的感染力。下面,我们看看李四光对地壳运动的一般论述:由于南北向和东西向平衡的和不平衡的挤压或引张运动而形成的各种构造体系,在地壳的结构形成中是占有极为重要地位的。(李四光:《地质力学概论》,科学出版社 1983 年版,第 13 页)

这里只有一句话,可它包含的内容是极其丰富而且确切的。地壳运动的状态(挤压、引张),运动的方向(南北向、东西向),运动与运动之间的关系(平衡的,不平衡的),这种运动的结果(形成的各种构造体系),这种结果在地壳结构形成中的地位(极其重要的地位),各种各样的矢量关系——得到了明晰的表达,构成了一个完整严密、无懈可击的逻辑判断。它内含的道理相当深奥复杂,而其表达又是如此朴实平易,既不故作高深,也不佶屈聱牙,它自信而不自负,严肃而又平易近人,体现出学术论文语气所特有的朴实美。

修改的方法因人而异,因文而异,但不论用什么方法都应该注意:①要主动听取别人的意见;②要再查阅、再研究,然后动笔修改;③要冷处理,即把初稿搁上若干天,然后广泛地浏览有关的资料,让头脑冷静下来,再行修改。这样修改,往往容易突破原来的框框,发现问题,产生新的看法,就可以使论文质量得到明显的提高。

修改定稿以后,要再对全文通看一遍。在各个方面都符合要求了,才能誊清,一般来说,誊清要用原稿纸,并且必须符合文面的要求。誊清之后,应再做一次检查。全文没有任何差错,学术论文才算是最后完成了。

思考与练习

一、学术论文有何特点?

二、理解、掌握学术论文选题的基本原则。

三、结合所学专业,选择一个论题,收集材料,写一篇 2000 ~ 3000 字的学术论文。

第九章 申论写作

第一节 申论的含义和特点

一、申论的含义

"申论",就词义本身来说,"申"即申述、申明,"论"即论说、论证。从 2000 年开始至今,"申论"已经成为我国中央机关、各省市(自治区)选拔公务员的考试科目。申论考试主要模拟公务员日常工作所具备的基本能力和素质而设定,围绕给定材料考查应考者的阅读理解能力、综合分析能力、提出问题和解决问题能力、文字表达能力等。

二、申论的特点

(一)命题的模拟性

众所周知,申论考试是为了选拔国家各级机关所需公务员,所以无论是哪一年还是哪一个省的申论命题,均体现出模拟公务员日常工作实务的特点。首先,申论的材料所涉及的社会热点问题,均是各级政府相关部门所面临和应对的问题;其次,从历年申论的命题思路来看,一般都是对某一热点问题的认识、分析和解决,这也是各级政府部门的常规工作思路;再次,申论要求的题目设定中常常给定某公务员角色限定,要求依此拟定一份公文。如 2010 年国家公务员考试(市级)中第三题:A 市市政府准备大力宣传推进对近海水域的污染整治工作,请你结合给定资料,以市政府工作人员的身份,草拟一份宣传纲要。

(二)材料的广泛性

申论所给定的材料一般是社会热点问题。从近几年国家公务员考试材料来看,2008 年考查怒江水利开发问题,2009 年考查粮食安全问题,2010 年考查海洋资源的开发和保护问题,2011 年考查黄河治理问题。这些材料涉及政治、经济、法律、文化、教育等诸多方面,字数较多,范围较广,涉及问题和矛盾较为复杂。但是,这些材料中的问题一般已为大众所熟知,也有初步的讨论和定论,所以,需要考生在日常生活中注意收集、思考和整理。

(三)内容的非专业性

申论是面向各个学历层次、各个专业的考试,主要测查考生的基本素质能力,并不倾向于测查某一专业的知识。从历年的题型来看,虽然会涉及法律、土地管理等专业领域,但对于该问题的理解和解答,只需要具备一些基本常识就足够了。所以,在做应考准备时,不能采取死记硬背某专业知识的方式,应注意社会热点问题及政府工作常识的收集、整理,应注重对于申论所考查的几种能力的训练。在答题时,作答应符合申论要求,内容不能过于专业化。

（四）作答的针对性

申论考试的题目是完全针对给定资料所设定的，是完全针对测查考生阅读理解能力、综合分析能力、提出问题和解决问题能力、文字表达能力而设定的。所以，考生在作答时应牢牢把握以下几点：首先，注重对给定资料的阅读、理解、分析，理清资料中的相关问题、因果关系；其次，作答应认真审读作答要求，细致分析资料中既定的环境、条件；最后，组织答案时应紧密结合材料，有针对性地回答问题。

（五）行文的逻辑性

很多考生把申论的写作等同于一般意义的写作。我们常说的"写作"一般是指文艺创作，充分运用形象思维，进行最感性的认识、最大胆的想象；而申论的写作则主要运用逻辑思维。所谓"逻辑思维"，是指舍弃具体表象，借助概念、判断、推理等思维形式能动地反映客观现实的理性认识过程。申论考试中几个题目，一般按照对于某一问题的认识、分析、解决这一思路逐一设定，符合人们认识事物的思维规律；申论中每一题目的思考及作答必须建立在对感性材料的理解、分析、综合之上，尤其是申论考试的最后一题，必须确立主旨及这个主旨统帅之下的各个分论点；再落实到具体的行文，从结构安排到语言表达，都需要依靠严谨、清晰、理性的逻辑思维来组织。

三、申论的格式和结构

纵观近 10 年的申论试卷，申论试题一直保持较为稳定和规范的结构。根据《中央机关及其附属机构 2010 年度考试录用公务员考试大纲》的规定："申论试卷由注意事项、给定资料和作答要求三部分组成。"

（一）注意事项提示考生在作答过程中应该注意的事项

例 2010 年国家公务员考试的注意事项：

1. 本题由给定资料和作答要求两部分构成。考试时限为 150 分钟。其中，阅读给定资料参考时限为 40 分钟，作答参考时限为 110 分钟。满分 100 分。

2. 监考人员宣布考试时，你才可以答题。

3. 请在题本、答题卡指定位置填写自己的姓名，填涂准考证号。

4. 所有题目一律使用现代汉语作答在答题卡指定位置。未按要求作答的，不得分。

5. 监考人员宣布考试结束时，考生应立即停止作答，将题本、答题卡和草稿纸都反过来留在桌上，待监考人员确认数量无误、允许离开后，方可离开。

历年来基本上没有太大变化的注意事项，至少给考生以下两点提示：

一是时间。以 2010 年国家公务员考试为例，注意事项指出"阅读资料参考时限为 40 分钟，作答参考时限为 110 分钟"，很多考生为了抓紧时间答题，并未在阅读资料上花足够的时间，十几分钟囫囵吞枣地看一遍给定资料就匆匆做题，殊不知这样反而本末倒置，降低答题效率。上文关于申论的特点介绍已经说明，申论的题目和作答都是针对给定资料而来的，一份高水平的申论答卷一定是建立在对给定资料的充分解读和答题时间的正确把握上。

二是细节。在答题卡指定位置作答，这些细节问题一定要注意，有的考生没有在指定的区域答题，因此没有得分，这种情况一定要避免。

（二）给定资料

申论的给定资料涉及我国政治、经济、教育、文化等诸多方面，大多是围绕一个热点问题、稍做加工整理的"半成品"。称其是"半成品"，主要因其一般由十几则小材料组成，这些材料围绕申论考试的主题，从不同方面进行阐述。每则材料可能节选自一篇消息或发言稿，可能是一个具体事例，可能是一组组数据，也可能是某个人或某个群体的评论，而且这些材料之间没有必然的先后顺序、逻辑关系。另外，近几年申论考试的给定资料也出现过谈话稿，一般由一位记者就某一社会热点问题采访某位官员或专家。针对不同类型的给定资料，考生一定要认真分析把握。

（三）申论要求

从近几年的申论考试来看，虽然不断有一些尝试和改变，但还是未脱离认识问题、分析问题、解决问题的传统思路，这是由申论考试的性质和目的决定的。

例如 2010 年国家公务员申论考试（市级）的申论要求：

第一题：认真阅读给定资料，简要回答下面两题。（20 分）

（1）"渤海碧海行动计划"近期目标难以实现有多方面的原因。请依据"给定资料 1"分别进行概括。（10 分）要求：准确、全面。不超过 200 字。

（2）"给定资料 3"中，环保专家认为"兵库县堪称'环保错位'的典型"。请结合资料内容，对"环保错位"的实质进行阐释。（10 分）要求：准确、简明。不超过 100 字。

第二题：针对 W 市在进一步建设"宜居城市"工程中存在的具体问题，参考给定资料，提出解决的具体建议。（20 分）要求：①准确全面，切实可行；②条理清楚，表达简明。不超过 300 字。

第三题：A 市市政府准备大力宣传推进对近海水域的污染整治工作，请你结合给定资料，以市政府工作人员的身份，草拟一份宣传纲要。（20 分）要求：①对有关宣传内容的要点进行提纲挈领的陈述；②体现政府精神，使全市各界关心、支持污染整治工作；③通俗易懂。不超过 400 字。

第四题：结合给定资料中的具体事例，以"海洋的健康"为题目，自选角度，写一篇文章。（40 分）要求：中心明确，事实与观点紧密结合；语言畅达，条理清楚；总字数 800～1000 字。

以上题为例，纵观近几年的试卷，我们可以将申论要求的题型分为以下四类：一是概括类，一般对给定资料中的问题、原因、观点、矛盾、名词进行归纳概括；二是分析类，一般是对资料中某一观点、现象、事实的分析；三是对策类，一般是对资料中的某一问题给出解决的建议对策；四是写作类，一般分为应用类写作和论述类写作。

第二节　如何写好申论

一、申论的作答方法

（一）认真审题

拿到一份申论试卷，了解注意事项以后，首先必须认真审读题目要求，然后再审读给定资料，这样安排顺序的原因如下：

　　一是了解给定资料的大致主题。如上文列举的 2010 年国家公务员申论要求,根据四个题目的审读,我们获取了"渤海碧海行动计划"、"对近海水域的污染整治工作"、"海洋的健康"等信息,大致可推定出给定资料可能讨论的是海洋的保护和治理问题。

　　二是确定作答的具体问题、基本要求。首先,清楚角色限定。不同的角色限定决定回答的内容和语言表达。如上文列举的 2010 年国家公务员申论考试的第三题,限定了市政府工作人员的身份。其次,确定每一题涉及的材料。问题限定的是某一则材料,还是某几则材料,审题时一定要辨别清楚。如上文列举 2010 年国家公务员申论考试的第一题,明确指出"依据给定资料 1 分别进行概括"。再次,辨明问题的数量。关于这一点,很多考生容易忽视,想当然地认为一题就是一个问题。如 2009 年国家公务员申论考试第二题的第 1 小题:对"给定资料 3"中林老板的心态进行分析,并指出他的心态所反映的本质问题。要求:观点明确,分析恰当,不超过 200 字。仔细审读之后发现,这个问题要求考生首先分析林老板的心态,然后指出其心态所反映的本质。这其实是两个问题。最后,注意字数限制和其他要求。申论考试的每一题都有字数的限制,考生在审题时就需要注意,作答字数不符合要求,过多或过少都会相应扣分。申论考试每一题题干下都有"要求",除此之外,题干内也隐藏了一些特殊的要求,比如说是自拟题目还是题目已定。

　　我们在审题时一定要字斟句酌,探索出题者的思路,谨防出题者预设的陷阱。

　　只有清楚地了解了问题和要求,我们才能有目的、高效率地阅读和分析资料。

(二)解读资料

　　从近 10 年的给定资料来看,2001 年国家公务员申论考试的资料是 1500 多字,而 2010 年国家公务员申论考试的资料是 6000 多字,不仅字数越来越多,而且理解难度也越来越大。

　　在解读资料时,考生一定要带着申论要求里的问题,从芜杂的材料里淘汰无用的信息,标注出有用的信息,为进一步归纳、分析打下坚实的基础。在筛选关键信息时,我们可以从以下两个层面来解读:

1. 事实与观点

　　细读每一则材料,标注或归纳出对答题有帮助的关键信息。申论资料庞杂繁多,但可以大致分为事实和观点。申论资料里的事实一般是一个个真实的事件、事例,或是具体的数据、图表,这些事件、数据和图表只需要快速浏览,大致了解即可,考生需要关注的是观点。申论资料里的观点一般在陈述事实的前面或后面,也有可能夹杂在事实的中间或单独形成段落,考生需要自己去辨别、标注。

　　以 2010 年国考申论给定资料为例,阅读资料 1 的第一段发现,字数虽然很多,但主要是援引大量的数据,这就是"事实",而这些"事实"想说明的"观点"其实只有一句话:"我国海洋资源丰富",再往下读,可以看见第二段段首的关键句:"国家海洋局某负责同志指出,要看到我国海洋资源这些数字相对于我国庞大的人口规模来说是非常有限的",还可以看见第三段段尾的关键句:"渤海是中国北方经济社会发展的生命线,上世纪 80 年代以来,随着环渤海地区经济的快速发展和开发力度加大,渤海的污染日益加剧"。因此,上述三段所表明的关键信息就很清楚了:我国海洋资源丰富,但相对于庞大的人口来说非常有限,而且海洋污染日益加剧。

2. 问题—原因—对策

　　申论历年来的考试大纲已经明确说明主要测查考生概括、分析、解决问题的能力,所以申论给定资料的内容也体现了这一点。同样,申论作答要求中的几个题目的设置同样贯彻这一点,只是每年考查的侧重点和题目在具体表述上会有一些变化。因此,我们在解读资料时也可以参照这一思路:提出问题—分析问题—解决问题。这样解读资料的好处在于:一是从原本庞杂烦乱的材料中理出一个较为清晰的逻辑思路,便于理解;二是这一思路很有可能暗合了作答要求的出题思路,便于资料中答题要点的梳理和集中。

关于"问题—原因—对策"这个解读资料的层面,同样以 2010 年国考申论给定资料为例。通过资料1前三段的关键信息,我们整理出的"问题"是:我国海洋资源破坏日益加剧。接着,我们从资料中可以看到这句话:"实际上,从世界范围看,海洋及其资源的破坏,波及面积相当大,其原因不单是污染,还包括过度捕捞、填海造地、盲目攫取海底能源等等。"所以,造成这一问题的"原因"有超标排污、过渡捕捞、填海造地、盲目攫取资源。资料 2 第一段开头,胡锦涛总书记提出:"要大力发展海洋经济,科学开发海洋资源,培育海洋优势产业,打造半岛蓝色经济区。"这句话就是"对策"的思路。

(三)概括类题型作答

从历年国家和各省公务员考试申论真题来看,我们大致可以把概括类题型分为以下几种:

1. 概括主要问题

申论考试的给定资料一般都是给出一个热点问题,而我们前面讲解读资料的思路时就已经提出按"提出问题—分析问题—解决问题"的思路,所以这一题是较为常规和简单的题型。我们只需要将在解读材料时标注出来的关键信息进一步加工整理即可。具体的作答应包含以下几个要点:主要问题、具体表现、主要影响和对策。

例如 2009 年国考第一题:

我国改革开放 30 年,取得巨大成绩,也面临许多问题,请概述"给定资料"反映的我国当前经济发展要解决的问题。要求:紧扣给定资料,全面,有条理,不必写成文章,不超过300 字。(20 分)

参考答案:

我国当前经济发展中面临的主要问题是产业结构和经济增长方式落后,无法支持经济持续健康发展。具体表现如下:我国一些地区和行业产业结构单一,低端的加工制造产业发展迅速,重工业发展水平较低;大量企业依靠国外订单的半成品加工,对外依赖严重;企业自主创新能力薄弱,缺乏自有品牌和核心技术;缺少资历雄厚、有一定竞争力的本土企业;这种不合理的结构不仅导致我国长期处于世界产业链的低端,而且使我国付出了环境高污染、能源高消耗的高昂代价,难以支持可持续发展。

因此,必须加快调整产业结构,推动产业升级,着力转变粗放型的经济增长方式,提高我国产业的核心竞争力,实现经济又好又快发展。

2. 概括主要内容

概括主要内容的题目有时会表述为"概括主要信息"、"整理一份摘要以供领导参看"、"将材料的内容进行汇总",这类试题相当于对材料的缩写,即以更加简洁流畅、条理清楚的语言对材料进行归纳概括。所以,具体的作答一般包含以下几个要点:问题、原因、影响和对策。

例如 2007 年国考第一题：

根据"给定资料 1、2"的内容，整理一份供有关负责同志参阅的材料。要求：概述全面，观点鲜明，条理清楚，语言流畅，不超过 500 字。（30 分）

参考答案：

近年来，随着我国城市化进程加快，大量农民集体用地被国家征用，农民利益得不到满足，导致农民上访现象增多，甚至至出现了对抗事件，河北北焦村和西营村土地征用情况就比较有代表性，北焦村土地征用的基本情况为：第一，几乎所有耕地都已被占用，目前仅余 30 多亩耕地；第二，农民获得的补偿费用过低，无法弥补农民的损失。西营村土地征用的基本情况为：第一，补偿费用低；第二，目前为止，征地的学院只付给西营村补偿费用额的 1/3；第三，村委会违反《农村委员会组织法》，贱卖土地，导致大量村民上访。

有专家认为，造成农村土地征用问题的原因主要是"政府低价征收、高价出售，从中获利；村委会贱卖土地，农民没有权利为自己的土地定价；土地补偿不足以支持农民创业，没有建立合理的安置和社会保障制度"。

这些问题的存在，使无地无业农民增多多，直接关系到农民生活、农村发展、农业稳定，严重影响了社会的稳定和发展。针对这些问题，我国政府已出台《关于深化改革严格土地管理的决定》，规范审批权，并对补偿作了新的承诺，该社会问题正在逐步得到解决。

3. 概括原因

在本教材"解读资料"部分就已经谈到，申论考试的给定资料一般都包括问题、原因、对策这样几大块关键信息，所以，关于这一题型的作答主要是审清题目的要求，就哪一则材料，概括什么原因，根据题目要求在材料中标注出关键信息，然后条理清楚地分点作答。

例如 2010 年国考（市级）第一题：

"渤海碧海行动计划"近期目标难以实现有多方面原因。请依据"给定资料 1"分别进行概括。要求：准确、全面。不超过 200 字。（20 分）

参考答案：

《计划》近期目标难以实现的原因如下：一是渤海地区资源开发过于频繁，导致污染严重；二是相关地方政府和管理部门各自为政，难以进行海陆空一体化的综合治理；三是法制不健全，《计划》缺乏法律强制效力，直接影响治理效果；四是渤海湾是封闭的内海，自我交换能力差，一旦污染，自我更新周期长。

4. 概括观点

这类题型需要首先审清题目要求，然后在材料中标注出关键信息。在作答时，对所概括的观点一定要细致分析，理清解答思路。如果是两个针锋相对的观点，表述时最好体现出矛盾的焦点，如果是几个观点，大致可以以并列关系分点陈述。

例如 2008 年国考第一题：

在怒江开发水电资源问题上有重大争议。请根据"给定资料 1~8"指出争议的焦点是什么，并对主张怒江水电开发和反对怒江水利开发的理由分别加以概述。要求：指明"焦点"，概括全面，条理清楚，语言流畅，不超过 500 字。（20 分）

参考答案：

针对怒江水电资源开发问题,各方存在较大争议,而争议的焦点在于:怒江水电资源开发对当地社会、经济和环境是利大于弊还是弊大于利。

主张开发的认为:

(1)当地可供开发利用的自然资源有限,生存条件恶劣,水电资源的开发是促进当地经济发展的有效途径之一。

(2)怒江地理条件优越,适合发展水电,能够改善当地百姓的经济状况,还能对社会产生巨大的经济效益。

(3)怒江开发有利于筹集资金进行生态移民,更好地保护怒江的生态资源,符合循环经济的要求。

反对开发的认为:

(1)怒江开发水电资源与解决当地百姓的贫困问题没有直接的因果关系,反而会产生泥沙淤积、污染加剧,破坏当地生态环境。

(2)开发怒江水电资源会破坏当地丰富的自然文化遗产,改变当地居民的生活方式和传统,产生大量移民,这些问题难以得到很好的解决。

(3)怒江是完好的自然生态区,保留它符合国家生态安全长期目标。

(4)从我国过去的历史经验来看,部分地方由于缺乏对水电项目可行性的反复论证,使得目前尚有近千万的水库移民生活在贫困当中,许多当地群众并没有从水电资源的开发中直接受益。

5. 概括名词含义

这类题型在近几年申论考试中出现频率较高,一般是解释给定资料中出现的一个或两个名词的含义。这些名词可能是考生比较陌生的专业术语,也可能是考生比较熟悉的常见词汇,但是,不管属于哪一种情况,都一定要结合给定资料进行概括。所以,对于这一题型的作答,主要是根据名词出现的上下文进行总结概括。

例如2010年国考(省级)第一题第1小题:

"给定资料1"提到,权威部门指出,如果再不采取果断措施,渤海将在十几年后变成"死海"。这里的"死海"是什么意思。要求:准确、简明。不超过100字。(10分)

参考答案：

这里的"死海"是指由于人类对海洋的超标排污和过度开发,导致海水水质持续恶化、野生动植物大量灭绝、自然灾害增多、环境自我调节能力大大下降的海域。

(四)分析类题型作答

这一题型是在近几年的申论考试中才出现,而且出现频率较高,主要考查应考者对于资料的综合理解和分析能力,根据近几年的考题,我们大致可将分析类题型分为以下三种:

1. 启示分析题

启示分析题一般要求考生思考材料中特定的现象和问题,或是从材料中的某句话,得到什么启示。材料中特定的现象或问题一般分为正面案例和反面案例两种,对于正面案例的优点和经验需要吸取,而对于反面案例的缺点和教训需要引以为鉴。明白这点,考生只需要首先审清题目要求,然后细致解读材料,归纳出合理的思路分条作答即可。

例如 2010 年国考(省级)第二题:

依据给定资料,谈谈你从下面一段文字中得到哪些启示。(20 分)

荷兰的"围海造田"与我国的"围湖造田"有着相似的初衷,而"退耕还海"与"退耕还湖"都反映了人类可贵的自省;还应该注意到,荷兰人的"退耕还海"虽然只涉及 3 平方公里的海域,但留给人们的思考却是很宝贵的。

要求:分析全面,条理清晰,不超过 300 字。

参考答案:

无论是"退耕还海"还是"退耕还湖",都是牺牲人类经济社会的局部利益来复原、改善自然环境。这带给我们几点启示:第一,人类在改造自然时应统筹规划,兼顾长远利益和眼前利益,只注重眼前利益,可能会带来无法估量的损失;第二,人类在改造自然、发展经济的同时必须注意协调好经济与环境之间的关系,开发要适度、合理,要符合自然资源的承受力,否则会导致严重后果;第三,在经济发展过程中要广泛吸取民众意愿,要坚持对发展思路、方式的错误进行反省,不断改进发展方式,促进经济与环境协调,保障人类社会的可持续发展。

2. 解释分析题

解释分析题一般要求考生对给定资料中某句话或某类现象进行分析,谈谈"理解"和"观点"。对于这类题型,考生在作答时既要紧密结合给定资料解释其表面含义,又要进行更深一步的分析,揭示其本质。所以,考生可以按照由表及里的逻辑顺序来分析作答。首先,结合给定资料阐述其表面含义;然后结合资料,进行更深一层的解析,尤其着重解读题目中话语或现象出现的上下文;最后,总结上述分析,得出最重要的本质含义。

例如 2010 年国考(省级)第一题第 2 小题:

请结合给定资料中的具体事例,谈谈你对"海洋的污染将毁灭鱼儿的家园,但让人类不寒而栗的毁灭绝非仅此而已!"这句话的理解。要求:准确、简明。不超过 150 字。(10 分)

参考答案(略)

3. 评价分析题

这类题型也属于近几年出现的新题型,一般要求考生对给定资料中的观点、现象、措施等"谈谈理解"、"进行评价"。这些观点或现象有可能是一种,也有可能是两种以上,所以考生在审题时,首先要确定需要评价的对象,然后采取不同的应对方法。如果就某一种观点或对象进行评价,考生首先须明确表明自己的态度,即对其持肯定态度还是否定态度,然后根据资料相关信息进一步说明自己为何持这种态度。如果就两种或两种以上的观点或现象进行评价,可能需要根据题目要求,考虑首先对这些观点和现象进行简要的概述,然后亮明自己的观点,即肯定什么、否定什么,最后根据给定资料做进一步的论证说明。

例如 2009 年国考(省级)第三题第 1 小题:

"给定资料 5"对内地省区"欢迎沿海地区产业专业"的口号提出质疑,请对此进行分析,谈谈你的见解。要求:观点明确,分析恰当,条理清楚,不超过 300 字。(20 分)

参考答案(略)

（五）对策类题型作答

我国中央机关及各省市公务员申论考试的大纲中明确规定,考查考生提出和解决问题的能力,所以这一题型在历次申论考试中出现频率最高。作答这类题型的前提是准确概括出给定资料所反映的问题,如果问题都没弄清楚,提出对策解决就更无从谈起了。其次,审清题意。有的题目设定了角色,假定考生是某职能部门的工作人员,有的题目限定了角度。如2003年国考第一题:"对给定资料进行分析,从政府职能部门制定政策的角度,就如何减少事故,保障安全,提出对策建议,供领导参考。"再次,认真解读给定资料,标注出解决问题的基本思路和具体措施。给定资料中都会直接或间接地给出解决问题的思路、意见、对策、措施,考生可以直接引用或转化运用。关于具体作答,以下分类论述:

1. 根据问题提出对策

这类题型是最常规的对策类题型,一般直接要求针对材料中某一问题给出解决对策。作答这一题型同样需要首先审清题意,清楚需要解决什么问题,清楚答题要求。其次,解读给定资料,寻找解决思路。考生可以从材料里某些专家或官员的谈话中找到解决思路,也可以从材料的问题或原因里分析出解决对策,还可以从材料里国内外某些成功经验中吸取对策。再次,根据上述的分析逐条列出对策。每条对策一定要明确执行主体、执行步骤、执行目的,可以参照如下形式:主旨句+相关部门+具体操作+目的或效果。例如:加强培训。交通管理部门应加强对电动车驾驶员的技能和安全培训,保障其安全行驶。最后,逐条筛选、存优汰劣,按照一定的逻辑思路分条作答。针对不同情况,可以并列排列,也可以按照实施对策的急缓程度来排列。另外,在分条列出对策之前,最好用简洁的语言做个铺垫,一般是用一两句话简单地概述问题、原因或对策思路,在对策写完以后再简单地总结一下,强调一下解决问题、实施对策的重要性、意义。

2. 对策有效性分析

对策类题型一般要求考生根据某个问题给出解决办法,但申论中的这一题型却反其道而行之,给出若干条对策,请考生判断正误,指出错误,给出修改意见。所以,考生在作答时,首先,需要审清题目的内容和具体要求,比如说解决什么问题,有没有角色限定,有没有其他特殊要求。其次,考生需要根据给定资料逐条核查对策,一般可从以下几点核查:是否针对材料和题目中问题列对策;是否合情、合理、合法,即是否符合基本国情和民情、符合基本伦理道德规范、符合国家法律法规;观点是否过于片面、偏激。最后,按照题目要求逐一解答。

例如2009年国考(省级)第三题第2小题:

某学术团体为贯彻党的十七届三中全会精神,就我国粮食问题召开研讨会,在关于解决问题对策的讨论中,有人发表了"四点对策":

其一,建议加大农业投入,以使粮食产量满足人类不断增加的需求,我国粮食生产有很大潜力,只要持续加大农业投资,我国的粮食产量就不仅完全可以在长期内满足国内需求,而且可以保证出口。

其二,建议科学地分配全球粮食,近年随着全球能源供需矛盾凸显,石油价格上涨,一些国家把粮食加工生产成生物燃料。当欧美一部分人填满他们油箱的时候,很多人正为如何填饱他们的胃而苦苦挣扎,要优先满足人类最基本的需求,科学地解决全球有限粮食合理分配的问题。

其三,建议大力倡导粮食节约,据某市场调查显示,该市饮食行业及单位食堂的就餐者,平均每人每天浪费大米 14 克,每天浪费大米多达 7000 公斤,如果在全国调查,粮食浪费一定是一个惊人的数字,要厉行节约,这是我国可持续发展能力不断增强的重要保证。

其四,建议切实加强国际合作,发达国家要向发展中国家提供相关政策指导,世界银行和国际货币基金组织应向受到粮价攀升冲击严重的发展中国家提供近期紧急粮食援助,并对如何促进发展中国家在长期提高粮食生产能力方面给予切实帮助。

这"四点对策"在内容表述上都存在问题,请指出这份"对策"存在的问题,并提出修改意见。(20 分)

要求:(1)明确提出存在哪些问题;

(2)写出相关的修改意见(包括写出需要补充的内容);

(3)条理清楚,表达简明,不超过 400 字。

参考答案:

上述对策主要存在两个问题:一是不针对实际问题,不合情合理。对策提出使粮食产量满足人类不断增加的需求,已脱离解决我国粮食安全问题范围,超出我国政府职能范围,同时,依靠国际组织粮食救助也不符合我国坚持粮食自给自足的基本方针。二是观点片面。仅仅依靠持续加大农业投资,不能完全解决粮食问题,粮食生产受多种因素影响。而且大力倡导粮食节约,仅仅注重消费环节是远远不够的,必须从生产、运输、加工等多个环节全程推进。

可以从以下几点修改:一、严格保护耕地,保证粮食产量的持续稳定增长。二、加大政策扶持力度。允许农民以多种形式流转土地承包经营权,发展适度规模经营,降低农业生产成本,增加种田补贴,提高农民生产积极性。三、加强科技力量。各级政府加大农业科技投入,为粮食稳产高产进一步发挥积极作用。四、大力倡导节约。各粮食主管部门大力宣传节约粮食的重要性,在生产、储存、运输、加工、消费等各个环节形成全面节约的良好风尚。

3. 综合型对策

这类题型是近几年申论试题中出现的新题型,一般要求考生结合给定资料针对某一问题先概括或分析,然后再提出对策。根据已出现过的试题,有的要求"先找出原因",然后"再提出对策";也有的要求先对某一问题或事件进行总结、分析,然后再有针对性地提出对策。例如:简析福州"净菜进城"对解决城市垃圾问题的启示。关于这个题目的作答,首先应结合给定资料分析福州"净菜进城"的经验,然后再依此提出解决城市垃圾的对策。

(六)论述写作类题型作答

论述写作类题型是申论考试的最后一题,也是分值最高的一题,要求考生依据给定资料和题目要求,在规定的字数内,针对某一问题全面论说自己的观点。这一题型主要是测查考生的概括能力、分析能力、解决问题能力、逻辑论证能力、语言表达能力。

这一题型大致可分为三种:一是策论文。题目明确要求考生依据给定资料,针对某一问题或现象提出对策,并行之成文。考生在应对这一类题型时,可以按照"提出问题—分析问题—解决问题—总结问题"的框架组织文章,当然,提出对策、解决问题必须是写作的重点和中心。二是议论文。题目一般没有任何体裁、格式的规定,也没有强调提出对策、解决问题,只要求考生依据给定资料,写一篇文章或议论文。申论里的议论文与一般写作中的议论文是有区别的,考生可以按照策论文的样式,侧重于解决问题,也可以换一种写作方式,先提出总论点,然后再分为几个分论点详细阐述,侧重于分析问题。三是应用文。这类题目明确限制了写作体裁,要求考生依据给定资料,针对某一特定问题或情境写一篇通知、通告、调查报告等,一般是常用的行政公文和事务文书。文章具体写作内容一般无外乎"提出问题—分析问题—解决问题—总结问题",至于写作样式和具体格式,本教材其他章节有详细介绍,请参阅。

1. 立意

所谓"立意",即选取文章的写作角度,确立主题。主题是文章的核心和统帅。申论的题干中,有时会指定角度和主题,考生一定要严格按照要求作答。如果是自由选取角度,考生在确立主题时一定要注意以下原则:

一是针对性。确立的主题一定要针对题干要求和给定资料的主要问题。例如,2009年国考申论的给定资料中讨论了推进产业升级和保证粮食安全两个问题,考生一定要围绕这两个问题来确立主题,细致地解读材料。"他指出,发展粮食生产,一靠政策,二靠科技",我们就可以依此确立一个主题:依靠政策和科技保证粮食安全。如果换一个主题"优化农业产业结构",虽然非常好,也符合国家政策,但是与给定资料关联性不大,建议慎重选择。

二是明确性。一篇文章只能有一个主题,不能有两个或两个以上主题。确立一个主题以后,所有分论点、所有文章的段落必须围绕主题展开,以主题统率全篇。同时,选取切入角度时要适中,主题不能过大。例如,在申论1000字左右的文章里讨论"如何落实科学发展观",显然就不合适,只能流于空泛。

三是正确性。申论考试是模拟政府工作实务,有的题目甚至直接假定某职能部门工作人员角色,因此,考生所确立主题一定要服从主流意识形态,要体现政府立场,要符合基本方针政策。另外,确立的主题也必须符合基本常识和逻辑。例如,"发展公共交通彻底解决道路拥堵"这一主题就过于片面,仅依靠发展公共交通,就能彻底解决道路拥堵吗? 考生在确立主题时,一定要依据给定资料和题目要求,认真思考。

2. 拟题

拟题,是指拟定文章标题。申论文章的标题必须严格按照题干要求拟定,如果题干中已经指定了标题,考生绝不能自作聪明重新拟定,如果说明题目自拟,考生可以自己拟定。

标题是一篇文章的眼睛和旗帜,申论文章中的标题主要有以下两大类:①提示内容,在题目中明确文章所论述的问题、现象和事物。例如,2008年国考申论给出的标题是"从怒江水电开发说开去",就是典型的提示内容的题目。②体现论点,直接体现文章的主题和中心论点。例如,下面这个标题"加强政府监管　完善网络安全",前六个字体现论点,后六个字提示内容,既说明了文章所要论及的问题,又体现了对这一问题的基本观点。

拟定文章标题时要遵循以下三项原则:①准确。即标题书写符合基本格式要求,没有错别字和语病。一般情况下,标题居中,副标题从主标题下第三个字开始写,申论文章中的标题最好不要出现标点符号,用空格来代替。②鲜明。通过标题清楚地揭示文章论述什么问题,对这一问题的基本态度和观点。例如,"对症下药　标本兼治",看到这一标题,必定一头雾水,不知道文章论述的问题和内容。③简洁。标题一定要凝练概括,字数不能太多,绝不能超过一行。如果字数太多,可以考虑用主副标题的形式进行拆分。

3. 开头

一般文章的写作中有"凤头"之说,可见,开头是需要认真修饰雕琢的地方。申论文章写作的开头同样需要认真谋划。一般来说,申论的开头是提纲挈领地提出问题,引出总论点,常见的开头方式有以下几种:

议论开头。交代背景,肯定成绩,然后运用转折连词话锋一转,指出存在的问题及其影响和危害,引出论点。例如:

近年来,我国农村金融体制改革逐步加快,并取得了阶段性进展。但总的看来,目前我国农村金融体制改革仍然滞后,严重制约我国社会主义新农村建设。因此,必须加快农村金融体制改革以适应社会主义新农村建设的需要。

叙述开头。概述给定资料里主要内容或典型性事件,引出主要问题,然后表明态度,引出论点。例如:

俗话说"人命关天",健康的身体是工作、生活的前提。药品作为与人民群众生命安全关系最密切的、本应为保障人们身体健康的特殊商品,却在近些年频频危及人民群众的生命安全。从早前的"PPA"风波再到最近的"齐之药"、"欣弗"事件,民生用药安全问题已经波及百姓用药的安全"大堤",冲击着广大人民群众的生命安全防线。应予以足够重视。

引言开头。开头引用警句、名言、诗句或俗语等,引出问题和论点,以增强语言表达效果。例如:

"长太息以掩涕兮,哀民生之多艰。"这是两千多年前爱国诗人屈原的名句,至今犹能发人深省。改善民生,责任重于泰山。一个漠视群众冷暖,对群众疾苦麻木不仁,对城乡居民关注的各种民生问题视而不见的干部,不会是一个合格的干部,更不会是一个受人民群众拥护爱戴的干部。各级领导干部唯有牢记民生责任,才能时刻为民着想,多为民谋利益;唯有以扎扎实实的行动换取民生之福祉,才能不辜负中央的重托和人民的期望。

4. 主体

这里的主体是指文章中心的几个段落,是整篇文章中详细阐述问题和对策的重要部分。主体的谋篇布局必须层次分明、逻辑清晰。根据文章的结构方式,大致可分为两种:

一是递进结构。按照认识、解决问题的基本规律,由浅入深、由表及里展开论述。开头提出问题、引出论点,然后从问题的原因、影响着手分析,接着有针对性地提出几点对策,最后总结问题。如果是策论文,那么对策就是写作重点和中心,所以每一条对策就是一个分论点,要从对策的必要性、具体操作、效果等方面详细展开。如果是议论文,侧重于分析,在分析问题时就要承接上一段的总论点,理出几个分论点,从问题具体表现、形成原因、影响等方面阐述,然后再提出对策、总结问题。

二是并列结构。这种结构方式是指开头提出问题,引出总论点以后,紧接着就分解出几个分论点,每一个分论点都展开分析并提出对策,将分析问题和解决问题糅合在一起,难度相对较大。

5. 结尾

今人在文章写作对于结尾的说法是"豹尾",即强调其简洁有力;古人对于结尾的要求是"结语如撞钟,清音有余",即重视结尾的含蓄有味。申论文章的结尾写作同样可以吸取以上经验,可以简洁干脆地强调观点、补充意见,或引起进一步思考。

重申观点,首尾呼应。文章开头已提出问题,引出论点,结尾可以再一次强调论点,以引起重视,首尾呼应。例如:

总之,根据解决农村农民问题的这两种思路,尽管存在这样那样的问题,但只要运用得当,就会让国家的支持和保障取得最大的利益,就会极大促进政治经济社会的协调发展,并最终解决农村农民问题。

运用排比,强调意义。结尾如何做到简洁有力? 排比这种修辞手法是最好的手段。在陈述意义时,最好按照递进关系即意义由小到大进行排列。例如:

做好农民增收工作,关系到农民生活水平的保障和提高,关系到农村农民问题的顺利解决,关系到整个社会的安定繁荣。

补充意见,升华思考。申论写作不同于一般写作,要求语言准确、规范、严谨,不能过于含蓄,因此,可以通过这种方法达到"语尽意未尽"。例如:

解决海洋污染问题是一个长期工程、系统工程,绝不能一蹴而就,需各级人民政府和全社会的积极努力配合。

二、申论写作注意事项

1. 认真审题

考生作答申论时一定要先看清题目要求,然后带着问题阅读资料,标注关键信息。

2. 依据给定资料

给定资料是申论作答的最主要参照来源,作答时的概括、分析、对策都要从材料里找依据、找思路,不能脱离材料进行解答。但要注意的是,不能完全照搬或大段摘抄材料。

3. 思路清晰、逻辑严密

每一题的作答都要保证思路清晰、逻辑严密,令阅卷者一目了然。概括、分析和对策的作答最好将要点分条列项地罗列出来,可以用汉字序号,也可以用"首先、其次、再次、最后"等关联词语。在论述类作答时,文章总论点、分论点一定要清晰准确,每个段落的详略与过渡也要合理安排。

4. 要点全面、语言简练

首先,每一个要点的归纳概括要全面,重点要素不能有遗漏;其次,尽量多找要点,确保要点全面,如果找到的要点过多,但是作答字数有限,就要按照重要程度和与题目的相近程度来挑选要点;再次,语言表达力求简明准确。因为申论每一题的作答都有字数限制,而且语言表达的简明概括也属于测查能力之一。

5. 字迹清楚、卷面整洁

作答时书写端正、整洁,令人赏心悦目,无形中会增加印象分。反之,书写潦草、乱涂乱改会降低给分,而且申论考试阅卷的评分标准中也明确规定,卷面整洁,无明显涂改,优秀者加 1~2 分;字迹潦草,涂改卷面则扣分。

思考与练习

一、申论写作有何特点?

二、分析申论考查考生哪些方面的能力。

三、自己找几份申论试题加强练习。

附录 1

中国共产党机关公文处理条例

（1996 年 5 月 3 日中共中央办公厅发布）

第一章　总则

第一条　为适应中国共产党机关（以下简称党的机关）工作的需要，实现党的机关公文处理工作的科学化、制度化、规范化，制定本条例。

第二条　党的机关的公文，是党的机关实施领导、处理公务的具有特定效力和规范格式的文书，是传达贯彻党的路线、方针、政策，指导、布置和商洽工作，请示和答复问题，报告和交流情况的工具。

第三条　公文处理是包括公文拟制、办理、管理、立卷归档在内的一系列衔接有序的工作。

第四条　公文处理应当坚持实事求是、按照行文机关要求和公文处理规定进行的原则，做到准确、及时、安全、保密。

第五条　党的机关的办公厅（室）主管本机关的公文处理工作，并对下级机关的公文处理工作进行业务指导。

第六条　党的机关的办公厅（室）应当设立秘书部门或者配备秘书人员具体负责公文处理工作，并逐步改善办公手段，努力提高工作效率和质量。秘书人员应当具有较高的政治和业务素质，工作积极，作风严谨，遵守纪律，恪尽职守。

第二章　公文种类

第七条　党的机关公文种类主要有：

（一）决议　用于经会议讨论通过的重要决策事项。

（二）决定　用于对重要事项作出决策和安排。

（三）指示　用于对下级机关布置工作，提出开展工作的原则和要求。

（四）意见　用于对重要问题提出见解和处理办法。

（五）通知　用于发布党内法规、任免干部、传达上级机关的指示、转发上级机关和不相隶属机关的公文、批转下级机关的公文、发布要求下级机关办理和有关单位共同执行或者周知的事项。

（六）通报　用于表彰先进、批评错误、传达重要精神、交流重要情况。

（七）公报　用于公开发布重要决定或者重大事件。

（八）报告　用于向上级机关汇报工作、反映情况、提出建议，答复上级机关的询问。

（九）请示　用于向上级机关请求指示、批准。

（十）批复　用于答复下级机关的请示。

（十一）条例　用于党的中央组织制定规范党组织的工作、活动和党员行为的规章制度。

（十二）规定　用于对特定范围内的工作和事务制定具有约束力的行为规范。

（十三）函　用于机关之间商洽工作、询问和答复问题，向无隶属关系的有关主管部门请求批准等。

（十四）会议纪要　用于记载会议主要精神和议定事项。

第三章　公文格式

第八条　党的机关公文由版头、份号、密级、紧急程度、发文字号、签发人、标题、主送机关、正文、附件、发文机关署名、成文日期、印章、印发传达范围、主题词、抄送机关、印制版记组成。

（一）版头　由发文机关全称或者规范化简称加"文件"二字或者加括号标明文种组成，用套红大字居中印在公文首页上部。联合行文，版头可以用主办机关名称，也可以并用联署机关名称。在民族自治地方，发文机关名称可以并用自治民族的文字和汉字印制。

（二）份号　公文印制份数的顺序号，标注于公文首页左上角。秘密公文应当标明份号。

（三）密级　公文的秘密等级，标注于份号下方。

（四）紧急程度　对公文送达和办理的时间要求。紧急文件应当分别标明"特急"、"加急"，紧急电报应当分别标明"特提"、"特急"、"加急"、"平急"。

（五）发文字号　由发文机关代字、发文年度和发文顺序号组成，标注于版头下方居中或者左下方。联合行文，一般只标明主办机关的发文字号。

（六）签发人　上报公文应当在发文字号右侧标注"签发人"，"签发人"后面标注签发人姓名。

（七）标题　由发文机关名称、公文主题和文种组成，位于发文字号下方。

（八）主送机关　主要受理公文的机关。主送机关名称应当用全称或者规范化简称或者同类型机关的统称，位于正文上方，顶格排印。

（九）正文　公文的主体，用来表达公文的内容，位于标题或者主送机关下方。

（十）附件　公文附件，应当置于主件之后，与主件装订在一起，并在正文之后、发文机关署名之前注明附件的名称。

（十一）发文机关署名　应当用全称或者规范化简称，位于正文的右下方。

（十二）成文日期　一般署会议通过或者领导人签发日期；联合行文，署最后签发机关领导人的签发日期；特殊情况署印发日期。成文日期应当写明年、月、日，位于发文机关署名右下方。决议、决定、条例、规定等不标明主送机关的公文，成文日期加括号标注于标题下方居中位置。

（十三）印章　除会议纪要和印制的有特定版头的普发性公文外，公文应当加盖发文机关印章。

（十四）印发传达范围　加括号标注于成文日期左下方。

（十五）主题词　按上级机关的要求和《公文主题词表》标注,位于抄送机关上方。

（十六）抄送机关　指除主送机关以外的其他需要告知公文内容的上级、下级和不相隶属机关。抄送机关名称标注于印制版记上方。

（十七）印制版记　由公文印发机关名称、印发日期和份数组成,位于公文末页下端。

第九条　公文的汉字从左至右横排;少数民族文字按其书写习惯排印。公文用纸幅面规格可采用16开型(长260毫米,宽184毫米),也可采用国际标准A4型(长297毫米,宽210毫米)。左侧装订。

第十条　党的机关公文版头的主要形式及适用范围:

（一）《中共××文件》用于各级党委发布、传达贯彻党的方针、政策,作出重要工作部署,转发上级机关的文件,批转下级机关的重要报告、请示。

（二）《中国共产党××委员会(××)》用于各级党委通知重要事项、任免干部、批复下级机关的请示,向上级机关报告、请示工作。

（三）《中共××办公厅(室)文件》、《中共××办公厅(室)(××)》用于各级党委办公厅(室)根据授权,传达党委的指示,答复下级党委的请示,转发上级机关的文件,批转下级机关的报告、请示,发布有关事项,向上级机关报告、请示工作。

（四）《中共××部文件》、《中共××部(××)》用于除办公厅(室)以外的党委各部门发布本部门职权范围内的事项,向上级机关报告、请示工作。

第四章　行文规则

第十一条　行文应当确有需要,注重实效,坚持少而精。可发可不发的公文不发,可长可短的公文要短。

第十二条　党的机关的行文关系,根据各自的隶属关系和职权范围确定。

（一）向上级机关行文,应当主送一个上级机关;如需其他相关的上级机关阅知,可以抄送。不得越级向上级机关行文,尤其不得越级请示问题;因特殊情况必须越级行文时,应当同时抄送被越过的上级机关。

（二）向下级机关的重要行文,应当同时抄送发文机关的直接上级机关。

（三）党委各部门在各自职权范围内可以向下级党委的相关部门行文。党委办公厅(室)根据党委授权,可以向下级党委行文;党委的其他部门,不得对下级党委发布指示性公文。部门之间对有关问题未经协商一致,不得各自向下行文。

（四）同级党的机关、党的机关与其他同级机关之间必要时可以联合行文。

（五）不相隶属机关之间一般用函行文。

第十三条　受双重领导的机关向上级机关行文,应当写明主送机关和抄送机关,由主送机关负责答复其请示事项。上级机关向受双重领导的下级机关行文,应当抄送其另一上级机关。

第十四条　向上级机关请示问题,应当一文一事,不应当在非请示公文中夹带请示事项。

请示事项涉及其他部门业务范围时,应当经过协商并取得一致意见后上报;经过协商未能取得一致意见时,应当在请示中写明。除特殊情况外,请示应当送上级机关的办公厅

（室）按规定程序处理，不应直接送领导者个人。

党委各部门应当向本级党委请示问题。未经本级党委同意或授权，不得越过本级党委向上级党委主管部门请示重大问题。

第十五条　对不符合行文规则的上报公文，上级机关的秘书部门可退回下级呈报机关。

第五章　公文起草

第十六条　起草公文应当做到：

（一）符合党的路线、方针、政策和国家的法律、法规及上级机关的指示，完整、准确地体现发文机关的意图，并同现行有关公文相衔接。

（二）全面、准确地反映客观实际情况，提出的政策、措施切实可行。

（三）观点明确，条理清晰，内容充实，结构严谨，表述准确。

（四）开门见山，文字精练，用语准确，篇幅简短，文风端正。

（五）人名、地名、时间、数字、引文准确。公文中汉字和标点符号的用法符合国家发布的标准方案，计量单位和数字用法符合国家主管部门的规定。

（六）文种、格式使用正确。

（七）杜绝形式主义和烦琐哲学。

第十七条　起草重要公文应当由领导人亲自动手或亲自主持、指导，进行调查研究和充分论证，征求有关部门意见。

第六章　公文校核

第十八条　公文文稿送领导人审批之前，应当由办公厅（室）进行校核。公文校核的基本任务是协助机关领导人保证公文的质量。公文校核的内容是：

（一）报批程序是否符合规定；

（二）是否确需行文；

（三）内容是否符合党的路线、方针、政策和国家的法律、法规及上级机关的指示精神，是否完整、准确地体现发文机关的意图，并同现行有关公文相衔接；

（四）涉及有关部门业务的事项是否经过协调并取得一致意见；

（五）所提措施和办法是否切实可行；

（六）人名、地名、时间、数字、引文和文字表述、密级、印发传达范围、主题词是否准确、恰当，汉字、标点符号、计量单位、数字的用法及文种使用、公文格式是否符合本条例的规定。

第十九条　文稿如需作较大修改，应当与原起草部门协商或请其修改。

第二十条　已经领导人审批过的文稿，在印发之前应再作校核。校核的内容同第十八条（六）款。经校核如需作涉及内容的实质性修改，须报原审批领导人复审。

第七章　公文签发

第二十一条　公文须经本机关领导人审批签发。重要公文应当由机关主要领导人签发。联合发文，须经所有联署机关的领导人会签。党委办公厅（室）根据党委授权发布的公文，由被授权者签发或者按照有关规定签发。领导人签发公文，应当明确签署意见，并写上姓名和时间。若圈阅，则视为同意。

第八章　公文办理和传递

第二十二条　公文办理分为收文办理和发文办理。收文办理包括公文的签收、登记、拟办、请办、分发、传阅、承办和催办等程序。公文经起草、校核和领导审批签发后转入发文办理，发文办理包括公文的核发、登记、印制和分发等程序。

（一）签收　收到有关公文并以签字或盖章的方式给发文方以凭据。签收公文应当逐件清点，如发现问题，应当及时向发文机关查询，并采取相应的处理措施。急件应当注明签收的具体时间。

（二）登记　公文办理过程中就公文的特征和办理情况进行记载。登记应当将公文标题、密级、发文字号、发文机关、成文日期、主送机关、份数、收发文日期及办理情况逐项填写清楚。

（三）拟办　秘书部门对需要办理的公文提出办理意见，并提供必要的背景材料，送领导人批示。

（四）请办　办公厅（室）根据授权或有关规定将需要办理的公文注请主管领导人批示或者主管部门研办。对需要两个以上部门办理的，应当指明主办部门。

（五）分发　秘书部门根据有关规定或者领导人批示将公文分送有关领导人和部门。

（六）传阅　秘书部门根据领导人批示或者授权，按照一定的程序将公文送有关领导人阅知或者批示。办理公文传阅应当随时掌握公文去向，避免漏传、误传和延误。

（七）承办　主管部门对需要办理的公文进行办理。凡属承办部门职权范围内可以答复的事项，承办部门应当直接答复呈文机关；凡涉及其他部门业务范围的事项，承办部门应当主动与有关部门协商办理；凡须报请上级机关审批的事项，承办部门应当提出处理意见并代拟文稿，一并送请上级机关审批。

（八）催办　秘书部门对公文的承办情况进行督促检查。催办贯穿于公文处理的各个环节。对紧急或者重要公文应当及时催办，对一般公文应当定期催办，并随时或者定期向领导人反馈办理情况。

（九）核发　秘书部门在公文正式印发前，对公文的审批手续、文种、格式等进行复核，确定发文字号、分送单位和印制份数。

（十）印制　应当做到准确、及时、规范、安全、保密。秘密公文应当由机要印刷厂（或一般印刷厂的保密车间）印制。

第二十三条　公文处理过程中，应当使用符合存档要求的书写材料。需要送请领导人阅批的传真件，应当复制后办理。

第二十四条　秘密公文应当通过机要交通（或机要通信）传递、密电传输或者计算机网络加密传输，不得密电明传、明电密电混用。

第九章　公文管理

第二十五条　党的机关公文应当发给组织，由秘书部门统一管理，一般不发给个人。秘书部门应当切实做好公文的管理工作，既发挥公文效用，又有利于公文保密。

第二十六条　党的机关秘密公文的印发传达范围应当按照发文机关的要求执行，下级机关、不相隶属机关如需变更，须经发文机关批准。

第二十七条　公开发布党的机关公文,须经发文机关批准。经批准公开发布的公文,同发文机关正式印发的公文具有同等效力。

第二十八条　复制上级党的机关的秘密公文,须经发文机关批准或者授权。翻印件应当注明翻印机关名称、翻印日期和份数;复印件应当加盖复印机关戳记。复制的公文应当与正式印发的公文同样管理。

第二十九条　汇编上级党的机关的秘密公文,须经发文机关批准或者授权。公文汇编本的密级按照编入公文的最高密级标注并进行管理。

第三十条　绝密级公文应当由秘书部门指定专人管理,并采取严格的保密措施。

第三十一条　秘书部门应当按照规定对秘密公文进行清理、清退和销毁,并向主管机关报告公文管理情况。销毁秘密公文,必须严格履行登记手续,经主管领导人批准后,由二人监销,保证不丢失、不漏销。个人不得擅自销毁公文。

第三十二条　机关合并时,全部公文应当随之合并管理。机关撤销时,需要归档的公文立卷后按照有关规定移交档案部门,其他公文按照有关规定登记销毁。工作人员调离工作岗位时,应当将本人保管、借用的公文按照有关规定移交、清退。

第十章　公文立卷归档

第三十三条　公文办理完毕后,秘书部门应当按照有关规定将公文的定稿、正本和有关材料收集齐全,进行立卷归档。个人不得保存应当归档的公文。

第三十四条　两个以上机关联合办理的公文,原件由主办机关立卷归档,相关机关保存复制件。机关领导人兼任其他机关职务的,在履行其所兼职务过程中形成的公文,由其兼职的机关立卷归档。

第十一章　公文保密

第三十五条　公文处理必须严格遵守《中华人民共和国保守国家秘密法》及有关保密法规,遵守党的保密纪律,确保党和国家秘密的安全。

凡泄露或出卖党和国家秘密公文的,依照有关法律、法规的规定进行处理。

第三十六条　党内秘密公文的密级按其内容及如泄露可能对党和国家利益造成危害的程度划分为“绝密”、“机密”、“秘密”。不公开发表又未标注密级的公文,按内部公文管理。

第三十七条　发文机关在拟制公文时,应当根据公文的内容和工作需要,严格划分密与非密的界限;对于需要保密的公文,要准确标注其密级。公文密级的变更和解除由发文机关或其上级机关决定。

第十二章　附则

第三十八条　本条例适用于中国共产党各级机关。

第三十九条　本条例由中共中央办公厅负责解释。

第四十条　本条例自发布之日起施行。

附录2

国家行政机关公文处理办法

国务院国发[2000]23号文件发布

2000年8月24日

第一章　总　则

第一条　为使国家行政机关(以下简称行政机关)的公文处理工作规范化、制度化、科学化,制定本办法。

第二条　行政机关的公文(包括电报,下同),是行政机关在行政管理过程中形成的具有法定效力和规范体式的文书,是依法行政和进行公务活动的重要工具。

第三条　公文处理指公文的办理、管理、整理(立卷)、归档等一系列相互关联、衔接有序的工作。

第四条　公文处理应当坚持实事求是、精简、高效的原则,做到及时、准确、安全。

第五条　公文处理必须严格执行国家保密法律、法规和其他有关规定,确保国家秘密的安全。

第六条　各级行政机关的负责人应当高度重视公文处理工作,模范遵守本办法并加强对本机关公文处理工作的领导和检查。

第七条　各级行政机关的办公厅(室)是公文处理的管理机构,主管本机关的公文处理工作并指导下级机关的公文处理工作。

第八条　各级行政机关的办公厅(室)应当设立文秘部门或者配备专职人员负责公文处理工作。

第二章　公文种类

第九条　行政机关的公文种类主要有:

(一)命令(令)

适用于依照有关法律公布行政法规和规章;宣布施行重大强制性行政措施;嘉奖有关单位及人员。

(二)决定

适用于对重要事项或者重大行动做出安排,奖惩有关单位及人员,变更或者撤销下级机关不适当的决定事项。

(三)公告

适用于向国内外宣布重要事项或者法定事项。

（四）通告

适用于公布社会各有关方面应当遵守或者周知的事项。

（五）通知

适用于批转下级机关的公文,转发上级机关和不相隶属机关的公文,传达要求下级机关办理和需要有关单位周知或者执行的事项,任免人员。

（六）通报

适用于表彰先进,批评错误,传达重要精神或者情况。

（七）议案

适用于各级人民政府按照法律程序向同级人民代表大会或人民代表大会常务委员会提请审议事项。

（八）报告

适用于向上级机关汇报工作,反映情况,答复上级机关的询问。

（九）请示

适用于向上级机关请求指示、批准。

（十）批复

适用于答复下级机关的请示事项。

（十一）意见

适用于对重要问题提出见解和处理办法。

（十二）函

适用于不相隶属机关之间商洽工作,询问和答复问题,请求批准和答复审批事项。

（十三）会议纪要

适用于记载、传达会议情况和议定事项。

第三章　公文格式

第十条　公文一般由秘密等级和保密期限、紧急程度、发文机关标识、发文字号、签发人、标题、主送机关、正文、附件说明、成文日期、印章、附注、附件、主题词、抄送机关、印发机关和印发日期等部分组成。

（一）涉及国家秘密的公文应当标明密级和保密期限,其中,"绝密"、"机密"级公文还应当标明份数序号。

（二）紧急公文应当根据紧急程度分别标明"特急"、"急件"。其中电报应当分别标明"特提"、"特急"、"加急"、"平急"。

（三）发文机关标识应当使用发文机关全称或者规范化简称;联合行文,主办机关排列在前。

（四）发文字号应当包括机关代字、年份、序号。联合行文,只标明主办机关发文字号。

（五）上行文应当注明签发人、会签人姓名。其中,"请示"应当在附注处注明联系人的姓名和电话。

（六）公文标题应当准确简要地概括公文的主要内容并标明公文种类,一般应当标明发文机关。公文标题中除法规、规章名称加书名号外,一般不用标点符号。

（七）主送机关是指公文的主要受理机关,应当使用全称或者规范化简称、统称。

（八）公文如有附件，应当注明附件顺序和名称。

（九）公文除"会议纪要"和以电报形式发出的以外，应当加盖印章。联合上报的公文，由主办机关加盖印章；联合下发的公文，发文机关都应当加盖印章。

（十）成文日期以负责人签发的日期为准，联合行文以最后签发机关负责人的签发日期为准。电报以发出日期为准。

（十一）公文如有附注（需要说明的其他事项），应当加括号标注。

（十二）公文应当标注主题词。上行文按照上级机关的要求标注主题词。

（十三）抄送机关是指除主送机关外需要执行或知晓公文的其他机关，应当使用全称或者规范化简称、统称。

（十四）文字从左至右横写、横排。在民族自治地方，可以并用汉字和通用的少数民族文字（按其习惯书写、排版）。

第十一条　公文中各组成部分的标识规则，参照《国家行政机关公文格式》国家标准执行。

第十二条　公文用纸一般采用国际标准 A4 型（210mm×297mm），左侧装订。张贴的公文用纸大小，根据实际需要确定。

第四章　行文规则

第十三条　行文应当确有必要，注重效用。

第十四条　行文关系根据隶属关系和职权范围确定，一般不得越级请示和报告。

第十五条　政府各部门依据部门职权可以相互行文和向下一级政府的相关业务部门行文；除以函的形式商洽工作、询问和答复问题、审批事项外，一般不得向下一级政府正式行文。

部门内设机构除办公厅（室）外不得对外正式行文。

第十六条　同级政府、同级政府各部门、上级政府部门与下一级政府可以联合行文；政府与同级党委和军队机关可以联合行文；政府部门与相应的党组织和军队机关可以联合行文；政府部门与同级人民团体和具有行政职能的事业单位也可以联合行文。

第十七条　属于部门职权范围内的事务，应当由部门自行行文或联合行文。联合行文应当明确主办部门。须经政府审批的事项，经政府同意也可以由部门行文，文中应当注明经政府同意。

第十八条　属于主管部门职权范围内的具体问题，应当直接报送主管部门处理。

第十九条　部门之间对有关问题未经协商一致，不得各自向下行文。如擅自行文，上级机关应当责令纠正或撤销。

第二十条　向下级机关或者本系统的重要行文，应当同时抄送直接上级机关。

第二十一条　"请示"应当一文一事；一般只写一个主送机关，需要同时送其他机关的，应当用抄送形式，但不得抄送其下级机关。

"报告"不得夹带请示事项。

第二十二条　除上级机关负责人直接交办的事项外，不得以机关名义向上级机关负责人报送"请示"、"意见"和"报告"。

第二十三条　受双重领导的机关向上级机关行文，应当写明主送机关和抄送机关。上级机关向受双重领导的下级机关行文,必要时应当抄送其另一上级机关。

第五章　发文办理

第二十四条　发文办理是指以本机关名义制发公文的过程,包括草拟、审核、签发、复核、用印、登记、分发等程序。

第二十五条　草拟公文应当做到:

(一)符合国家的法律、法规及其他有关规定。如提出新的政策、规定等,要切实可行并加以说明。

(二)情况确实,观点明确,表述准确,结构严谨,条理清楚,直述不曲,字词规范,标点正确,篇幅力求简短。

(三)公文的文种应当根据行文目的、发文机关的职权和与主送机关的行文关系确定。

(四)拟制紧急公文,应当体现紧急的原因,并根据实际需要确定紧急程度。

(五)人名、地名、数字、引文准确。引用公文应当先引标题,后引发文字号。引用外文应当注明中文含义。日期应当写明具体的年、月、日。

(六)结构层次序数,第一层为"一、",第二层为"(一)",第三层为"1.",第四层为"(1)"。

(七)应当使用国家法定计量单位。

(八)文内使用非规范化简称,应当先用全称并注明简称。使用国际组织外文名称或其缩写形式,应当在第一次出现时注明准确的中文译名。

(九)公文中的数字,除成文日期、部分结构层次序数和在词、词组、惯用语、缩略语、具有修辞色彩语句中作为词素的数字必须使用汉字外,应当使用阿拉伯数字。

第二十六条　拟制公文,对涉及其他部门职权范围内的事项,主办部门应当主动与有关部门协商,取得一致意见后方可行文;如有分歧,主办部门的主要负责人应当出面协调,仍不能取得一致时,主办部门可以列明各方理据,提出建设性意见,并与有关部门会签后报请上级机关协调或裁定。

第二十七条　公文送负责人签发前,应当由办公厅(室)进行审核。审核的重点是:是否确需行文,行文方式是否妥当,是否符合行文规则和拟制公文的有关要求,公文格式是否符合本办法的规定等。

第二十八条　以本机关名义制发的上行文,由主要负责人或者主持工作的负责人签发;以本机关名义制发的下行文或平行文,由主要负责人或者由主要负责人授权的其他负责人签发。

第二十九条　公文正式印制前,文秘部门应当进行复核,重点是:审批、签发手续是否完备,附件材料是否齐全,格式是否统一、规范等。

经复核需要对文稿进行实质性修改的,应按程序复审。

第六章　收文办理

第三十条　收文办理指对收到公文的办理过程,包括签收、登记、审核、拟办、批办、承办、催办等程序。

第三十一条　收到下级机关上报的需要办理的公文,文秘部门应当进行审核。审核的重点是:是否应由本机关办理;是否符合行文规则;内容是否符合国家法律、法规及其他有关规定;涉及其他部门或地区职权的事项是否已协商、会签;文种使用、公文格式是否规范。

第三十二条　经审核,对符合本办法规定的公文,文秘部门应当及时提出拟办意见送负责人批示或者交有关部门办理,需要两个以上部门办理的应当明确主办部门。紧急公文,应当明确办理时限。对不符合本办法规定的公文,经办公厅(室)负责人批准后,可以退回呈报单位并说明理由。

第三十三条　承办部门收到交办的公文后应当及时办理,不得延误、推诿。紧急公文应当按时限要求办理,确有困难的,应当及时予以说明。对不属于本单位职权范围或者不宜由本单位办理的,应当及时退回交办的文秘部门并说明理由。

第三十四条　收到上级机关下发或交办的公文,由文秘部门提出拟办意见,送负责人批示后办理。

第三十五条　公文办理中遇有涉及其他部门职权的事项,主办部门应当主动与有关部门协商;如有分歧,主办部门主要负责人要出面协调,如仍不能取得一致,可以报请上级机关协调或裁定。

第三十六条　审批公文时,对有具体请示事项的,主批人应当明确签署意见、姓名和审批日期,其他审批人圈阅视为同意;没有请示事项的,圈阅表示已阅知。

第三十七条　送负责人批示或者交有关部门办理的公文,文秘部门要负责催办,做到紧急公文跟踪催办,重要公文重点催办,一般公文定期催办。

第七章　公文归档

第三十八条　公文办理完毕后,应当根据《中华人民共和国档案法》和其他有关规定,及时整理(立卷)、归档。

个人不得保存应当归档的公文。

第三十九条　归档范围内的公文,应当根据其相互联系、特征和保存价值等整理(立卷),要保证归档公文的齐全、完整,能正确反映本机关的主要工作情况,便于保管和利用。

第四十条　联合办理的公文,原件由主办机关整理(立卷)、归档,其他机关保存复制件或其他形式的公文副本。

第四十一条　本机关负责人兼任其他机关职务,在履行所兼职务职责过程中形成的公文,由其兼职机关整理(立卷)、归档。

第四十二条　归档范围内的公文应当确定保管期限,按照有关规定定期向档案部门移交。

第四十三条　拟制、修改和签批公文,书写及所用纸张和字迹材料必须符合存档要求。

第八章　公文管理

第四十四条　公文由文秘部门或专职人员统一收发、审核、用印、归档和销毁。

第四十五条　文秘部门应当建立健全本机关公文处理的有关制度。

第四十六条　上级机关的公文,除绝密级和注明不准翻印的以外,下一级机关经负责人或者办公厅(室)主任批准,可以翻印。翻印时,应当注明翻印的机关、日期、份数和印发范围。

第四十七条　公开发布行政机关公文,必须经发文机关批准。经批准公开发布的公文,同发文机关正式印发的公文具有同等效力。

第四十八条　公文复印件作为正式公文使用时,应当加盖复印机关证明章。

第四十九条　公文被撤销,视作自始不产生效力;公文被废止,视作自废止之日起不产生效力。

第五十条　不具备归档和存查价值的公文,经过鉴别并经办公厅(室)负责人批准,可以销毁。

第五十一条　销毁秘密公文应当到指定场所由二人以上监销,保证不丢失、不漏销。其中,销毁绝密公文(含密码电报)应当进行登记。

第五十二条　机关合并时,全部公文应当随之合并管理。机关撤销时,需要归档的公文整理(立卷)后按有关规定移交档案部门。

工作人员调离工作岗位时,应当将本人暂存、借用的公文按照有关规定移交、清退。

第五十三条　密码电报的使用和管理,按照有关规定执行。

第九章　附　　则

第五十四条　行政法规、规章方面的公文,依照有关规定处理。外事方面的公文,按照外交部的有关规定处理。

第五十五条　公文处理中涉及电子文件的有关规定另行制定。统一规定发布之前,各级行政机关可以制定本机关或者本地区、本系统的试行规定。

第五十六条　各级行政机关的办公厅(室)对上级机关和本机关下发公文的贯彻落实情况应当进行督促检查并建立督查制度。有关规定另行制定。

第五十七条　本办法自 2001 年 1 月 1 日起施行。1993 年 11 月 21 日国务院办公厅发布,1994 年 1 月 1 日起施行的《国家行政机关公文处理办法》同时废止。

附录3

国务院办公厅关于实施
《国家行政机关公文处理办法》
涉及的几个具体问题的处理意见

国办函〔2001〕1 号

各省、自治区、直辖市人民政府,国务院各部委、各直属机构:

　　为确保国务院发布的《国家行政机关公文处理办法》(国发〔2000〕23 号)的贯彻施行,现就所涉及的几个具体问题提出如下处理意见:

　　1. 关于"意见"文种的使用。"意见"可以用于上行文、下行文和平行文。作为上行文,应按请示性公文的程序和要求办理。所提意见如涉及其他部门职权范围内的事项,主办部门应当主动与有关部门协商,取得一致意见后方可行文;如有分歧,主办部门的主要负责人应当出面协调,仍不能取得一致时,主办部门可以列明各方理据,提出建设性意见,并与有关部门会签后报请上级机关决定。上级机关应当对下级机关报送的"意见"作出处理或给予答复。作为下行文,文中对贯彻执行有明确要求的,下级机关应遵照执行;无明确要求的,下级机关可参照执行。作为平行文,提出的意见供对方参考。

　　2. 关于"函"的效力。"函"作为主要文种之一,与其他主要文种同样具有由制发机关权限决定的法定效力。

　　3. 关于"命令"、"决定"和"通报"三个文种用于奖励时如何区分的问题。各级行政机关应当依据法律的规定和职权,根据奖励的性质、种类、级别、公示范围等具体情况,选择使用相应的文种。

　　4. 关于部门及其内设机构行文问题。政府各部门(包括议事协调机构)除以函的形式商洽工作、询问和答复问题、审批事项外,一般不得向下一级政府正式行文;如需行文,应报请本级政府批转或由本级政府办公厅(室)转发。因特殊情况确需向下一级政府正式行文的,应当报经本级政府批准,并在文中注明经政府同意。

　　部门内设机构除办公厅(室)外,不得对外正式行文的含义是:部门内设机构不得向本部门机关以外的其他机关(包括本系统)制发政策性和规范性文件,不得代替部门审批下达应当由部门审批下达的事项;与相应的其他机关进行工作联系确需行文时,只能以函的形式行文。

　　"函的形式"是指公文格式中区别于"文件格式"的"信函格式"。以"函的形式"行文应注意选择使用与行文方向一致、与公文内容相符的文种。

　　5. 关于联合行文时发文机关的排列顺序和发文字号。行政机关联合行文,主办机关排列在前。行政机关与同级或相应的党的机关、军队机关、人民团体联合行文,按照党、政、军、群的顺序排列。

行政机关之间联合行文,标注主办机关的发文字号;与其他机关联合行文原则上应使用排列在前机关的发文字号,也可以协商确定,但只能标注一个机关的发文字号。

6. 关于联合行文的会签。联合行文一般由主办机关首先签署意见,协办单位依次会签。一般不使用复印件会签。

7. 关于联合行文的用印。行政机关联合向上行文,为简化手续和提高效率,由主办单位加盖印章即可。

8. 关于保密期限的标注问题。涉及国家秘密的公文如有具体保密期限应当明确标注,否则按照《国家秘密保密期限的规定》(国家保密局1990年第2号令)第九条执行,即"凡未标明或者未通知保密期限的国家秘密事项,其保密期限按照绝密级事项三十年、机密级事项二十年、秘密级事项十年认定。"

9. 关于"附注"的位置。"附注"的位置在成文日期和印章之下,版记之上。

10. 关于"主要负责人"的含义。"主要负责人"是指各级行政机关的正职或主持工作的负责人。

11. 关于公文用纸采用国际标准A4型问题。各省(区、市)人民政府和国务院各部门已做好准备的,公文用纸可于2001年1月1日起采用国际标准A4型;尚未做好准备的,要积极创造条件尽快采用国际标准A4型。省级以下人民政府及其所属机关和国务院各部门所属单位何时采用国际标准A4型,由各省(区、市)人民政府和国务院各部门自行确定。

国务院办公厅

二〇〇一年一月一日

附录 4

国务院办公厅关于进一步做好
公文处理工作有关事项的通知

国办发〔2001〕5 号

国务院各部委、各直属机构：

　　《国务院关于克服官僚主义进一步转变工作作风提高办事效率有关问题的通报》（国发〔1999〕9 号）（以下简称《通报》）下发后，国务院各部门在转变职能、提高办事效率方面采取了一些有效措施，工作作风有所改进。但是，《通报》中提出的有些要求尚未得到全面贯彻落实，有的部门对国务院交办的事项不能按时回复；有的部门报请国务院审批的事项，在部门内滞留时间过长，留给国务院研究和审批的时间过短；部门之间协调机制不够完善，仍然存在推诿扯皮、效率不高等问题。为了更好地贯彻落实《通报》的有关要求和《国家行政机关公文处理办法》的有关规定，进一步做好公文处理工作，根据国务院领导同志指示，现就有关事项通知如下：

　　一、国务院办公厅转有关部门办理的公文，凡明确提出时限要求的，各部门在办理时，对属于本部门职权范围内的事项，应当在规定的时限内办理完毕；对属于需要报国务院审批的事项，应当在规定的时限内予以回复；确因情况特殊不能按时回复的，应当在回复时限内以书面形式向国务院办公厅说明理由，对其中国务院领导同志关注的重大事项，国务院办公厅将把有关办理情况向国务院领导同志报告。对国务院办公厅未明确提出办理时限要求的，各部门也应本着认真负责的精神，尽快予以办理。

　　二、各部门要认真履行职责，切实做好协调工作。请示国务院的事项如涉及其他部门的职责，主办部门要主动征求有关部门的意见，协办部门要积极配合，取得一致意见后，经有关部门负责同志会签上报国务院。部门间如有分歧意见，主办部门主要负责同志要出面协调。如果召开协调会议，协办部门负责同志应出席并将协调情况及时向本部门主要负责同志报告。经协调后仍不能达成一致的，主办部门应将有关部门的意见及理据列明并将有关部门的正式意见或协调会议纪要作为附件，经有关部门主要负责同志会签后上报国务院。

　　部门之间征求意见或会签文件时，除主办部门另有时限要求的以外，协办部门一般应当在 7 个工作日内予以回复。如因特殊情况不能按期回复，协办部门应当提前主动与主办部门沟通并商定回复时限及方式，否则视为失职。主办部门可以视其为没有不同意见，并据此继续办理有关公文；需要报送国务院的公文应当在报送的公文中说明有关情况。

　　凡不按上述要求呈报国务院的公文，国务院办公厅将一律退回报文单位。

　　三、各部门需要请示国务院的事项,应当抓紧做好前期工作及时上报,给国务院留出研究、决策的时间:一般事项不得少于两周,紧急事项也不得少于 7 个工作日;特别紧急的事项,需要在 7 个工作日以内批复的,除突发事件以及法律、法规等另有规定或领导同志另有交代的事项外,必须在文中说明紧急原因及在本部门的办理过程。

　　国务院办公厅将建立报告和通报制度,定期向国务院领导同志报告各部门执行本通知的情况,并向各部门进行通报。

国务院办公厅

二〇〇一年一月十五日

附录5

国家行政机关公文格式

前 言

本标准根据国务院办公厅发布的《国家行政机关公文处理办法》的有关规定对 GB/T 9704—1988 进行修订。

本标准相对 GB/T 9704—1988 作如下修订：

（1）将原标准名称《国家机关公文格式》改为《国家行政机关公文格式》；

（2）删去原标准中的引言部分；

（3）删去原标准中与公文格式规定无关的一些叙述性解释；

（4）对公文用纸的幅面尺寸作了较大调整，将国际标准 A4 型纸作为用纸纸型；删去国内 16 开型纸张的相应说明；

（5）对公文用纸的页边尺寸作了较大的调整；

（6）不设各标识域，而按公文眉首、主体和版记三部分各要素的顺序依次进行说明；

（7）增加了公文用纸的主要技术指标；

（8）增加了印刷和装订要求；

（9）增加了每页正文行数和每行字数以及各种要素标识的字体和字号；

（10）增加了主要公文式样。

本标准中所用公文用语与《国家行政机关公文处理办法》中的用语一致。

本标准为第一次修订。

本标准由国务院办公厅提出。

本标准起草单位：中国标准研究中心、国务院办公厅秘书局。

本标准主要起草人：孟辛卯、房庆、李志祥、刘碧松、范一乔、张荣静、李颖。

1 范围

本标准规定了国家行政机关公文通用的纸张要求、印刷要求、公文中各要素排列顺序和标识规则。

本标准适用于国家各级行政机关制发的公文。其他机关公文可参照执行。

使用少数民族文字印制的公文，其格式可参照本标准按有关规定执行。

2 引用标准

下列标准所包含的条文，通过在本标准中引用而构成为本标准的条文。本标准出版时，所示版本均为有效。所有标准都会被修订,使用本标准的各方应探讨使用下列标准最新版本的可能性。

GB 148—1977　印刷、书写和绘图纸幅面尺寸

3　定义

本标准采用下列定义。

3.1　字 Word

标识公文中横向距离的长度单位。一个字指一个汉字所占空间。

3.2　行 line

标识公文中纵向距离的长度单位。本标准以 3 号字高度加 3 号字高度 7/8 倍的距离为一基准行。

4　公文用纸主要技术指标

公文用纸一般使用纸张定量为 $60g/m^2 \sim 80g/m^2$ 的胶版印刷纸或复印纸。纸张白度为 $85\% \sim 90\%$,横向耐折度 $\geqslant 15$ 次,不透明度 $\geqslant 85\%$,pH 值为 $7.5 \sim 9.5$。

5　公文用纸幅面及版面尺寸

5.1　公文用纸幅面尺寸

公文用纸采用 GB/T 148 中规定的 A4 型纸,其成品幅面尺寸为:210mm×297mm,尺寸的允许偏差见 GB/T 148。

5.2　公文页边与版心尺寸

公文用纸天头(上白边)为:37mm±1mm;公文用纸订口(左白边)为:28mm±1mm;版心尺寸为:156mm×225mm(不含页码)。

6　公文中图文的颜色

未作特殊说明,公文中图文的颜色均为黑色。

7　排版规格与印制装订要求

7.1　排版规格

正文用 3 号仿宋字,一般每面排 22 行,每行排 28 个字。

7.2　制版要求

版面干净无底灰,字迹清楚无断划,尺寸标准,版心不斜,误差不超过 1mm。

7.3　印刷要求

双面印刷;页码套正,两面误差不得超过 2mm。黑色油墨应达到色谱所标 BL100% ,红色油墨应达到色谱所标 Y80% ,M80% 。印品着墨实、均匀;字面不花、不白、无断划。

7.4　装订要求

公文应左侧装订,不掉页。包本公文的封面与书芯不脱落,后背平整、不空。两页页码之间误差不超过 4mm。骑马订或平订的订位为两钉钉锯外订眼距书芯上下各 1/4 处,允许误差±4mm。平订钉锯与书脊间的距离为 3 ~5mm;无坏钉、漏钉、重钉,钉脚平伏牢固;后背

不可散页明订。裁切成品尺寸误差±1mm,四角成90°,无毛茬或缺损。

8　公文中各要素标识规则

本标准将组成公文的各要素划分为眉首、主体、版记三部分。置于公文首页红色反线(宽度同版心,即156mm)以上的各要素统称眉首;置于红色反线(不含)以下至主题词(不含)之间的各要素统称主体;置于主题词以下的各要素统称版记。

8.1　眉首

8.1.1　公文份数序号

公文份数序号是将同一文稿印制若干份时每份公文的顺序编号。如需标识公文份数序号,用阿拉伯数码顶格标识在版心左上角第1行。

8.1.2　秘密等级和保密期限

如需标识秘密等级,用3号黑体字,顶格标识在版心右上角第1行,两字之间空1字;如需同时标识秘密等级和保密期限,用3号黑体字,顶格标识在版心右上角第1行,秘密等级和保密期限之间用"★"隔开。

8.1.3　紧急程度

如需标识紧急程度,用3号黑体字,顶格标识在版心右上角第1行,两字之间空1字;如需同时标识秘密等级与紧急程度,秘密等级顶格标识在版心右上角第1行,紧急程度顶格标识在版心右上角第2行。

8.1.4　发文机关标识

由发文机关全称或规范化简称后面加"文件"组成;对一些特定的公文可只标识发文机关全称或规范化简称。发文机关标识上边缘至版心上边缘为25mm。对于上报的公文,发文机关标识上边缘至版心上边缘为80mm。

发文机关标识推荐使用小标宋体字,用红色标识。字号由发文机关以醒目美观为原则酌定,但最大不能等于或大于22mm×15mm。

联合行文时应使主办机关名称在前,"文件"二字置于发文机关名称右侧,上下居中排布;如联合行文机关过多,必须保证公文首页显示正文。

8.1.5　发文字号

发文字号由发文机关代字、年份和序号组成。发文机关标识下空2行,用3号仿宋体字,居中排布;年份、序号用阿拉伯数码标识;年份应标全称,用六角括号"〔〕"括入;序号不编虚位(即1不编为001),不加"第"字。

发文字号之下4mm处印一条与版心等宽的红色反线。

8.1.6　签发人

上报的公文需标识签发人姓名,平行排列于发文字号右侧。发文字号居左空1字,签发人姓名居右空1字;签发人用3号仿宋体字,签发人后标全角冒号,冒号后用3号楷体字标识签发人姓名。

如有多个签发人,主办单位签发人姓名置于第1行,其他签发人姓名从第2行起在主办单位签发人姓名之下按发文机关顺序依次顺排,下移红色反线,应使发文字号与最后一个签发人姓名处在同一行并使红色反线与之的距离为4mm。

8.2　主体

8.2.1　公文标题

红色反线下空 2 行,用 2 号小标宋体字,可分一行或多行居中排布;回行时,要做到词意完整,排列对称,间距恰当。

8.2.2　主送机关

标题下空 1 行,左侧顶格用 3 号仿宋体字标识,回行时仍顶格;最后一个主送机关名称后标全角冒号。如主送机关名称过多而使公文首页不能显示正文时,应将主送机关名称移至版记中的主题词之下、抄送之上,标识方法同抄送。

8.2.3　公文正文

主送机关名称下一行,每自然段左空 2 字,回行顶格。数字、年份不能回行。

8.2.4　附件

公文如有附件,在正文下空一行左空 2 字用 3 号仿宋体字标识"附件",后标全角冒号和名称。附件如有序号使用阿拉伯数码(如"附件:1.××××");附件名称后不加标点符号。附件应与公文正文一起装订,并在附件左上角第 1 行顶格标识"附件",有序号时标识序号;附件的序号和名称前后标识应一致。如附件与公文正文不能一起装订,应在附件左上角第 1 行顶格标识公文的发文序号并在其后标识附件(或带序号)。

8.2.5　成文时间

用汉字将年、月、日标全;"零"写为"〇";成文时间的标识位置见 8.2.6。

8.2.6　公文生效标识

8.2.6.1　单一发文印章

单一机关制发的公文在落款处不署发文机关名称,只标识成文时间。成文时间右空 4 字;加盖印章应上距正文 2~4mm,端正、居中下压成文时间,印章用红色。

当印章下弧无文字时,采用下套方式,即仅以下弧压在成文时间上;

当印章下弧有文字时,采用中套方式,即印章中心线压在成文时间上。

8.2.6.2　联合行文印章

当联合行文需加盖两个印章时,应将成文时间拉开,左右各空 7 字;主办机关印章在前;两个印章均压成文时间,印章用红色。只能采用同种加盖印章方式,以保证印章排列整齐。两印章之间不相交或相切,相距不超过 3mm。

当联合行文需加盖 3 个以上印章时,为防止出现空白印章,应将各发文机关名称(可用简称)排在发文时间和正文之间。主办机关印章在前,每排最多排 3 个印章,两端不得超出版心;最后一排如余一个或两个印章,均居中排布;印章之间互不相交或相切,在最后一排印章之下右空 2 字标识成文时间。

8.2.6.3　特殊情况说明

当公文排版后所剩空白处不能容下印章位置时,应采取调整行距、字距的措施加以解决,务使印章与正文同处一面,不得采取标识"此页无正文"的方法解决。

8.2.7　附注

公文如有附注,用 3 号仿宋体字,居左空 2 号字加圆括号标识在成文时间下一行。

8.3 版记

8.3.1 主题词

主题词用 3 号黑体字,居左顶格标识,后标全角冒号词目用 3 号小标宋体字;词目之间空 1 字。

8.3.2 抄送

公文如有抄送,在主题词下一行;左空 1 字用 3 号仿宋体字标识"抄送",后标全角冒号;回行时与冒号后的抄送机关对齐;在最后一个抄送机关后标句号。如主送机关移至主题词之下,标识方法同抄送机关。

8.3.3 印发机关和印发时间

位于抄送机关之下(无抄送机关在主题词之下)占 1 行位置;用 3 号仿宋体字。印发机关左空 1 字,印发时间右空 1 字。印发时间以公文复印的日期为准,用阿拉伯数码标识。

8.3.4 版记中的反线

版记中各要素之下均加一条反线,宽度同版心。

8.3.5 版记的位置

版记应置于公文最后一页,版记的最后一个要素置于最后一行。

9 页码

用 4 号半角白体阿拉伯数码标识,置于版心下边缘之下一行,数码左右各放一条 4 号一字线,一字线距离版心下边缘 7mm。单页码居右空 1 字,双页码居左空 1 字。空白页和空白页以后的页不标识页码。

10 公文中表格

公文如需附表,对横排 A4 纸型表格,应将页码放在横表的左侧,单页码置于表的左下角,双页码置于表的左上角,单页码表头在订口一边,双页码表头在切口一边。

公文如需附 A3 纸型表格,且当最后一页为 A3 纸型表格时,封三、封四就为空白,将 A3 纸型表格贴在封三前,不应贴在文件最后一页(封四)上。

11 公文的特定格式

11.1 信函式格式

发文机关名称上边缘距上页边的距离为 30mm,推荐用小标宋体字,字号由发文机关酌定;发文机关全称下 4mm 处为一条武文线(上粗下细),距下页边 20mm 处为一条文武线(上细下粗),两条线长均为 170mm。每行居中排 28 个字。发文机关名称及双线均印红色。两线之间各要素的标识方法从本标准相应要素说明。

函适用于不相隶属机关之间相互商洽工作、询问和答复问题,向有关主管部门请求批准等。

公函包括标题、主送机关、正文、发文机关、日期等。

① 标题

一般由发文机关、事由、文种或者事由、文种组成。一般发函为《关于××(事由)的函》;复函为《关于××(答复事项)的复函》。

② 正文

一般包括三层：简要介绍背景情况；商洽、询问、答复的事项和问题；希望和要求，如："务希研究承复"、"敬请大力支持为盼"等。

11.2　命令格式

命令标识由发文机关名称加"命令"或"令"组成，用红色小标宋体字，字号由发文机关酌定。命令标识上边缘距版心上边缘20mm，下边缘空2行居中标识令号；令号下空2行标识正文；正文下一行右空4字标识签发人签名章，签名章左空2字标识签发人职务；联合发布的命令或令的签发人职务应标识全称。在签发人签名章下一行右空2字标识成文时间。分送机关标识方法同抄送机关。其他要素从本标准相关要素说明。

11.3　会议纪要格式

会议纪要标识由"×××××会议纪要"组成。其标识位置同8.1.4，用红色小标宋体字，字号由发文机关酌定。会议纪要不加盖印章。其他要素从本标准相关要素说明。

国家质量技术监督局 1999-12-27 批准发布

2000-01-01 实施

附录6

国务院公文主题词表

（一九九七年十二月修订）

国务院办公厅秘书局

使用说明

为适应办公现代化的要求，便于计算机检索和管理公文，特编制《国务院公文主题词表》（以下简称词表）。词表主要用于标引国务院、国务院办公厅印发的文件和各地区、各部门上报国务院及其办公厅的文件。

一、编制原则

（一）词表结构务求合乎逻辑，具有较宽的涵盖面，便于使用。

（二）词表体现文档管理一体化的原则，即词表中主题词的区域分类别词可分别作为档案分类中的大类和属类。

二、体系结构

（一）词表共由 15 类 1049 个主题，分为主表和附表两大部分，主表有 13 类 751 个主题词，附表有 2 类 298 个主题词。词表分为三个层次。第一层是对主题词区域的分类，如"综合经济"、"财政、金融"类等。第二层是类别词，即对主题词的具体分类，如"工交、能源、邮电"类中的"工业"、"交通"、"能源"和"邮电"等。第三层是类属词，如"体制"、"职能"、"编制"等。第二层和第三层统称为主题词，用于文件的标引。

（二）1988 年 12 月和 1994 年 4 月修订的词表中曾列入本词表中而不再继续用作标引的主题词，用黑体单列在区域分类的最后部分。

三、标引方法

（一）一份文件的标引，除类别词外最多不超过 5 个主题词。主题词标在文件的抄送栏之上，顶格写。

（二）标引顺序是先标类别词，再标类属词。在标类属词时，先标反映文件内容的词，最后标反映文件形式的词，如《国务院关于加强水土保持工作的通知》，先标类别词"农业"，再标类属词"水土保持"，最后标上"通知"。

（三）一份文件如有两个以上的主题内容，先集中对一个主题内容进行标引；再对第二个主题内容进行标引。如《国务院关于在若干城市试行国有企业兼并破产和职工再就业有关问题的通知》，先标反映第一个主题内容的类别词"经济管理"，再标类属词"企业"、"破产"；然后标反映第二个主题内容的类别词"劳动"，再标类属词"就业"；最后标"通知"。

（四）根据需要，可将不同类的主题词进行组配标引。如《国务院关于"九五"期间深化科学技术体制改革的决定》，可标"科技、体制、改革、决定"。

（五）当词表中找不出准确反映文件主题内容的类属词时，可以在类别中选择适当的词标引。同时将能够准确反映文件内容的词标在类属词的后面，并在该词的后面加"△"以便区别。

（六）列在区域分类最后，用黑体标出的主题词只供检索用，不再用作标引。

（七）附表中的主题词与主表中的主题词具有同等效力，标引方法相同，不同的是，如果附表中所列的国家、地区的实际名称发生了变化，使用本表的各单位可先按照变化后的标准名称进行修改和使用。国务院办公厅秘书局将定期修订附表。

四、词表管理

（一）本词表由国务院办公厅秘书局负责管理和解释，具体工作由档案数据处承办。

（二）本词表自 1998 年 2 月 1 日起执行，1994 年 4 月修订的词表同时废止。

国务院公文主题词表

01. 综合经济（77 个）

01A 计划

规划	统计	指标	分配	统配	调拨

01B 经济管理

经济	管理	调整	调控	控制	结构	制度
所有制	股份制	责任制	流通	产业	行业	改革
改造	竞争	兼并	开放	开发	协作	资源
土地	资产	资料	产权	物价	价格	投资
招标	经营	生产	转产	项目	产品	质量
承包	租赁	合同	包干	国有	国营	私营
集体	个体	企业	公司	集团	合作社	普查
工商	商标	注册	广告	监督	增产	效益
节约	浪费	破产	亏损	特区	开发区	保税区
展销	展览	商品化	横向联系	第三产业	生产资料	

02. 工交、能源、邮电（69 个）

02A 工业

冶金	钢铁	地矿	机械	汽车	电子	电器
仪器	仪表	化工	航天	航空	核工	船舶
兵器	军区	轻工	有色金属	盐业	食品	印刷

| 包装 | 手工业 | 纺织 | 服装 | 丝绸 | 设备原料 | 材料 |
| 加工 | | | | | | |

02B 交通

铁路	公路	桥梁	民航	机场	航线	航道
空中管制	飞机	港口	码头	口岸	车站	车辆
运输	旅客					

02C 能源

| 石油 | 煤炭 | 电力 | 燃料 | 天然气 | 煤气 | 沼气 |

02D 邮电

| 通信 | 电信 | 邮政 | 网络 | 数据 | 民品 | 厂矿 |
| 空运 | 三线 | 通讯 | 水运 | 运费 | | |

03. 旅游、城乡建设、环保（42 个）

03A 旅游

03B 服务业

| 饮食业 | 宾馆 |

03C 城乡建设

城市	乡镇	基建	建设	建筑	建材	勘察
测绘	设计	市政	公用事业	监理	环卫	征地
工程	房地产	房屋	住宅	装修	设施	出让
转让	风景名胜	园林	岛屿			

03D 环保

| 保护区 | 植物 | 动物 | 污染 | 生态 | 生物 | 风景 |
| 饭店 | 城乡 | 国土 | 沿海 | | | |

04. 农业、林业、水利、气象（56 个）

04A 农业

农村	农民	农民负担	农场	农垦	粮食	棉花
油料	生猪	蔬菜	糖料	烟草	水产	渔业
水果	经济作物	农副产品	副业	畜牧业	乡镇企业	农膜
种子	化肥	农药	饲料	灾害	以工代赈	扶贫

04B 林业

| 绿化 | 木材 | 森林 | 草原 | 防沙治沙 |

04C 水利

| 河流 | 湖泊 | 滩涂 | 水库 | 水域 | 流域 | 水土保持 |
| 节水 | 防汛 | 抗旱 | 三峡 | | | |

04D 气象

| 气候 | 预报 | 预测 | 烟酒 | 土特产 | 有机肥 | 多种经营 |
| 牧业 | | | | | | |

05. 财政、金融(57 个)

05A 财政

预算	决算	核算	收支	财务	会计	税务
税率	审计	债务	积累	经费	集资	收费
资金	基金	租金	拨款	利润	补贴	折旧费
附加费	固定资产					

05B 金融

银行	货币	黄金	白银	存款	贷款	信贷
贴现	通货膨胀	交易	期货	利率	利息	贴息
外汇	外币	汇率	债券	证券	股票	彩票
信托	保险	赔偿	信用社	现金	留成	流动资金
储蓄	费用	侨汇	折旧率			

06. 贸易(62 个)

06A 商业

商品	物资	收购	定购	购置	市场	集贸
酒类	副食品	日用品	销售	消费	批发	供应
零售	拍卖	专卖	订货	营业	仓库	储备
储运	货物					

06B 外贸

对外援助	军贸	进口	出口	引进	海关	缉私
仲裁	商检	外商	外资	合资	合作	关贸
许可证	驻外企业	贸易	倒卖	外向型	议购	议售
垄断	经贸	贩运	票证	外经	交易会	

07. 外事(42 个)

07A 外交

对外政策	对外关系	领土	领空	领海	外交人员	建交
公约	大使	领事	条约	协定	协议	议定书
备忘录	照会	国际	涉外事务	抗议		

07B 外事

国际会议	国际组织	对外宣传	出访	出国	出入境	签证
护照	邀请	来访	谈判	会谈	会见	接见
招待会	宴会	外国人	外宾	对外友协	外国专家	涉外

08. 公安、司法、监察(46 个)

08A 公安

警察	武警	警衔	治安	非法组织	安全	保卫

禁毒	消防	防火	检查	扫黄	案件	处罚
户口	证件	事件	危险品	游行	海防	边防
边界	边境					

08B 司法

| 政法 | 法制 | 法律 | 法院 | 律师 | 检察 | 程序 |
| 公证 | 劳改 | 劳教 | 监狱 | | | |

08C 监察

| 廉政建设 | 审查 | 纪检 | 执法 | 行贿 | 受贿 | 贪污 |
| 处分 | 侦破 | | | | | |

09. 民政、劳动人事(85 个)

09A 民政

基层政权	选举	行政区划	地名	人口	双拥工作	社会保障
社团	救灾	救济	募捐	婚姻	移民	抚恤
慰问	调解	老龄问题	烈士	纠纷	残疾人	基地
殡葬	社区服务					

09B 机构

| 驻外机构 | 体制 | 职能 | 编制 | 精简 | 更名 | |

09C 人事

行政人员	干部	公务员	考核	录用	职工	家属
子女	知识分子	专家	参事	院士	文史馆员	履历
聘任	任免	辞退	退职	职称	待遇	离休
退休	交流	安置	调配	模范	表彰	奖励

09D 劳动

| 就业 | 失业 | 招聘 | 合同制 | 工人 | 保护 | 劳务 |
| 第二职业 | 事故 | | | | | |

09E 工资

| 津贴 | 奖金 | 福利 | 收入 | 老年 | 简历 | 劳资 |
| 人才 | 招工 | 待业 | 补助 | 拥军优属 | 丧葬 | 奖惩 |

10. 科、教、文、卫、体(73 个)

10A 科技

科学	技术	科普	科研	鉴定	标准	计量
专利	发明	实验	情报	计算机	自动化	信息
卫星	地震	海洋				

10B 教育

| 学校 | 教师 | 招生 | 学生 | 培训 | 毕业 | 学位 |
| 留学 | 教材 | 校办企业 | | | | |

10C 文化

文字	文史	文学	语言	艺术	古籍	图书
宣传	广播	电视	电影	出版	版权	报刊
新闻	音像	文物	古迹	纪念物	电子出版物	

10D 卫生

医院	中医	医疗	医药	药材	防疫	疾病
计划生育	妇幼保健	检验	检疫			

10E 体育

运动员	教练员	运动会	比赛	馆所	院校	校舍
地方志	软科学	社科				

11. 国防(23 个)

11A 军事

军队	国防	空军	海军	征兵	服役	转业
民兵	预备役	军衔	复员	文职	后勤	装备
战备	作战	训练	防空	军需	武器	弹药
人武	退伍					

12. 秘书、行政(74 个)

12A 文秘工作

机关	国旗	国徽	机要	印章	信访	督察
保密	公文	档案	会议	文件	秘书	电报
提案	议案	谈话	讲话	总结	批示	汇报
建议	意见	文章	题词	章程	条例	办法
细则	规定	方案	布告	决议	命令	决定
指示	公告	通告	通知	通报	报告	请示
批复	函	会议纪要				

12B 行政事务

行政	工作制度	纪念活动	庆典活动	休假	节假日	着装
参观	接待	措施	调查	视察	考察	礼品
馈赠	服务	出席	发言	转发	名单	批准
审批	信函	事务	活动	纪要	督察	

13. 综合党团(54 个)

13A 党派团体

共产党	民主党派	共青团	团体	工会	协会学会	民间组织
文联	学联	妇女	儿童	基金会		

13B 统战

政协	民主人士	爱国人士

13C 民族

民族区域自治	民主事务

13D 宗教

寺庙

13E 侨务

外籍华人	归侨	侨乡

13F 港澳台

香港问题	澳门问题	台湾问题

13G 综合

整顿	形势	社会	精神文明	法人	发展	其他
试点	推广	青年	政治	范围	党派	组织
领导	方针	政策	党风	事业	咨询	中心
清除	附表					

01. 中国行政区域(54 个)

01A 华北地区

北京	天津	河北	山西	内蒙古

01B 东北地区

辽宁	吉林	黑龙江

01C 华东地区

上海	江苏	浙江	安徽	福建	江西	山东

01D 中南地区

河南	湖北	湖南	广东	广西	海南

01E 西南地区

四川	贵州	云南	西藏	重庆

01F 西北地区

陕西	甘肃	青海	宁夏	新疆

01G 台湾
01H 香港
01I 澳门

哈尔滨	沈阳	大连	青岛	厦门	宁波	武汉
广州	深圳	海南岛	西安	单列市	省市	自治区

02. 世界行政区域(244 个)

02A 亚洲

中国	蒙古	朝鲜	韩国
日本	越南	老挝	柬埔寨
缅甸	泰国	马来西亚	新加坡
文莱	菲律宾	印度尼西亚	东帝汶

尼泊尔	锡金	不丹	孟加拉国
印度	斯里兰	卡马尔代夫	哈萨克斯坦
兰卡	吉尔吉斯斯坦	塔吉克斯坦	乌兹别克斯坦
土库曼斯坦	格鲁吉亚	阿塞拜疆	亚美尼亚
巴基斯坦	阿富汗	伊朗	科威特
沙特阿拉伯	巴林	卡塔尔	阿联酋
阿曼	也门	伊拉克	叙利亚
黎巴嫩	约旦	巴勒斯坦	以色列
塞浦路斯	土耳其		

02B 欧洲

冰岛	法罗群岛	丹麦	挪威
瑞典	芬兰	爱沙尼亚	拉脱维亚
立陶宛	俄罗斯	白俄罗斯	乌克兰
摩尔多瓦	波兰	捷克	斯洛伐克
匈牙利	德国	奥地利	列支敦士登
瑞士	荷兰	比利时	卢森堡
英国	爱尔兰	法国	摩纳哥
安道尔	西班牙	葡萄牙	意大利
梵蒂冈	圣马力诺	马耳他	南斯拉夫
斯洛文尼亚	克罗地亚	波黑	马其顿
罗马尼亚	保加利亚	阿尔巴尼亚	希腊

02C 非洲

埃及	利比亚	突尼斯	阿尔及利亚
摩洛哥	西撒哈拉	毛里塔尼亚	塞内加尔
冈比亚	马里	布基纳法索	佛得角
几内亚比绍	几内亚	塞拉利昂	利比里亚
科特迪瓦	加纳	多哥	贝宁
尼泊尔	尼日利亚	喀麦隆	赤道几内亚
乍得	中非	苏丹	埃塞俄比亚
吉布提	索马里	肯尼亚	乌干达
坦桑尼亚	卢旺达	布隆迪	刚果民主共和国
刚果	加蓬	厄立特里亚	圣多美和普林西比
安哥拉	赞比亚	马拉维	莫桑比克
科联罗	马达加斯加	塞舌尔	毛里求斯
留尼汪	津巴布韦	博茨瓦纳	纳米比亚
南非	斯威士兰	莱索托	圣赫勒拿

02D 大洋洲

澳大利亚	新西兰	巴布亚新几内亚	所罗门群岛
瓦努阿图	新喀里多尼亚	斐济	基里巴斯

瑙鲁	密克罗尼西亚联邦	马绍尔群岛共和国	帕劳
北马里亚纳群岛自由联邦		管道	
瓦利斯群岛和富图纳群岛		图瓦卢	西萨摩亚
美属萨摩亚	纽埃	托克劳	库克群岛
汤加	法属波利尼西亚	皮特凯恩群岛	

02E 美洲

格陵兰	加拿大	圣皮埃尔岛和密克隆	美国
百慕大	墨西哥	危地马拉	伯利兹
萨尔瓦多	洪都拉斯	尼加拉瓜	哥斯达黎加
巴拿马	巴哈马	特克斯群岛和凯科斯群岛	
古巴	开曼群岛	牙买加	海地
多米尼加	波多黎各	美属维尔京群岛	英属维尔京群岛
圣其茨和	尼维斯	安圭拉	安提瓜和巴布达
蒙特塞拉特	瓜德罗普	多米尼克	马提尼克
圣卢西亚	圣文森特和格林纳丁斯		巴巴多斯
特立尼达和多巴哥	荷属安的列斯	阿鲁巴	格林纳达
哥伦比亚	委内瑞拉	圭亚那	苏里南
法属圭亚那	厄瓜多尔	秘鲁	巴西
玻利维亚	智利	阿根廷	巴拉圭
乌拉圭	苏联	民主德国	联邦德国
捷克斯洛伐克	扎伊尔	圣赫勒那岛和阿森林松岛等	
留尼汪岛	贝劳	马绍尔群岛	北马里亚纳群岛
东萨摩亚	圣皮埃尔和密克隆群岛		百慕大群岛
多米尼加共和国	多米尼加联邦	荷属安的列斯群岛	

附录 7

党政机关公文处理工作条例

（中办发〔2012〕14 号）

（2012 年 4 月 16 日由中共中央办公厅和国务院办公厅联合印发）

第一章　总　则

第一条　为了适应中国共产党机关和国家行政机关（以下简称党政机关）工作需要，推进党政机关公文处理工作科学化、制度化、规范化，制定本条例。

第二条　本条例适用于各级党政机关公文处理工作。

第三条　党政机关公文是党政机关实施领导、履行职能、处理公务的具有特定效力和规范体式的文书，是传达贯彻党和国家的方针政策，公布法规和规章，指导、布置和商洽工作，请示和答复问题，报告、通报和交流情况等的重要工具。

第四条　公文处理工作是指公文拟制、办理、管理等一系列相互关联、衔接有序的工作。

第五条　公文处理工作应当坚持实事求是、准确规范、精简高效、安全保密的原则。

第六条　各级党政机关应当高度重视公文处理工作，加强组织领导，强化队伍建设，设立文秘部门或者由专人负责公文处理工作。

第七条　各级党政机关办公厅（室）主管本机关的公文处理工作，并对下级机关的公文处理工作进行业务指导和督促检查。

第二章　公文种类

第八条　公文种类主要有：

（一）决议。适用于会议讨论通过的重大决策事项。

（二）决定。适用于对重要事项作出决策和部署、奖惩有关单位和人员、变更或者撤销下级机关不适当的决定事项。

（三）命令（令）。适用于公布行政法规和规章、宣布施行重大强制性措施、批准授予和晋升衔级、嘉奖有关单位和人员。

（四）公报。适用于公布重要决定或者重大事项。

（五）公告。适用于向国内外宣布重要事项或者法定事项。

（六）通告。适用于在一定范围内公布应当遵守或者周知的事项。

（七）意见。适用于对重要问题提出见解和处理办法。

（八）通知。适用于发布、传达要求下级机关执行和有关单位周知或者执行的事项，批转、转发公文。

（九）通报。适用于表彰先进、批评错误、传达重要精神和告知重要情况。

（十）报告。适用于向上级机关汇报工作、反映情况，回复上级机关的询问。

（十一）请示。适用于向上级机关请求指示、批准。

（十二）批复。适用于答复下级机关请示事项。

（十三）议案。适用于各级人民政府按照法律程序向同级人民代表大会或者人民代表大会常务委员会提请审议事项。

（十四）函。适用于不相隶属机关之间商洽工作、询问和答复问题、请求批准和答复审批事项。

（十五）纪要。适用于记载会议主要情况和议定事项。

第三章　公文格式

第九条　公文一般由份号、密级和保密期限、紧急程度、发文机关标志、发文字号、签发人、标题、主送机关、正文、附件说明、发文机关署名、成文日期、印章、附注、附件、抄送机关、印发机关和印发日期、页码等组成。

（一）份号。公文印制份数的顺序号。涉密公文应当标注份号。

（二）密级和保密期限。公文的秘密等级和保密的期限。涉密公文应当根据涉密程度分别标注"绝密""机密""秘密"和保密期限。

（三）紧急程度。公文送达和办理的时限要求。根据紧急程度，紧急公文应当分别标注"特急""加急"，电报应当分别标注"特提""特急""加急""平急"。

（四）发文机关标志。由发文机关全称或者规范化简称加"文件"二字组成，也可以使用发文机关全称或者规范化简称。联合行文时，发文机关标志可以并用联合发文机关名称，也可以单独用主办机关名称。

（五）发文字号。由发文机关代字、年份、发文顺序号组成。联合行文时，使用主办机关的发文字号。

（六）签发人。上行文应当标注签发人姓名。

（七）标题。由发文机关名称、事由和文种组成。

（八）主送机关。公文的主要受理机关，应当使用机关全称、规范化简称或者同类型机关统称。

（九）正文。公文的主体，用来表述公文的内容。

（十）附件说明。公文附件的顺序号和名称。

（十一）发文机关署名。署发文机关全称或者规范化简称。

（十二）成文日期。署会议通过或者发文机关负责人签发的日期。联合行文时，署最后签发机关负责人签发的日期。

（十三）印章。公文中有发文机关署名的，应当加盖发文机关印章，并与署名机关相符。有特定发文机关标志的普发性公文和电报可以不加盖印章。

（十四）附注。公文印发传达范围等需要说明的事项。

（十五）附件。公文正文的说明、补充或者参考资料。

（十六）抄送机关。除主送机关外需要执行或者知晓公文内容的其他机关，应当使用机关全称、规范化简称或者同类型机关统称。

（十七）印发机关和印发日期。公文的送印机关和送印日期。

（十八）页码。公文页数顺序号。

第十条　公文的版式按照《党政机关公文格式》国家标准执行。

第十一条　公文使用的汉字、数字、外文字符、计量单位和标点符号等，按照有关国家标准和规定执行。民族自治地方的公文，可以并用汉字和当地通用的少数民族文字。

第十二条　公文用纸幅面采用国际标准 A4 型。特殊形式的公文用纸幅面，根据实际需要确定。

第四章　行文规则

第十三条　行文应当确有必要，讲求实效，注重针对性和可操作性。

第十四条　行文关系根据隶属关系和职权范围确定。一般不得越级行文，特殊情况需要越级行文的，应当同时抄送被越过的机关。

第十五条　向上级机关行文，应当遵循以下规则：

（一）原则上主送一个上级机关，根据需要同时抄送相关上级机关和同级机关，不抄送下级机关。

（二）党委、政府的部门向上级主管部门请示、报告重大事项，应当经本级党委、政府同意或者授权；属于部门职权范围内的事项应当直接报送上级主管部门。

（三）下级机关的请示事项，如需以本机关名义向上级机关请示，应当提出倾向性意见后上报，不得原文转报上级机关。

（四）请示应当一文一事。不得在报告等非请示性公文中夹带请示事项。

（五）除上级机关负责人直接交办事项外，不得以本机关名义向上级机关负责人报送公文，不得以本机关负责人名义向上级机关报送公文。

（六）受双重领导的机关向一个上级机关行文，必要时抄送另一个上级机关。

第十六条　向下级机关行文，应当遵循以下规则：

（一）主送受理机关，根据需要抄送相关机关。重要行文应当同时抄送发文机关的直接上级机关。

（二）党委、政府的办公厅（室）根据本级党委、政府授权，可以向下级党委、政府行文，其他部门和单位不得向下级党委、政府发布指令性公文或者在公文中向下级党委、政府提出指令性要求。需经政府审批的具体事项，经政府同意后可以由政府职能部门行文，文中须注明已经政府同意。

（三）党委、政府的部门在各自职权范围内可以向下级党委、政府的相关部门行文。

（四）涉及多个部门职权范围内的事务，部门之间未协商一致的，不得向下行文；擅自行文的，上级机关应当责令其纠正或者撤销。

（五）上级机关向受双重领导的下级机关行文，必要时抄送该下级机关的另一个上级机关。

第十七条　同级党政机关、党政机关与其他同级机关必要时可以联合行文。属于党委、政府各自职权范围内的工作，不得联合行文。

党委、政府的部门依据职权可以相互行文。

部门内设机构除办公厅（室）外不得对外正式行文。

第五章 公文拟制

第十八条 公文拟制包括公文的起草、审核、签发等程序。

第十九条 公文起草应当做到：

（一）符合党的理论路线方针政策和国家法律法规，完整准确体现发文机关意图，并同现行有关公文相衔接。

（二）一切从实际出发，分析问题实事求是，所提政策措施和办法切实可行。

（三）内容简洁，主题突出，观点鲜明，结构严谨，表述准确，文字精练。

（四）文种正确，格式规范。

（五）深入调查研究，充分进行论证，广泛听取意见。

（六）公文涉及其他地区或者部门职权范围内的事项，起草单位必须征求相关地区或者部门意见，力求达成一致。

（七）机关负责人应当主持、指导重要公文起草工作。

第二十条 公文文稿签发前，应当由发文机关办公厅（室）进行审核。审核的重点是：

（一）行文理由是否充分，行文依据是否准确。

（二）内容是否符合党的理论路线方针政策和国家法律法规；是否完整准确体现发文机关意图；是否同现行有关公文相衔接；所提政策措施和办法是否切实可行。

（三）涉及有关地区或者部门职权范围内的事项是否经过充分协商并达成一致意见。

（四）文种是否正确，格式是否规范；人名、地名、时间、数字、段落顺序、引文等是否准确；文字、数字、计量单位和标点符号等用法是否规范。

（五）其他内容是否符合公文起草的有关要求。

需要发文机关审议的重要公文文稿，审议前由发文机关办公厅（室）进行初核。

第二十一条 经审核不宜发文的公文文稿，应当退回起草单位并说明理由；符合发文条件但内容需作进一步研究和修改的，由起草单位修改后重新报送。

第二十二条 公文应当经本机关负责人审批签发。重要公文和上行文由机关主要负责人签发。党委、政府的办公厅（室）根据党委、政府授权制发的公文，由受权机关主要负责人签发或者按照有关规定签发。签发人签发公文，应当签署意见、姓名和完整日期；圈阅或者签名的，视为同意。联合发文由所有联署机关的负责人会签。

第六章 公文办理

第二十三条 公文办理包括收文办理、发文办理和整理归档。

第二十四条 收文办理主要程序是：

（一）签收。对收到的公文应当逐件清点，核对无误后签字或者盖章，并注明签收时间。

（二）登记。对公文的主要信息和办理情况应当详细记载。

（三）初审。对收到的公文应当进行初审。初审的重点是：是否应当由本机关办理，是否符合行文规则，文种、格式是否符合要求，涉及其他地区或者部门职权范围内的事项是否已经协商、会签，是否符合公文起草的其他要求。经初审不符合规定的公文，应当及时退回来文单位并说明理由。

（四）承办。阅知性公文应当根据公文内容、要求和工作需要确定范围后分送。批办性公文应当提出拟办意见报本机关负责人批示或者转有关部门办理；需要两个以上部门办理的，应当明确主办部门。紧急公文应当明确办理时限。承办部门对交办的公文应当及时办理，有明确办理时限要求的应当在规定时限内办理完毕。

（五）传阅。根据领导批示和工作需要将公文及时送传阅对象阅知或者批示。办理公文传阅应当随时掌握公文去向，不得漏传、误传、延误。

（六）催办。及时了解掌握公文的办理进展情况，督促承办部门按期办结。紧急公文或者重要公文应当由专人负责催办。

（七）答复。公文的办理结果应当及时答复来文单位，并根据需要告知相关单位。

第二十五条　发文办理主要程序是：

（一）复核。已经发文机关负责人签批的公文，印发前应当对公文的审批手续、内容、文种、格式等进行复核；需作实质性修改的，应当报原签批人复审。

（二）登记。对复核后的公文，应当确定发文字号、分送范围和印制份数并详细记载。

（三）印制。公文印制必须确保质量和时效。涉密公文应当在符合保密要求的场所印制。

（四）核发。公文印制完毕，应当对公文的文字、格式和印刷质量进行检查后分发。

第二十六条　涉密公文应当通过机要交通、邮政机要通信、城市机要文件交换站或者收发件机关机要收发人员进行传递，通过密码电报或者符合国家保密规定的计算机信息系统进行传输。

第二十七条　需要归档的公文及有关材料，应当根据有关档案法律法规以及机关档案管理规定，及时收集齐全、整理归档。两个以上机关联合办理的公文，原件由主办机关归档，相关机关保存复制件。机关负责人兼任其他机关职务的，在履行所兼职务过程中形成的公文，由其兼职机关归档。

第七章　公文管理

第二十八条　各级党政机关应当建立健全本机关公文管理制度，确保管理严格规范，充分发挥公文效用。

第二十九条　党政机关公文由文秘部门或者专人统一管理。设立党委（党组）的县级以上单位应当建立机要保密室和机要阅文室，并按照有关保密规定配备工作人员和必要的安全保密设施设备。

第三十条　公文确定密级前，应当按照拟定的密级先行采取保密措施。确定密级后，应当按照所定密级严格管理。绝密级公文应当由专人管理。

公文的密级需要变更或者解除的，由原确定密级的机关或者其上级机关决定。

第三十一条　公文的印发传达范围应当按照发文机关的要求执行；需要变更的，应当经发文机关批准。

涉密公文公开发布前应当履行解密程序。公开发布的时间、形式和渠道，由发文机关确定。

经批准公开发布的公文，同发文机关正式印发的公文具有同等效力。

第三十二条　复制、汇编机密级、秘密级公文，应当符合有关规定并经本机关负责人批准。绝密级公文一般不得复制、汇编，确有工作需要的，应当经发文机关或者其上级机关批准。复制、汇编的公文视同原件管理。

复制件应当加盖复制机关戳记。翻印件应当注明翻印的机关名称、日期。汇编本的密级按照编入公文的最高密级标注。

第三十三条　公文的撤销和废止，由发文机关、上级机关或者权力机关根据职权范围和有关法律法规决定。公文被撤销的，视为自始无效；公文被废止的，视为自废止之日起失效。

第三十四条　涉密公文应当按照发文机关的要求和有关规定进行清退或者销毁。

第三十五条　不具备归档和保存价值的公文，经批准后可以销毁。销毁涉密公文必须严格按照有关规定履行审批登记手续，确保不丢失、不漏销。个人不得私自销毁、留存涉密公文。

第三十六条　机关合并时，全部公文应当随之合并管理；机关撤销时，需要归档的公文经整理后按照有关规定移交档案管理部门。

工作人员离岗离职时，所在机关应当督促其将暂存、借用的公文按照有关规定移交、清退。

第三十七条　新设立的机关应当向本级党委、政府的办公厅（室）提出发文立户申请。经审查符合条件的，列为发文单位，机关合并或者撤销时，相应进行调整。

第八章　附　则

第三十八条　党政机关公文含电子公文。电子公文处理工作的具体办法另行制定。

第三十九条　法规、规章方面的公文，依照有关规定处理。外事方面的公文，依照外事主管部门的有关规定处理。

第四十条　其他机关和单位的公文处理工作，可以参照本条例执行。

第四十一条　本条例由中共中央办公厅、国务院办公厅负责解释。

第四十二条　本条例自 2012 年 7 月 1 日起施行。1996 年 5 月 3 日中共中央办公厅发布的《中国共产党机关公文处理条例》和 2000 年 8 月 24 日国务院发布的《国家行政机关公文处理办法》停止执行。

参考文献

1. 耿云巧,马俊霞. 现代应用文写作. 北京:清华大学出版社,2010.
2. 李效珍. 秘书实用写作. 北京:首都师范大学出版社,2008.
3. 孟庆荣,许贵研. 应用文写作. 北京:清华大学出版社,2008.
4. 赵文琦,沈鸣鸣. 秘书写作. 上海:上海社会科学院出版社,2006.
5. 洪威雷. 新编大学应用文写作. 武汉:武汉大学出版社,2010.
6. 施新主编. 秘书写作. 杭州:浙江大学出版社,2010.
7. 杨锋,周蓓新. 秘书实用写作. 广州:暨南大学出版社,2007.
8. 朱冬平. 应用写作. 广州:华南理工大学出版社,2010.
9. 李波,刘芳. 现代应用文写作. 第2版. 南昌:江西高校出版社,2009.
10. 杨群欢. 秘书理论与实务教程. 第1版. 杭州:浙江大学出版社,2009.
11. 张玲莉. 秘书国家职业资格培训教程. 北京:中央广播电视大学出版社,2006.
12. 卢如华. 新编秘书写作. 第2版. 北京:高等教育出版社,2009.
13. 刘宏彬. 新编应用文写作教程. 北京:新华出版社,2008.
14. 郭冬. 实用写作范例评点. 北京. 高等教育出版社,2009.
15. 杨文丰. 高职应用写作. 北京:高等教育出版社,2006.
16. 罗烈杰. 会议实务. 深圳:海天出版社,2003.
17. 杨金忠,郭上玲. 应用文写作. 第2版. 北京:中国轻工业出版社,2007.
18. 张健. 应用写作. 北京:高等教育出版社,2005.
19. 中国写作易网(http://www.xiezuoyi.com)
20. 论文应用文写作大全网(http://www.lw114.com)

后 记

随着当代竞争的加剧,复合型人才越来越受到市场的青睐,尤其在 20 世纪末高等本科教育由精英化向大众化转型后,大学教育也逐渐转向应用型人才培养,在这种适应和转型中,我们始终在探索和应对。应用文写作课程的开设不啻为一种有益的试水,将传统意义上专属文科专业的写作进行分离,独立形成了一种具有固定格式的模式化的写作门类,并在各个专业中推广以适应市场对复合型人才的需要。因为我们培养的学生走上工作岗位时,可能会遇到起草工作安排、总结或者需要搞某些研究课题等应用文写作实践,假如我们具有熟练的应用文写作技能,配合我们所掌握的专业特长与工作业务专长,在实际操作中,定能胸有成竹,如同庖丁解牛,游刃有余。

然而理想很丰满,现实很骨感,作为一名多年从事中文教育的工作者,我们更懂得腹有诗书体自华的道理,每每和同事们谈论有些大学生写不好请假条、申请书时更感到肩上那份沉甸甸的责任。应用文写作作为文学表达的实用性外化、作为人文素养的外在包裹,它需要语法和词汇的支撑,它需要知识和内涵的填充,它是表与里的融合,形与质的统一。

当然,应用文写作是一种在其固有的模式下功利性的模仿写作,它不需要创新,不用来审美,它不需要你去标新立异,更不需要你去独创什么。它是实用的,是考量作者如何对客观事实进行取舍,运用通顺、明白的语言文字,来使一定范围内所有的人都能读得通,听得懂,用得上,这才是开设应用文写作课程的目的。

本教材在系统阐述了应用写作的基本理论、方法的基础上,突出了案例教学,力求理论简明、案例典型、训练实用。在传统应用文写作教材的基础上增设了学术论文写作和申论写作章节,适用于应用型本科各专业学生使用,也可供国家机关、企事业单位、社会团体和普通公民在写作应用文时参考使用。

本书由邓志强、易小斌担任主编,负责全书的提纲拟定、修改定稿;罗珍、夏伶、莫志华、袁文英、余艳、谭向晖担任副主编;罗珍承担了大量的资料整理和写作任务。

在本书的编辑过程中,我们得到了合肥工业大学出版社的支持,得到了湖南工业大学科技学院院长刘安民的关怀,得到了谭铁绵先生的鼓励,对他们,我们感激不已。此外,需要说明的是,本书还吸取了该领域学者的研究成果,在此,一并表示深深的谢意。

由于仓促,编辑过程中留下了诸多的遗憾,希望能获得专家和读者的批评与指正,以期来年再版时修正。

邓志强

2015 年 2 月 11 日